JN124012

令和６年版

# 公共用地取得の税務

市川 康樹 編

事前協議を適切にすすめるために

一般財団法人 大蔵財務協会

# はしがき

公共事業のために収用権を背景として資産が買い取られる場合には、その買取りが資産の所有者の意思に関係なく行われることなどから、買い取られた方の課税所得に対して、税法上、税負担軽減のためのいろいろな特例が設けられています。

そして、資産を買い取られた方がこれらの税法上の特例の適用を受けるためには、事業施行者が発行する一定の「証明書」等を確定申告書に添付することが必要となります。

このため、この証明書等が適正に発行されない場合には、資産を買い取られた方はその特例の適用を受けられないことになり、税務上、不利益を被ることになります。また、資産を買い取られた方ばかりではなく、その証明書等を発行した事業施行者も思わぬトラブルに巻き込まれかねません。

そこで、このようなトラブルの発生を未然に防止するため、また特例制度の的確かつ円滑な運用を図るため、事業施行者が資産の買取り等に着手する前に、税務当局とその特例の適用に関してあらかじめ協議する「事前協議」が行われています。

本書は、この事前協議の具体的な進め方や収用等に伴う課税の特例等の内容について、できる限り実務に即して解説することを目的に編集したものです。

本書が、いささかなりとも公共用地の取得に携わる方々や納税者の皆さまのお役に立てば幸いに存じます。

なお、本書は私どもが休日等を利用して執筆したものであり、文中意見にわたる部分は個人的見解であることを念のため申し添えます。

令和６年６月

市川　康樹

## 【 凡 例 】

1．本書で使用する法令・通達の略称は、次のとおりです。

所得税法 ……………………………………………………………………………所　法

所得税法施行令 ……………………………………………………………………所　令

所得税法施行規則 …………………………………………………………………所　規

租税特別措置法 …………………………………………………………措置法又は措法

租税特別措置法施行令 ……………………………………………措置法施行令又は措令

租税特別措置法施行規則 …………………………………………措置法規則又は措規

昭和46年８月26日付直資４－５ほか２課共同「租税特別措置法（山林所得・譲渡所得関係）の取扱いについて」及び昭和50年２月14日付直法２－２「租税特別措置法関係通達（法人税編）の制定について」通達 ………………措　通

2．法令の引用例は、次のとおりです。

（例）

租税特別措置法施行規則第14条第５項第３号イ …………………………措規14⑤三イ

3．本書は、令和６年４月１日現在の法令・通達によっています。

4．本書は、公共事業等の施行に伴い補償金等の交付を受けた個人の所得税（譲渡所得）の課税の特例を中心に解説しています。

# 目　　　　次

# 第1　解　説　編

## 第1章　事前協議

# 第2章　事前協議の検討事項



# 第3章　譲渡所得の課税の概要

# 第４章　収用等に伴い代替資産を取得した場合の課税の特例

## 第５章　交換処分等に伴い資産を取得した場合の課税の特例



## 第６章　換地処分等に伴い資産を取得した場合の課税の特例



## 第７章　収用交換等の場合の譲渡所得の特別控除の特例

# 第8章　特定事業の用地買収等の場合の特別控除

## 第9章　災害に係る譲渡所得関係の措置



# 第2　様　式　編

# 第３　法　令　編

# 第4　参　考　編

# 第1 解説編

# 第1章　事　前　協　議

## 1　公共事業等に関する事前協議制度の基本的な考え方（目的）

租税特別措置法には、公共事業等の施行に伴い交付される各種の補償金に対して、その事業の円滑な施行の誘導や助成などを目的として各種の課税の特例制度が設けられています。

これらの課税の特例制度は、事業施行者の発行する一定の「証明書」を基礎として適用される制度となっていますので、事業施行者が不適正な証明書を発行しますと、その交付を受けた納税者（公共事業等のために資産を譲渡した者）は、その証明書では課税の特例の適用を受けることができず、その納税者と事業施行者との間で思わぬトラブルになりかねません。

そこで、不適正な証明書の発行を未然に防止するために、その公共事業等について、課税の特例の該当、非該当等を事業施行者と税務当局との間で事前に確認し合い、その上で事業施行者に買収に着手してもらうことが必要となります。これが事前協議制度の目的であり、基本的な考え方です。

この事前協議制度は、法令の規定に基づくものではありませんが、昭和52年に国税庁長官及び各国税局長から関係者に対して事前協議制度の確立について協力をお願いしております。

参考として、次ページに当時の協力依頼文書を掲載します。

直 資 3－5
昭和52年6月9日

法務、文部、厚生、農林、通商産業、運輸、郵政及び建設の各事務次官並びに防衛施設庁長官 殿

国税庁長官

譲渡所得等に係る課税の特例制度の運用に関する協力方について

個人又は法人の有する土地、建物、漁業権、その他の資産が一定の要件を満たす公共事業などのために買取り等（買取り、消滅、交換、取壊し、除去又は使用をいう。以下同じ。）をされた場合におけるその買取り等に係る所得に対する所得税又は法人税の課税については、租税特別措置法上各種の特例制度（同法第２章第４節第４款及び第５款又は第３章第６節第１款及び第２款に規定する特例をいう。以下同じ。）が設けられていますが、この特例制度の的確かつ円滑な運用を図るためには、事業施行者（事業施行者に代わり資産の買取り等を行う者を含む。以下同じ。）が資産の買取り等に着手する前に、事業施行者と税務当局が、その資産の買取り等に対する特例制度の適用関係について相互に確認し合い、そのうえで、被買収者に対して課税関係の説明を行うという慣行を確立する必要があると考えます。

ついては、被買収者に対して特例制度の適用がある旨を説明して資産の買取り等を行う事業については、事前に税務当局と接触する時間的余裕がないなど特別の事情がある場合を除き、下記により、国税局又は税務署に対し当該事業の内容を説明し、特例制度の適用関係を事前に確認されるようお願いします。

なお、この事前説明の実施については、貴管下下部機関のほか、貴管下公社、公団等に対しても、ご指導くださるようお願します。

記

1　事業内容の説明は、被買収者に対し資産の買取り等の申出を行う前に行うものとする。

2　事業内容の説明は、買取り等を予定している資産の所在地を所轄する国税局（沖縄国税事務所を含む。）又は税務署の資産税課（沖縄国税事務所にあっては直税課）又は資産税部門に対して行うものとする。

3　事業内容の説明は、別添様式による説明書に事業の内容を明らかにする関係書類（図面を含む。）を添付して行うものとする。この場合、当該説明書（当該関係書類を含む。）は、正副２部提出すること。

東局直資第152号
昭和52年８月15日

知　事　殿

東京国税局長

譲渡所得等に係る課税の特例制度の運用に関する
協力方について（依頼）

個人又は法人の有する土地、建物、漁業権、その他の資産が一定の要件を満たす公共事業などのために買取り等（買取り、消滅、交換、取壊し、除去又は使用をいう。以下同じ。）をされた場合におけるその買取り等に係る所得に対する所得税又は法人税の課税については、租税特別措置法上各種の特例制度（同法第２章第４節第４款及び第５款又は第３章第６節第１款及び第２款に規定する特例をいう。以下同じ。）が設けられていますが、この特例制度の的確、かつ円滑な運用を図るためには、事業施行者（事業施行者に代わり資産の買取り等を行う者を含む。以下同じ。）が資産の買取り等に着手する前に、事業施行者と税務当局が、その資産の買取り等に対する特例制度の適用関係について相互に確認し合い、その上で、被買収者に対して課税関係の説明を行うという慣行を確立する必要があると考えます。

ついては、被買収者に対して特例制度の適用がある旨を説明して資産の買取り等を行う事業については、事前に税務当局と接触する時間的余裕がないなど特別の事情がある場合を除き、下記により、国税局又は税務署に対し当該事業の内容を説明し、特例制度の適用関係を事前に確認されるようお願いします。

なお、この事前説明の実施については、貴管下下部機関のほか、貴管下市町村、公社等に対しても、ご指導くださるようお願いします。

記

1　事業内容の説明は、被買収者に対し資産の買取り等の申出を行う前に行うものとする。

2　事業内容の説明は、買取り等を行う起業者の主たる事務所を所轄する国税局の資産税課又は税務署の資産税部門に対して行うものとする。

3　事業内容の説明は、別紙様式による説明書に事業の内容を明らかにする関係書類(図面を含む。)を添付して行うものとする。この場合当該説明書（当該関係書類を含む。）は、正副２部提出すること。

## 2　事前協議の対象となる公共事業等

事前協議の対象となる公共事業等は、次に掲げる事業です。

なお、これらの事業に係る譲渡所得の課税の特例（以下「収用等の場合の課税の特例」といいます。）制度の詳細については、第４章から第８章を参照してください。

### (1)　租税特別措置法第２章第４節第４款（収用等の場合の譲渡所得の特別控除等）及び第３章第６節第１款に規定する事業

イ　収用等に伴い代替資産を取得した場合の課税の特例（措法33、64※）

ロ　交換処分等に伴い資産を取得した場合の課税の特例（措法33の２、65）

ハ　換地処分等に伴い資産を取得した場合の課税の特例（措法33の３、65）

ニ　収用交換等の場合の譲渡所得等の特別控除（5,000万円）（措法33の４、65の２）

※　所得税及び法人税の条文を記載しています（(2)についても同じです。）。

### (2)　租税特別措置法第２章第４節第５款（特定事業の用地買収等の場合の譲渡所得の特別控除）及び第３章第６節第２款に規定する事業

イ　特定土地区画整理事業等のために土地等を譲渡した場合の譲渡所得の特別控除（2,000万円）（措法34、65の３）

ロ　特定住宅地造成事業等のために土地等を譲渡した場合の譲渡所得の特別控除（1,500万円）（措法34の２、65の４）

ハ　農地保有の合理化等のために農地等を譲渡した場合の譲渡所得の特別控除（800万円）（措法34の３、65の５）

## 3　事前協議の時期

前述しましたように、事前協議は、不適正な証明書の発行といった事後の問題の発生を未然に防止することを目的とする制度ですから、用地買収に着手してからなされたのでは意味がありません。

したがって、事前協議は、資産の所有者に対し、当該資産の買取り等（買取り、消滅、交換、取壊し、除去又は使用をいいます。以下同じです。）の申出を行う前に実施する必要があります。

# 4　事前協議先

事前協議の申出先は、国税庁、国税局及び税務署（以下「税務署等」といいます。）ですが、その分担は、次のとおりです。

なお、国税局及び税務署で行う事前協議の分担については、各国税局によって異なりますので、申出の前に国税局又は税務署にご確認ください。

## (1)　国税庁において事前協議を行うこととされている事業

※　確実に行われると認められる事業に限ります。

イ　「首都圏の近郊整備地帯及び都市開発区域の整備に関する法律」に規定する工業団地造成事業に該当することとなる事業

別表２　収用証明書の区分一覧表の区分欄㊻(イ)の事業です（331ページ参照）。

ロ　「近畿圏の近郊整備区域及び都市開発区域の整備及び開発に関する法律」に規定する工業団地造成事業に該当することとなる事業

別表２　収用証明書の区分一覧表の区分欄㊻(ロ)の事業です（331ページ参照）。

ハ　「流通業務市街地の整備に関する法律」に規定する流通業務団地造成事業に該当することとなる事業

別表２　収用証明書の区分一覧表の区分欄㊽の事業です（334ページ参照）。

## (2)　国税局において事前協議を行うこととされている事業（東京国税局の場合）

イ　都市計画事業に準ずる事業として行う一団地の住宅施設に係る事業

別表２　収用証明書の区分一覧表の区分欄㊹の事業です（329ページ参照）。

ロ　高速自動車国道環境施設帯設置事業

ハ　漁業権の消滅に係る補償事業

ニ　都市再開発事業

ホ　「マンションの建替え等の円滑化に関する法律」に規定するマンション建替事業

ヘ　「密集市街地における防災街区の整備の促進に関する法律」に規定する防災街区整備事業

ト　その他事業内容が複雑なもので国税局において処理することが適当と認められるもの

（注）　税務署又は国税局に事前協議先について確認してください。

チ　上記イからトまでの事業に伴う対償地取得事業

### (3) 税務署において事前協議を行うこととされている事業

上記(1)と(2)以外の事業です。

この場合、どこの税務署と事前協議をするかについては、東京国税局管内（千葉県、東京都、神奈川県及び山梨県）では次のように区分されています。

イ　事前協議の対象となる事業のために買取り等をされる土地やその他の資産の所在地（以下「事業施行地」といいます。）と事業施行者の主たる事務所が、いずれも東京国税局管内にある事業については、原則として、事業施行者の主たる事務所を所轄する税務署

ロ　事業施行地は東京国税局管内にあるが、事業施行者の主たる事務所が他の国税局管内にある事業については、事業施行地を所轄する税務署

なお、事業施行地が他の国税局管内にまたがるときは、その国税局の関係税務署と協議して、担当する税務署を決定することになりますので、事業施行地を所轄するいずれかの税務署へご相談ください。

ハ　事業施行者の主たる事務所は東京国税局管内にあるが、事業施行地が他の国税局管内にある場合には、事業施行地を所轄する税務署

【設　問】

問　K県では、O市A地区で県道の拡幅事業を予定しています。この事業は、K県の出先機関であるK県H土木事務所が実際に施行します。H土木事務所の所在地の所轄税務署はH税務署、事業施行地であるO市の所轄税務署はO税務署となります（H税務署・O税務署とも東京国税局管内の税務署です。）。

この場合、この道路拡幅事業のための用地買収についての収用等の課税の特例の適用に関する事前協議は、どこの税務署で行うことになりますか。

答　H税務署、O税務署とも東京国税局管内にありますから、上記(3)イのとおり、事業施行者の主たる事務所を所轄するH税務署が事前協議先となります。

## 5　事前協議の実施（申出）

具体的な事前協議は、事業施行者から事前協議先の税務署等への申出により始まります。

### (1) 事前協議の申出をする者

事前協議の申出は、事業施行者が行うべきものとされていますが、その事業を実際に施行する事務所等の長でも差し支えありません。

例えば、県道の拡幅・新設等の事業は、道路管理者である県知事が行うことになりますが、その事業を直接施行するのが県の出先機関の土木事務所である場合には、土木事務所長からの事前協議の申出で差し支えありません。

### (2) 事前協議の申出の方法

事前協議の申出は、様式１（123ページ）の「租税特別措置法施行規則第__条第__項第__号__に規定する書類の発行を予定している事業に関する説明書」の書面によって行います。

この書面には、事業の内容を明らかにする次のような書類を添付します。

イ　事業施行者が事業の施行を決定したことを明らかにする書類

例えば、事業施行者の内部決裁文書の写しなどが該当します。

ロ　事業計画書

ハ　事業施行地を表示する図面

ニ　事業計画を表示する図面

ホ　買取り等をする土地等の一筆ごとの明細

ヘ　買取り等をする資産（土地等を除きます。）の明細

（注）　これらの書類については、事前協議の申出の時に作成されているものは、その写しを提出し、事前協議の申出時に作成されていないものは、作成後速やかに提出します。

### (3) 「説明書」の提出部数

国税局において事前協議を行う場合、又は税務署において事前協議を行う事業で２以上の税務署に管轄区域がまたがって施行される事業の場合には、正本のほか、関係税務署の数に見合う数の副本を提出します。

### (4) 税務署等からの通知

事前協議の申出があった場合には、税務署等は、その事業内容について検討の上、事前協議の申出をした事業施行者に対し、「協議に係る証明書が発行できる事業に該当する」旨又は「該当しない」旨の通知を文書で行います。

なお、この通知が「証明書が発行できる事業に該当する」旨の通知であっても、例えば、次のような条件が付されることがあり、その場合には、その付された条件を満たさない限り、証明書が発行できる事業には該当しないことになります。

イ　土地収用法による事業の認定を受け、かつ、その事業の認定を受けた後において資産の買取り等を行うこと。

ロ　公有水面埋立法による公有水面の埋立ての免許を受け、かつ、その免許を受けた後において

漁業権の消滅に関する契約を締結すること。

## 6　証明書の発行等

### (1)　証明書の種類

事業施行者は、公共事業等に係る資産の買取り等に当たっては、該当する特例に応じ、次の証明書等を作成しなければなりません。

イ　収用等に伴い代替資産を取得した場合の課税の特例

①　収用証明書（様式２）

②　不動産等の譲受けの対価の支払調書（様式10）及び同合計表（様式11）

ロ　収用交換等の場合の特別控除（5,000万円特別控除）

①　収用証明書（様式２）

②　公共事業用資産の買取り等の申出証明書（本人用様式３、税務署用様式８）

③　公共事業用資産の買取り等の証明書（様式４）

④　不動産等の譲受けの対価の支払調書（様式10）及び同合計表（様式11）

（注）　第一種市街地再開発事業や第二種市街地再開発事業等に係る証明書等の様式は、様式12から19を参照してください。

ハ　特定土地区画整理事業等のために土地等を譲渡した場合の特別控除（2,000万円特別控除）

①　特定土地区画整理事業等のための土地等の買取り証明書（様式５）

②　不動産等の譲受けの対価の支払調書（様式10）及び同合計表（様式11）

ニ　特定住宅地造成事業等のために土地等を譲渡した場合の特別控除（1,500万円特別控除）

①　特定住宅地造成事業等のための土地等の買取り証明書（様式６）

②　不動産等の譲受けの対価の支払調書（様式10）及び同合計表（様式11）

ホ　農地保有の合理化等のために農地等を譲渡した場合の特別控除（800万円特別控除）

①　譲渡所得の特別控除に係る土地等についての農業委員会のあっせん証明願ほか（様式７）

②　不動産等の譲受けの対価の支払調書（様式10）及び同合計表（様式11）

なお、上記の証明書等のうち様式10の「不動産等の譲受けの対価の支払調書」は、法定様式です。

### (2)　税務署長への証明書等の提出

上記(1)に掲げた証明書等のうち次のものについては、それぞれ次に掲げる日までに、事業施行者の事務所等の所在地を所轄する税務署長に提出しなければなりません。

①　公共事業用資産の買取り等の申出証明書（写）（様式８）

最初に買取り等の申出をした日の属する月の翌月10日（措規15③、22の３④）

※　上記申出証明書（写）と併せて、「公共事業用資産の買取り等の申出証明書（写し）の提出について」（様式９）を提出してください。

②　不動産等の譲受けの対価の支払調書（様式10）及び同合計表（様式11）

１月から３月、４月から６月、７月から９月、10月から12月の各期間に支払うべきその買取り等に係る対価についての支払調書（所法225①九）を、それぞれの期間に属する最終月の翌月末日（措規15④、22の３⑤）

以上の証明書等の発行等について表にしますと次のようになります。

<table>
<tr><th rowspan="2">種　類</th><th rowspan="2">作成内容</th><th colspan="2">税務署提出</th><th rowspan="2">納税者へ交付</th><th rowspan="2">作成者</th><th rowspan="2">摘　要</th></tr>
<tr><th>作成期間</th><th>提出期限</th></tr>
<tr><td>買取り等の申出証明書</td><td>最初に買取り等の申出をした事項の明細</td><td colspan="2">最初に買取り等の申出をした日の属する月分（注１）<br>その翌月10日まで</td><td rowspan="3">確定申告書の提出期間の開始日の前日（２月15日）まで</td><td rowspan="3">事業施行者</td><td>様式３　本人用<br>様式８　税務署提出用</td></tr>
<tr><td>買取り等の証明書</td><td>実際の買取りに係る明細</td><td colspan="2" rowspan="2"></td><td>様式４</td></tr>
<tr><td>収用証明書</td><td>一定の法律に基づく買取り等であること（特定の手続を要するものは、その手続後）の証明</td><td>様式は定められていません（様式２参照）。</td></tr>
<tr><td>不動産等の譲受けの対価の支払調書</td><td>実際の買取りに係る明細（注２）</td><td>１月～３月<br>４月～６月<br>７月～９月<br>10月～12月</td><td>４月末まで<br>７月末まで<br>10月末まで<br>翌年１月末まで</td><td></td><td>事業施行者</td><td>様式10<br>なお、様式11の合計表を添付してください。</td></tr>
</table>

（注）１　買取り等の申出証明書（写）の提出に併せて、「公共事業用資産の買取り等の申出証明書（写し）の提出について」（様式９）を提出してください。

２　資産の譲渡に際し、譲渡の対価又は譲渡に伴う各種の損失の補償として各種の交付名義による支払がされている場合には、支払調書の摘要欄に、その支払総額及びその交付の内容の区分ごとにその金額を記載してください（所規別表５㉕備考３）。

# 第２章　事前協議の検討事項

## １　総　説

課税の特例の適用上問題が多く、事前協議の際に事業施行者と税務署等の間で十分検討をしておく必要がある事業として、「土地収用法第３条各号の一に掲げる事業」があります。

そこで、本章では、これらの事業についての事前協議の際に、国税局及び税務署が検討を行う基本的事項について説明します。

なお、これらの事業以外についても、これに準じて検討することになります。

**〔参考〕 土地収用法第３条**

第３条　土地を収用し、又は使用することができる公共の利益となる事業は、次の各号のいずれかに該当するものに関する事業でなければならない。

一　道路法（昭和27年法律第180号）による道路、道路運送法（昭和26年法律第183号）による一般自動車道若しくは専用自動車道（同法による一般旅客自動車運送事業又は貨物自動車運送事業法（平成元年法律第83号）による一般貨物自動車運送事業の用に供するものに限る。）又は駐車場法（昭和32年法律第106号）による路外駐車場

二　河川法（昭和39年法律第167号）が適用され、若しくは準用される河川その他公共の利害に関係のある河川又はこれらの河川に治水若しくは利水の目的をもって設置する堤防、護岸、ダム、水路、貯水池その他の施設

三　砂防法（明治30年法律第29号）による砂防設備又は同法が準用される砂防のための施設

三の二　国又は都道府県が設置する地すべり等防止法（昭和33年法律第30号）による地すべり防止施設又はぼた山崩壊防止施設

三の三　国又は都道府県が設置する急傾斜地の崩壊による災害の防止に関する法律（昭和44年法律第57号）による急傾斜地崩壊防止施設

四　運河法（大正２年法律第16号）による運河の用に供する施設

五　国、地方公共団体、土地改良区（土地改良区連合を含む。以下同じ。）又は独立行政法人石油天然ガス・金属鉱物資源機構が設置する農業用道路、用水路、排水路、海岸堤防、かんがい用若しくは農作物の災害防止用のため池又は防風林その他これに準ずる施設

六　国、都道府県又は土地改良区が土地改良法（昭和24年法律第195号）によって行う客土事業又は土地改良事業の施行に伴い設置する用排水機若しくは地下水源の利用に関する設備

七　鉄道事業法（昭和61年法律第92号）による鉄道事業者又は索道事業者がその鉄道事業又は索道事業で一般の需要に応ずるものの用に供する施設

七の二　独立行政法人鉄道建設・運輸施設整備支援機構が設置する鉄道又は軌道の用に供する施設

八　軌道法（大正10年法律第76号）による軌道又は同法が準用される無軌条電車の用に供する施設

八の二　石油パイプライン事業法（昭和47年法律第105号）による石油パイプライン事業の用に供する施設

九　道路運送法による一般乗合旅客自動車運送事業（路線を定めて定期に運行する自動車により乗合旅客の運送を行うものに限る。）又は貨物自動車運送事業法による一般貨物自動車運送事業（特別積合せ貨物運送をするものに限る。）の用に供する施設

九の二　自動車ターミナル法（昭和34年法律第136号）第３条の許可を受けて経営する自動車ターミナル事業の用に供する施設

十　港湾法（昭和25年法律第218号）による港湾施設又は漁港漁場整備法（昭和25年法律第137号）による漁港施設

十の二　海岸法（昭和31年法律第101号）による海岸保全施設

十の三　津波防災地域づくりに関する法律（平成23年法律第123号）による津波防護施設

十一　航路標識法（昭和24年法律第99号）による航路標識又は水路業務法（昭和25年法律第102号）による水路測量標

十二　航空法（昭和27年法律第231号）による飛行場又は航空保安施設で公共の用に供するもの

十三　気象、海象、地象又は洪水その他これに類する現象の観測又は通報の用に供する施設

十三の二　日本郵便株式会社が日本郵便株式会社法（平成17年法律第100号）第４条第１項第１号に掲げる業務の用に供する施設

十四　国が電波監視のために設置する無線方位又は電波の質の測定装置

十五　国又は地方公共団体が設置する電気通信設備

十五の二　電気通信事業法（昭和59年法律第86号）第120条第１項に規定する認定電気通信事業者が同項に規定する認定電気通信事業の用に供する施設（同法の規定により土地等を使用することができるものを除く。）

十六　放送法（昭和25年法律第132号）による基幹放送事業者又は基幹放送局提供事業者が基幹放送の用に供する放送設備

十七　電気事業法（昭和39年法律第170号）による一般送配電事業、送電事業、配電事業、特定送配電事業又は発電事業の用に供する電気工作物

十七の二　ガス事業法（昭和29年法律第51号）によるガス工作物

十八　水道法（昭和32年法律第177号）による水道事業若しくは水道用水供給事業、工業用水道事業法（昭和33年法律第84号）による工業用水道事業又は下水道法（昭和33年法律第79号）による公共下水道、流域下水道若しくは都市下水路の用に供する施設

十九　市町村が消防法（昭和23年法律第186号）によって設置する消防の用に供する施設

二十　都道府県又は水防法（昭和24年法律第193号）による水防管理団体が水防の用に供する施設

二十一　学校教育法（昭和22年法律第26号）第１条に規定する学校又はこれに準ずるその他の教育若し

くは学術研究のための施設

二十二　社会教育法（昭和24年法律第207号）による公民館（同法第42条に規定する公民館類似施設を除く。）若しくは博物館又は図書館法（昭和25年法律第118号）による図書館（同法第29条に規定する図書館同種施設を除く。）

二十三　社会福祉法（昭和26年法律第45号）による社会福祉事業若しくは更生保護事業法（平成７年法律第86号）による更生保護事業の用に供する施設又は職業能力開発促進法（昭和44年法律第64号）による公共職業能力開発施設若しくは職業能力開発総合大学校

二十四　国、地方公共団体、独立行政法人国立病院機構、国立研究開発法人国立がん研究センター、国立研究開発法人国立循環器病研究センター、国立研究開発法人国立精神・神経医療研究センター、国立研究開発法人国立国際医療研究センター、国立研究開発法人国立成育医療研究センター、国立研究開発法人国立長寿医療研究センター、健康保険組合若しくは健康保険組合連合会、国民健康保険組合若しくは国民健康保険団体連合会、国家公務員共済組合若しくは国家公務員共済組合連合会若しくは地方公務員共済組合若しくは全国市町村職員共済組合連合会が設置する病院、療養所、診療所若しくは助産所、地域保健法（昭和22年法律第101号）による保健所若しくは医療法（昭和23年法律第205号）による公的医療機関又は検疫所

二十五　墓地、埋葬等に関する法律（昭和23年法律第48号）による火葬場

二十六　と畜場法（昭和28年法律第114号）によると畜場又は化製場等に関する法律（昭和23年法律第140号）による化製場若しくは死亡獣畜取扱場

二十七　地方公共団体又は廃棄物の処理及び清掃に関する法律（昭和45年法律第137号）第15条の５第１項に規定する廃棄物処理センターが設置する同法による一般廃棄物処理施設、産業廃棄物処理施設その他の廃棄物の処理施設（廃棄物の処分（再生を含む。）に係るものに限る。）及び地方公共団体が設置する公衆便所

二十七の二　国が設置する平成23年３月11日に発生した東北地方太平洋沖地震に伴う原子力発電所の事故により放出された放射性物質による環境の汚染への対処に関する特別措置法（平成23年法律第110号）による汚染廃棄物等の処理施設

二十八　卸売市場法（昭和46年法律第35号）による中央卸売市場及び地方卸売市場

二十九　自然公園法（昭和32年法律第161号）による公園事業

二十九の二　自然環境保全法（昭和47年法律第85号）による原生自然環境保全地域に関する保全事業及び自然環境保全地域に関する保全事業

三十　国、地方公共団体、独立行政法人都市再生機構又は地方住宅供給公社が都市計画法（昭和43年法律第100号）第４条第２項に規定する都市計画区域について同法第２章の規定により定められた第一種低層住居専用地域、第二種低層住居専用地域、第一種中高層住居専用地域、第二種中高層住居専用地域、第一種住居地域、第二種住居地域、準住居地域又は田園住居地域内において、自ら居住するため住宅を必要とする者に対し賃貸し、又は譲渡する目的で行う50戸以上の一団地の住宅経営

三十一　国又は地方公共団体が設置する庁舎、工場、研究所、試験所その他直接その事務又は事業の用に供する施設

三十二　国又は地方公共団体が設置する公園、緑地、広場、運動場、墓地、市場その他公共の用に供す

る施設

三十三　国立研究開発法人日本原子力研究開発機構が国立研究開発法人日本原子力研究開発機構法（平成16年法律第155号）第17条第１項第１号から第３号までに掲げる業務の用に供する施設

三十四　独立行政法人水資源機構が設置する独立行政法人水資源機構法（平成14年法律第182号）による水資源開発施設及び愛知豊川用水施設

三十四の二　国立研究開発法人宇宙航空研究開発機構が国立研究開発法人宇宙航空研究開発機構法（平成14年法律第161号）第18条第１号から第４号までに掲げる業務の用に供する施設

三十四の三　国立研究開発法人国立がん研究センター、国立研究開発法人国立循環器病研究センター、国立研究開発法人国立精神・神経医療研究センター、国立研究開発法人国立国際医療研究センター、国立研究開発法人国立成育医療研究センター又は国立研究開発法人国立長寿医療研究センターが高度専門医療に関する研究等を行う国立研究開発法人に関する法律（平成20年法律第93号）第13条第１項第１号、第14条第１号、第15条第１号若しくは第３号、第16条第１号若しくは第３号、第17条第１号又は第18条第１号若しくは第２号に掲げる業務の用に供する施設

三十五　前各号のいずれかに掲げるものに関する事業のために欠くことができない通路、橋、鉄道、軌道、索道、電線路、水路、池井、土石の捨場、材料の置場、職務上常駐を必要とする職員の詰所又は宿舎その他の施設

## 2　土地収用法第３条各号の一に該当するものに関する事業

### (1)　事業計画の具体性

事前協議の時までに土地収用法第16条に規定する「事業の認定」を受けていないものについては、事業施行者から、事業の施行決定に係る内部決裁文書等、事業計画書、事業施行地を表示する図面、事業計画を表示する図面等の写しの提出を求め、事業施行地、事業の開始及び完成の時期、事業に要する経費及びその財源などが具体的に確定しており、事業認定が行われ得る状況にあるかどうかを検討します。

また、事業の施行に関して行政機関の免許、許可又は認可等の処分を必要とするものについては、事前協議の時までに、これらの処分があったことを証する書類又は当該行政機関の意見書（事業施行者が当該行政機関から交付を受けたものです。）の提出を求め、その事業の施行に関する前提条件に支障がないかどうかを検討することになります。

この行政機関の免許、許可、認可等の処分には、例えば、学校を設置する場合における監督庁の認可（学校教育法第４条）のようなものがあり、この認可があったことを証する書類（認可証の写し）を提出することとなります。

**【設　問】**

問　K県は、甲地区の健全な発展と秩序ある整備を図るための土地利用、道路、水道などの整備に関する都市計画を決定しました。その決定に基づきR市は、甲地区内に設置が予定されている都市計画道路の用地を取得する予定ですが、当該取得につき収用等の場合の課税の特例が受けられますか。

答　都市計画が決定されていても、R市の土地の買取りには収用等の場合の課税の特例を適用することはできません。

都市計画は、都市の健全な発展と秩序ある整備を図るための土地利用及び道路、公園、一団地の住宅などの整備並びに市街地再開発事業に関する計画で、都道府県知事等が決定することとされていますが、R市が都市計画において定められた道路などの整備に関する事業を都市計画事業として実施する場合には県知事の認可を得なければなりません。

都市計画事業の認可がなされますとその事業は土地収用法第3条各号の一に規定する事業に該当するものとみなされます（都市計画法第69条及び第70条）。

したがって、都市計画が決定されたというだけでは収用権が付与されるものではありませんから、その計画に供する目的でR市に土地等が買い取られたとしても、収用等の場合の課税の特例を適用することはできません。

### ⑵　事業の土地収用法上の適格性

事業施行者の行う事業が「事業の認定」を受けていない場合には、⑴に掲げる書類等により、その事業が土地収用法第3条各号の一に該当するものに関する事業であるかどうかの検討を行います。

この事業の適格性の検討は、事業施行者の人的要件、設置する施設の物的要件及び事業施行地の地域的要件について行います。

#### イ　事業施行者の人的要件

事業施行者は、土地収用法第3条又は同条各号に引用されている法令において同条各号に掲げる施設を設置することができるとされている者でなければなりません。

この場合に、行政機関の免許、許可、認可等の処分がなければ事業施行者となれない者については、事前協議の時までにこれらの処分があったことを証する書類又は当該行政機関の意見書に基づき、その人的要件について支障がないかどうかを確認します。

この行政機関の免許、許可、認可等には、例えば、水道事業者となるための厚生労働大臣の認可のようなものがあり、この認可がなければ事業施行者となることができません。したがって、水道事業のための用地買収に当たって、事業施行者が厚生労働大臣の上記認可を得ていない場合や得られない場合には、その用地買収については、「収用等の場合の課税の特例」の適用を受けることはできません。

【設　問】

問　K県立R高等学校の移転先の敷地80,000㎡の買取りについて、K県の予算の関係でK県が70,000㎡を買収し、残り10,000㎡は同校の同窓会が買収して、その土地をK県に寄附することを予定しています。

この場合、同窓会が行う土地の買取りについて、収用等の場合の課税の特例が受けられますか。

答　同窓会は、土地収用法第３条各号の一に該当する事業の施行者となりませんから、同窓会が地方公共団体の設置する高等学校の敷地予定地を買い取り、その買い取った土地を地方公共団体に寄附したとしても、その買取りについては収用等の場合の課税の特例の適用はありません。

なお、同窓会が、その買取りを予定している土地の取得資金をK県に寄附し、県がその土地を買い取るのであれば、収用等の場合の課税の特例の適用があります。

### ロ　施設の物的要件

事業施行者の設置しようとしている施設は、土地収用法第３条各号に掲げる施設に該当するものでなければなりません。この要件の判定に当たって、事業施行者の設置しようとしている施設が同条各号に掲げる施設に該当するかどうか明らかでない場合には、事業施行者において関係官庁等に文書照会によって確認し、事前協議の際にはその回答文書の写しを添付書類として税務署等に提出します。

### ハ　事業施行地の地域的要件

土地収用法第３条各号に掲げる施設には、例えば、急傾斜地崩壊防止施設における急傾斜地崩壊危険区域、港湾施設における港湾区域・臨港地区のように、法令によりその設置する場所について地域的制約が定められているものがあります。この場合には、事業施行地がその地域的要件を満たしているものでなければなりません。

## (3)　事業の税法上の適格性

土地収用法第３条各号に掲げる事業のための資産の買取り等に係る「収用等の場合の課税の特例」の適用については、必ずしもその事業について土地収用法の「事業の認定」を受けていなければ適用がないというものではありません。

措置法規則第14条第５項第３号イに掲げる、いわゆる「特掲事業」又はその事業施行地の一団地の面積が10ha以上の事業については、その緊急性や非代替性といったことを考慮し、「事業の認定」がなくとも、収用等の場合の課税の特例の適用を受けることができます。

そこで、これらの事業についての税法上の適格性に係る検討事項について説明します。

**イ　「事業の認定」を受けている事業**

「事業の認定」は、次の場合には、それぞれ次の期間満了の日の翌日から将来に向かってその効力を失うことになりますので、「事業の認定」を受けた事業であっても、現時点でそれが有効かどうか、又は近い将来失効することがないかどうかについて確認します。

(イ)「事業の認定」の告示があった日から１年以内に収用委員会に収用又は使用の裁決の申請をしない場合

(ロ)「事業の認定」の告示があった日から４年以内に明渡裁決の申立てをしない場合

**ロ　特掲事業**（措規14⑤三イ）

この事業に該当するかどうかについては、上記(2)の「事業の土地収用法上の適格性」に準じ、事業施行者の人的要件、施設の物的要件及び事業施行地の地域的要件を満たすか否かを検討します。

なお、この特掲事業に該当しない事業は、次のハの面積10ha以上の事業に該当する場合を除き、「事業の認定」を受けなければ、「収用等の場合の課税の特例」の対象となる事業には該当しません。

**ハ　面積10ha以上の事業**（措規14⑤五）

この事業については、①事業施行地が一団の土地と認められるかどうか（拡張に関する事業にあっては、拡張前の土地と事業施行地とが一団の土地と認められるかどうか）、②土地収用法第３条各号の一に該当するものと他の当該各号の一に該当するものとの合計面積で10ha以上の判定を行おうとする場合には、これらの施設が一組の施設として一の効用を有するものかどうかを検討します。

### (4)　買取り等をする者の適格性（代行買収の適格性）

収用等の場合の課税の特例は、原則的には、事業施行者が自ら資産を取得する場合に適用されるものですが、円滑な取得を助成するため、一定の事業に限り事業施行者以外の者（代行買収者）が資産を取得した場合でも収用等の場合の課税の特例の適用が認められています。

この代行買収が行われる場合には、次の要件を具備していることについて確認します。

なお、代行買収の要件等については、48～51ページも参照してください。

**イ　その事業について代行買収が認められていること**

代行買収は、全ての公共事業に認められているものではありません。例えば、国・地方公共団体又は独立行政法人都市再生機構の施行するものなどに限り代行買収が認められており、その事業の範囲が限定されています。

**ロ　代行買収を行うことができる者が土地等を買い取ること**

代行買収者については、全ての者が代行買収者となれるわけではなく、「代行買収の認められる事業」と代行買収者の組合せが定められており、地方公共団体又は地方公共団体が財産を提供して設立した団体に限り代行買収者となれる事業があるなど、その範囲が限定されています。

また、地方公共団体の設立した団体が代行買収者となる場合には、その団体は地方公共団体が全額出資して設立した団体でなければなりません。

**ハ　事業施行者と代行買収者との間で次の事項が契約書又は覚書において明確にされていること**

(イ)　買取りをした資産は、最終的に事業施行者に帰属するものであること

なお、代行買収者から事業施行者への買収資産の移転については、必ずしも有償であることを必要としません。

(ロ)　買取りを拒む者がある場合には、事業施行者が収用するものであること

### (5)　買取り等をする資産の適格性

事業施行者が買取り等をする資産のうち、「収用等の場合の課税の特例」の適用があるのは、原則として事業施行地内に所在するものに限られます。

例えば、一筆の土地が、事業施行地内と事業施行地外とにまたがっている場合には、事業施行地内にある土地の譲渡についてのみ収用等の場合の課税の特例の適用があり、事業施行地外の土地については、その土地の買取りが「残地買収」に該当しない限り収用等の場合の課税の特例の適用は受けられません。

そこで、買取り等をする土地の一筆ごとの明細や、その土地の上にある資産その他買取り等を予定している資産の明細等により、買取り等をする資産の適格性を検討します。

（注）　残地買収については、55ページを参照してください。

### (6)　その他の確認事項

イ　公共事業等に係る資産の買取り等に伴い交付される補償金等のうち、「収用等の場合の課税の特例」の適用があるのは、原則として対価補償金に限られますので、各種補償予定額の算出基準等に関する書類から、各種補償の税法上の取扱いを確認します。

ロ　資産の買取り等の申出の始期から終期までの期間が長期間となるものについては、その理由

を確認します。

ハ　関連事業（関連事業の関連事業を含みます。）として事業の認定を受けていない事業については、「収用等の場合の課税の特例」の適用のある関連事業としての要件（措通33－２、64(1)－２）を備えているか確認します。

## 3　事前協議後の注意事項

事前協議の終了後、譲渡所得等の課税の特例に該当する事業である旨の確認を得たものについては、その後の資産の買取り等に当たって次の点に注意する必要があります。

### (1)　全ての事業についての注意事項

イ　売買契約や登記は、必ず事業施行者名又は代行買収者名で行わなければなりません。

ロ　計画変更があった場合（補償金の追加支払を要する事情が生じた場合を含みます。）には、速やかに事前協議をやり直します。

ハ　譲渡所得等の課税の特例に該当する事業である旨の通知において特例の適用に関して条件が付されている場合には、その条件が満たされない限り特例の適用はありません。

### (2)　収用等の場合の課税の特例に係る事業についての注意事項

イ　買取り等の申出については、買取り等の申出証明書の発行に支障がないように交渉経緯などを正確に記録し適切に管理しておかなければなりません。

ロ　事業施行地内に同一人の所有に係る資産が２以上ある場合には、原則として、一括して買取り等の申出を行い、かつ、一括して買収することとします。

これは、分割して買取り等が行われた場合には、①「収用交換（収用換地）等の場合の特別控除」、②「特定土地区画整理事業等のために土地等を譲渡した場合の特別控除」又は③「特定住宅地造成事業等のために土地等を譲渡した場合の特別控除」が適用されないことがあり、これに該当すると、同一事業に係る用地買収が２以上の年にまたがって行われた場合には、最初の年の買取り等についてのみ特別控除の特例の適用があり、後の年の買取り等については適用がないことになります。

したがって、特に事業規模が広範囲、長期に及ぶような事業については、買取り等の対象となった地権者等を確実に整理・把握し、同一事業で２回目以降の買取り等となる場合には適切なアドバイスができるようにしておくことが肝要です。

ハ　収用交換（収用換地）等の場合の特別控除は、最初に買取り等の申出があった日から６か月以内に譲渡した場合に限り適用されるものですから、事業施行者の過失により、買取り等の日が当該期限を経過することのないように注意しなければなりません。

なお、買取り等の申出のあった日については85ページを参照してください。

ニ　資産を譲渡した者が金銭補償に代えて現物補償を希望した場合などにおいて、対償地を取得することとなったときには、当該対償地の取得について別途事前協議を行う必要があります。

ホ　残地買収の必要が生じた場合にも、別途事前協議を行う必要があります。

ヘ　収用等により農地等が買い取られた場合で、「収用等の場合の課税の特例」の適用などにより譲渡所得が零となるときであっても、その農地等が、相続税又は贈与税の納税猶予の対象となっている場合には、相続税又は贈与税の納付等の手続が必要となることに留意する必要があります。

この場合、買い取られた農地等に対応する相続税又は贈与税の納税猶予税額とともに納付することとなる利子税の額について、これを軽減（２分の１に相当する金額）又は免除（平成26年４月１日から令和８年３月31日までの間の収用交換等による譲渡に係るもの）する特例が設けられています（措法70の８①③④）が、この利子税の特例を受けるためには納税猶予期限（譲渡をした日の翌日から２か月を経過する日）までに、特例の適用を受けたい旨の届出書を提出しなければならないこととされています（措法70の８②⑤）。

なお、措置法第34条（2,000万円特別控除）及び同法第34条の２（1,500万円特別控除）に係る事業により買い取られる場合には、上記利子税の特例はありません。

# 第３章　譲渡所得の課税の概要

本章では、収用等の場合の課税の特例の説明に先立ち、その基礎となる所得税とりわけ譲渡所得についての基礎的な知識を身につけていただくため、所得税及び譲渡所得の計算の仕組みについて説明します。

## 1　所得税と譲渡所得

### (1)　所得の分類

所得税は、個人がいろいろな経済活動によって得た所得の全てを総合的に捉えて、そこに税を負担する力（これを「担税力」といいます。）を見出し、その金額を課税標準として課税することとしています。

しかし、所得の基因となる経済活動の差異によってそこに発生する所得の担税力には差があるため、税負担の公平を図る見地から所得をその性質によって10種類に分類し、各々の所得の担税力に相応した計算を行うこととしており、その結果得られた各種所得の金額を基礎に課税標準を計算することとしています。

### (2)　所得税の計算の仕組みの概要

#### イ　所得の種類とその計算

①　利子所得（所法23）

利子所得とは、公社債及び預貯金の利子並びに合同運用信託及び公社債投資信託等の収益の分配に係る所得をいいます。

**【計　算】**　収入金額＝所得金額

②　配当所得（所法24）

配当所得とは、法人から受ける剰余金の配当、利益の配当、剰余金の分配等に係る所得をいいます。

**【計　算】**　収入金額＝所得金額（ただし、負債の利子は除きます。）

③　不動産所得（所法26）

不動産所得とは、不動産、不動産の上に存する権利、船舶や航空機の貸付けによる所得をいいます（事業所得又は譲渡所得に該当するものを除きます。)。

**【計　算】**　総収入金額－必要経費＝所得金額

④　事業所得（所法27）

事業所得とは、農業、漁業、製造業、卸売業、小売業、サービス業などから生ずる所得をいいます（山林又は譲渡所得に該当するものを除きます。)。

**【計　算】**　総収入金額－必要経費＝所得金額

⑤　給与所得（所法28）

給与所得とは、俸給、給料、賃金等に係る所得をいいます。

**【計　算】**　収入金額－給与所得控除額＝所得金額

⑥　退職所得（所法30）

退職所得とは、退職手当、一時恩給等に係る所得をいいます。

**【計　算】**　（収入金額－退職所得控除額）×1/2＝所得金額

⑦　山林所得（所法32）

山林所得とは、山林の伐採又は譲渡による所得をいいます（山林の取得後５年以内の伐採又は譲渡による所得は含めず、山林の譲渡が事業的規模で行われている場合は事業所得、それに至らない場合は雑所得になります。)。

**【計　算】**　総収入金額－必要経費－特別控除額（最高50万円）＝所得金額

⑧　譲渡所得（所法33）

譲渡所得とは、資産の譲渡による所得をいいます。

**【計　算】**　総収入金額－必要経費（取得費及び譲渡費用）－特別控除額（50万円）＝所得金額

⑨　一時所得（所法34）

一時所得とは、上記①利子所得から⑧譲渡所得以外のうち、営利を目的とする継続的行為から生じた所得以外の一時の所得で労務その他役務（サービス）又は資産の譲渡の対価としての性質を有しない所得をいいます。

**【計　算】**　総収入金額－その収入を得るために支出した金額－特別控除額（最高50万円）
＝所得金額

⑩　雑所得（所法35）

上記①利子所得から⑨一時所得のいずれにも該当しない所得をいいます。

**【計　算】**　総収入金額－必要経費＝所得金額

ただし、公的年金等の場合は、「収入金額－公的年金等控除額＝所得金額」となります。

**ロ　総所得金額、退職所得金額及び山林所得の金額**

上記イで計算した各種所得の金額を基として次に総所得金額、退職所得金額及び山林所得の金額を計算することになります。

この場合、各種所得の金額の計算上生じた損失については、所得税法第69条の規定に基づき損益通算を行い、次に所得税法第70条及び第71条の規定に基づき損失の繰越控除を行い、総所得金額、退職所得金額及び山林所得の金額を計算します。

これを図示しますと、次のようになります。

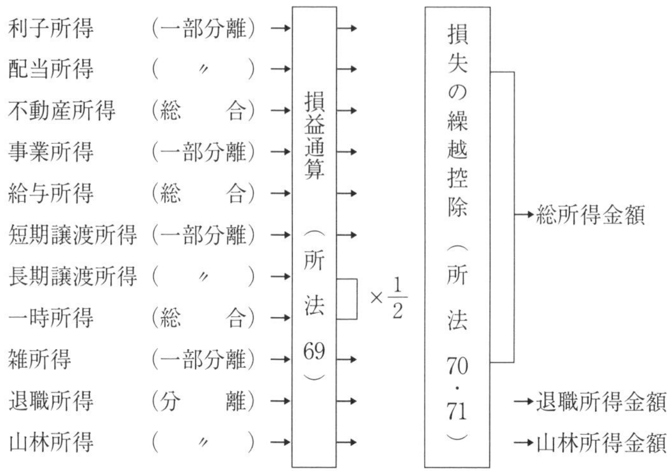


（注）一定の所得については他の所得との損益通算ができません。

**ハ　課税総所得金額、課税退職所得金額、課税山林所得の金額の計算**

ロで計算した総所得金額、退職所得金額及び山林所得金額から、下の表に示した各種の所得控除の金額を控除して課税総所得金額、課税退職所得金額及び課税山林所得金額を計算します。

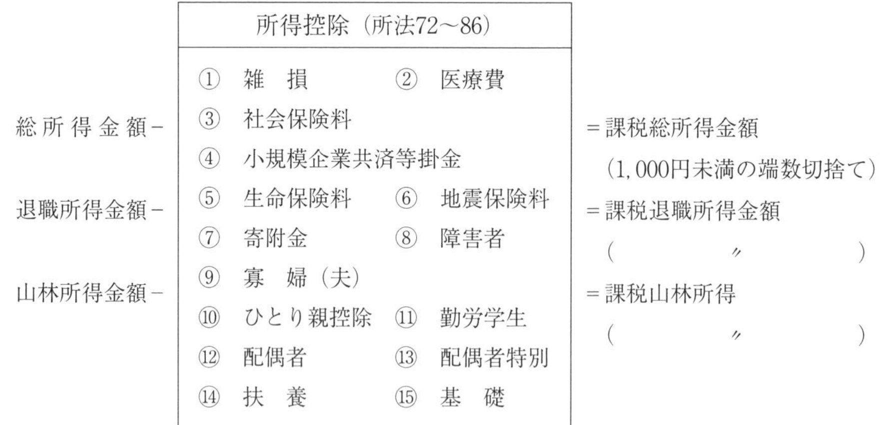

所得控除（所法72～86）
①　雑　損　②　医療費
③　社会保険料
④　小規模企業共済等掛金
⑤　生命保険料　⑥　地震保険料
⑦　寄附金　⑧　障害者
⑨　寡　婦（夫）
⑩　ひとり親控除　⑪　勤労学生
⑫　配偶者　⑬　配偶者特別
⑭　扶　養　⑮　基　礎
総所得金額－
退職所得金額－
山林所得金額－
＝課税総所得金額
（1,000円未満の端数切捨て）
＝課税退職所得金額
（　〃　）
＝課税山林所得
（　〃　）


（注）申告分離課税とされる「特定公社債等の利子所得の金額及び上場株式等に係る配当所得の金額」、「土地の譲渡等に係る事業所得等の金額」、「土地建物等の分離長期譲渡所得の金額及び分離短期譲渡所得の金額」、「株式等に係る譲渡所得等の金額」、「先物取引に係る雑所得等の金額」については説明の都合上省略しています（ニにおいて同じです。）。

### 二　所得税額の計算

ハの課税総所得金額、課税退職所得金額及び課税山林所得金額に所得税の税率を乗じ税額を計算し、これから下図の各税の税額控除の金額を差し引いて所得税額を計算します。

なお、課税山林所得金額の税額の計算に当たっては、課税山林所得金額を５で除し、その金額に税率を乗じ、その算出した金額に５を乗じて計算します（５分５乗方式）。

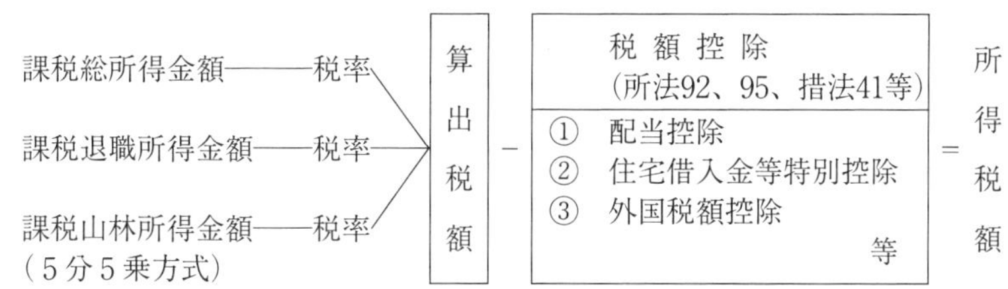


（注）　個人の方で所得税を納める義務のある方は、復興特別所得税も併せて納める義務があります。

## 2　譲渡所得の意義と計算

### (1)　譲渡所得の意義と性格

譲渡所得とは、資産の譲渡（建物又は構築物の所有を目的とする地上権又は賃借権の設定その他契約により他人に土地を長期間使用させる行為を含みます。）による所得をいいます（所法33①、所令79、80）が、棚卸資産その他営利を目的とする継続的な資産の譲渡による所得や山林の伐採又は譲渡による所得は含みません（所法33②、所令81）。

なお、その資産の取得の日以後５年以内に行った譲渡を短期譲渡、５年を超えて行った譲渡を長期譲渡といいます。

### (2)　譲渡所得の金額の計算

譲渡所得の金額の計算は、１の(2)において述べたように次の算式によります。

総収入金額－必要経費（取得費及び譲渡費用）－特別控除＝譲渡所得の金額

（注）　総所得金額を求めるときに合計する長期譲渡所得の金額は、その２分の１に相当する金額となります（所法22②二）。

### (3)　譲渡所得の課税の特例

土地建物等の譲渡所得については、所得税法のほか、租税特別措置法において、次のような課税の特例を設けています。

（注）　本書では、収用等の場合の課税の特例以外の特例内容についての説明は省略します。

① 固定資産の交換（所法58）

② 保証債務履行のための譲渡（所法64②）

③ 長期譲渡所得の課税の特例（措法31）

④ 優良住宅地の造成等のために土地等を譲渡した場合の長期譲渡所得の課税の特例（措法31の２）

⑤ 居住用財産を譲渡した場合の長期譲渡所得の課税の特例（措法31の３）

⑥ 短期譲渡所得の課税の特例（措法32）

⑦ 収用等に伴い代替資産を取得した場合の課税の特例（措法33）

⑧ 交換処分等に伴い資産を取得した場合の課税の特例（措法33の２）

⑨ 換地処分等に伴い資産を取得した場合の課税の特例（措法33の３）

⑩ 収用交換等の場合の譲渡所得等の特別控除（措法33の４）

⑪ 特定土地区画整理事業等のために土地等を譲渡した場合の譲渡所得の特別控除（措法34）

⑫ 特定住宅地造成事業等のために土地等を譲渡した場合の譲渡所得の特別控除（措法34の２）

⑬ 農地保有の合理化等のために農地等を譲渡した場合の譲渡所得の特別控除（措法34の３）

⑭ 居住用財産の譲渡所得の特別控除（措法35）

⑮ 特定期間に取得をした土地等を譲渡した場合の長期譲渡所得の特別控除（措法35の２）

⑯ 低未利用土地等を譲渡した場合の長期譲渡所得の特別控除（措法35の３）

⑰ 特定の居住用財産の買換えの場合の長期譲渡所得の課税の特例（措法36の２）

⑱ 特定の居住用財産を交換した場合の長期譲渡所得の課税の特例（措法36の５）

⑲ 特定の事業用資産の買換えの場合の譲渡所得の課税の特例（措法37）

⑳ 特定の事業用資産を交換した場合の譲渡所得の課税の特例（措法37の４）

㉑ 既成市街地等内にある土地等の中高層耐火建築物等の建設のための買換え及び交換の場合の譲渡所得の課税の特例（措法37の５）

㉒ 特定の交換分合により土地等を取得した場合の課税の特例（措法37の６）

㉓ 特定普通財産とその隣接する土地等の交換の場合の譲渡所得の課税の特例（措法37の８）

㉔ 相続財産に係る譲渡所得の課税の特例（措法39）

㉕ 国等に対して財産を寄附した場合の譲渡所得等の非課税（措法40）

㉖ 国等に対して重要文化財を譲渡した場合の譲渡所得の非課税（措法40の２）

㉗ 物納による譲渡所得等の非課税（措法40の３）

㉘ 債務処理計画に基づき資産を贈与した場合の課税の特例（措法40の３の２）

㉙ 居住用財産の買換え等の場合の譲渡損失の損益通算及び繰越控除（措法41の５）

㉚ 特定居住用財産の譲渡損失の損益通算及び繰越控除（措法41の５の２）

# 3　土地建物等の譲渡所得に対する分離課税

## (1)　分離課税の対象となる財産

土地や建物などを譲渡した場合には、借家権などの譲渡による所得が事業所得や給与所得などと合算して総合課税の対象とされるのと異なり、「分離課税」の対象とされます。この分離課税の対象とされるという意味は、他の総合課税の対象とされる所得、例えば給与所得や事業所得とは別に申告するという意味ではなく、税額の計算を別個に行うという意味です。

この分離課税の対象とされるのは、次に掲げる資産の譲渡による所得です。

イ　土地や土地の上に存する権利（以下「土地等」といいます。）、建物及びその附属設備、構築物（以下「建物等」といい、土地等と併せて「土地建物等」といいます。）の譲渡による所得（措法31、32）

ロ　資産の譲渡とみなされる特定の借地権や地役権の設定に伴って受け取る権利金に係る所得（措法31、32、所法33①、所令79、80）

ハ　特定の株式・出資の譲渡による所得（措法32②）

## (2)　長期譲渡所得の課税の特例

譲渡の日の属する年の１月１日においてその所有期間が５年を超える（以下「長期所有」といいます。）土地建物等の譲渡による所得は、「分離長期譲渡所得」として課税されます。

（注）　令和６年分の譲渡の場合は、平成30年12月31日以前に取得した土地建物等となります。

**イ　一般の場合の長期譲渡所得の税額計算（措法31）**

(イ)　所得計算

収入金額－必要経費（取得費及び譲渡費用）＝課税長期譲渡所得金額

(ロ)　税額計算

個人の土地建物等の譲渡に係る長期譲渡所得に対する税額は次の算式により計算します。

**〔算式〕**

課税長期譲渡所得金額×15％（地方税５％）

**【復興特別所得税】**

個人で所得税を納める義務のある方は、復興特別所得税も併せて納める義務があります（以下本書において同じです。）。

【算式】　復興特別所得税額　＝　基準所得税額(※)　×　2.1％

（※）　基準所得税額

居住者（非永住者以外）の基準所得税額は、「全ての所得に対する所得税額」となります。

**【計算例】**

Ａさんの令和６年分の所得金額等は、次のとおりです。この場合のＡさんの令和６年分の分離長期譲渡所得の所得税額を計算しなさい。

課税長期譲渡所得　6,800万円

〔内訳〕収入金額　8,000万円　　譲渡費用　　250万円

取得費　　950万円

（計算式）

6,800万円×15％（地方税５％）＝1,020万円（地方税額340万円）

※　上記のほか、復興特別所得税も併せて納付する義務があります。

**ロ　優良住宅地の造成等のために土地等を譲渡した場合の長期譲渡所得の課税の特例（措法31の２）**

(イ)　特例のあらまし

長期所有の土地等を優良住宅地の造成等のために譲渡した場合には、昭和62年10月１日から令和７年12月31日までの譲渡に限り分離課税の長期譲渡所得に対する税率が軽減されます。

(ロ)　特例の内容

次の算式により税額を計算します。

なお、併せて復興特別所得税を納める義務があります。

**〔算式〕**

①　課税長期譲渡所得金額が2,000万円以下である場合

課税長期譲渡所得金額×10％（地方税４％）

②　課税長期譲渡所得金額が2,000万円を超える場合

2,000万円×10％（地方税４％）＋（課税長期譲渡所得金額－2,000万円）×15％（地方税５％）

(ハ)　特例の適用要件

この特例は次の①から⑯までの土地等の譲渡で、それぞれの土地等の譲渡に該当する旨の書類により証明されたものについて適用されます。

ただし、その譲渡について、措置法第33条から第33条の４まで、第34条から第35条の３まで、第36条の２、第36条の５、第37条、第37条の４から第37条の６まで、又は第37条の８の規定の適用を受けるときは、この特例の適用を受けることはできません（措法31の２④）。

なお、次の①から⑯までの土地等の譲渡に係る証明書類等については、別表１「優良住宅地等のための譲渡に関する証明書類等の区分一覧表」（283ページ）を参照してください。

①　国又は地方公共団体に対する土地等の譲渡（措法31の２②一、措令20の２①一）

（１の２）　地方道路公社、独立行政法人鉄道建設・運輸施設整備支援機構、独立行政法人水資源機構、成田国際空港株式会社、東日本高速道路株式会社、首都高速道路株式会社、中

日本高速道路株式会社、西日本高速道路株式会社、阪神高速道路株式会社又は本州四国連絡高速道路株式会社に対する土地等の譲渡で、当該譲渡に係る土地等がこれらの法人の行う措置法第33条第１項第１号に規定する土地収用法等に基づく収用（同項第２号の買取り及び同条第４項第１号の使用を含みます。）の対償に充てられるもの（措法31の２②一、措令20の２①二）

② 独立行政法人都市再生機構、土地開発公社その他これらに準ずる法人で宅地若しくは住宅の供給又は土地の先行取得の業務を行うことを目的とするもの（※）に対する土地等の譲渡で、その譲渡に係る土地等がその業務を行うために直接必要であると認められるもの（土地開発公社に対する土地等の譲渡である場合には、公有地の拡大の推進に関する法律第17条第１項第１号ニに掲げる土地の譲渡に該当するものを除きます。）（措法31の２②二、措令20の２②）

※ 宅地若しくは住宅の供給又は土地の先行取得の業務を行うことを目的とする法人

| | |
|---|---|
| A | 成田国際空港株式会社、独立行政法人中小企業基盤整備機構、地方住宅供給公社及び日本勤労者住宅協会（措令20の２②一） |
| B | 公益社団法人（その社員総会における議決権の全部が地方公共団体により保有されているものに限ります。）又は公益財団法人（その拠出をされた金額の全額が地方公共団体により拠出をされているものに限ります。）のうち次に掲げる要件を満たすもの（措令20の２②二）<br>・ 宅地若しくは住宅の供給又は土地の先行取得の業務を主たる目的とすること。<br>・ 当該地方公共団体の管理の下に上記業務を行っていること。 |
| C | 幹線道路の沿道の整備に関する法律第13条の３第３号に掲げる業務を行う同法第13条の２第１項に規定する沿道整備推進機構（公益社団法人（その社員総会における議決権の総数の２分の１以上の数が地方公共団体により保有されているものに限ります。以下Fまでについて同じです。）又は公益財団法人（その設立当初において拠出をされた金額の２分の１以上の金額が地方公共団体により拠出をされているものに限ります。以下Fまでについて同じです。）であって、その定款において、その法人が解散した場合にその残余財産が地方公共団体又は当該法人と類似の目的をもつ他の公益を目的とする事業を行う法人に帰属する旨の定めがあるものに限ります。）（措令20の２②三） |
| D | 密集市街地における防災街区の整備の促進に関する法律第301条第３号に掲げる業務を行う同法第300条第１項に規定する防災街区整備推進機構（公益社団法人又は公益財団法人であって、その定款において、その法人が解散した場合にその残余財産が地方公共団体又は当該法人と類似の目的をもつ他の公益を目的とする事業を行う法人に帰属する旨の定めがあるものに限ります。）（措令20の２②四） |
| E | 中心市街地の活性化に関する法律第62条第３号に掲げる業務を行う同法第61条第１項に規定する中心市街地整備推進機構（公益社団法人又は公益財団法人であって、その定款において、その法人が解散した場合にその残余財産が地方公共団体又は当該法人と類似の目的をもつ他の公益を目的とする事業を行う法人に帰属する旨の定めがあるものに限ります。）（措令20の２②五） |
| F | 都市再生特別措置法第119条第４号に掲げる業務を行う同法第118条第１項に規定する都市再生推進法人（公益社団法人又は公益財団法人であって、その定款において、その法人が解散した場合にその残余財産が地方公共団体又は当該法人と類似の目的をもつ他の公益を目的とする事業を行う法人に帰属する旨の定めがあるものに限ります。）（措令20の２②六） |

（2の2）土地開発公社に対する次に掲げる土地等の譲渡で、当該譲渡に係る土地等が独立行政法人都市再生機構が施行するそれぞれ次に掲げる事業の用に供されるもの（措法31の2②二の二）。

・　被災市街地復興特別措置法第5条第1項の規定により都市計画に定められた被災市街地復興推進地域内にある土地等　同法による被災市街地復興土地区画整理事業

・　被災市街地復興特別措置法第21条に規定する住宅被災市町村の区域内にある土地等　都市再開発法による第二種市街地再開発事業

③　措置法第33条の4第1項に規定する収用交換等による土地等の譲渡（上記①～（2の2）に該当するもの又は都市再開発法による市街地再開発事業の施行者である同法第50条の2第3項に規定する再開発会社に対するその再開発会社の株主又は社員である個人の有する土地等の譲渡を除きます。）（措法31の2②三、措令20の2③）

④　都市再開発法による第一種市街地再開発事業の施行者に対する土地等の譲渡で、当該譲渡に係る土地等が当該事業の用に供されるもの（上記①～③に該当するもの又は都市再開発法による市街地再開発事業の施行者である同法第50条の2第3項に規定する再開発会社に対するその再開発会社の株主又は社員である個人の有する土地等の譲渡を除きます。）（措法31の2②四、措令20の2③）

⑤　密集市街地における防災街区の整備の促進に関する法律による防災街区整備事業の施行者に対する土地等の譲渡で、その譲渡に係る土地等が当該事業の用に供されるもの（上記①～③に該当するもの又は密集市街地における防災街区の整備の促進に関する法律による防災街区整備事業の施行者である同法第165条第3項に規定する事業会社に対する当該事業会社の株主又は社員である個人の有する土地等の譲渡に該当するものを除きます。）（措法31の2②五、措令20の2④）

⑥　密集市街地における防災街区の整備の促進に関する法律に規定する防災再開発促進地区の区域内における同法第8条に規定する認定建替計画（当該認定建替計画に定められた新築する建築物の敷地面積の合計が500㎡以上であることその他一定の要件を満たすものに限ります。）に係る建築物の建替えを行う事業の同法第7条第1項に規定する認定事業者に対する土地等の譲渡で、その譲渡に係る土地等が当該事業の用に供されるもの（上記②～⑤に掲げる譲渡又は密集市街地における防災街区の整備の促進に関する法律第7条第1項に規定する認定事業者である法人に対する当該法人の株主又は社員である個人の有する土地等の譲渡に該当するものを除きます。）（措法31の2②六、措令20の2⑤⑥）

⑦　都市再生特別措置法に規定する認定計画に係る都市再生事業（その認定計画に定められた建築面積が1,500㎡以上の建築物の建築がされること、その事業の施行される土地の区域の面積が1ha以上であること及び一定の要件を満たすものに限ります。）の認定事業者（その認定計画

に定めるところにより当該認定事業者と当該区域内の土地等の取得に関する協定を締結した独立行政法人都市再生機構を含みます。）に対する土地等の譲渡で、その譲渡に係る土地等が当該都市再生事業の用に供されるもの（上記②～⑥に掲げる譲渡に該当するものを除きます。）（措法31の２②七、措令20の２⑦、措規13の３③）

⑧　国家戦略特別区域法第11条第１項に規定する認定区域計画に定められている同法第２条第２項に規定する特定事業又はその特定事業の実施に伴い必要となる施設を整備する事業（これらの事業のうち、産業の国際競争力の強化又は国際的な経済活動の拠点の形成に特に資する一定のものに限ります。）を行うものに対する土地等の譲渡で、その譲渡に係る土地等がこれらの事業の用に供されるもの（上記②～⑦に該当するものを除きます。）（措法31の２②八、措規13の３④）

⑨　所有者不明土地の利用の円滑化等に関する特別措置法第13条第１項の規定により行われた裁定（同法第10条第１項第１号に掲げる権利に係るものに限るものとし、同法第18条の規定により失効したものを除きます。以下、⑨において「裁定」といいます。）に係る同法第10条第２項の裁定申請書（以下、⑨において「裁定申請書」といいます。）に記載された同項第２号の事業を行う当該裁定申請書に記載された同項第１号の事業者に対する次に掲げる土地等の譲渡（当該裁定後に行われるものに限ります。）で、当該譲渡に係る土地等が当該事業の用に供されるもの（上記①～（２の２）、④～⑧に該当するものを除きます。）（措法31の２②九、措令20の２⑧）

・　当該裁定申請書に記載された特定所有者不明土地（所有者不明土地の利用の円滑化等に関する特別措置法第10条第２項第５号に規定する特定所有者不明土地をいいます。以下、⑨において同じです。）又は当該特定所有者不明土地の上に存する権利

・　当該裁定申請書に添付された所有者不明土地の利用の円滑化等に関する特別措置法第10条第３項第１号に掲げる事業計画書の同号ハに掲げる計画に当該事業者が取得するものとして記載がされた特定所有者不明土地以外の土地又は当該土地の上に存する権利（当該裁定申請書に記載された当該事業が当該特定所有者不明土地以外の土地を上に掲げる特定所有者不明土地と一体として使用する必要性が高い事業と認められないものとして一定の要件を満たす事業に該当する場合における当該記載がされたものを除きます。）

⑩　マンションの建替え等の円滑化に関する法律第15条第１項若しくは第64条第１項若しくは第３項の請求若しくは同法第56条第１項の申出に基づく同法第２条第１項第４号に規定するマンション建替事業（良好な居住環境の確保に資する一定のものに限ります。以下、⑩及び（10の２）において同じです。）の同項第５号に規定する施行者に対する土地等の譲渡で、その譲渡に係る土地等がこれらのマンション建替事業の用に供されるもの（上記⑥～⑨に掲げる譲渡に該当するものを除きます。）（措法31の２②十、措令20の２⑨）

（10の２）　マンション建替事業における施行マンションが既存不適格建築物に該当し、かつ施行再建マンションの延べ面積が当該施行マンションの延べ面積以上であるマンション建替事業の施行者に対する土地等（マンションの建替え等の円滑化に関する法律第11条第１項に規定する隣接施行敷地に係るものに限ります。）の譲渡で、その譲渡に係る土地等がこれらのマンション建替事業の用に供されるもの（上記⑥～⑨に該当するものを除きます。）（措法31の２②十、措令20の２⑨⑩）

⑪　マンションの建替え等の円滑化に関する法律第124条第１項の請求に基づくマンション敷地売却事業（そのマンション敷地売却事業に係る認定買受計画に一定の事項の記載があるものに限ります。）を実施する者に対する土地等の譲渡で、その譲渡に係る土地等がマンション敷地売却事業の用に供されるもの（措法31の２②十一、措規13の３⑤）

（11の２）　マンションの建替え等の円滑化に関する法律に規定するマンション敷地売却事業（そのマンション敷地売却事業に係る認定買受計画に一定の事項の記載があるものに限ります。）に係る同法第141条第１項の認可を受けた分配金取得計画に基づく、そのマンション敷地売却事業を実施する者に対する土地等の譲渡で、その譲渡に係る土地等がマンション敷地売却事業の用に供されるもの（措法31の２②十一、措令20の２⑪）

⑫　建築面積が150㎡以上である建築物の建築をする事業(当該事業の施行される土地の区域の面積が500㎡以上であることその他の一定の要件を満たすものに限ります。)を行う者に対する都市計画法に規定する都市計画区域のうち一定の地域内にある土地等の譲渡で、その譲渡に係る土地等がその事業の用に供されるもの(上記⑥～（10の２）、⑬～⑯に該当するものを除きます。)（措法31の２②十二、措令20の２⑫⑬⑭、措規13の３⑥）

⑬　都市計画法第29条第１項の許可（同法第４条第２項に規定する都市計画区域内において行われる同条第12項に規定する開発行為に係るものに限ります。以下、⑬において「開発許可」といいます。）を受けて住宅建設の用に供される一団の宅地（次の要件を満たすものに限ります。）の造成を行う個人又は法人に対する土地等の譲渡で、その譲渡に係る土地等が当該一団の宅地の用に供されるもの（上記⑥～⑨に該当するものを除きます。）（措法31の２②十三、措令20の２⑮⑯）

・　その一団の宅地の面積が1,000㎡（開発許可を要する面積が1,000㎡未満である区域内のその一団の宅地の面積にあっては一定の面積）以上のものであること。

・　その一団の宅地の造成が当該開発許可の内容に適合して行われると認められるものであること。

⑭　その宅地の造成につき都市計画法第29条第１項の許可を要しない場合において住宅建設の用に供される一団の宅地（次に掲げる要件を満たすものに限ります。）の造成を行う個人又は法人に対する土地等の譲渡で、当該譲渡に係る土地等が当該一団の宅地の用に供される

もの（上記⑥～⑨に該当するもの又は土地区画整理法による土地区画整理事業の施行者である同法第51条の９第５項に規定する区画整理会社に対する当該区画整理会社の株主又は社員である個人の有する土地等の譲渡に該当するものを除きます。）（措法31の２②十四、措令20の２⑰⑱⑲）

・　その一団の宅地の面積が1,000㎡（都市計画法施行令第19条第２項の規定の適用を受ける区域内の当該一団の宅地の面積にあっては500㎡）以上のものであること。

・　都市計画法第４条第２項に規定する都市計画区域内において造成されるものであること。

・　その一団の宅地の造成が、住宅建設の用に供される優良な宅地の供給に寄与するものであることについて都道府県知事の認定を受けて行われ、かつ、当該認定の内容に適合して行われると認められるものであること。

（14の２）　上記⑭の住宅建設の用に供される一団の宅地の造成が土地区画整理法による土地区画整理事業として行われる場合の同法第２条第３項に規定する施行者又は同法第25条第１項に規定する組合員である個人又は法人に対する土地等の譲渡で、その譲渡に係る土地等がその一団の宅地の用に供されるもの（次に掲げる要件を満たすものに限ります。）（措法31の２②十四、措規13の３①十四）

・　その一団の宅地が当該土地区画整理事業の土地区画整理法第２条第４項に規定する施行地区内に所在すること。

・　その譲渡に係る土地等が当該土地等の買取りをする者の有する当該施行地区内にある土地と併せて一団の土地に該当すること。

⑮　一団の住宅又は中高層の耐火共同住宅（それぞれ次に掲げる要件を満たすものに限ります。）の建設を行う個人又は法人に対する土地等の譲渡で、当該譲渡に係る土地等が当該一団の住宅又は中高層の耐火共同住宅の用に供されるもの（上記⑥～（10の２）、⑬～（14の２）に該当するものを除きます。）（措法31の２②十五、措令20の２⑳㉑、措規13の３⑧）

・　一団の住宅にあってはその建設される住宅の戸数が25戸以上のものであること。

・　中高層の耐火共同住宅にあっては住居の用途に供する独立部分が15以上のものであること又は当該中高層の耐火共同住宅の床面積が1,000㎡以上のものであることその他一定の要件を満たすものであること。

・　都市計画法第４条第２項に規定する都市計画区域内において建設されるものであること。

・　その一団の住宅又は中高層の耐火共同住宅の建設が優良な住宅の供給に寄与するものであることについて都道府県知事（当該中高層の耐火共同住宅でその用に供される土地の面積が1,000㎡未満のものにあっては、市町村長）の認定を受けたものであること。

⑯　住宅又は中高層の耐火共同住宅（それぞれ次に掲げる要件を満たすものに限ります。）の建設を行う個人又は法人に対する土地等（土地区画整理法による土地区画整理事業の同法第２条第４項に規定する施行地区内の土地等で同法第98条第１項の規定による仮換地の指定がされた

ものに限ります。）の譲渡のうち、その譲渡がその指定の効力発生の日（同法第99条第２項の規定により使用又は収益を開始することができる日が定められている場合には、その日）から３年を経過する日の属する年の12月31日までの間に行われるもので、その譲渡をした土地等につき仮換地の指定がされた土地等がその住宅又は中高層の耐火共同住宅の用に供されるもの（上記⑥～(10の２)、⑬～⑮に該当するものを除きます。）（措法31の２②十六、措令20の２㉒）

・　住宅にあっては、その建設される住宅の床面積が200㎡以下で、かつ、50㎡以上のものであること及びその住宅の用に供される土地等の面積が500㎡以下で、かつ、100㎡以上のものであること。

・　中高層の耐火共同住宅にあっては住居の用途に供する独立部分が15以上のものであること又は当該中高層の耐火共同住宅の床面積が1,000㎡以上のものであることその他一定の要件を満たすものであること。

・　住宅又は中高層の耐火共同住宅が建築基準法その他住宅の建築に関する法令に適合するものであると認められること。

なお、上記⑬～⑯の特例は、開発許可や都道府県知事の優良認定を受ける前の土地等の譲渡（確定優良住宅地等予定地のための譲渡）についても、一定の要件の下で認められます（措法31の２③、措令20の２㉓）。

**【計算例】**

Ｂさんは、令和６年４月に甲市の行う職員用住宅建設事業（収用事業非該当）のために次のとおり土地の譲渡をしました。この場合のＢさんの分離長期譲渡所得の税額を計算しなさい。

課税長期譲渡所得　　5,700万円

〔内訳〕

収入金額　　6,000万円

取得費　　300万円（6,000万円×５％）

（注）　Ｂさんは昭和27年12月31日以前からこの土地を所有しており、その取得費は不明ですが、昭和27年12月31日以前から所有している土地建物等の取得費は、その譲渡に係る収入金額の５％（概算取得費控除の特例）として計算することができます（措法31の４①）（昭和28年１月１日以後に取得した土地建物等の取得費についても概算取得費控除の特例を適用することができます（措通31の４－１）。）。

なお、この概算取得費控除の特例は、資産の所有期間の長短に関係なく土地建物等以外の資産（土地の地表又は地中にある土石等並びに借家権、営業権、漁業権等を除きます。）についても適用することができます。

譲渡費用　　０円

（計算式）

（5,700万円－2,000万円）×15％（地方税５％）＋200万円（地方税80万円）＝755万円（地方税額265万円）

※　上記のほか、復興特別所得税も併せて納付する義務があります。

**ハ　居住用財産を譲渡した場合の長期譲渡所得の課税の特例（措法31の３）**

(イ)　特例のあらまし

個人がその居住の用に供している家屋又はその家屋とともに敷地を譲渡した場合で、その譲渡に係る土地家屋等の所有期間がその譲渡した年の１月１日において10年を超えるときには、長期譲渡所得に対する税率が軽減されます。

(ロ)　特例の内容

次の算式により税額を計算します。

なお、併せて復興特別所得税を納める義務があります。

**〔算式〕**

①　課税長期譲渡所得金額が6,000万円以下である場合

課税長期譲渡所得金額×10％（地方税４％）

②　課税長期譲渡所得金額が6,000万円を超える場合

6,000万円×10％（地方税４％）＋（課税長期譲渡所得金額－6,000万円）×15％（地方税５％）

(ハ)　適用条件

この特例は、譲渡の年の１月１日において所有期間が10年を超える資産（令和６年分の譲渡の場合は、平成25年12月31日以前に取得したもの）のうち、次の①から④までのいずれかに該当するもので、その譲渡先が自己の配偶者及び直系血族等の特殊関係者以外の者であり、かつ、その譲渡につき所得税法第58条、措置法第31条の２、第33条から第33条の３まで、第35条の３、第36条の２、第36条の５、第37条、第37条の４、第37条の５（同条第６項を除きます。）、第37条の６又は第37条の８の規定の適用を受けないこと及びその年の前年又は前々年にこの特例の適用を受けていない場合に適用を受けることができます（措法31の３①②、措令20の３①）。

①　個人がその居住の用に供している家屋で、所得税法の施行地にあるものを譲渡した場合

②　①に掲げる家屋で、居住の用に供されなくなったものを譲渡した場合（居住の用に供されなくなった日から同日以後３年を経過する日の属する年の12月31日までの間に譲渡されるものに限ります。）

③　①又は②に掲げる家屋及びその家屋の敷地の用に供されている土地又は土地の上に存する権利を譲渡した場合

④　①に掲げる家屋が災害により滅失した場合において、その家屋を引き続き所有していたならば、譲渡の年の１月１日において所有期間が10年を超えることとなるものの敷地の用に供されていた土地又は土地の上に存する権利を譲渡した場合（その災害のあった日から同日以後３年を経過する日の属する12月31日までの間に譲渡されたものに限ります。）

**【設　問】**

**問**　甲は、令和６年３月に自己の居住の用に供している土地をＡ市が行う小学校建設用地として譲渡し、土地の対価補償金6,000万円と家屋の移転補償金1,000万円を取得しました。

この土地家屋は、甲が20年前に取得したものです。

甲は、このＡ市への譲渡については、収用等の場合の5,000万円特別控除（措法33の４）の適用を受けようと考えていますが、特別控除後の金額について「居住用財産を譲渡した場合の長期譲渡所得の課税の特例」（措法31の３）の適用ができるでしょうか。

**答**　措置法第31条の３の規定の適用に当たっては、他の特例との重複適用ができない場合があります。

居住用財産を収用等により譲渡した場合に、「収用等に伴い代替資産を取得した場合の課税の特例（措法33）」を適用したときは措置法第31条の３の適用を受けることはできませんが、「収用等の場合の特別控除の特例（措法33の４）」との重複適用は可能です。

したがって、設問の場合には特別控除後の所得金額について措置法第31条の３の規定を適用することができます。

**ニ　区分の異なる長期譲渡所得の金額が２以上ある場合**

上記イからハに掲げた長期譲渡所得の金額ごとに税額の計算を行うことになります。

**【計算例】**

Ｃさんの令和６年分の課税長期譲渡所得金額は、次のとおりです。この場合のＣさんの令和６年分の長期譲渡所得に係る所得税の税額を計算しなさい。

①　一般の課税長期譲渡所得金額（分離長期一般資産）　6,500万円

②　優良住宅地造成等のための譲渡による課税長期譲渡所得金額（分離長期特定資産）　5,000万円

（計算式）

①　分離長期一般資産　6,500万円×15％（地方税５％）＝975万円（地方税額325万円）

②　分離長期特定資産　（5,000万円－2,000万円）×15％（地方税５％）＋200万円（地方税80万円）＝650万円（地方税額230万円）

③　合計（①＋②）　1,625万円（地方税額555万円）

※　上記のほか、復興特別所得税も併せて納付する義務があります。

### (3)　短期譲渡所得の課税の特例

譲渡の日の属する年の１月１日においてその所有期間が５年以下（以下「短期保有」といいます。）の土地建物等の譲渡による所得は、「分離短期譲渡所得」として課税されます。

なお、併せて復興特別所得税を納める義務があります。

（注）　令和６年分の譲渡の場合は、平成31年１月１日以後に取得した資産となります。

#### イ　一般の場合の短期譲渡所得の税額計算（分離短期一般所得）（措法32①）

課税短期譲渡所得金額×30％（地方税９％）＝所得税額（地方税額）

#### ロ　特定の場合の短期譲渡所得の税率の特例（分離短期軽減所得）（措法32③）

(イ)　特例のあらまし

短期保有の土地等の譲渡であっても、国や地方公共団体に譲渡したり収用された場合など一定の要件に該当する場合には、分離課税の短期譲渡所得に対する税率が軽減されます。

(ロ)　特例の内容

次の算式により税額を計算します。

**〔算式〕**

課税短期譲渡所得金額×15％（地方税５％）

(ハ)　特例の適用条件（措法28の４③一～三、措令19⑧⑨）

この特例は、短期保有の土地等の譲渡で、次に掲げる場合に受けられます。ただし、②又は③に掲げる譲渡のうち一定の要件に該当する場合で、その譲渡した土地等の面積が1,000㎡以上であるときは、その譲渡が「適正価額」以下である場合に限って適用が受けられます。

①　国や地方公共団体に対する譲渡

②　独立行政法人都市再生機構、土地開発公社、成田国際空港株式会社、独立行政法人中小企業基盤整備機構、地方住宅供給公社、日本勤労者住宅協会、公益社団法人（その社員総会における議決権の全部が地方公共団体により保有されているものに限ります。）、公益財団法人（その拠出された金額の全額が地方公共団体により拠出されているものに限ります。）に対する譲渡（土地開発公社に対する一定のものを除きます。）で、その譲渡した土地等が宅地や住宅の供給、土地の先行取得の業務を行うために直接必要であると認められるもの

③　措置法第33条の４第１項に規定する収用交換等による譲渡（①及び②に該当する譲渡を除きます。）

（注）　上記の「適正価額」とは、土地等の譲渡対価の額が、次の場合に応じ、それぞれ次に掲げる「予定対価の額」又は「譲渡予定価額」以下である場合をいいます（措法28の4③四イ、措令19⑫）。

１　国土利用計画法第14条第１項に規定する許可を受けて土地の譲渡をした場合……その許可に係る予定対価の額

２　国土利用計画法第27条の４第１項に規定する届出をし、かつ、同法第27条の５第１項又

は第27条の８第１項の規定による勧告を受けないで土地の譲渡をした場合……その届出に係る予定対価の額

3　国土利用計画法施行令第17条の２第１項第３号から第５号までに掲げる場合に該当するため届出をしないで土地の譲渡をした場合……その土地の譲渡に係る予定対価の額

4　国土交通大臣の定めるところにより、その土地の譲渡に係る対価の額として予定している金額（譲渡予定価額）につきその土地の所在する都道府県知事に対し申出をし、かつ、当該都道府県知事から譲渡予定価額につき意見がない旨の通知を受けて譲渡をしたとき……その申出に係る譲渡予定価額

# 第４章　収用等に伴い代替資産を取得した場合の課税の特例

## 1　制度の概要

個人の有する資産が、土地収用法等の規定によって特定の公共事業等のために収用された場合や、その収用権を背景とした任意契約によって買い取られた場合において、その収用又は買取りに伴って取得した補償金等の全部又は一部の金額で一定の期間内に代替資産を取得したときは、第７章で説明する「収用交換等の場合の譲渡所得の特別控除の特例」とのいずれか一方の特例を選択することなどを条件に、その収用又は買取りに係る譲渡所得について課税の繰延べの特例の適用を受けることができます（措法33）。

なお、法人税等の課税についても、個人の場合と同様に、収用等に伴い代替資産を取得した場合において、その取得した資産につき、いわゆる「圧縮記帳」をすることにより、収用等により譲渡した資産に係る課税所得が生じないこととする特例が設けられています（措法64）が、本章では、譲渡所得の特例について解説します（解説文末尾の根拠条文については、譲渡所得のほか、【参考】として、法人税等の条文も掲げています。以下第８章まで同じです。）。

## 2　特例対象となる譲渡の範囲

この特例が適用されるのは、個人の有する資産に係る収用、買取り、換地処分、権利変換、買収又は消滅（以下「収用等」といいます。）により、補償金、対価又は清算金（以下「補償金等」といいます。）を取得した場合であり、具体的には、次の⑴から⒆に掲げる場合をいいます。

そして、この「収用等」に伴い代替資産を取得した場合の課税の特例の適用を受ける場合に添付しなければならない収用証明書が措置法規則第14条第５項に規定されており、実務的には、この収用証明書を発行できる事業が「収用等」に該当する事業と理解されています。

（注）　実務においては、これを一覧表にした措通の別表２により、収用等に該当する事業かどうかを確認していただくのが便利です（317ページ以下参照）。

⑴　資産が、土地収用法、河川法、都市計画法、首都圏の近郊整備地帯及び都市開発区域の整備に関する法律、近畿圏の近郊整備区域及び都市開発区域の整備及び開発に関する法律、新住宅市街

地開発法、都市再開発法、新都市基盤整備法、流通業務市街地の整備に関する法律、水防法、土地改良法、森林法、道路法、住宅地区改良法、所有者不明土地の利用の円滑化等に関する特別措置法、測量法、鉱業法、採石法又は日本国とアメリカ合衆国との間の相互協力及び安全保障条約第６条に基づく施設及び区域並びに日本国における合衆国軍隊の地位に関する協定の実施に伴う土地等の使用等に関する特別措置法（以下「土地収用法等」といいます。）の規定に基づいて収用され補償金を取得する場合（再開発会社が施行者となる第二種市街地再開発事業の施行に伴い、その再開発会社の株主又は社員である者が有するその資産等の収用により補償金を取得する場合を除きます。）（措法33①一、措令22①⑨、【参考】措法64①一、措令39⑥）

（注）　これは、土地収用法等の規定に基づく強制収用の場合です。実務的には、このような強制収用による資産の取得はまれで、大部分は(2)の任意買収により行われています。

(2)　資産について買取りの申出を拒むときは土地収用法等の規定に基づいて収用されることが確実と認められる場合において、その買取りの申出に応じて資産を譲渡し（言い換えれば、土地収用法等に基づく収用権を背景とする任意買収により）、対価を取得したとき（再開発会社が施行者となる第二種市街地再開発事業の施行に伴い、その再開発会社の株主又は社員である者が有するその資産等の買取りにより対価を取得する場合を除きます。）（措法33①二、措令22⑨、【参考】措法64①二、措令39⑥）

**【設　問】**

**問**　Ａ市ではその設置するＫ中学校の校舎の敷地の一部を民間から賃借しています。地主は、今回契約期間が切れることから、明け渡してもらいたい旨を申し出ており、Ａ市としては、やむを得ずその土地を買い取ることにしました。

この場合に、地主について収用等に伴い代替資産を取得した場合の課税の特例の適用がありますか。

**答**　現に使用している土地について、借地借家法の規定によって契約の更新ができない等の事情があり、地主が賃貸借契約の更新を拒む場合で収用権を行使し得るものと認められる事情があるときには、収用等に伴い代替資産を取得した場合の課税の特例の適用があります。

ただし、借地借家法の規定により契約の更新ができる場合、すなわち、地主からの一方的な契約の更新の拒絶があった場合でも、賃貸借契約の継続が可能な場合には、特例の適用はありません。

(3)　土地等（土地又は土地の上に存する権利をいいます。）について、土地区画整理法による土地区画整理事業、大都市地域における住宅及び住宅地の供給の促進に関する特別措置法による住宅街区整備事業、新都市基盤整備法による土地整理又は土地改良法による土地改良事業が施行され、その土地等に係る清算金を取得するとき（区画整理会社が施行者となる土地区画整理事業の施行に伴い、その区画整理会社の株主又は社員である者がその有する土地等につき土地区画整理法第95条第６項の規定により換地が定められなかったことにより取得する清算金を除きます。）（措法33①三、措令22⑩、【参考】措法64①三、措令39⑦）

（注）　所有者の申出又は同意により換地が定められない場合の清算金については、収用等に伴い代替資産を取得した場合の課税の特例の適用はありません。ただし、土地改良事業における不換地の場合の清算金については、「農地保有の合理化等のために農地等を譲渡した場合の特別控除の特例」の適用が受けられる場合があります（措法34の３②四）。

(4)　資産について都市再開発法による第一種市街地再開発事業が施行され、当該資産に係る権利変換により次に掲げる補償金を取得した場合（再開発会社が施行者となる第一種市街地再開発事業の施行に伴い、その再開発会社の株主又は社員である者が、その資産に係る権利変換により、又はその資産に関して有する権利で権利変換により新たな権利に変換をすることのないものが消滅したことにより補償金を取得する場合を除きます。）（措法33①三の二、措令22⑪⑫、【参考】措法64①三の二、措令39⑧⑨）

イ　権利変換により取得することとなる施設建築物の一部の床面積が著しく過小となるため、施設建築物の一部等、建築施設の部分又はこれらについての借家権が与えられないよう定められたことにより支払われる補償金

ロ　権利変換を希望しない旨を申し出た場合において支払われる補償金（その申出がやむを得ない事情によりされたものであると認められる場合に支払われるものに限ります。）

この「やむを得ない事情により申出をしたと認められる場合」とは、第一種市街地再開発事業の施行者が、次に掲げる事情について、第一種市街地再開発事業の施行者が個人施行者又は市街地再開発組合である場合には審査委員の過半数の同意を得て（施行者が地方公共団体又は独立行政法人都市再生機構等である場合には市街地再開発審査会の議決を経て）認めた場合とされています。

①　申出人の当該権利変換に係る建築物が、都市計画法第８条第１項第１号又は第２号の地域地区による用途の制限につき建築基準法第３条第２項の規定の適用を受けるものである場合（措令22⑪一、【参考】措令39⑧一）

②　申出人が事業の施行地区内において施設建築物の保安上危険であり、又は衛生上有害である事業を営んでいる場合（措令22⑪二、【参考】措令39⑧二）

③　申出人が施行地区内において施設建築物に居住する者の生活又は施設建築物内における事業に対し著しい支障を与える事業を営んでいる場合（措令22⑪三、【参考】措令39⑧三）

④　申出人が施行地区内において住居を有し若しくは事業を営む申出人又はその者と住居及び

生計を一にしている者が老齢又は身体上の障害のために施設建築物において生活し又は事業を営むことが困難となる場合（措令22⑪四）

⑤ ①から④の場合のほか、施設建築物の構造、配置設計、用途構成、環境又は利用状況について申出人が従前の生活又は事業を継続することが困難又は不適当とする事情がある場合（措令22⑪五、【参考】措令39⑧四）

**【設 問】**

**問** Ｂ駅東口地区市街地再開発組合では、組合施行の第一種市街地再開発事業を施行しますが、施行地区内に土地と建物を所有する者のうち、次の者から権利変換に代えて金銭給付を希望する旨の申出がありました。これらの者が受ける金銭給付については、収用等に伴い代替資産を取得した場合の課税の特例の適用がありますか。

甲…工場兼居宅の用に供している建物を有しているが、工場から出る騒音がひどく施設建築物（再開発ビル）で、事業を継続することは困難で、また、同居する母親が85歳と老齢であるため施設建築物に入居することが困難であるため、所有する土地と建物の全てについて権利変換を受けずに金銭給付を希望する。

乙…洋品店を営み店舗兼住宅を有しているが、家族に身体上の障害を持つ者がおり、施設建築物の中で生活をすることは困難であることから、住居部分については金銭給付を受け他へ転出する。ただし、店舗部分については、権利変換を受け洋品店を継続する。

丙…居住の用に供している土地と建物を有しているが、かねて郊外への転居を考えていたので、再開発を機会に郊外へ転出するため、金銭給付を希望する。

**答**

ⓐ **甲について**

工場部分については上記③の理由、居宅部分については上記④の理由があると認められますから、Ｂ駅東口地区市街地再開発組合が審査委員の過半数の同意を得て認めた場合には収用等に伴い代替資産を取得した場合の課税の特例の適用があります（措令22⑪三、四該当）。

ⓑ **乙について**

第一種市街地再開発事業の場合に、乙のように一部権利変換を希望し、残りについて権利変換を希望しないで金銭給付の申出をすることが可能です。

この権利変換を希望しない住宅部分については、上記④の理由があると認められますから、Ｂ駅東口地区市街地再開発組合が審査委員の過半数の同意を得て認めた場合には収用等に伴い代替資産を取得した場合の課税の特例の適用があります（措令22⑪四該当）。

ⓒ　**丙について**

上記①から⑤までの理由がありませんから、収用等に伴い代替資産を取得した場合の課税の特例の適用は認められません。

ただし、権利変換を希望しない建物が丙の居住用家屋である場合には、居住用財産の譲渡所得の特別控除の特例（措法35)、特定の居住用財産の買換えの場合の長期譲渡所得の課税の特例（措法36の２）又は特定の居住用財産を交換した場合の長期譲渡所得の課税の特例（措法36の５）の適用が認められる場合があります。

（注）１　上記のようなやむを得ない事情があるかどうかについても、（可能な限り審査委員の同意又は市街地再開発審査会の議決を得る前に）税務当局（東京国税局管内の場合は、東京国税局課税第一部資産課税課）と事前協議を行ってください。

２　都市再開発法には、この権利変換方式による第一種市街地再開発事業のほかに、管理処分方式（用地買収方式）による第二種市街地再開発事業があり、第二種市街地再開発事業のために土地等を譲渡し補償金等を取得した場合には、第一種市街地再開発事業の場合のような事情がなくとも収用等に伴い代替資産を取得した場合の課税の特例の適用が受けられます（措法33①一、二、【参考】措法64①一、二)。

(5)　資産につき密集市街地における防災街区の整備の促進に関する法律による防災街区整備事業が施行された場合において、その資産に係る権利変換により同法第226条の規定による補償金で一定のものを取得するとき（事業会社が施行者となる防災街区整備事業の施行に伴い、その事業会社の株主又は社員である者が、その資産に係る権利変換により、又はその資産に関して有する権利で権利変換により新たな権利に変換をすることのないものが消滅したことにより補償金を取得する場合を除きます。)（措法33①三の三、措令22⑬～⑮、【参考】措法64①三の三、措令39⑩～⑫）

(6)　土地等が都市計画法第52条の４第１項《市街地開発事業等予定区域に関する都市計画において定められた区域内の土地の施行予定者に対する買取請求》（同法第57条の５及び密集市街地における防災街区の整備の促進に関する法律第285条において準用する場合を含みます。）又は同法第56条第１項《建築物の建築が許可されない場合の事業予定地内の土地の買取り申出》の規定に基づいて買い取られ、対価を取得する場合（措置法第34条第２項第２号及び第２号の２に掲げる場合（第８章１(3)②、（２の２）参照）を除きます。）（措法33①三の四、【参考】措法64①三の四）

（注）　これらの区域等には強い権利制限（建築等の制限）が付されており、買取請求等に基づく土地等の買取りは、収用事業である都市計画事業に直結していることから、これを収用等の範囲に含めています。

(7)　減価補償金を交付すべきこととなる土地区画整理法による土地区画整理事業が施行される場合において、公共施設の用地に充てるべきものとして施行区域内の土地等が買い取られ、対価を取

得するとき（措法33①三の五、【参考】措法64①三の五）

（注）　公共減歩負担だけでは公共施設用地を生み出すことができない公共施設の新設変更を主たる目的とする土地区画整理事業においては、事業施行後の民有地の価額の総額が事業施行前のそれより減少し、その減少した差額相当額は、減価補償金として各土地所有者間の不均衡をならすための清算金とは別に支払われますが、この場合、減価補償金として予定している金銭を原資として、公共施設用地に充てるべき土地を事前に取得し、結果として減価補償金の伴わない形で土地区画整理事業を施行することがあります。その公共施設用地に充てるべき土地の事前の買取りは、清算金や減価補償金の取得と同様に、収用等の範囲に含めています。

⑻　地方公共団体又は独立行政法人都市再生機構が被災市街地復興推進地域において施行する被災市街地復興土地区画整理事業で減価補償金を交付すべきこととなるものの施行区域内にある土地等について、これらの者が当該被災市街地復興土地区画整理事業として行う公共施設の整備改善に関する事業の用に供するためにこれらの者（土地開発公社を含みます。）に買い取られ、対価を取得する場合（上記⑹及び⑺に掲げる場合に該当する場合を除きます。）（措法33①三の六、【参考】措法64①三の六）

⑼　地方公共団体又は独立行政法人都市再生機構が被災市街地復興特別措置法第21条に規定する住宅被災市町村の区域において施行する都市再開発法による第二種市街地再開発事業の施行区域（都市計画法第12条第２項の規定により第二種市街地再開発事業について都市計画に定められた施行区域をいいます。）内にある土地等について、当該第二種市街地再開発事業の用に供するためにこれらの者（土地開発公社を含みます。）に買い取られ、対価を取得する場合（上記⑵に該当する場合又は資産につき土地収用法等の規定による収用があった場合（下記⑽の規定に該当する買取りがあった場合を含みます。）において当該資産又は当該資産に係る配偶者居住権と同種の資産として一定のものを取得する場合を除きます。）（措法33①三の七、【参考】措法64①三の七）

⑽　国、地方公共団体、独立行政法人都市再生機構又は地方住宅供給公社が、自ら居住するため住宅を必要とする者に対し賃貸し、又は譲渡する目的で行う50戸以上の一団地の住宅経営のために土地等が買い取られ、対価を取得する場合（措法33①四、【参考】措法64①四）

（注）「第一種住居専用地域で行われるもの」というような地域要件や面積要件は付されていません。

⑾　資産が土地収用法等に基づいて収用（上記⑴参照）された場合や収用権を背景とする任意買収により買い取られた場合（上記⑵参照）において、当該資産に係る所有権以外の権利が消滅し、補償金又は対価を取得したとき（再開発会社が施行者となる第二種市街地再開発事業の施行に伴い、その再開発会社の株主又は社員である者が有するその資産に関する所有権以外の権利の消滅により補償金又は対価を取得する場合を除きます。）（措法33①五、措令22⑨、【参考】措法64①五、措令39⑥）

（注）　所有権以外の権利とは、地上権、永小作権、地役権、採石権、質権、抵当権、賃借権その他土地に関する所有権以外の権利、鉱業権及び温泉を利用する権利などをいいます（措通33－22、【参

考】措通64(1)－６）。

⑿　都市再開発法に規定する権利変換により新たな権利に変換をすることのないものが、その権利の消滅により、補償金を取得する場合（再開発会社が施行者となる第一種市街地再開発事業の施行に伴い、その再開発会社の株主又は社員である者が、その資産に関して有する権利で権利変換により新たな権利に変換をすることのないものが消滅したことにより補償金を取得する場合を除きます。）（措法33①六、措令22⑫、【参考】措法64①六、措令39⑨）

（注）　この権利変換により新たな権利に変換することがないものには、地役権、工作物所有のための地上権又は賃借権などがあります（措通33－23、【参考】措通64(1)－７）。

⒀　密集市街地における防災街区の整備の促進に関する法律に規定する権利変換により新たな権利に変換をすることのないものが、同法の規定により消滅し、補償金を取得する場合（事業会社が施行者となる防災街区整備事業の施行に伴い、その事業会社の株主又は社員である者が、その資産に関して有する権利で権利変換により新たな権利に変換をすることのないものが消滅したことにより補償金を取得する場合を除きます。）（措法33①六の二、措令22⑮、【参考】措法64①六の二、措令39⑫）

⒁　次の場合において、漁業権、入漁権、漁港水面施設運営権その他水の利用に関する権利又は鉱業権（租鉱権や採石権等を含みます。）の消滅（価値の減少を含みます。）により、補償金又は対価を取得する場合（措法33①七、措通33－24、【参考】措法64①七）

イ　国又は地方公共団体（全額が地方公共団体により出資又は拠出されている法人を含みます。）が公有水面埋立法第２条に規定する免許を受けて公有水面の埋立てを行う場合（国又は地方公共団体が農地又は工業地造成のため公有水面埋立法の規定に基づき海面の埋立て又は水面の干拓を行う場合などです。）

ロ　土地収用法第３条に規定する事業（都市計画法第４条第15項に規定する都市計画事業を含みます。）の施行者（国又は地方公共団体を除きます。）が、その事業の用に供するために公有水面埋立法に規定する免許を受けて公有水面の埋立てを行う場合（電力会社が火力発電施設用地の取得のため、公有水面埋立法の規定に基づいて海面の埋立てを行う場合などです。）

ハ　土地収用法第３条に規定する事業（都市計画法第４条第15項に規定する都市計画事業を含みます。）の施行者が、その収用事業を施行する場合（ダム建設のため河川をせき止めたことにより、その下流の漁業権等の全部又は一部が消滅する場合などです。ただし、上記ロに該当する場合を除きます。）

⒂　国又は地方公共団体が、次に掲げる法律等の規定に基づいて行う処分に伴う資産の買取りや消滅（価値の減少を含みます。）により、又はこれらの規定に基づき行う買収の処分により補償金又は対価を取得する場合（措法33①八、措令22①、【参考】措法64①八、措令39⑭）

イ　建築基準法第11条第１項《地方公共団体が行う建築基準法非適用建築物の除去等》

ロ　漁業法第93条第１項《都道府県知事が公益上の必要により行う漁業権の変更、取消し又は行

使の停止》

ハ　漁港及び漁場の整備等に関する法律第59条第２項（第２号部分のみ。）

ニ　港湾法第41条第１項《港湾管理者が行う有害構築物の改築、移転、撤去》

ホ　鉱業法第53条《経済産業大臣が行う鉱物の掘採が著しく公共の福祉に反することとなる場合の鉱業権の取消し等》

ヘ　海岸法第22条第１項《都道府県知事が海岸管理者からの申請に基づいて行う海岸保全区域内の漁業権の取消し等》

ト　水道法第42条第１項《地方公共団体が公益上の必要等により行う水道施設等の買収》

チ　電気通信事業法第141条第５項《都道府県知事が行う水底線路を保護するための漁業権の取消し等》

⑯　土地等が、①土地収用法等の規定に基づいて使用され、補償金を取得する場合又は、②土地収用法等に基づく収用権を背景とする任意契約により使用され、対価を取得する場合において、その土地等の使用が所得税法施行令第79条に規定する「譲渡所得の基因となる不動産の貸付け」に該当するとき（再開発会社が施行者となる第二種市街地再開発事業の施行に伴い、その再開発会社の株主又は社員の有する土地等が使用され、補償金又は対価を取得するときを除きます。）（措法33④一、措令22㉑、【参考】措法64②一、措令39⑯⑰）

（注）　これは土地等が収用等される場合でなく、使用される場合について、その使用の対価の額又は補償金の額がその土地の価額の２分の１（地下又は空間について上下の範囲を定めた借地権や地役権の設定など特定の場合には４分の１）を超える場合には、その対価又は補償金については譲渡所得として課税されることから、この場合にも収用等の場合と同様の課税の特例が適用されます。

なお、対価又は補償金の額がその土地の価額の２分の１を超えない場合には、その対価又は補償金に係る所得は、不動産所得として課税され、収用等に伴い代替資産を取得した場合の課税の特例の適用はありません。

⑰　土地等が、上記⑴から⑸、又は⑯若しくは措置法第33条の２第１項第２号（後記第５章、77ページ参照）若しくは第33条の３第１項（後記第６章２⑴から⑶、80ページ参照）の規定に該当することとなったことに伴い、その土地の上にある資産につき、土地収用法等の規定に基づく収用をし、若しくは取壊し若しくは除去をしなければならなくなった場合又は上記⑮に掲げる法令の規定若しくは大深度地下の公共的使用に関する特別措置法第11条の規定に基づき行う国若しくは地方公共団体の処分に伴い、その土地の上にある資産の取壊し若しくは除去をしなければならなくなった場合において、これらの資産若しくはその土地の上にある建物に係る配偶者居住権（その配偶者居住権の目的となっている建物の敷地の用に供される土地等をその配偶者居住権に基づき使用する権利を含みます。以下、後記⑱において同じです。）の対価又はこれらの資産若しくはその土地の上にある建物に係る配偶者居住権の損失に関する補償金で、次に掲げるものを取得するとき（①

再開発会社が施行者となる市街地再開発事業の施行に伴い、土地等が収用され、又は買い取られることとなったことにより、その土地の上にあるその再開発会社の株主又は社員（一定の者を除きます。）の有する資産又はその土地の上にある建物が収用され、又は取壊し若しくは除去をしなければならなくなった場合において、これらの資産若しくはその土地の上にある建物に係る配偶者居住権の対価又はこれらの資産の損失につき取得する補償金、②区画整理会社が施行者となる土地区画整理事業の施行に伴い当該区画整理会社の株主又は社員（一定の者を除きます。）が取得する上記の補償金及び③事業会社が施行者となる防災街区整備事業の施行に伴い当該事業会社の株主又は社員（一定の者を除きます。）が取得する上記の補償金を除きます。）（措法33④二、措令22㉒㉓、措通33－28の２、【参考】措法64②二、措令39⑱⑲）

なお、土地の使用の対価又は補償金の額が上記⒃に該当せず不動産所得となる場合においても、その土地の上にある資産等につき取得する上記補償金については、収用等に伴い代替資産を取得する場合の課税の特例の適用があります（措通33－26）。

また、その土地の上にある資産につき、土地収用法等の規定に基づく収用をし、若しくは取壊し若しくは除去をしなければならなくなった場合に取得する補償金のうち、収用等に伴い代替資産を取得した場合の課税の特例の適用対象となる補償金は、「資産自体について生ずる損失に対する補償金」に限られますので、例えば、営業上の損失や建物の移転による賃貸料の損失等に対する補償金は、事業所得等として課税されます（措通33－28）。

イ　土地の上にある資産について、土地収用法等の規定に基づき収用の請求をしたときは収用されることとなる場合において、その資産が買い取られ、又はその土地の上にある建物が買い取られその建物に係る配偶者居住権が消滅することにより取得するその資産又は配偶者居住権の対価

ロ　土地の上にある資産について取壊し又は除去をしなければならなくなった場合において、当該資産又はその土地の上にある建物に係る配偶者居住権の損失につき、土地収用法第88条（所有者不明土地の利用の円滑化等に関する特別措置法第35条第１項において準用する場合を含みます。）、河川法第22条第３項、水防法第28条第３項、土地改良法第119条、道路法第69条第１項、土地区画整理法第78条第１項（大都市地域における住宅及び住宅地の供給の促進に関する特別措置法第71条及び新都市基盤整備法第29条において準用する場合を含みます。）、都市再開発法第97条第１項、密集市街地における防災街区の整備の促進に関する法律第232条第１項、建築基準法第11条第１項、港湾法第41条第３項又は大深度地下の公共的使用に関する特別措置法第32条第１項の規定により受けた補償金その他これに相当する補償金

⒅　土地等が措置法第33条の３第９項（後記第６章２⑻、82ページ参照）の規定に該当することとなったことに伴い、その土地の上にある資産が土地区画整理法第77条の規定により除去される場合において、その資産又はその土地の上にある建物に係る配偶者居住権の損失に対して、同法第78

条第１項の規定による補償金を取得するとき（措法33④三）

⒆　配偶者居住権の目的となっている建物の敷地の用に供される土地等が、上記⑴、⑵、⑷、⑸若しくは⒃に該当することとなったことに伴い、その土地等をその配偶者居住権に基づき使用する権利の価値が減少した場合又は配偶者居住権の目的となっている建物が、⑴、⑵若しくは⑾に該当することとなったことに伴い、その建物の敷地の用に供される土地等をその配偶者居住権に基づき使用する権利が消滅した場合において、これらの権利の対価又はこれらの権利の損失に対する補償金で、次に定めるものを取得するとき（上記⒄に該当する場合、並びに①再開発会社が施行者となる市街地再開発事業の施行に伴い、その再開発会社の株主又は社員（一定の者を除きます。）が、配偶者居住権の目的となっている建物又はその建物の敷地の用に供される土地等が収用され、又は買い取られ、その土地等を配偶者居住権に基づき使用する権利の対価又は損失につき取得する補償金及び②事業会社が施行者となる防災街区整備事業に伴い当該事業会社の株主又は社員が取得する上記補償金を除きます。）（措法33④四、措令22㉔㉕）

イ　配偶者居住権の目的となっている建物又はその建物の敷地の用に供される土地等について、土地収用法等の規定に基づき収用の請求をしたときは収用されることとなる場合において、その建物又はその土地等が買い取られその土地等を配偶者居住権に基づき使用する権利が消滅し、又は権利の価値が減少したことにより取得する対価

ロ　配偶者居住権に基づき土地を使用する権利の価値が減少した場合又は当該権利が消滅した場合において、その損失につき、土地収用法第88条、河川法第22条第３項、水防法第28条第３項、道路法第69条第１項、都市再開発法第97条第１項、密集市街地における防災街区の整備の促進に関する法律第232条第１項又は大深度地下の公共的使用に関する特別措置法第32条第１項の規定により受けた補償金その他これに相当する補償金

## 3　代行買収

収用等の場合の課税の特例は、事業施行者自らが、その必要とする土地等を取得した場合に適用されるのが原則ですが、事業の円滑な施行の観点から、税法上、次に掲げる要件の全てを満たす場合には、事業施行者以外の者が取得したときであっても、この特例の適用があることとされています（措通33－51、【参考】措通64⑷－２）。

⑴　買取りをした資産は、最終的には事業施行者に帰属するものであること。

（注）　事業施行者への帰属は、必ずしも有償で行われなければならないというものではありません。

⑵　買取りをする者の買取りの申出を拒む者がある場合には、事業施行者が収用するものであること。

⑶　資産の買取りの契約書には、資産の買取りをする者が事業施行者が施行する○○事業のために

買取りをするものである旨が明記されているものであること。

(4)　上記(1)及び(2)の事項については、事業施行者と資産の買取りをする者との間の契約書又は覚書により相互に明確に確認されているものであること。

このいわゆる代行買収は全ての収用等の場合に認められているものではなく、次表のとおり事業施行者及び事業等の種類の区分により、一定の代行買収者が定められています（措規14⑤、【参考】措規22の２④一）。

| 代行買収の認められる事業等 | 代　行　買　収　者 |
| --- | --- |
| ①　国、地方公共団体又は独立行政法人都市再生機構が施行する次に掲げる事業（措規14⑤二、三、五）<br>イ　事業の認定又は都市計画事業の認可若しくは承認を受けた事業<br>ロ　事業の認定を受けていない事業のうち、次に掲げるもの<br>(イ)　土地収用法第３条各号に掲げる事業のうち措規第14条第５項第３号イに掲げるもの<br>(ロ)　河川法、水防法、土地改良法、道路法又は住宅地区改良法の規定に基づいて資産を収用又は使用することができる事業<br>(ハ)　土地区画整理法（大都市地域における住宅及び住宅地の供給の促進に関する特別措置法において準用する場合を含みます。）により資産を使用することができる事業<br>(ニ)　土地収用法第３条各号の一に該当するもの（当該一に該当するものと他の当該各号の一に該当するものとが、１組の施設として一の効用を有する場合には、当該１組の施設とし、(イ)に該当するものを除きます。）に関する事業で一団地の面積において10ヘクタール以上であるもの（拡張に関する事業にあっては、その拡張後の一団地の面積が10ヘクタール以上であるもの） | ①　地方公共団体又は地方公共団体が財産を提供して設立した団体（地方公共団体以外の者が財産を提供して設立した団体を除きます。この表において、以下同じです。） |
| ②　国又は地方公共団体が施行する上記①の事業のうち、一団地の面積において10ヘクタール以上（その事業が拡張に関する事業である場合には、その拡張後の面積が10ヘクタール以上）のもの（措規14⑤二、三、五） | ②　独立行政法人都市再生機構 |
| ③　新幹線鉄道建設事業又は地方公共団体が当該事業に関連して施行する道路に関する事業（措規14⑤二） | ③　地方公共団体、地方公共団体が財産を提供して設立した団体又は独立行政法人鉄道建設・運輸施設整備支援機構 |
| ④　大都市地域における宅地開発及び鉄道整備の一体的推進に関する特別措置法に規定する同意特定鉄道の整備に係る事業に関連して施行される土地収用法第３条第７号の規定に該当する事業（措規14⑤二） | ④　地方公共団体 |

| 代行買収の認められる事業等 | 代　行　買　収　者 |
|---|---|
| ⑤　国又は地方公共団体が施行する都市計画事業に準ずる事業として行う一団の住宅施設（一団地における50戸以上の集団住宅及びこれらに附帯する通路その他の施設をいいます。）に関する事業（措規14⑤四） | ⑤　地方公共団体又は地方公共団体が財産を提供して設立した団体 |
| ⑥　独立行政法人都市再生機構が施行する次に掲げる事業（措規14⑤四の二）<br>イ　新住宅市街地開発事業に準ずる事業（新住宅市街地開発事業に係る市街地開発事業等予定区域に関する都市計画が定められているものを除きます。）として国土交通大臣が指定した事業<br>ロ　市街地開発事業等予定区域に関する都市計画が定められている新住宅市街地開発事業に準ずる事業 | ⑥　地方公共団体又は地方公共団体が財産を提供して設立した団体 |
| ⑦　地方公共団体が施行する新都市基盤整備事業に該当することとなる事業（措規14⑤四の五） | ⑦　地方公共団体又は地方公共団体が財産を提供して設立した団体 |
| ⑧　地方公共団体又は独立行政法人都市再生機構が施行する流通業務団地造成事業（施行される区域の面積が30ヘクタール以上であるものに限ります。）に該当することなる事業（措規14⑤四の六） | ⑧　地方公共団体又は地方公共団体が財産を提供して設立した団体 |
| ⑨　国又は地方公共団体が施行する特定被災区域内において行う都市計画法第11条第１項第12号に掲げる一団地の津波防災拠点市街地形成施設の整備に関する事業（措規14⑤四の七） | ⑨　地方公共団体又は地方公共団体が財産を提供して設立した団体 |
| ⑩　地方公共団体が施行する都市計画法第11条第１項第13号に掲げる一団地の復興再生拠点市街地形成施設の整備に関する事業（措規14⑤四の八） | ⑩　地方公共団体又は地方公共団体が財産を提供して設立した団体 |
| ⑪　地方公共団体又は独立行政法人都市再生機構が被災市街地復興特別措置法第５条第１項の規定により都市計画に定められた被災市街地復興推進地域において施行する被災市街地復興土地区画整理事業で土地区画整理法第109条第１項に規定する減価補償金を交付すべきこととなるものの施行区域内にある土地等について、これらの者が当該被災市街地復興土地区画整理事業として行う公共施設の整備改善に関する事業（措規14⑤五の十二） | ⑪　都道府県、市町村、独立行政法人都市再生機構、独立行政法人中小企業基盤整備機構、地方住宅供給公社及び土地開発公社 |
| ⑫　地方公共団体又は独立行政法人都市再生機構が被災市街地復興特別措置法第21条に規定する住宅被災市町村の区域において施行する都市再開発法による第二種市街地再開発事業の施行区域（都市計画法第12条第２項の規定により第二種市街地再開発事業について都市計画に定められた施行区域をいいます。）内にある土地等について、当該第二種市街地再開発事業の用に供するためにこれらの者（土地開発公社を含みます。）に買い取られた場合（措規14⑤五の十三） | ⑫　都道府県、市町村、独立行政法人都市再生機構、独立行政法人中小企業基盤整備機構、地方住宅供給公社及び土地開発公社 |

| 代行買収の認められる事業等 | 代　行　買　収　者 |
|---|---|
| ⑬　国若しくは地方公共団体（地方公共団体が設立した特定の法人を含みます。）が行い、若しくは土地収用法第３条に規定する事業の施行者がその事業の用に供するために行う公有水面埋立法の規定に基づく公有水面の埋立て又は当該施行者が行う当該事業の施行に伴う漁業権、入漁権その他水の利用に関する権利又は鉱業権（租鉱権及び採石権その他土石を採掘し、又は採取する権利を含みます。）の消滅（これらの権利の価値の減少を含みます。）があった場合（措規14⑤八） | ⑬　地方公共団体又は地方公共団体が財産を提供して設立した団体 |

※「収用若しくは使用又は換地処分等をされた土地の上にある資産について買取り、取壊し、除去があった場合」については、「収用証明書の区分一覧表」（別表２）の㉜（343ページ）を参照ください。

【設　問】

問　甲市の行う市立中学校建設事業において、甲市が全額出資している土地開発公社が事業用地の代行買収を行いましたが、この場合、収用証明書等は土地開発公社が発行するのでしょうか。

答　代行買収を行った場合においても、措置法規則第14条第５項に規定する「収用証明書」は事業施行者である甲市が発行することになります。なお、「買取り等の申出があったことを証する書類」及び「買取り等があったことを証する書類」については、その買取り等の申出又は買取り等をした者である代行買収者が発行することになります（措通33の４－８、【参考】措通65の２－13）。

〔参考〕 代行買収における証明書の発行者等

| 種　　類 | 事業施行者 | 代行買収者 | 摘　　要 |
|---|---|---|---|
| 買取り等の申出証明書 | | ○ | 被買収者へ交付<br>所轄税務署に写しを提出 |
| 買取り等の証明書 | | ○ | 被買収者へ交付 |
| 収用証明書 | ○ | | 被買収者へ交付 |
| 不動産等の譲受けの対価の支払調書 | | ○ | 所轄税務署に提出 |

## 4　補償金の種類と課税上の取扱い

### (1)　対価補償金とその他の補償金との区分

収用等に伴い交付を受ける補償金のうち、「収用等の場合の課税の特例」の対象となる、措置法第33条第1項又は第33条の2第1項に規定する補償金、対価又は清算金の額（同法第33条第3項の規定により、これらの補償金、対価又は清算金の額とみなされるものを含みます。）とは、名義のいかんを問わず、収用等による譲渡（同法第33条第3項の規定により収用等による譲渡とみなされるものを含みます。）の目的となった資産の収用等の対価たる金額（以下「対価補償金」といいます。）をいい、次のイからニまでに掲げる補償金は、原則として、対価補償金に該当しません（措通33－8、【参考】措通64(2)－1）。

イ　事業（事業と称するに至らない不動産又は船舶の貸付けその他これに類する行為で相当の対価を得て継続的に行うものを含みます。）について減少することとなる収益又は生ずることとなる損失の補填に充てるものとして交付を受ける補償金（以下「収益補償金」といいます。）

ロ　休廃業等により生ずる事業上の費用の補填又は収用等による譲渡の目的となった資産以外の資産（棚卸資産等を除きます。）について実現した損失の補填に充てるものとして交付を受ける補償金（以下「経費補償金」といいます。）

ハ　資産（棚卸資産等を含みます。）の移転に要する費用の補填に充てるものとして交付を受ける補償金（以下「移転補償金」といいます。）

ニ　その他対価補償金たる実質を有しない補償金

### (2)　各種補償金の課税上の原則的取扱い

資産が収用等されたことにより交付を受ける補償金は、原則として課税上次ページのとおり5つに区分されて取り扱われます（措通33－9、【参考】措通64(2)－2）。

<table>
<tr><th></th><th colspan="2">補　償　金　の　種　類</th><th>所得税課税上の取扱い</th><th>法人税課税上の取扱い</th></tr>
<tr><td>①</td><td colspan="2">対　価　補　償　金</td><td>譲渡、山林所得の金額の計算上、収用等の場合の課税の特例が適用されます。</td><td>収用等の場合の課税の特例の適用があります。</td></tr>
<tr><td>②</td><td colspan="2">収　益　補　償　金</td><td>交付の基因となった事業の態様に応じて不動産、事業、雑所得の金額の計算上、総収入金額に算入します。</td><td>収用等の場合の課税の特例の適用はありません。</td></tr>
<tr><td rowspan="2">③</td><td rowspan="2">経費補償金</td><td>休廃業等により生ずる事業上の費用の補塡に充てるもの</td><td>交付の基因となった事業の態様に応じて不動産、事業、雑所得の金額の計算上、総収入金額に算入します。</td><td rowspan="2">収用等の場合の課税の特例の適用はありません。</td></tr>
<tr><td>収用等による譲渡の目的となった資産以外の資産（棚卸資産を除きます。）について実現した損失の補塡に充てるもの</td><td>譲渡、山林所得の金額の計算上、総収入金額に算入します。</td></tr>
<tr><td rowspan="2">④</td><td rowspan="2">移転補償金</td><td>交付の目的に従って支出した場合</td><td>各種所得の金額の計算上、総収入金額に算入されません（所法44）。</td><td rowspan="2">収用等の場合の課税の特例の適用はありません。</td></tr>
<tr><td>交付の目的に従って支出しなかった場合又は支出後残額が生じた場合</td><td>一時所得の金額の計算上、総収入金額に算入します。</td></tr>
<tr><td>⑤</td><td colspan="2">その他対価補償金としての実質を有しない補償金</td><td>その実態に応じて、各種所得の金額の計算上、総収入金額に算入します。ただし、所得税法第９条《非課税所得》第１項の規定に該当するものは非課税となります。</td><td>収用等の場合の課税の特例の適用はありません。</td></tr>
</table>

（注）　移転補償金をその交付の目的に従って支出したかどうかの判定は次によります。

①　移転補償金をその交付の基因となった資産の移転若しくは移築又は除却若しくは取壊しのための支出に充てた場合　交付の目的に従って支出した場合に該当します。

②　移転補償金を資産の取得のための支出又は資産の改良その他の資本的支出に充てた場合　その交付の目的に従って支出した場合に該当しません。

### (3)　各種補償金の課税上の例外的取扱い

上記(2)は各種補償金に係る課税上の原則的な取扱いですが、次のような例外的な取扱いが定められています。

#### イ　対価補償金へ振り替えることができる収益補償金

建物の収用等に伴い収益補償金名義で補償金を受けた場合で、その建物の対価補償金として受ける金額がその建物の再取得価額（その建物と同一の建物を新築するものと仮定した場合の取得価額をいいます。）に満たないときには、その収益補償金名義で受ける補償金のうちその満たない金額に相当する金額を、その建物の対価補償金に振り替えることができます（措通33－11、【参考】措通64(2)－５、「〔参考〕３　収益補償金の対価補償金への振替え」（62ページ）参照）。

この場合、対価補償金への振替え額の計算の基礎となるその建物の再取得価額は、次によります。

(イ)　建物の買取契約の場合には、事業施行者が買取対価の算定基礎としたその建物の再取得価額により、その額が明らかでないときは、その建物について適正に算出した再取得価額によります。

(ロ)　建物の取壊し契約の場合には、次によります。

①　事業施行者が補償金の算定基礎とした建物の再取得価額が明らかである場合には、その再取得価額によります。

②　①以外の場合には、その建物の対価補償金として交付を受けた金額に、その建物の構造が木造又は木骨モルタル造であるときは65分の100を、その他の構造のものであるときは95分の100を、それぞれ乗じて算出した金額によります。

（注）　再取得価額に満たない金額のうち一部だけを対価補償金に振り替えることはできません。

**【設　問】**

**問**　鮮魚商を営んでいた甲は、県道拡幅事業のために土地を買収され、営業補償金を取得しました。この場合、営業補償金のうち対価補償金に振り替えることができる金額はいくらですか。

なお、建物は取り壊しており、建物の再取得価額は明らかではありません。

土地の対価補償金　　3,250万円
建物の移転補償金　　455万円　（注）　木骨モルタル造
営業補償金　　280万円

**答**

（建物の移転補償金）
$$455\text{万円}\times\frac{100}{65}=700\text{万円}$$
……（推定）再取得価額

700万円－455万円＝245万円……建物の再取得価額に満たない額

245万円＜280万円（営業補償金）

したがって、営業補償金280万円のうち245万円を対価補償金に振り替えることができます。

**ロ　事業廃止の場合の機械装置等の売却損の補償金**

土地、建物、漁業権その他の資産の収用等に伴い、機械装置等の売却をしなければならなくなったため、その売却による損失の補償として受ける補償金は、経費補償金に該当しますが、その収用等に伴い事業の全部を廃止した場合又は従来営んできた業種の事業を廃止し、かつ、その機械装置等を他に転用することができない場合に交付を受けるその機械装置等の売却損の補償金は、対価補償金として取り扱われます（措通33－13、【参考】措通64⑵－７）。

### ハ　引き家補償金等

土地等の収用等に伴い、事業施行者からその土地等の上にある建物や構築物を引き家したり、移築するために要する費用の補償として受ける補償金は、本来、移転補償金に該当しますが、その補償金を取得した者が実際にその建物や構築物を取り壊したときには、その補償金（その建物や構築物の一部を構成していた資産で、そのもの自体としてそのまま又は修繕や改良を加えた上、他の建築や構築物の一部を構成することができると認められるものに係る部分を除きます。）は、その建物や構築物の対価補償金として取り扱われます（措通33－14、【参考】措通64⑵－８）。

### ニ　移設困難な機械装置の補償金

土地等や建物の収用等に伴い、機械装置の移設をしなければならなくなったためその移設に要する経費の補償として受ける補償金は、本来の対価補償金には該当しませんが、機械装置の移設補償名義のものであっても、例えば、公衆浴場設備の浴槽のように、その物自体を移設することが著しく困難であると認められる資産について受ける取壊し等の補償金は、対価補償金として取り扱われます。

なお、これに該当しない場合であっても、機械装置の移設のための補償金の額がその機械装置の新設のための補償金の額を超えること等の事情により、移設経費の補償に代えてその機械装置新設費の補償を受けた場合には、その事情が事業施行者の算定基礎等に照らして実質的に対価補償金の交付に代えてされたものであることが明確であるとともに、その補償金を受けた者が現にその補償の目的に適合した資産を取得し、かつ、旧資産の全部や大部分を廃棄したり、スクラップ化しているものであるときに限り、その補償金は対価補償金として取り扱われます（措通33－15、【参考】措通64⑵－９）。

### ホ　残地補償金

土地収用法第74条は、同一の土地所有者がもっている一団の土地の一部を収用したり使用することによって、残地の価格が減少するなど残地について損失が生ずることとなる場合には、その損失を補償しなければならない旨を定めています。この損失の補償を残地補償といいますが、この残地補償金は、収用等があった年分のその収用等をされた土地等の対価補償金とすることができます（措通33－16、【参考】措通64⑵－10）。

### ヘ　残地買収の対価

同一の土地所有者がもっている一団の土地の一部が収用されたことによって、残地を従来利用していた目的に供することが著しく困難となるときは、土地所有者は、その一団の土地の全部の収用を請求することができます（土地収用法76①）。このいわゆる残地収用の請求をすれば収用されることとなる事情があるため、残地が事業施行者に買い取られた場合には、その残地の買取りの対価は、その収用等があった年分の対価補償金とすることができます（措通33－17、【参考】措通64(2)－11）。

**ト　借家人補償金**

他人の建物を使用している者が、その建物が収用等をされたことに伴いその使用を継続することが困難となったため、転居先の建物の賃借に要する権利金に充てるものとして受ける補償金（従来の家賃と転居先の家賃との差額に充てるものとして受ける補償金を含みます。）は、対価補償金として取り扱われます（措通33－30、【参考】措通64(2)－21）。

（注）　個人の場合には、この借家権は、総合課税の譲渡所得として所得税の課税対象となります。

**【設　問】**

**問**　建物を賃借し、長年居住の用に供していましたが、当該建物が県道拡幅のため買収されたことに伴い、借家人補償金を取得しました。

この補償金を居住用のマンション（土地及び建物）の取得資金の一部に充てる予定ですが、代替資産として認められるでしょうか。

**答**　転居先の建物の賃借に要する権利金に充てられるものとして交付を受けるいわゆる借家人補償金については、対価補償金としてみなされ、当該借家人補償金で転居先の建物の賃借に要する権利金に充てたときは、その権利金は、代替資産の取得に充てた金額とみなして取り扱うことができることとされています（措通33－30）。

また、設問の場合のように、従前の賃貸建物と同じ用途に供する土地又は建物を取得した場合にも、当該土地又は建物を借家人補償金に係る代替資産とすることができることとして取り扱われています（措通33－30㈟）。

### (4)　使用貸借に係る土地の補償金の帰属

土地とその上にある建物等の所有者がそれぞれ異なる場合において、その土地及び建物等が一括して収用等の対象となっているときは、その土地の対価補償金はその土地の所有者に、その土地に係る借地権及びその建物等の対価補償金はその建物等の所有者にそれぞれ帰属すべきものであり、たとえその対価補償金の全部が一括してその土地の所有者に交付されたとしても、その帰属すべき実質に従って処理すべきであることはいうまでもありません。

しかし、その建物等の所有者がその土地の所有者の親族等であり、借地権の設定があったと認められない、いわゆる使用貸借の場合には、課税上、使用貸借による土地利用権の価額は零として取り扱われているため、その土地の対価補償金の全額がその土地の所有者に帰属することになります。

　したがって、使用借人が土地の補償金の一部を収受した場合には、その収受した補償金について贈与税の課税関係が生ずることになると考えられます。

〔参考〕1　収用等の補償金の区分と所得税課税の取扱い(1)

| 対　価　補　償 | | 収　益　補　償 | |
|---|---|---|---|
| 種　類 | 摘　要 | 種　類 | 摘　要 |
| 土地の取得 | 土地の附加物（土留設備等）を含みます。 | 建物等の使用 | |
| 土地の上の権利の消滅 | 借地権、耕作権等 | 漁業権等の制限 | 一時的な立入制限 |
| 建物の取得取壊し | | 鉱業権等の制限 | 一時的な立入制限 |
| 配偶者居住権の消滅及び価値の減少 | 配偶者居住権の目的となっている建物の敷地の用に供される土地等をその配偶者居住権に基づき使用する権利を含みます。 | 事業の休廃業 | 所得に対する補償（商品等の売却損補償を含みます。） |
| 立木等の伐採、除去 | 土地に定着する物件（立木、工作物等） | 家賃減収 | 不動産所得の減少 |
| 漁業権等の消滅 | 入漁権等を含みます。 | 養殖物 | 移植に伴う減収、移植不可能な場合 |
| 鉱業権等の消滅 | 租鉱権等を含みます。 | 立毛 | |
| 温泉利用権等の消滅 | | 借地権等の設定 | 時価の50％以下のとき。 |
| 借地権等の設定 | 設定直前の時価の50％を超えるとき。 | 空間、地下の使用 | 時価の25％以下のとき。 |
| 空間、地下の使用 | 送電線、高架施設、地下鉄等（時価の25 ％を超えるとき。） | | |
| 漁業権等の制限 | 工作物の設置で漁獲量の減少等（権利の価値の減少） | | |
| 鉱業権等の制限 | 一部について鉱業権行使不可能等（権利の価値の減少） | | |
| 残地 | 土地の一部を収用された残地の価値の低下 | | |
| 借家人補償金 | 転居先の家屋賃借のための権利金等 | | |
| 移設困難な機械等除去 | 事業の廃止等に伴い転用不能で処分する売却損を含みます。 | | |
| ○　原則として、収用等の特例の対象となりますが、収用等の対象が棚卸資産である場合には、収益補償となり、収用等の特例の対象となりません。<br>（**譲渡所得**<br>**山林所得**） | | ○　収用等の特例の対象となりません。<br>（**事業所得**<br>**不動産所得**<br>**雑所得**） | |

## 収用等の補償金の区分と所得税課税の取扱い(2)

| 移転補償 | | 経費補償 | | 精神補償 | |
|---|---|---|---|---|---|
| 種類 | 摘要 | 種類 | 摘要 | 種類 | 摘要 |
| 建物等移転料 | | 店舗 | 移転に伴う広告費や通常生ずる損失 | 祭し料 | |
| 動産移転料 | | 公課 | 休業等の場合の固定資産税等 | 改葬料 | 遺体、遺骨の掘起しや再埋葬 |
| 仮住居費用 | 仮住居の権利金、賃貸料 | 仮店舗設置 | 仮店舗の設置に関する費用の補償 | 非課税 | |
| 立木等の移植費用 | | 解雇手当 | 従業員を解雇するため必要な解雇手当相当額 | **その他の補償** | |
| 墳墓移転 | 遺体の改葬等の費用は精神補償 | 休業手当 | 転業準備期間中の従業員の休業手当相当額 | 立木等の伐採譲渡 | |
| 養殖物 | 移植に要する経費 | | | 収用等の特例の対象となりません。（山林所得） | |
| | | | | | |
| | | | | （注）その他の補償については、その補償の実体的内容に応じて課税関係を判断します。 | |
| | | | | | |
| | | | | | |
| | | | | | |
| | | | | | |
| | | | | | |
| | | | | | |
| 収用等の特例の対象となりません（交付の目的に従って支出した部分の金額は総収入金額に算入しません）（所法44）。（一時所得） | | 収用等の特例の対象となりません。（事業所得・不動産所得・雑所得） | | | |

〔参考〕2　収用等の補償金の課税関係フローチャート（措通33－８、33－９、【参考】措通64(2)－１、64(2)－２）※

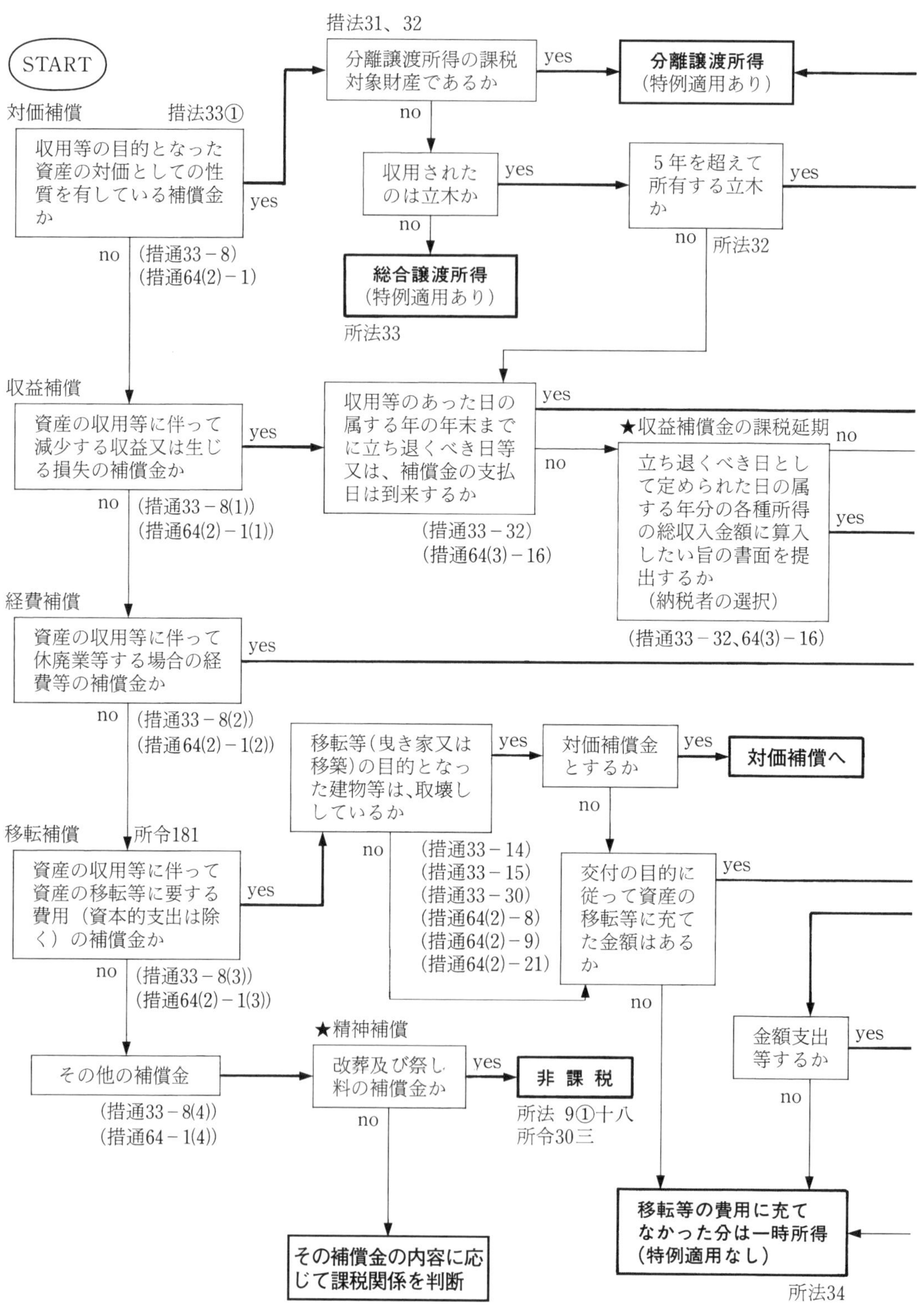

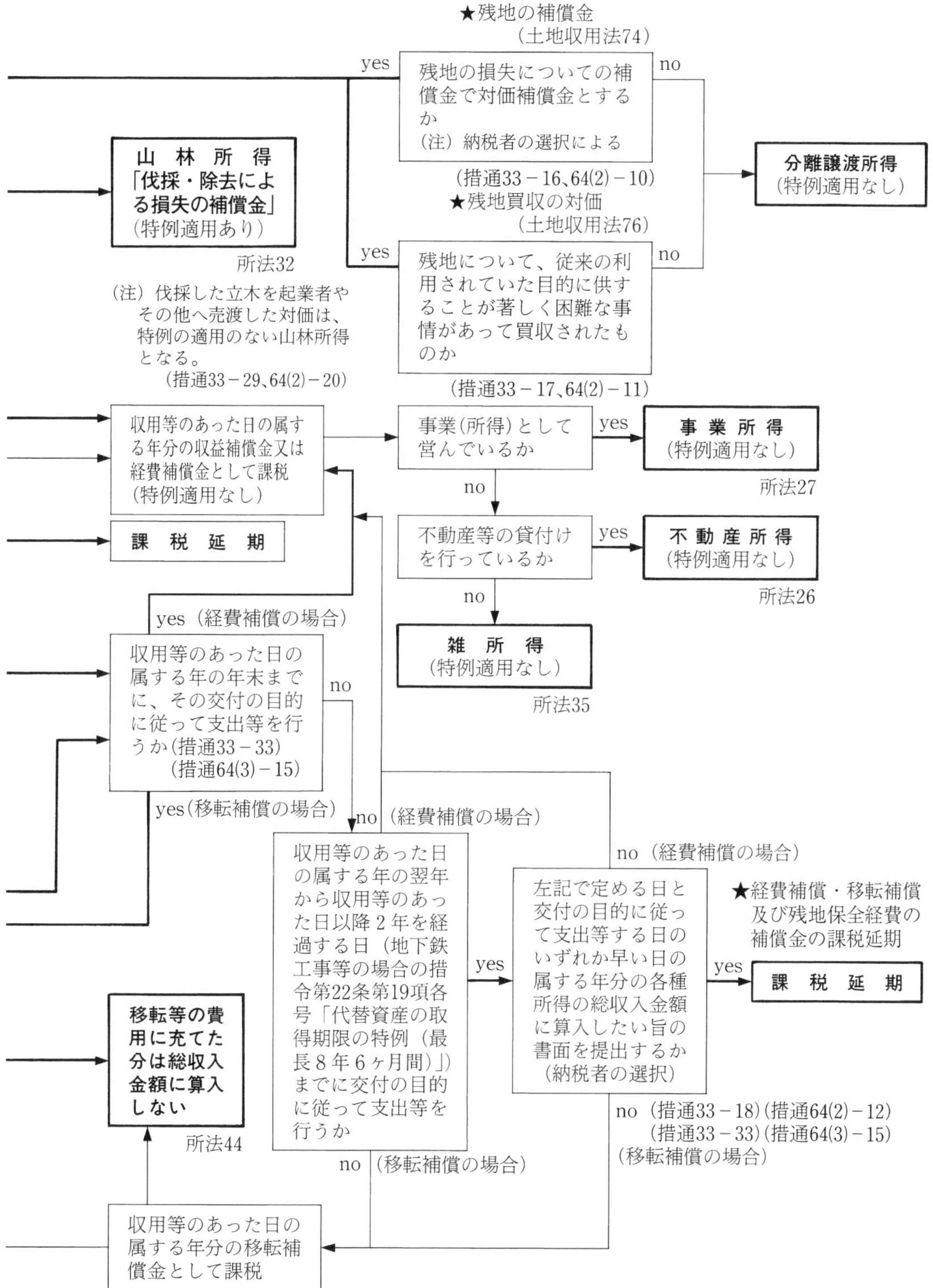

★残地の補償金
（土地収用法74）
yes
残地の損失についての補償金で対価補償金とするか
（注）納税者の選択による
no
（措通33－16、64(2)－10）
分離譲渡所得
（特例適用なし）
山林所得
「伐採・除去による損失の補償金」
（特例適用あり）
所法32
（注）伐採した立木を起業者やその他へ売渡した対価は、特例の適用のない山林所得となる。
（措通33－29、64(2)－20）
★残地買収の対価
（土地収用法76）
yes
残地について、従来の利用されていた目的に供することが著しく困難な事情があって買収されたものか
no
（措通33－17、64(2)－11）
収用等のあった日の属する年分の収益補償金又は経費補償金として課税
（特例適用なし）
事業(所得)として営んでいるか
yes
事業所得
（特例適用なし）
所法27
no
課税延期
不動産等の貸付けを行っているか
yes
不動産所得
（特例適用なし）
所法26
no
雑所得
（特例適用なし）
所法35
yes（経費補償の場合）
収用等のあった日の属する年の年末までに、その交付の目的に従って支出等を行うか(措通33－33)
(措通64(3)－15)
no
yes(移転補償の場合)
no（経費補償の場合）
収用等のあった日の属する年の翌年から収用等のあった日以降２年を経過する日（地下鉄工事等の場合の措令第22条第19項各号「代替資産の取得期限の特例（最長８年６ヶ月間）」）までに交付の目的に従って支出等を行うか
yes
no（経費補償の場合）
左記で定める日と交付の目的に従って支出等する日のいずれか早い日の属する年分の各種所得の総収入金額に算入したい旨の書面を提出するか
（納税者の選択）
yes
★経費補償・移転補償及び残地保全経費の補償金の課税延期
課税延期
移転等の費用に充てた分は総収入金額に算入しない
所法44
no（措通33－18）（措通64(2)－12）
（措通33－33）（措通64(3)－15）
（移転補償の場合）
no（移転補償の場合）
収用等のあった日の属する年分の移転補償金として課税

## 〔参考〕3　収益補償金の対価補償金への振替え

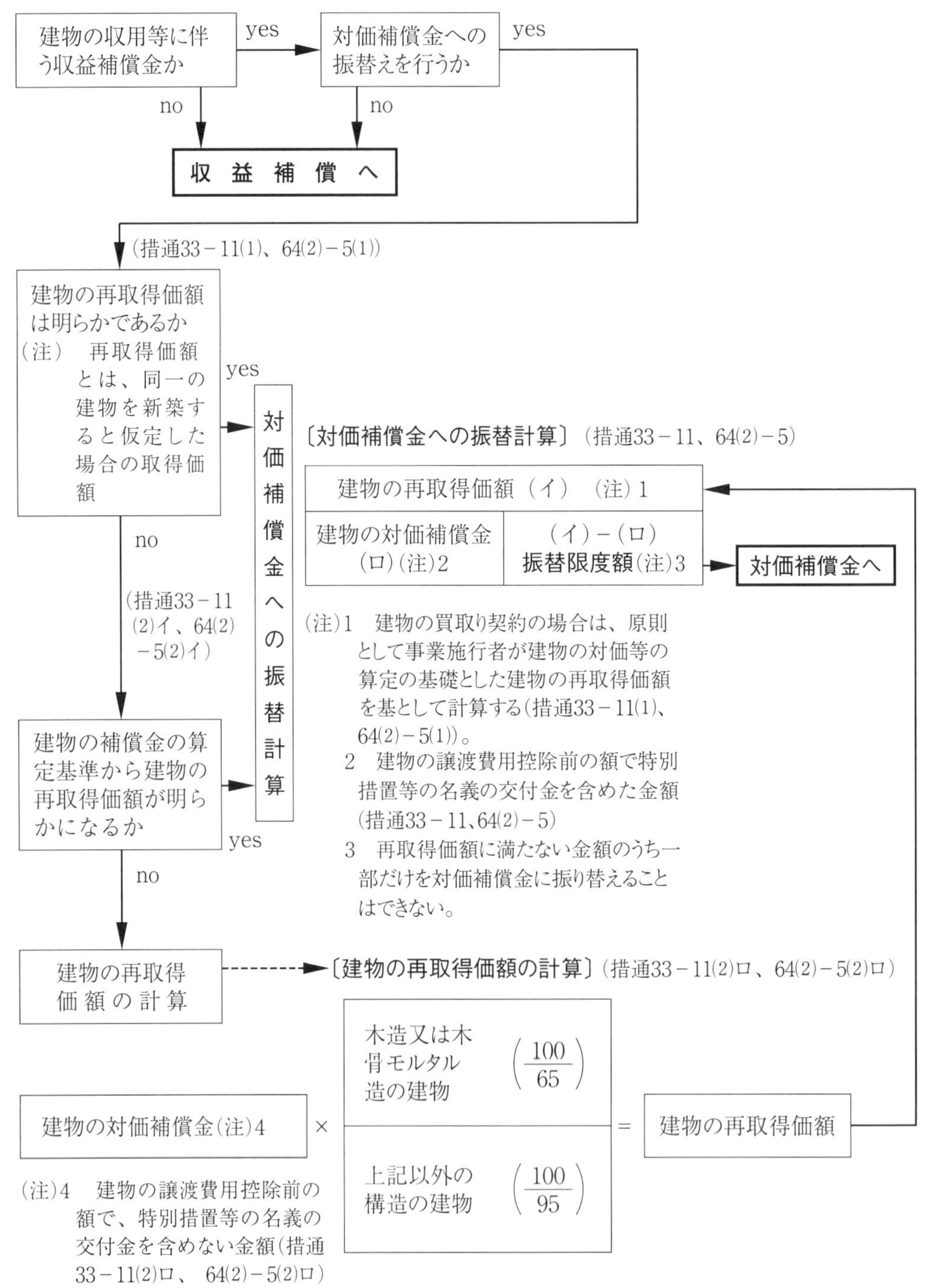

## 〔参考〕4　収用された資産等の計算明細書

**公共事業用資産の買取り等の証明書から転記してください。**

| 公共事業用資産の買取り等の申出証明書 | 有 ・ 無 |
|---|---|

| 補償区分 | | 補償名 | 補償金額 | 所得区分 |
|---|---|---|---|---|
| 対価補償 | 土地等補償 | 土　地 | 円 | 分離譲渡所得 |
| | | 借地権等 | | |
| | | 残　地 | | |
| | | | | |
| | | | | |
| | | 計 | (A) | |
| | 建物等補償 | 建　物 | | |
| | | 工作物 | | |
| | | | | |
| | | | | |
| | | 収益補償からの振替額 | | |
| | | 計 | (B) | |
| | 借家人補償 | 借家権 | | 総合譲渡所得 |
| | | | | |
| | | | | |
| | | 計 | | |

| 公共事業用資産の買取り等の証明書 | 有 ・ 無 |
|---|---|

| 補償区分 | 補償名 | 補償金額 | 所得区分 |
|---|---|---|---|
| 収益補償 | 営　業 | 円 | 事業・不動産・雑所得 |
| | 家賃減収 | | |
| | | | |
| | 建物対価補償への振替額 $\frac{100}{65}$ 又は $\frac{100}{95}$ | △ | |
| | 差引計 | | |
| 経費補償 | | | |
| | | | |
| | 計 | | |
| 移転補償 | 仮住居 | | 一時所得 |
| | 動産移転 | | |
| | 移転雑費 | | |
| | 計 | | |
| 精神補償 | | | 非課税 |
| | | | |
| | 計 | | |

【収益補償金のうち対価補償金に繰り入れることができる金額の計算】

建物の対価補償金（注）1 （　　　円） × $\frac{100}{65\ \text{又は}\ 95}$ （注）3 ＝ 建物の再取得価額（　　　円）

建物の再取得価額（　　　円） − 建物の対価補償金（注）2（　　　円） ＝ 対価補償金としての繰入限度額（　　　円）

収益補償金（　　　円） − 対価補償金としての繰入限度額（　　　円） ＝ 事業所得等の収入金額（　　　円）

（注）1　建物の譲渡費用控除前の額で、特別措置等の名義で交付を受けた補償金の額を含まない。

2　建物の譲渡費用控除前の額で、特別措置等の名義で交付を受けた補償金のうち対価補償金として判定される金額を含む。

3　建物の構造が木造又は木骨モルタル造りであるときは65、その他の構造であるときは95とする。

# 5　代替資産

## ⑴　代替資産の範囲

代替資産には、原則的に同種の資産が認められているほか、特例的な代替資産として一組の資産及び事業用資産が認められています。

### イ　同種の資産（措令22④、措規14②、【参考】措令39②、措規22の２②）〔個別法〕

㈠　土地収用法等に基づき資産が収用された場合（２⑴参照）、土地収用法等に基づく収用権を背景とする任意買収により買い取られた場合（２⑵参照）、第一種市街地再開発事業又は防災街区整備事業の権利変換により一定の補償金を取得した場合（２⑷、⑸参照）

……譲渡資産が、「①土地や土地の上に存する権利」、「②建物（その付属設備を含みます。）や建物に付属する構築物（建物に付属する門、塀、庭園、煙突、貯水槽その他これらに類するものをいいます。）」、「③建物に付属する構築物以外の構築物」、「④その他の資産」の４区分のいずれに属するかに応じ、それぞれこれらの区分に属する資産（譲渡資産が「④その他の資産」の区分に属するものである場合には、次のＡからＣの譲渡資産の区分に応じた資産）

Ａ　Ｂ及びＣに掲げる資産以外の資産

その資産と種類及び用途を同じくする資産

Ｂ　配偶者居住権

その配偶者居住権を有していた者の居住の用に供する建物又はその建物の賃借権

Ｃ　配偶者居住権の目的となっている建物の敷地の用に供される土地又はその土地の上に存する権利をその配偶者居住権に基づき使用する権利

その権利を有していた者の居住の用に供する建物の敷地の用に供される土地又はその土地の上に存する権利

㈡　換地処分による清算金の取得（２⑶参照）、都市計画法による買取請求又は申出に基づく買取り（２⑹参照）、減価補償金を交付すべきこととなる土地区画整理事業のための買取り（２⑺参照）、被災市街地復興土地区画整理事業として行う公共施設の整備改善に関する事業のための買取り（２⑻参照）、被災市街地復興特別措置法に規定する住宅被災市町村の区域内において施行する第二種市街地再開発事業のための買取り（２⑼参照）、50戸以上の一団地の住宅経営のための買取り（２⑽参照）

……譲渡資産と同種の資産

㈢　収用された資産に関して有する所有権以外の権利の消滅（２⑾参照）

……譲渡資産と同種の権利（譲渡資産が次のＡ又はＢに掲げる資産である場合には、それぞれの区分に応じた資産）

Ａ　配偶者居住権

その配偶者居住権を有していた者の居住の用に供する建物又はその建物の賃借権

Ｂ　配偶者居住権の目的となっている建物の敷地の用に供される土地又はその土地の上に存する権利をその配偶者居住権に基づき使用する権利

その権利を有していた者の居住の用に供する建物の敷地の用に供される土地又はその土地の上に存する権利

㈡　権利変換により新たな権利に変換することのない権利の消滅（２⑿、⒀参照）、公有水面の埋立て等による漁業権等の消滅（２⒁参照）があった場合

……譲渡資産と同種の権利

㈭　措置法第33条第１項第８号の場合（２⒂参照）

……譲渡資産が上記㈠、㈧又は㈡の譲渡資産の区分のいずれに属するかに応じ、それぞれこれらの区分に属する資産

**ロ　一組の資産**（措令22⑤、【参考】措令39③）〔一組法〕

収用等により譲渡した資産が、上記イの㈠の①から③までの区分の異なる２以上の資産で一の効用をもっている一組の資産となっており、その一組の資産が次に掲げる用に供するものであるときは、その一組の資産が持っていた効用と同じ効用をもっている他の資産をもって、その譲渡資産の全てに係る代替資産とすることができます。

したがって、例えば、居住用の土地と家屋を収用等された者が、従来から持っていた土地の上に居住用の家屋を新築したような場合には、その新築した家屋は、収用等された土地と家屋の代替資産とすることができます（措規14③、措通33－39、【参考】措規22の２③）。

㈠　居住の用

㈫　店舗や事務所の用

㈧　工場、発電所又は変電所の用

㈡　倉庫の用

㈭　㈠から㈡の用のほか、劇場の用、運動場の用、遊技場の用その他これらの用の区分に類する用

**ハ　事業用資産**（措令22⑥、措通33－41～43、【参考】措令39④、措通64⑶－３）〔事業継続法〕

事業（事業と称するに至らない不動産の貸付けで相当の対価を得て継続的に行うものを含みます。）に使用していた資産を収用等により譲渡し、その対価補償金で事業に使用する減価償却資産、土地、土地の上に存する権利を取得した場合には、その事業に使用する減価償却資産、土地、土地の上に存する権利をもって、事業に使用していた譲渡資産の代替資産とすることができます。

なお、事業継続法を適用できる代替資産は、個別法及び一組法に該当する代替資産以外の資産とされています。

**【設 問】**

問 私は、県立高校用地として店舗兼居宅の敷地とそれに隣接する農地を県に買収され、下記1のとおり補償金の支払を受け、この補償金で、下記2のような代替資産を取得しました。この場合に、収用等に伴い代替資産を取得した場合の課税の特例の適用が受けられますか。

記

1 譲渡資産

農 地 5,000万円

宅 地 8,000万円

建 物 2,000万円

2 代替資産

山 林 （土 地） 4,000万円

宅 地・建 物 （居住用） 8,000万円

建 物 （アパート） 3,000万円

答 代替資産の取得方法には、先に述べたように、①個別法、②一組法及び③事業継続法の3つの方法がありますが、これらの方法は組み合せて適用することができます。

設問の場合にも、次のような組合せにより、全ての取得資産を代替資産とすることができます。

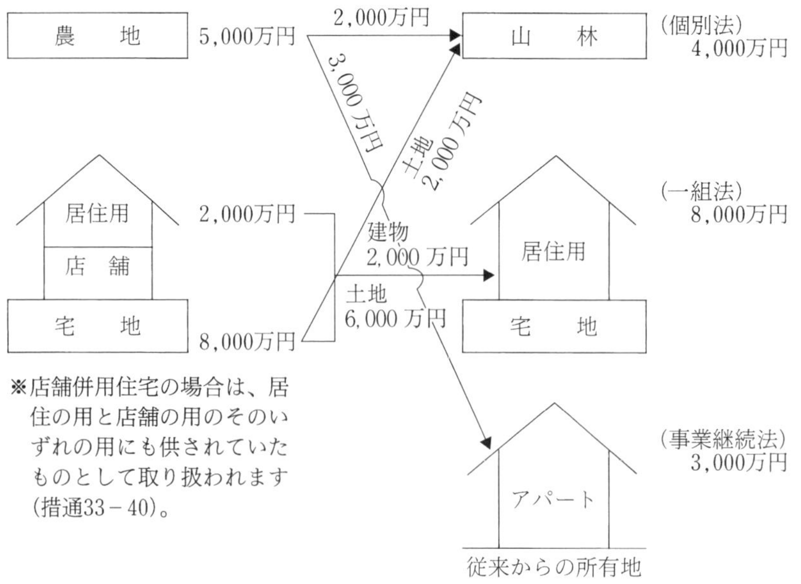

### ⑵　資本的支出

「収用等に伴い代替資産を取得した場合の課税の特例」（法人税等の特例を含みます。以下⑶において同じです。）は、代替資産を新たに取得した場合に適用されるのが原則です（措法33①、64①）が、個人又は法人の有する資産が収用等により買い取られる（措法33①④、64①②）のは、土地収用法等の収用権を背景として公共事業施行者に強制的又は半強制的に買い取られる（収用）ものであることを考慮し、資産の収用等により取得した対価補償金をもって、その有する資産のうち代替資産となるべき資産について支出した改良、改造等の費用を措置法第33条又は第64条の規定の適用上代替資産の取得に当たるものとして取り扱うこととされています（措通33－44の２、64⑶－３の２）。

したがって、収用等により事業用の土地を譲渡した者が取得した対価補償金をもって、既存の賃貸用建物について改良、改造等をした場合（事業継続法）などは、その資本的支出が代替資産の取得として認められます。

### ⑶　代替資産の取得期限

「収用等に伴い代替資産を取得した場合の課税の特例」における代替資産は、原則的には、収用等のあった年中に取得するか又は収用等のあった日から２年以内に取得されるものでなければなりません（措法33①③、64①、64の２①）が、この代替資産の取得期限については、次のような特例があります。

#### イ　収用等のあった日前の取得の特例

土地収用法による事業認定や事業施行者からの買取りの申出があったことなどにより、資産について収用等をされることが明らかであるため、その資産に代わる資産をあらかじめ取得した場合において、その取得した資産が次に掲げる要件の全てを満たしているときは、その資産は代替資産として取り扱われます（措法33②、64③、措令22⑰、39⑳、措通33－47、64⑶－６）。

⑴　事業認定や買取りの申出などがあった日以後に取得したものであること。

⑵　収用等のあった年の１月１日前１年（土地や土地の上に存する権利にあっては、収用等をされたことに伴い工場、事務所その他の建物、構築物、機械装置の建設や移転を要する場合で、その工場等の敷地に使用するための宅地の造成やその工場等の建設や移転に要する期間が通常１年を超えると認められることその他これに類する事情があるときは、収用等のあった年の１月１日前３年）以内に取得したものであること。

⑶　所得税の場合、措置法第19条各号に規定する特別償却の適用を受けたものでないこと。

⑷　法人税等の場合、措置法に規定する特別償却の規定、これらの規定に係る特別償却準備金の規定及び特別税額控除の規定の適用を受けたものでないこと。

**ロ　取得期限の延長の特例**

(イ)　収用等に係る事業の全部又は一部が完了しないこと、工場等の建設に要する期間が通常２年を超えることその他のやむを得ない事情があるため、収用等のあった日から２年以内に代替資産を取得することが困難な場合で、次に掲げる場合に該当するときは、買換（代替）資産の明細書等を申告書に添付することにより、それぞれ次に掲げる日まで代替資産の取得期限が延長されます（措法33③、64の２①、措令22⑲、39㉓）。

a　収用等に係る事業の全部又は一部が完了しないため、収用等のあった日から２年以内に、次の①又は②の資産を代替資産として取得することが困難であり、かつ、その事業の全部又は一部の完了後には代替資産を取得することが確実であると認められる場合

……それぞれ次の①又は②に掲げる日

①　収用等に係る事業の施行地区内にある土地や土地の上に存する権利で、事業施行者の指導やあっせんにより取得するもの

……その土地等を取得することができることとなると認められる日（収用等のあった日から原則として４年以内に限られます。）から６か月を経過した日

②　収用等に係る事業の施行地区内にある土地や土地の上に存する権利を有する者がその土地等の上に建設する建物又は構築物

……その土地等を建物や構築物の敷地に使用することができることとなると認められる日（収用等のあった日から原則として４年以内に限られます。）から６か月を経過した日

（注）　上記①、②の代替資産の取得について特別の事情がある場合には、税務署長の承認を受けることによって代替資産の取得期限は、収用等のあった日から８年以内で税務署長の認定した日から６か月を経過した日まで更に延長される特例があります（措令22⑲一、39㉓一、措規14④、22の２⑦）。

b　収用等のあったことに伴い、工場、事務所その他の建物や構築物、機械装置で事業に使用するものの建設や移転が必要となった場合で、その工場等の敷地に使用するための宅地の造成やその工場等の建設、移転に要する期間が通常２年を超えるため、その収用等のあった日以後２年を経過する日までにその工場等やその敷地その他その工場等に係る資産を代替資産として取得することが困難であり、かつ、収用等のあった日から３年を経過した日までにその資産を取得することが確実であると認められるとき

……その資産を取得することができることとなると認められる日（措令22⑲二、39㉓三）

(ロ)　個人が、特定非常災害の被害者の権利利益の保全等を図るための特別措置に関する法律第２条第１項の規定により特定非常災害として指定された非常災害に基因するやむを得ない事情により、上記(イ)に掲げる各取得期限までに代替資産の取得をすることが困難となった場合において、各取得期限の末日後２年以内で一定の日までの間に代替資産の取得をする見込み

であり、かつ、納税地の所轄税務署長の承認を受けたときは、その取得期限はその一定の日まで代替資産の取得期限が延長されます（措法33⑧、64の２⑰、措令22㉗、39㉛、措通33－49の２）。

〔参考〕特定非常災害及び特定非常災害発生日

| | 特定非常災害 | 特定非常災害発生日 |
|---|---|---|
| ① | 東日本大震災 | 平成23年３月11日 |
| ② | 平成28年熊本地震 | 平成28年４月14日 |
| ③ | 平成30年７月豪雨 | 平成30年７月14日 |
| ④ | 令和元年台風第19号 | 令和元年10月10日 |
| ⑤ | 令和２年７月豪雨 | 令和２年７月３日 |
| ⑥ | 令和６年能登半島地震 | 令和６年１月１日 |

以上の取得期間について、まとめると次ページの図のようになります。

### (4) 相続人が取得した代替資産

収用等に伴い代替資産を取得した場合の課税の特例は、収用等により資産を譲渡した者が、代替資産を取得した場合に限って適用されるのが原則ですが、収用等により資産を譲渡した者が、代替資産を取得しないで死亡した場合であっても、その死亡前に代替資産の取得に関する売買契約や請負契約を締結しているなど代替資産が具体的に確定しており、その相続人が所定の期限内にその代替資産を取得しているときは、その死亡した者の収用等による資産の譲渡所得について、「収用等に伴い代替資産を取得した場合の課税の特例」の適用を受けることができます（措通33－45）。

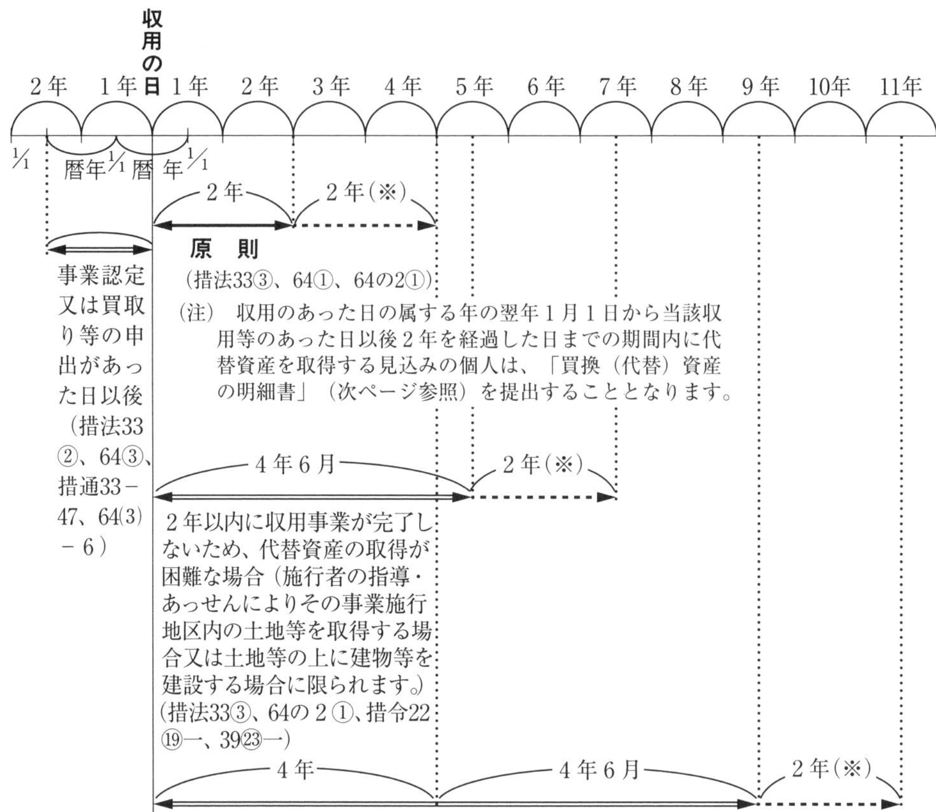

収用の日
2年　1年　1年　2年　3年　4年　5年　6年　7年　8年　9年　10年　11年
1/1　暦年　1/1　暦　年　1/1
2年
2年(※)
原　則
(措法33③、64①、64の2①)
(注)　収用のあった日の属する年の翌年1月1日から当該収用等のあった日以後2年を経過した日までの期間内に代替資産を取得する見込みの個人は、「買換（代替）資産の明細書」（次ページ参照）を提出することとなります。
事業認定又は買取り等の申出があった日以後（措法33②、64③、措通33－47、64(3)－6）
4年6月
2年(※)
2年以内に収用事業が完了しないため、代替資産の取得が困難な場合（施行者の指導・あっせんによりその事業施行地区内の土地等を取得する場合又は土地等の上に建物等を建設する場合に限られます。）(措法33③、64の2①、措令22⑲一、39㉓一)
4年
4年6月
2年(※)

4年以内に収用事業が完了しないため、代替資産の取得が困難な場合（施行者の指導・あっせんによりその事業施行地区内の土地等を取得する場合又は土地等の上に建物等を建設する場合に限られます。）には税務署長の承認・認定を受けた日から6か月を経過した日（措法33③、64の2①、措令22⑲一イ、ロかっこ書、39㉓一イ、ロかっこ書）

(注)　この場合、個人は、「代替資産の取得期限延長承認申請書」（72ページ参照）により、法人は、「収用等に伴い特別勘定を設けた場合における特別勘定の設定期間延長承認申請書」（73ページ参照）により、それぞれ申請することとなります（措規14④、22の2⑦）。

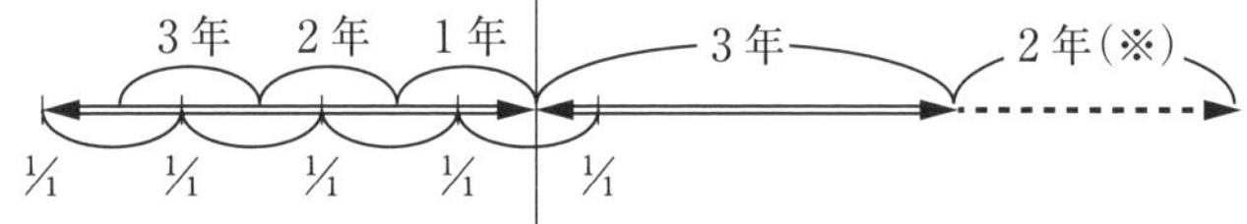

3年　2年　1年
3年
2年(※)
1/1　1/1　1/1　1/1　1/1

工場等の敷地の造成や工場等の建設及び移転に要する期間が通常1年を超える場合で、事業認定又は買取り等の申出があった日以後（措法33②、64③、措令22⑰、39⑳、措通33－47、33－47の2、33－47の3、64(3)－6）

工場等の敷地の造成並びに工場等の建設移転に要する期間が通常2年を超える場合（措法33③、64の2①、措令22⑲二、39㉓三）

（※）上記「‐‐‐‐►」は特定非常災害に基因するやむを得ない事情により取得期限までに取得することが困難となった場合（68ページ(ロ)）にのみ延長されます。

................税務署
令和......年......月......日提出

| 名簿番号 | |
|---|---|

# 買換（代替）資産の明細書

| 住　所 | | | |
|---|---|---|---|
| フリガナ | | 電話番号 | （　　） |
| 氏　名 | | | |

交換・買換え（代替）の特例（租税特別措置法第33条、第36条の２、第37条、第37条の５又は震災特例法第12条）を受ける場合の、譲渡した資産の明細及び取得される予定の資産の明細について記載します。

**1　特例適用条文**

〔租税特別措置法／震災特例法〕　第......条......第......項

**2　譲渡した資産の明細**

| 所在地 | | | |
|---|---|---|---|
| 資産の種類 | | 数量 | ㎡ |
| 譲渡価額 | 円 | 譲渡年月日 | 年　月　日 |

**3　買い換える（取得する）予定の資産の明細**

| 資産の種類 | | | 数量 | ㎡ |
|---|---|---|---|---|
| 取得資産の該当条項 | 1　租税特別措置法<br>(1)　第37条第１項の表の | 第......号<br>第 3 号（23区・23区以外の集中地域・集中地域以外の地域）<br>（主たる事務所資産） | | |
| | (2)　第37条の５第１項の表の | 第 1 号（中高層耐火建築物・中高層の耐火建築物）<br>第 2 号（中高層の耐火共同住宅） | | |
| | 2　震災特例法<br>・　第12条第１項の表の | 第......号（..............................） | | |
| 取得価額の見積額 | 円 | | 取得予定年月日 | 年　月　日 |
| 付記事項 | | | | |

㈲　３に記載した買換（取得）予定資産を取得しなかった場合や買換（代替）資産の取得価額が見積額を下回っている場合などには、修正申告が必要になります。

| 関与税理士 | | 電話番号 | |
|---|---|---|---|

（資６－８－４－Ａ４統一）
R5.11

この欄には書かないでください。

| 税務署整理欄 | 通信日付印の年月日 | （確認） | 名簿番号 |
|---|---|---|---|
| | 年　月　日 | | |

# 代替資産の取得期限延長承認申請書

税務署受付印

| | | | | | |
|---|---|---|---|---|---|
| 税務署長 | 申請者 | 住　所 | 〒 | | |
| | | ＿年分 申告時の住所 | | | |
| | | フリガナ | | 電話 | （　　） |
| 令和＿年＿月＿日提出 | | 氏　名 | | | |

下記の譲渡資産に係る譲渡所得につき、引き続き租税特別措置法第33条第１項に規定する譲渡所得の課税の特例の適用を受けたいので、代替資産の取得期限の延長についての承認申請をします。

記

**1　譲渡資産に関する事項**

| 所在地 | | | |
|---|---|---|---|
| 資産の種類 | | 数量 | ㎡ |
| 譲渡価額 | 円 | 譲渡年月日 | 年　月　日 |

**2　代替資産に関する事項**

| 資産の種類 | | 構造 | | 数量 | ㎡ |
|---|---|---|---|---|---|
| 既に提出済の「買換（代替）資産の明細書」による取得予定年月日 | | | 年　月　日 | | |
| 新たに承認を受けようとする取得予定年月日 | | | 年　月　日 | | |

**3　既に提出済の「買換(代替)資産の明細書」による取得予定年月日までに、租税特別措置法施行令第22条第19項第１号イに規定する土地等の取得をすること、又は同号ロに規定する建物等の敷地の用に供することができないこととなった事情の詳細**

**4　この承認を受けられないとしたならば、修正申告書の提出により納付すべきこととなる所得税及び復興特別所得税額並びにその計算に関する明細**

別添　修正申告書に記載のとおり

| 関与税理士 | | 電話番号 | |
|---|---|---|---|

（資６－８－１－Ａ４統一）
（令和４年分以降用）
R5. 11

# 収用等に伴い特別勘定を設けた場合における特別勘定の設定期間延長承認申請書

| 税務署受付印 | ※整理番号 | |
|---|---|---|

| 令和　年　月　日 | 納税地 | 〒<br>電話（　）　－ |
|---|---|---|
| | （フリガナ）<br>法人名等 | |
| | 法人番号 | |
| | （フリガナ）<br>代表者氏名 | |
| | 代表者住所 | 〒 |
| 税務署長殿 | 事業種目 | 業 |

| 連結子法人（申請の対象が連結子法人である場合に限り記載） | | | ※税務署処理欄 | | |
|---|---|---|---|---|---|
| | （フリガナ）<br>法人名等 | | | 整理番号 | |
| | | | | 部門 | |
| | 本店又は主たる事務所の所在地 | 〒　（　局　署）<br>電話（　）　－ | | 決算期 | |
| | （フリガナ）<br>代表者氏名 | | | 業種番号 | |
| | 代表者住所 | 〒 | | 整理簿 | |
| | 事業種目 | 業 | | 回付先 | □ 親署 ⇒ 子署<br>□ 子署 ⇒ 調査課 |

租税特別措置法（以下「措置法」といいます。）第64条の2第1項の規定による収用等に伴い特別勘定を設けた場合における特別勘定の設定期間を下記により延長したいので申請します。

記

| 措置法第64条第1項に規定する譲渡した資産について引き続き<br>措置法第64条の2第1項の特別勘定の金額を有しようと | する　・　しない |
|---|---|

（設定期間の延長を必要とする理由）

| 措置法第64条の2第1項に規定する収用等のあった年月日 | 措置法第64条の2第1項に規定する補償金、対価又は清算金の額 | 措置法第64条の2第4項第1号に規定する特別勘定の金額 |
|---|---|---|
| 年　月　日 | 円 | 円 |

| 取得する予定の代替資産の内容 | | | | | |
|---|---|---|---|---|---|
| | 種類 | | | | |
| | 構造 | | | | |
| | 規模 | | | | |
| 代替資産の取得予定年月日 | | ・　・ | ・　・ | ・　・ | ・　・ |

（収用等に係る事業の施行の状況）　（事業の完了見込年月日　・　・　）

（生態影響調査の実施の状況）　（調査の完了予定年月日　・　・　）

| 税理士署名 | |
|---|---|

| ※税務署処理欄 | 部門 | | 決算期 | | 業種番号 | | 番号 | | 整理簿 | | 備考 | | 通信日付印 | 年月日 | 確認 | |
|---|---|---|---|---|---|---|---|---|---|---|---|---|---|---|---|---|

（規格A4）

04.03改正

## 6　特例の内容

この「収用等に伴い代替資産を取得した場合の課税の特例」の適用を受けた場合の譲渡所得の計算は、次のようになります（措法33①）。

### (1)　対価補償金の全部で代替資産を取得した場合

対価補償金の全額で代替資産を取得し、又は取得する見込みである場合には、資産の譲渡がなかったものとみなされ、譲渡所得は課税されません。

### (2)　対価補償金の一部で代替資産を取得した場合

対価補償金の一部で代替資産を取得し、又は取得する見込みである場合には、譲渡資産のうち対価補償金の額から代替資産の取得価額を控除した残額に対応する部分についてだけ譲渡があったものとみなされ、譲渡所得の「収入金額」や「必要経費（取得費及び譲渡費用）」は、次のようになります。

イ　収入金額＝（対価補償金の額－譲渡費用の超過額）－代替資産の取得価額

ロ　必要経費＝譲渡資産の取得費×{(対価補償金の額－譲渡費用の超過額）－代替資産の取得価額} ÷（対価補償金の額－譲渡費用の超過額）

（注）「譲渡費用の超過額」とは、譲渡費用の額からその費用に充てるべきものとして交付を受けた補償金等を控除した後の金額をいいます（措法33①）。

**【設　問】**

**問**　甲は、県道新設のために土地を買収されましたが、その対価及び代替資産の取得価額等は次のとおりです。

この場合の甲の譲渡所得はいくらになりますか。

| | |
|---|---|
| 土地の対価補償金 | 1億2,000万円 |
| 土地の取得費 | 3,000万円 |
| 譲渡費用 | 0 |
| 代替資産の取得価額 | 8,000万円 |

**答**　①　収入金額

（対価補償金の額）　（代替資産の取得価額）　（収入金額）
1億2,000万円 － 8,000万円 ＝ 4,000万円

② 必要経費

（譲渡資産の取得費）　（対価補償金の額）　（代替資産の取得価額）

$$3{,}000万円 \times \frac{1億2{,}000万円 - 8{,}000万円}{1億2{,}000万円（対価補償金の額）} = 1{,}000万円$$

③ 譲渡所得（①－②）

4,000万円－1,000万円＝3,000万円

### (3) 代替資産の取得価額

「収用等に伴い代替資産を取得した場合の課税の特例」の適用を受けた場合の譲渡所得の計算は、上記の(1)及び(2)によりますが、この特例を受けて取得した代替資産の取得価額は次の算式により計算することになります（措法33の6①、措令22の6②～④）。

イ　対価補償金の全部又は一部で代替資産を取得した場合

$$\left(\begin{array}{c}収用等により譲渡した\\資産の取得費\end{array}\right) \times \frac{代替資産の実際の取得価額}{対価補償金の額－譲渡費用の超過額}$$

ロ　対価補償金に手持資金等を追加して代替資産を取得した場合

$$\left(\begin{array}{c}収用等により譲渡した\\資産の取得費\end{array}\right) + \left(\begin{array}{c}代替資産の実\\際の取得価額\end{array}\right) - \left(\begin{array}{c}対価補償金の額－\\譲渡費用の超過額\end{array}\right)$$

### (4) 代替資産の取得時期

収用等により譲渡した資産の取得時期がそのまま代替資産の取得時期として引き継がれます（措法33の6①）。

## 7　申告等の手続

### (1) 特例の適用を受けるための手続

この特例の適用を受けるためには、確定申告書第3表（分離課税用）の「特例適用条文」欄に「措法33条」と記載するとともに、次に掲げる書類を添付しなければなりません（措法33⑥⑦）。

イ　譲渡所得の内訳書（計算明細書）

ロ　別表2の「収用証明書の区分一覧表」に掲げる収用証明書

ハ　代替資産の取得を証明する書類（登記事項証明書など）

（注）　法人税等の場合は、確定申告書等に損金の額に算入される金額の損金算入に関する申告の記載及びその損金の額に算入される金額の計算に関する明細書の添付があり、財務省令で定める一定の書類を保存している場合に限り適用されます（措法64⑤）。

なお、収用等のあった年の翌年以後に代替資産を取得する見込みでこの特例の適用を受ける場合には、代替資産の明細書を税務署長に提出する必要があります。この場合には、代替資産の取得を証明する書類は、代替資産を取得した日から４か月以内に提出することとされています（措令22㉖）。

### ⑵　代替資産の取得価額の見積額と実際の取得価額とが異なる場合等の修正手続

代替資産を取得する見込みでこの特例の適用を受けた場合において、代替資産の「実際の取得価額」がその「取得価額の見積額」よりも多いときは、代替資産を取得した日（２以上の代替資産を取得した場合には、そのいずれか遅い日）から４か月以内に「更正の請求書」を提出して、所得税の減額を受けることができます（措法33の５④）。

また、代替資産を取得する見込みでこの特例の適用を受けた場合において、①代替資産を所定の期限までに取得しなかったときや、②代替資産の「実際の取得価額」が「取得価額の見積額」より少なかったときは、代替資産の取得期限から４か月以内に「修正申告書」を提出して、差額の所得税を納めなければなりません（措法33の５①、措通33の５－１）。

なお、上記修正申告書の提出期限（代替資産の取得期限から４か月以内）を過ぎますと加算税及び延滞税を納めなければなりませんので注意してください。

# 第５章　交換処分等に伴い資産を取得した場合の課税の特例

## 1　制度の概要

資産が収用等された場合において、金銭補償に代えて収用等された資産と同種の資産の交付を受ける（すなわち現物補償を受ける）ことがありますが、この場合には、第４章の「収用等に伴い代替資産を取得した場合の課税の特例」と同様に譲渡がなかったものとされ（法人税等については、「圧縮記帳」により）、課税が繰り延べられます（措法33の２、65）。

なお、収用等された資産の一部について同種の資産の交付を受け、残りの部分については金銭で補償される場合もありますが、この場合には、同種の資産の交付を受けた部分については、この「交換処分等に伴い資産を取得した場合の課税の特例の適用」を受け、金銭補償を受けた部分については、代替資産を取得する（又は取得する見込みである。）ことにより、第４章の「収用等に伴い代替資産を取得した場合の課税の特例」の適用を受けることもできます。

## 2　特例の適用される範囲

この特例は、個人の有する資産につき、それぞれ次に該当することとなった場合に適用されます。

なお、この交換処分等に伴い資産を取得した場合の課税の特例は、第４章の「収用等に伴い代替資産を取得した場合の課税の特例」と異なり、棚卸資産等にも適用があります。すなわち、譲渡所得及び山林所得の特例であるばかりでなく、事業所得及び雑所得の特例でもあります。ただし、「収用等に伴い代替資産を取得した場合の課税の特例」は、棚卸資産等には適用がないので、棚卸資産等につき一部金銭で補償された場合には、同種の資産等の交付を受けた部分については、交換処分等に伴い資産を取得した場合の課税の特例の適用を受けることができますが、金銭で補償された部分については、「収用等に伴い代替資産を取得した場合の課税の特例」の適用を受けることはできません。

(1)　資産が土地収用法等の規定に基づいて収用された場合（第４章２(1)）若しくは土地収用法等に基づく収用権を背景とする任意買収により買い取られた場合（第４章２(2)）又は土地等が独立行政法人都市再生機構等の行う50戸以上の一団地の住宅経営のために買い取られた場合（第４章２

⑽）において、その資産又はその資産に係る配偶者居住権と同種の資産その他のこれらに代わるべき資産を取得するとき（措法33の２①一、【参考】措法65①一）

（注）「同種の資産その他のこれらに代わるべき資産」とは、第４章５（代替資産）イ及びロ（64ページ）の「個別法」及び「一組法」に該当する資産をいうものとされています（措令22の２②）。

⑵　土地等について土地改良法による土地改良事業、農業振興地域の整備に関する法律第13条の２第１項の事業が施行された場合において、その土地等に係る交換により土地等を取得するとき（措法33の２①二、【参考】措法65①二）

（注）これらの事業は、全て土地等の交換分合に関する事業です。

なお、土地改良法には、換地処分の手法を用いて行う事業がありますが、これについては別に収用等の場合の課税の特例の適用対象とされています（措法33①三、33の３①、【参考】措法64①三、65①三）。

## 3　特例の内容

交換処分により譲渡した資産の譲渡所得の計算は、次のようになります（措法33の２①）。

**⑴　交換処分等により交換取得資産だけを取得し、対価補償金を取得しない場合**

この場合には、譲渡資産の譲渡がなかったものとみなされ、譲渡所得は課税されません。

**⑵　交換処分等により交換取得資産のほかに対価補償金を取得した場合**

この場合には、譲渡資産のうち対価補償金に対応する部分についてだけ譲渡があったものとみなされ、譲渡所得の「収入金額」や「必要経費（取得費及び譲渡費用）」は、次のようになります。

また、この対価補償金で代替資産を取得した場合には、その補償金について、第４章の「収用等に伴い代替資産を取得した場合の課税の特例」の適用が受けられます。

イ　収入金額＝対価補償金

ロ　必要経費＝（譲渡資産の取得費＋譲渡費用の超過額）×対価補償金÷（対価補償金＋交換取得資産の時価）

（注）「譲渡費用の超過額」とは、譲渡費用の額からその費用に充てるべきものとして交付を受けた補償金等の額を控除した後の金額をいいます。

## 4　申告等の手続

この特例の適用を受けるためには、確定申告書第３表（分離課税用）の「特例適用条文」欄に

「措法33条の２」と記載するとともに、次に掲げる書類を添付しなければなりません（措法33の２③④）。

(1)　譲渡所得の内訳書（計算明細書）

(2)　別表２「収用証明書の区分一覧表」に掲げる区分に応じた書類

(3)　交換取得資産の取得を証明する書類（登記事項証明書など）

# 第６章　換地処分等に伴い資産を取得した場合の課税の特例

## 1　制度の概要

土地区画整理法による土地区画整理事業の施行に伴う換地処分や都市再開発法による第一種市街地再開発事業の施行による権利変換又は同法の第二種市街地再開発事業の施行による管理処分により、換地や施設建築物及び施設建築敷地の一部若しくは建築施設の部分の給付を受ける権利を取得した場合には、従前の土地等の換地処分や権利変換等による譲渡はなかったものとみなされ（法人税等については、これらの資産につき「圧縮記帳」することにより）、これらの譲渡に係る所得には課税されません（措法33の３、65）。

この特例は、第４章や第５章で述べた特例と異なり、次に述べる２(8)を除き、個人の場合、納税者の選択の有無にかかわりなく強制的に適用される点に特色があります。

なお、この特例が適用されない清算金等を取得した部分については、原則として第４章の「収用等に伴い代替資産を取得した場合の課税の特例」の適用を受けることができます（措法33①、64①）。

## 2　特例の適用される範囲

この特例は、次に該当することとなった場合に適用されます。

なお、棚卸資産等の適用関係は、第５章の「交換処分等に伴い資産を取得した場合の課税の特例」と同様です。

⑴　土地等について、土地区画整理法による土地区画整理事業、新都市基盤整備法による土地整理、土地改良法による土地改良事業が施行された場合において、その土地等に係る換地処分により土地等を取得したとき（措法33の３①、【参考】措法65①三）

⑵　土地区画整理事業が施行された場合において、換地処分によりその事業によって建設された建築物の一部とその敷地の共有持分を取得したとき（措法33の３①、【参考】措法65①三）

⑶　土地等について、大都市地域住宅等供給促進法による住宅街区整備事業が施行された場合において、その土地等に係る換地処分により施設住宅敷地に関する権利を取得したとき（措法33の３①、【参考】措法65①三）

(4)　資産について、都市再開発法による第一種市街地再開発事業が施行された場合において、その資産に係る権利変換により施設建築物の一部を取得する権利若しくは施設建築物の一部についての借家権を取得する権利及び施設建築敷地若しくはその共有持分等を取得したとき、又は資産が同法による第二種市街地開発事業の施行に伴い買い取られ、若しくは収用された場合において、その対償として建築施設の部分の給付を受ける権利を取得したとき（措法33の３②、【参考】措法65①四）

（注）１　第一種市街地再開発事業において、施設建築物の工事完了後、権利変換により取得した施設建築物等の価額と従前の資産の価額に差額がある場合、事業施行者はその差額に相当する金銭（清算金）を交付（徴収）します（都市再開発法第104条第１項）。

この場合の交付を受けた金銭は、従前の資産のうち当該金銭に対応する部分の収用等による対価とみなされ、収用等に伴い代替資産を取得した場合の課税の特例及び収用交換等の場合の特別控除（5,000万円控除）の対象となります（措法33の３③、【参考】措法65⑦）。

２　第二種市街地再開発事業は、全面収用方式により行われる事業ですが、建築施設の部分の譲受け希望の申出をした者については、その買取り又は収用に係る対価又は補償金の交付に代えて建築施設の部分を給付することとされています。その場合は第一種市街地再開発事業と同様に譲渡がなかったものとみなされます。

また、現実に建築施設の部分を取得するまでの間にこの譲受け希望の申出の撤回がなされることがありますが、その場合は、譲受け希望の申出の撤回があった日において収用等による譲渡があったものとみなされます（措法33の３③、【参考】措法65⑦）。

(5)　資産について、密集市街地における防災街区の整備の促進に関する法律による防災街区整備事業が施行された場合において、その資産に係る権利変換により防災施設建築物の一部を取得する権利若しくは防災施設建築物の一部についての借家権を取得する権利及び防災施設建築敷地若しくはその共有持分等を取得したとき（措法33の３④、【参考】措法65①五）

（注）　防災街区整備事業において、防災施設建築物の工事完了後、権利変換により取得した防災施設建築物等の価額と従前の資産の価額に差額がある場合には事業施行者はその差額に相当する金銭（清算金）を交付（徴収）します（密集市街地における防災街区の整備の促進に関する法律第248条第１項）。

この場合の交付を受けた金銭は、従前の資産のうちその金銭に対応する部分の収用等による対価とみなされ、収用等に伴い代替資産を取得した場合の課税の特例及び収用交換等の場合の特別控除（5,000万円控除）の対象となります（措法33の３⑤、【参考】措法65⑧）。

(6)　資産について、マンションの建替え等の円滑化に関する法律に規定するマンション建替事業が施行された場合において、その資産に係る権利変換により施行再建マンションに関する権利を取得する権利又は施行再建マンションに係る敷地利用権を取得したとき（措法33の３⑥、【参考】措法65①六）

（注）　マンション建替事業において、権利変換により取得した施行再建マンションの区分所有権等の

価額と従前の資産の価額に差額がある場合、事業施行者はその差額に相当する金銭（清算金）を交付（徴収）します（マンションの建替え等の円滑化に関する法律第85条）。

この場合の交付を受けた金銭は従前の資産のうち当該金銭に対応する部分について譲渡があったものとみなされ所得税が課税（収用等に伴い代替資産を取得した場合の課税の特例及び収用交換等の場合の特別控除（5,000万円控除）の適用はありません。）されます（措法33の３⑦、措令22の３⑩）。

(7)　資産について、マンションの建替え等の円滑化に関する法律に規定する敷地分割事業が実施された場合において、その資産に係る敷地権利変換により除却敷地持分、非除却敷地持分等又は敷地分割後の団地共用部分の共有持分を取得したとき（措法33の３⑧、【参考】措法65①七）

（注）　敷地分割事業において、敷地権利変換により取得した、除却敷地持分等の価額と従前の資産の価額に差額がある場合、事業施行者はその差額に相当する金銭（清算金）を交付（徴収）します（マンションの建替え等の円滑化に関する法律第205条）。

この場合の交付を受けた金銭は従前の資産のうち当該金銭に対応する一定の部分について譲渡があったものとみなされ所得税が課税（収用等に伴い代替資産を取得した場合の課税の特例及び収用交換等の場合の特別控除（5,000万円控除）の適用はありません。）されます（措法33の３⑧、措令22の３⑪）。

(8)　棚卸資産を除く土地等で、被災市街地復興推進地域内にあるものにつき被災市街地復興土地区画整理事業が施行された場合において、当該土地等に係る換地処分により、土地等及びその土地等の上に建設された被災市街地復興特別措置法第15条第１項に規定する住宅又は同条第２項に規定する住宅等（以下、(8)及び次の３において「代替住宅等」といいます。）を取得したとき（措法33の３⑨、措通33の３－２）。

なお、代替住宅等とともに清算金を取得する場合、当該清算金の額に対応する部分については、収用等に伴い代替資産を取得した場合の課税の特例及び収用交換等の場合の特別控除（5,000万円控除）の適用はありません。

また、棚卸資産又は雑所得の基因となる資産である土地等に対応する代替住宅等の価額は、措置法第33条の３第１項に規定する清算金の額に該当するものとみなされます（措法33の３⑬、措通33の３－３）。

## 3　申告等の手続

この換地処分等に伴い資産を取得した場合の課税の特例は、個人の場合、上記２(8)を除き、納税者の選択の有無にかかわりなく強制的に適用されるものですから、この特例の適用についての申告の手続は不要です（法人の場合は、個人の場合と異なり、強制的に譲渡がなかったものとみなされる規定ではありませんので、申告の手続が必要です（措法65④）。）。

上記２(8)の特例の適用を受けるためには、確定申告書第３表（分離課税用）の「特例適用条文」欄に「措法33条の３第９項」と記載するとともに、次に掲げる書類を添付しなければなりません（措法33の３⑩、措規14の３、措通33の３－４）。

(1)　譲渡所得の内訳書（計算明細書）

(2)　代替住宅等を取得したことを証する書類

(3)　財務省令で定める次の書類

イ　上記２(8)の土地等及び代替住宅等の登記事項証明書（注）

ロ　土地等の換地処分に係る換地計画に関する一定の図書の写し

ハ　清算金又は保留地の対価を取得している場合には、事業施行者の清算金又は保留地の対価の支払をした旨を証する書類（清算金の額又は保留地の対価の額の記載があるものに限ります。）

（注）　登記事項証明書については、「譲渡所得の特例の適用を受ける場合の不動産に係る不動産番号等の明細書」を提出することなどにより、その添付を省略することができます（情報通信技術を活用した行政の推進等に関する法律11、同法施行令５）。

# 第７章　収用交換等の場合の譲渡所得の特別控除の特例

## 1　制度の概要

収用等により資産を譲渡した場合において、その譲渡が事業施行者から最初に買取り等の申出があった日から６か月以内に行われている場合など一定の要件を満たすときは、その資産の譲渡所得等から5,000万円（譲渡所得等の金額が5,000万円に満たないときはその金額。以下この章において同じです。）が控除されます（措法33の４）。

この特別控除の特例は、第４章の「収用等に伴い代替資産を取得した場合の課税の特例」及び第５章の「交換処分等に伴い資産を取得した場合の課税の特例」の適用を受けない場合に、納税者の選択により適用されるものです。

なお、法人税等の課税についても、個人の場合と同様に、資産を収用等又は換地処分等により譲渡した場合において、その譲渡益について代替資産の圧縮記帳による課税の特例（措置法第64条、第64の２及び第65条）を受けない場合には、その譲渡益のうち5,000万円まで損金の額に算入する特例が設けられています（措法65の２）。

## 2　特例の適用要件

(1)　その資産の譲渡が、収用等による譲渡（第４章「２　特例対象となる譲渡の範囲」（39ページ）参照）、交換処分等による譲渡（第５章「２　特例の適用される範囲」（77ページ）参照）、措置法第33条の３第３項又は同条第５項の規定により収用等とみなされた譲渡（第６章の２(4)及び(5)の各（注）（81ページ）参照）に該当するものであること（以下、これらを「収用交換等による譲渡」といいます。）（措法33の４①、【参考】措法65の２①②）

(2)　収用交換等により譲渡した資産は、棚卸資産等でないこと（措法33の４①、【参考】措法65の２①）

(3)　その年中の収用交換等により譲渡した資産のいずれについても第４章の「収用等に伴い代替資産を取得した場合の課税の特例」、第５章の「交換処分等に伴い資産を取得した場合の課税の特例」及び第６章の「換地処分等に伴い資産を取得した場合の課税の特例」（法人税等の場合に限ります。）（以下、これらの特例を(3)において「課税繰延特例」といいます。）の適用を受けないこと（措法33の４①、【参考】措法65の２①②）

（注）その年中に２以上の公共事業において複数の資産が収用等された場合にも、その収用等された資産の全部について課税繰延特例の適用を受けるか又は収用交換等の場合の5,000万円の特別控除の特例の適用を受けるかのいずれかを選択することになります。

なお、代替資産を取得する予定で収用等に伴い代替資産を取得した場合の課税の特例の適用を受けていた場合において、その取得期限までに代替資産を取得しなかったなどにより修正申告書を提出するときには、この収用交換等の場合の5,000万円の特別控除の特例の適用が受けられます。

(4)　最初に買取り等の申出があった日から６か月を経過した日までに譲渡したこと（措法33の４③一、【参考】措法65の２③一）

（注）1　収用交換等の場合の5,000万円の特別控除の特例は、ごね得を防止し、公共事業の円滑な施行を期する見地から、公共事業施行者から最初に買取り等の申出があった日から６か月を経過した日までに譲渡した場合に限り適用することとされています。

この「買取り等の申出があった日」の判定について、法令上特段の基準は設けられていませんが、「買取り等の申出」は、純然たる事実行為であることから、その行為がいつ行われたかによって、「買取り等の申出のあった日」がいつになるかを個々に判定していく必要があり、公共事業の一般的なケースにおける通常の用地買収においては、個別交渉等の場面で、事業施行者が、買取り資産を特定し、当該資産の対価（確定した金額である必要はありません。）を明示して（口頭、書面の別を問いません。）その買取り等の意思表示をしたこと（口頭、書面の別を問いません。）が、具体的に「買取り等の申出」を行ったことになり、この事実がいつあったかによって、「買取り等の申出のあった日」を判定することになります。

なお、過去の裁判例において、買取り等の意思表示につき、資産の所有者に示された対価の額が客観的な価額に比して低額であったとしても、上記「買取り等の申出」における対価の明示に該当する旨判示するもの（東京地裁平成２年３月16日判決（税務訴訟資料175号1204頁）ほか）があることなどに照らすと、事業施行者から資産の所有者に対して、買取り額が概算や単価で示された場合であっても、「買取り等の申出」に該当する場合があると考えられます。

2　収用交換等による資産の譲渡が、事業施行者からその資産につき最初に買取り等の申出のあった日から６か月を経過した日後に行われている場合であっても、最初に買取り等の申出があった日から６か月を経過した日までに土地収用法の規定による仲裁の申請、補償金の支払請求又は農地法の規定による許可申請若しくは届出書が提出されている場合には、収用交換等の5,000万円特別控除の適用が認められます（後記５参照、措法33の４③一かっこ書、措令22の４②、措通33の４－２、33の４－２の２、33の４－２の３、【参考】措法65の２③一かっこ書）。

(5)　同一の収用交換等に係る事業について２以上の資産の譲渡があり、その譲渡が、年をまたがって２回以上に分けて行われた場合には、最初の年に譲渡をした資産に限られること（措法33の４③二、【参考】措法65の２③二）

（注）同一の収用交換等に係る事業にあてられる資産を２年以上に分けて譲渡した場合には、その譲

渡資産のうち、最初の年に譲渡した資産についてだけこの特例の適用が受けられますが、2年目以後に譲渡した資産については、たとえ買取り等の申出があった日から6か月以内に譲渡した場合であっても、この特例の適用を受けられません。これは、5,000万円の特別控除は、年を単位として計算されることになっている関係から、2年以上に分けて分割譲渡したものに対し、この控除の重複（連年）適用を防止しようとする措置です。

なお、2年目以後に譲渡した資産については、収用等に伴い代替資産を取得した場合の課税の特例の適用を受けることができます。

(6) 収用交換等により資産を譲渡した者は、事業施行者から最初に買取り等の申出を受けた者であること（措法33の4③三、【参考】措法65の2③三）

（注） 事業施行者から最初に買取り等の申出を受けた者が、その後その買取り等の申出に係る資産を売買や贈与等により他に譲渡する場合がありますが、これらの譲受人がその資産を収用交換等により譲渡しても5,000万円の特別控除の特例の適用を受けることはできません。

なお、最初に買取り等の申出を受けた者が死亡し、相続人等が相続又は遺贈（死因贈与を含みます。）により取得した後、収用交換等により譲渡した場合は特例の適用が受けられます（措通33の4－6）。

## 3　収用等に伴い代替資産を取得した場合の課税の特例との適用関係

収用等に伴い代替資産を取得した場合の課税の特例（代替資産の特例）と収用交換等の場合の譲渡所得の特別控除の特例（特別控除の特例）との適用関係を表にすると次のようになります（措通33の4－1）。

| 1　年　目 | 2　年　目 | | |
|---|---|---|---|
| A事業のための買取り<br>「代替資産の特例」か「特別控除の特例」かいずれかを選択できます。 | ①　A事業のためだけの買取り<br>「代替資産の特例」を適用できます。<br>「特別控除の特例」は適用できません。 | ②　B事業のためだけの買取り<br>「代替資産の特例」か「特別控除の特例」かいずれかを選択できます。 | ③　A事業とB事業のための買取り<br>A事業について「代替資産の特例」を適用すればB事業についても同特例を適用できます。<br>A事業について「代替資産の特例」を適用しなければ、B事業については、いずれかの特例を選択適用できます。 |

## 4　「5,000万円の特別控除」の適用順序

この5,000万円の特別控除は、その年中の収用等された資産の譲渡による所得の合計額について適用することができることとされています。

したがって、収用等された資産の中に土地建物等と土地建物等以外の資産があるとき又は山林所得の基因となる立木が含まれているような場合には、それぞれの所得についての税率が異なるため、どの部分の金額から5,000万円を控除するかによって税負担が変わってくることになります。

そこで、法令上、その順序は次のように定められています。

5,000万円の特別控除は、①土地建物等の譲渡に係る短期譲渡所得、②土地建物等以外の資産の譲渡に係る短期譲渡所得金額、③土地建物等以外の資産の譲渡に係る長期譲渡所得、④立木の譲渡による山林所得、⑤土地建物等の譲渡に係る長期譲渡所得の順に、控除します（措法33の４②、措令22の４①）。

## 5　６か月の判定の特則

この5,000万円の特別控除は、最初に買取り等の申出があった日から６か月以内に譲渡した場合に限り適用されるものですが、次に掲げる場合には、それぞれ次に掲げる期間を経過した日までに譲渡した場合に適用されます（措法33の４③一かっこ書、措令22の４②、措規15①、【参考】措法65の２③一かっこ書、措令39の３⑤、措規22の３②）。

ただし、最初に買取り等の申出があった日から６か月を経過した日までに次に掲げる仲裁の申請、補償金の支払請求又は農地法による許可申請若しくは届出書が提出されていなければなりません（措通33の４－２）。

⑴　土地収用法第15条の７第１項の規定による仲裁の申請に基づき仲裁判断があったとき
……その申請をした日から譲渡の日までの期間

⑵　土地収用法による事業認定の告示があった場合に、その事業のために収用されることとなる土地等を所有する者等から土地収用法の規定により収用等される前に事業施行者に対し土地等に対する補償金の支払請求があったとき
……その請求があった日から譲渡の日までの期間

⑶　その資産が農地であり、所有権の移転について農地法第３条第１項又は第５条第１項の規定による許可又は届出を必要とするものである場合
……その許可の申請の日から許可のあった日又は届出書を農業委員会に提出した日からその届出書を都道府県知事が受理した日までの期間

なお、これらの申請をした日後に許可を要しないこととなった場合には、その要しないこととなった日までの期間となります。

## 6　一の収用交換等に係る事業の特則

一の収用交換等に係る事業につき２以上の年にまたがって譲渡がなされた場合には、最初の年に譲渡した資産に限りこの5,000万円の特別控除の特例の適用が受けられますが、一の収用交換等に係る事業が次に掲げる場合に該当することとなった場合において、その事業の施行につき合理的と認められる事情があるときは、次に掲げる地域ごとにそれぞれ別個の事業として取り扱い、この特例が適用されます（措通33の４－４、【参考】措通65の２－10）。

⑴　事業の施行地について計画変更があり、その変更に伴い拡張された部分の地域について事業を施行する場合……変更前の地域と変更に伴い拡張された部分の地域

（注）　この取扱いは、変更前の地域にある資産を譲渡した者が、変更後において拡張された部分の地域にある資産を譲渡する場合に限って適用されます。

なお、事業の施行地について計画の変更があり、その変更に伴いその施行地が拡大された場合であっても、その計画変更が当初から予測され得るものである場合には、この取扱いは適用されません。

⑵　事業を施行する営業所、事務所その他の事業場が２以上あり、その事業場ごとに地域を区分して事業を施行する場合……区分された地域

⑶　事業が１期工事、２期工事と地域を区分して計画されており、その計画に従ってその地域ごとに時期を異にして事業を施行する場合……その区分された地域

したがって、事業施行者の予算的な都合のみで、２以上の年にまたがって譲渡がなされた場合には、後の年の譲渡には5,000万円の特別控除の特例の適用はありません。

**【設　問】**

**問**　収用事業として課税の特例の適用を受ける場合の「同一の事業」の範囲は、次の例の場合どのように取り扱われますか。

事業名　　Ｓ県道ＡＢ線改築工事

| 第　１　期　工　事 | | | 第　２　期　工　事 | |
|---|---|---|---|---|
| 第１年度 | 第２年度 | 第３年度 | 第４年度 | 第５年度 |
| 事業所　　Ａ土木事務所 | | | | |

１　期別ごとがそれぞれ「同一の事業」として区別される。

２　各年度ごとがそれぞれ「同一の事業」として区別される。

**答**　事業が一の収用交換等にかかる事業であるかどうかの判定は、事業の施行主体、事業の内容等から、その施行しようとする事業が別個の事業として独立性を有するかどうかにより判定することになります。

その事業が１期工事、２期工事等と地域を区分して計画されており、その計画に従ってその区域ごとに時期を異にして事業が施行される場合、当該事業の施行につき合理的と認められる事情があるときは、その区分された区域ごとにそれぞれ別個の事業として取り扱うこととされています（措通33の４－４⑶）。

したがって、設問の場合には、１期別ごとがそれぞれ「同一の事業」として区別されることとなります。

なお、この場合の区分された区域とは期別によるものであり、買収予定年度をいうものではありません。

## ７　申告等の手続

この特例の適用を受けるためには、その年分の確定申告書第３表（分離課税用）の「特例適用条文」欄に「措法33条の４」と記載するとともに、次に掲げる書類を添付しなければなりません（措法33の４④）。

⑴　譲渡所得の内訳書（計算明細書）

⑵　別表２　収用証明書の区分一覧表に掲げる収用証明書

⑶　公共事業用資産の買取り等の申出証明書

⑷　公共事業用資産の買取り等の証明書（前記の「５　６か月の判定の特則」に掲げる場合（土地収用法の規定による仲裁判断があった場合、土地収用法の規定による補償金の支払請求に基づく支払があった場合、農地法の規定による許可があった場合、農地法の規定による届出をした場合）のいずれかに該当する場合には、その旨を証する書類の添付が必要です。）

なお、この特例の適用があるものとした場合に、他に確定申告書を提出する必要がない者については、申告等の手続を要しません（措法33の４④）。

（注）　法人税等の場合は、確定申告書等に損金の額に算入される金額の損金算入に関する申告の記載及びその損金の額に算入される金額の計算に関する明細書の添付があり、かつ、公共事業施行者から交付を受けた、買取り等の申出があったことを証する書類等を保存している場合に限り適用されます（措法65の２④）。

# 第８章　特定事業の用地買収等の場合の特別控除

この特例には、①特定土地区画整理事業等のために土地等を譲渡した場合の特別控除（措法34、65の３）、②特定住宅地造成事業等のために土地等を譲渡した場合の特別控除（措法34の２、65の４）、及び③農地保有の合理化等のために農地等を譲渡した場合の特別控除（措法34の３、65の５）があります。

本章では、これらの特例（特定事業の用地買収等）の場合の譲渡所得の特別控除について解説します。

## 1　特定土地区画整理事業等のために土地等を譲渡した場合の譲渡所得の特別控除（2,000万円）

### ⑴　制度の概要

土地等が地方公共団体や独立行政法人都市再生機構等に土地区画整理事業として行う公共施設の整備改善や宅地造成事業等のために買い取られた場合など一定の要件に該当するものについては、その譲渡所得から2,000万円（その年中に特定土地区画整理事業等のために譲渡した全ての土地等の譲渡所得の金額からあわせて2,000万円を限度とし、譲渡所得の金額が2,000万円に満たないときはその金額）が控除されます（措法34①）。

なお、この特例に該当する譲渡所得のうちに短期譲渡所得と長期譲渡所得があるときは、この2,000万円の特別控除は、まず短期譲渡所得から控除し、次に控除しきれない金額を長期譲渡所得から控除することになります（措法34①一）。

### ⑵　特例の適用要件

この特例は、個人が土地等を特定土地区画整理事業等のため買い取られた場合の譲渡所得について適用されますので、立木、建物及び構築物や棚卸資産の譲渡には適用がなく、「資産の譲渡とみなされる借地権の設定」（27ページ参照）に当たる場合にも適用がありません（措通34－３）。

また、この特例に該当する譲渡（措法第35条《居住用財産の譲渡所得の特別控除》の適用を受ける部分を除きます。）の全部又は一部について、措置法第36条の２《特定の居住用財産の買換えの場合の長期譲渡所得の課税の特例》、第36条の５《特定の居住用財産を交換した場合の長期譲渡所得の課税の特例》、第37条《特定の事業用資産の買換えの場合の譲渡所得の課税の特例》又は第

37条の４《特定の事業用資産を交換した場合の譲渡所得の課税の特例》の規定の適用を受ける場合には、この特別控除の適用は受けられません（措法34①）。

### ⑶　特定土地区画整理事業等のために買い取られた場合

この特例の適用要件である特定土地区画整理事業等のために買い取られる場合とは、次に掲げる場合をいいます。

ただし、次の事業の用に供するため、同一事業の用地として２以上の年にわたって土地等を譲渡したときは、これらの譲渡のうち、最初の譲渡が行われた年以外の年の譲渡については、この特別控除の適用は受けられません（措法34③、【参考】措法65の３②）。

なお、次の①から⑦までの土地等の譲渡に係る証明書類等については、別表３「特定土地区画整理事業等に関する証明書の区分一覧表」（345ページ）を参照してください。

（注）　措令第22条の７及び第39条の４は、都市緑地法等の一部を改正する法律の施行の日から適用される内容を記載しています。

①　国、地方公共団体、独立行政法人都市再生機構又は地方住宅供給公社（都市計画その他市街地の整備の計画に従って宅地の造成を行うことを目的とする一定の法人を含みます。）が次に掲げる事業として行う公共施設の整備改善又は宅地の造成等一定の事業の用に供するため、土地等をこれらの者に買い取られた場合（措法34②一、措令22の７①、【参考】措法65の３①一、措令39の４②）

⑷　土地区画整理法による土地区画整理事業

⑸　大都市地域住宅等供給促進法による住宅街区整備事業

⑹　都市再開発法による第一種市街地再開発事業

⑺　密集市街地における防災街区の整備の促進に関する法律による防災街区整備事業

（注）　これらの事業が施行され、換地処分や権利変換により土地等、清算金及び補償金を取得した場合には、原則として収用等の場合の課税の特例の適用対象とされていますが、これらの事業の用に供するための土地等の先行取得については、収用権が認められていないことから、収用等の場合の課税の特例の対象とはされていません。しかし、これらの事業施行者の土地等の取得の円滑化を図る必要がある等の理由により、この2,000万円の特別控除の対象とされているものです。

また、これらの事業の用に供するための土地等の買取りであっても、収用等に伴い代替資産を取得する場合の課税の特例の適用があるもの（第４章２⑹から⑻）は、その特例の適用が受けられることから、この2,000万円の特別控除の対象から除かれています。

**【設　問】**

**問**　K土地区画整理組合が土地区画整理事業を施行することになりましたが、その施行予定地内の土地をK市が買収します。

この場合、2,000万円の特別控除の適用が受けられるでしょうか。

**答**　2,000万円の特別控除は、組合施行の土地区画整理事業には認められませんので、適用は受けられません。

②　都市再開発法による第一種市街地再開発事業に係る都市計画法第56条第１項に規定する事業予定地内の土地等が、同項の規定に基づいて、都市再開発法第11条第２項の認可を受けて設立された市街地再開発組合（事業認可に先立って設立された組合）に買い取られた場合（措法34②二、【参考】措法65の３①二）

（２の２）　密集市街地における防災街区の整備の促進に関する法律による防災街区整備事業の都市計画法第56条第１項に規定する事業予定地内の土地等が、同項の規定に基づいて、密集市街地における防災街区の整備の促進に関する法律第136条第２項の認可を受けて設立された防災街区整備事業組合に買い取られた場合（措法34②二の二、【参考】措法65の３①二の二）

③　土地等が次の規定により買い取られた場合（措法34②三、【参考】措法65の３①三）

(イ)　古都における歴史的風土の保存に関する特別措置法第12条第１項

(ロ)　都市緑地法第17条第１項又は第３項（一定の場合に限ります。）

（注）　第３項の規定により買い取られた場合で、都市緑地法等の一部を改正する法律の施行の日以後に買い取られた場合は、都道府県及び町村に買い取られた場合に限ります。

(ハ)　特定空港周辺航空機騒音対策特別措置法第８条第１項

（注）　同法第９条第２項の規定により買い取られた場合は、本章の２の「特定住宅地造成事業等のために土地等を譲渡した場合の譲渡所得の特別控除（1,500万円）」の対象となります。

(ニ)　航空法第49条第４項及び第55条の２第３項

(ホ)　防衛施設周辺の生活環境の整備等に関する法律第５条第２項

(ヘ)　公共用飛行場周辺における航空機騒音による障害の防止等に関する法律第９条第２項

（３の２）　古都における歴史的風土の保存に関する特別措置法第13条第１項に規定する対象土地が同条第４項の規定により一定の要件を満たす同項の都市緑化支援機構に買い取られた場合（措法34②三の二、措令22の７②、【参考】措法65の３①三の二、措令39の４③）

（注）　この規定は、都市緑地法等の一部を改正する法律の施行の日から適用されます。

（３の３）　都市緑化法第17条の２第１項に規定する対象土地が同条第４項の規定により一定の要件を満たす同項の都市緑化支援機構に買い取られる場合（措法34②三の三、措令22の７③、【参考】措法65の３①三の三、措令39の４④）

（注）　この規定は、都市緑地法等の一部を改正する法律の施行の日から適用されます。

④　次に掲げる土地が、国、地方公共団体又は地方公共団体の設立に係る一定の団体（(イ)又は(ロ)の場合には独立行政法人国立文化財機構、独立行政法人国立科学博物館、一定の地方独立行政法人又は一定の要件を満たす文化財保存活用支援団体を含みます。）に買い取られた場合（措法34②四、措令22の７①、【参考】措法65の３①四、措令39の４②）

（注）１　第４章２(2)に該当する場合（収用権を背景とする任意買収）を除きます。

２　「一定の地方独立行政法人」とは、博物館法の規定により博物館相当施設として指定された博物館又は植物園の設置及び管理の業務を主たる目的とする地方独立行政法人をいいます（措令22の７④、【参考】措令39の４⑤）。

３　文化財保存活用支援団体に買い取られる場合は、一定の要件を満たす場合に限られます（措令22の７⑤、【参考】措令39の４⑤）。

(イ)　文化財保護法第27条第１項の規定により重要文化財として指定された土地

（注）　土地を除く重要文化財が、国又は地方公共団体に買い取られた場合には、措法第40条の２《国等に対して重要文化財を譲渡した場合の譲渡所得の非課税》の規定により非課税とされています。

(ロ)　文化財保護法第109条第１項の規定により史跡、名勝又は天然記念物として指定された土地

(ハ)　自然公園法第20条第１項の規定により特別地域として指定された区域内の土地、又は自然環境保全法第25条第１項の規定により特別地区として指定された区域内の土地

（注）　都道府県立自然公園又は都道府県自然環境保全地域の一定の特別地域又は特別地区内の土地が、地方公共団体に買い取られる場合には、本章の２の「特定住宅地造成事業等のために土地等を譲渡した場合の譲渡所得の特別控除（1,500万円）」の適用対象となります。

⑤　森林法の規定により保安林として指定された区域や保安施設地区内の土地が、保安施設事業のために国又は地方公共団体に買い取られる場合（措法34②五、【参考】措法65の３①五）

⑥　防災のための集団移転促進事業に係る国の財政上の特別措置等に関する法律に規定する移転促進区域内の農地、宅地その他の土地が、集団移転促進事業計画に基づき地方公共団体に買い取られる場合（措法34②六、【参考】措法65の３①六）

（注）　第４章２(2)に該当する場合（収用権を背景とする任意買収）を除きます。

⑦　農業経営基盤強化促進法第４条第１項第１号に規定する農用地で一定の区域内にあるものが、所有者等の申出に基づき一定の農地中間管理機構に買い取られる場合（措法34②七、措令22の７⑥、【参考】措法65の３①七、措令39の４⑥）

### ⑷　代行買収

土地区画整理事業等の用に供するための土地等の買取り（上記⑶①）については、次の要件の全てを満たすことにより代行買収が認められています（措令22の７①、措通34－１、34－１の２、34－２、【参考】措令39の４②、措通65の３－１、65の３－１の２、65の３－２）。

イ　代行買収者は、国、地方公共団体、独立行政法人都市再生機構、地方住宅供給公社又は地方公共団体が財産を提供して設立した宅地造成を行うことを主たる目的とする団体（地方公共団体とともに国、地方公共団体及び独立行政法人都市再生機構以外の者が財産を提供して設立した団体を除きます。）であること

ロ　買取りをした土地等に相当する換地処分又は権利変換後の換地取得資産又は権利変換取得資産は、最終的に事業の施行者に帰属するものであること

ハ　その土地等の買取り契約書には、その土地等の代行買収者が、事業の施行者が行うその事業の用に供するために買取りをするものである旨が明記されているものであること

ニ　上記ロに掲げる事項については、その事業の施行者とその土地等の代行買収者との間の契約書又は覚書により相互に明確に確認されているものであること

### ⑸　申告等の手続

この特例の適用を受けるためには、その年分の確定申告書第３表（分離課税用）の「特例適用条文」欄に「措法34条」と記載するとともに、別表３「特定土地区画整理事業等に関する証明書の区分一覧表」（345ページ）に掲げる証明書を添付しなければなりません（措法34④）。

なお、この特例の適用があるものとした場合に、他に確定申告書を提出する必要がない者については、申告等の手続を要しません（措法34④）。

（注）　法人税等の場合は、確定申告書等に損金の額に算入される金額の損金算入に関する申告の記載及びその損金の額に算入される金額の計算に関する明細書の添付があり、かつ、買取りをする者から交付を受けた土地等の買取りがあったことを証する書類等を保存している場合に限り適用されます（措法65の３④）。

## 2　特定住宅地造成事業等のために土地等を譲渡した場合の譲渡所得の特別控除（1,500万円）

### ⑴　制度の概要

土地や土地の上に存する権利が、地方公共団体や独立行政法人都市再生機構等の行う住宅建設又は宅地造成事業のために買い取られた場合など一定の要件に該当するものについては、その譲渡所得から1,500万円（その年中に特定住宅地造成事業等のために譲渡した全ての土地等の譲渡所得の

金額から合わせて1,500万円を限度とし、譲渡所得の金額が1,500万円に満たないときはその金額）が控除されます（措法34の２、【参考】措法65の４）。

なお、この特例に該当する譲渡所得のなかに短期譲渡所得と長期譲渡所得とがあるときは、この1,500万円の特別控除はまず短期譲渡所得から控除し、次に、控除しきれない金額を長期譲渡所得から控除します（措法34の２①一）。

**【設　問】**

**問**　私は、本年２月に「公有地の拡大の推進に関する法律」の規定に基づきＡ土地をＸ市に買い取られました。また、８月には、Ｙ県の行う収用事業の対償地としてＢ土地を買い取られました。Ａ土地及びＢ土地ともその対価は2,000万円です。

この場合に、Ａ土地及びＢ土地の譲渡につきそれぞれ1,500万円の特別控除の適用が受けられるでしょうか。

（注）　Ａ土地・Ｂ土地とも長期譲渡所得の対象となる資産です。

**答**　措置法第34条の２第１項に規定する1,500万円の特別控除は、同条第２項に規定する各事業のための譲渡の全てを通じて1,500万円の特別控除をするという特例です。

したがって、同一年中に1,500万円の特別控除の対象となる２以上の事業のために土地等を譲渡した場合には、その全体を通して1,500万円が限度となり、それぞれの事業について1,500万円を控除することはできません。

設問の場合にも、Ａ土地及びＢ土地に係る譲渡所得の合計額について1,500万円の控除をすることはできますが、Ａ土地及びＢ土地のそれぞれについて別個に1,500万円を控除することはできません。

### ⑵　特例の適用要件

イ　この特例は、個人が土地等を特定住宅地造成事業等のために買い取られた場合の譲渡所得について適用されますので、立木、建物及び構築物や棚卸資産の譲渡には適用がなく、「資産の譲渡とみなされる借地権の設定」（27ページ参照）に当たる場合にも適用がありません（措通34－３）。

ロ　また、この特例に該当する譲渡（措法第35条《居住用財産の譲渡所得の特別控除》の適用を受ける部分を除きます。）の全部又は一部について、措法第36条の２《特定の居住用財産の買換えの場合の長期譲渡所得の課税の特例》、第36条の５《特定の居住用財産を交換した場合の長期譲渡所得の課税の特例》、第37条《特定の事業用資産の買換えの場合の譲渡所得の課税の特例》

又は第37条の４《特定の事業用資産を交換した場合の譲渡所得の課税の特例》の規定の適用を受ける場合には、この特別控除の適用は受けられません。

ハ　1,500万円の特別控除の対象となる特定住宅地造成事業等のうち次の「(3)　特定住宅地造成事業等のために買い取られた場合」に掲げる①から③、⑥から⑯、⑲、㉒及び（22の２）の事業の用に供するために土地等を譲渡した場合において、同一事業の用地として２以上の年にわたって土地等を譲渡したときは、これらの譲渡のうち、最初の譲渡が行われた年以外の譲渡については、この特別控除の適用は受けられません（措法34の２④、【参考】措法65の４③）。

**【設　問】**

**問**　甲は、収用事業により土地を買収されるＡとＢに対する収用対償地として、ａ土地とｂ土地を当該収用事業者に譲渡しました。

ａ土地はＸ年に、ｂ土地は（Ｘ＋１）年に譲渡しましたが、（Ｘ＋１）年分のｂ土地の譲渡について、1,500万円の特別控除（措法34の２）を適用することができますか。

**答**　1,500万円の特別控除（措法34の２）で、連年適用が制限されているのは「一の事業」の用に供するために２以上の年にわたって買取りが行われる場合ですが、収用対償地の買取りの場合は、一般的に、収用等により資産を譲渡した者の代替地取得の希望を受けて個々に対償地の買取りが行われるものなので、その買取り行為そのものには「事業」というものが介在せず、このようなケースで収用対償地のために２以上の年にわたって譲渡をした場合には、これを同一事業のための譲渡ということはできません。

したがって、事例のように、ＡとＢに係る収用による資産の譲渡が同一の収用事業のための譲渡であったとしても、甲が譲渡したａ土地とｂ土地の譲渡は、同一の事業のための譲渡とはいえないので、各年分の譲渡について、それぞれ1,500万円の特別控除の適用を受けることができます（措通34の２－23）。

### (3)　特定住宅地造成事業等のために買い取られた場合

この特例の適用要件である「特定住宅地造成事業等のために買い取られた場合」とは、次に掲げる場合をいいます。

なお、次の①から㉕までの土地等の譲渡に係る証明書類等については、別表４「特定住宅地造成事業等に関する証明書の区分一覧表」（353ページ）を参照してください。

①　土地等が、地方公共団体、独立行政法人中小企業基盤整備機構、独立行政法人都市再生機構、成田国際空港株式会社、地方住宅供給公社又は日本勤労者住宅協会が行う住宅の建設や宅地の

造成を目的とする事業の用に供するために買い取られる場合（措法34の２②一、【参考】措法65の４①一）

（注）１　地方公共団体が財産を提供して設立した宅地造成を行うことを主たる目的とする団体（地方公共団体とともに国、地方公共団体及び独立行政法人都市再生機構以外の者が財産を提供して設立した団体を除きます。）もこの事業の施行者に含まれます（措令22の８①、【参考】措令39の５②）。

２　措置法第33条第１項第２号若しくは第４号、第33条の２第１項第１号又は第34条第２項第１号に掲げる場合に該当する場合を除きます。

②～(２の４)　土地等が、土地収用法等の規定に基づいて資産の収用等を行う者によってその収用の対償に充てるため買い取られる場合、住宅地区改良事業の施行に伴い改良地区の区域外に改良住宅を建設するために買い取られる場合又は公営住宅法の規定による公営住宅の買取りにより地方公共団体に買い取られる場合（措法34の２②二、【参考】措法65の４①二）

（注）１　措置法第33条第１項第２号若しくは第４号、第33条の２第１項第１号に掲げる場合又は都市再開発法による第二種市街地再開発事業の用に供するためにその事業の施行者である再開発会社によって収用の対償に充てるために買い取られる場合に該当する場合を除きます。

２　収用の対償に充てるため買い取られた場合でこの特例の適用が受けられるのは、収用等の場合の課税の特例の適用のある事業の全てではなく、第４章２⑴、⑵及び⒃に掲げる事業です。

３　住宅地区改良事業による区域内に改良住宅を建設するための土地等の買取りは、収用等の場合の課税の特例の対象となっています（措法33①一、【参考】措法64①一）。

**【設　問】**

**問**　Ｎ市は学校用地として甲の所有する土地を買収し、代替地として乙の所有する土地をあっせんし、甲と乙の間で売買契約が締結されました。

この場合、乙の譲渡所得の計算上、1,500万円の特別控除の特例の適用は認められますか。

**答**　対償地の提供については、Ｎ市が乙から土地を買収して甲の対償地に充てた場合に限り乙に対する課税において、1,500万円の特別控除（措法34の２）の特例の適用が認められます。

設問の場合、Ｎ市は単に代替地として乙の所有する土地を甲にあっせんしたにすぎないので特例の適用はありません。

③　国土交通大臣の認定を受けた次に掲げる特定の民間住宅地造成事業の用に供するために、土地等が平成６年１月１日から令和８年12月31日までの間に買い取られる場合（措法34の２②三、

【参考】措法65の４①三)

（注）優良住宅地の造成等のために土地等を譲渡した場合の長期譲渡所得の課税の特例又は法人の一般の土地譲渡益追加課税制度の適用除外の適用を受ける譲渡に該当するもの等は除かれます。

(イ) 土地区画整理法による土地区画整理事業として行われる一団の宅地造成事業で、その施行地区の全部が都市計画法上の市街化区域に含まれるもの

(ロ) その造成に係る一団の土地の面積が５ha以上であることなど一定の要件を満たすもの

(ハ) 造成宅地の分譲が、公募の方法により行われること

④ 土地が、公有地の拡大の推進に関する法律の規定に基づいて買い取られた場合（措法34の２②四、【参考】措法65の４①四）

（注）公有地の拡大の推進に関する法律により、都市計画区域内の土地について、都市計画施設等一定の区域内にあるもの及び一定の面積（市街化区域内の土地については2,000㎡、市街化区域以外の土地については5,000㎡）以上のものについては、地方公共団体、土地開発公社等に先買権が与えられており、その土地を有償譲渡しようとする者は、あらかじめ都道府県知事に届出なければならないこととされています。また、面積200㎡以上の土地について地方公共団体等による買取りを希望する場合には、都道府県知事にその旨を申し出ることができることとされていますが、都市の健全な発展と秩序ある整備を促進するため特に必要があると認められるときは、都道府県知事は、都道府県の規則で、区域を限って100㎡以上200㎡の範囲内でその規模を別に定めることができることとされています。

なお、この届出又は申出があった土地について買取りを希望する地方公共団体等は、都道府県知事と協議を行った上で買い取ることになります。

⑤ 特定空港周辺航空機騒音対策特別措置法に規定する航空機騒音障害防止特別地区内にある土地が、同法第９条第２項の規定により買い取られる場合（措法34の２②五、【参考】措法65の４①五）

（注）同法第８条第１項の規定により買い取られた場合には、特定土地区画整理事業等のために土地等を譲渡した場合の譲渡所得の特別控除（2,000万円控除）の適用が受けられます（本章１(3)③(ハ)参照）。

⑥ 沿道地区計画の区域内にある土地等が、沿道整備道路の沿道の整備のために行う公共施設や公用施設の整備、宅地の造成又は建築物及び建築敷地の整備に関する事業で一定のものの用に供するために、地方公共団体又は沿道整備推進機構に買い取られる場合（措法34の２②六、【参考】措法65の４①六）

（注）１　措置法第33条第１項第２号若しくは第４号、第33条の２第１項第１号若しくは第34条第２項第１号に掲げる場合又は①、②～(２の４)、④に掲げる場合に該当する場合を除きます。

２　一定の事業は、沿道地区計画の区域内において行われる次の事業（沿道整備推進機構により行われるものである場合には、地方公共団体の管理の下に行われるものに限ります。）です（措令22の８⑧）。

(1)　道路、公園、緑地その他の公共施設又は公用施設の整備に関する事業

(2)　都市計画法第４条第７項に規定する市街地開発事業、住宅地区改良法第２条第１項に規定する住宅地区改良事業又は流通業務市街地の整備に関する法律第２条第２項に規定する流通業務団地造成事業

(3)　緩衝建築物の整備に関する事業で、次に掲げる要件を満たすもの

イ　その事業の施行される土地の区域の面積が500㎡以上であること

ロ　その緩衝建築物の建築面積が150㎡以上であること

ハ　その緩衝建築物の敷地のうち日常一般に開放された空地の部分の面積の当該敷地の面積に対する割合が100分の20以上であること

(4)　沿道整備推進機構は、公益社団法人（その社員総会における議決権の総数の２分の１以上の数が地方公共団体により保有されているものに限ります。）又は公益財団法人（その設立当初において拠出された金額の２分の１以上の金額が地方公共団体により拠出されているものに限ります。）でその定款において、その法人が解散した場合にその残余財産が地方公共団体又はその法人と類似の目的をもつ他の公益を目的とする事業を行う法人に帰属する旨の定めがあるものとされています。

⑦　特定防災街区整備地区又は防災街区整備地区計画の区域内にある土地等が、防災街区としての整備のために行う公共施設や公用施設の整備、宅地の造成又は建築物及び建築敷地の整備に関する事業で一定のものの用に供するために、地方公共団体又は防災街区整備推進機構に買い取られる場合（措法34の２②七、【参考】措法65の４①七）

（注）1　⑥の（注）1に同じです。

2　一定の事業は、特定防災街区整備地区又は防災街区整備地区計画の区域内において行われる次の事業（防災街区整備推進機構により行われるものである場合には、地方公共団体の管理の下に行われるものに限ります。）です（措令22の８⑨）。

(1)　道路、公園、緑地その他の公共施設又は公用施設の整備に関する事業

(2)　都市計画法第４条第７項に規定する市街地開発事業又は住宅地区改良法第２条第１項に規定する住宅地区改良事業

(3)　延焼防止建築物の整備に関する事業で、次に掲げる要件を満たすもの

イ　その事業の施行される土地の区域の面積が300㎡以上であること

ロ　その延焼防止建築物の建築面積が150㎡以上であること

3　防災街区整備推進機構に係る要件は、⑥の（注）2(4)に同じです。

⑧　認定中心市街地の区域内にある土地等が、中心市街地の活性化に関する法律第12条第１項に規定する認定基本計画の内容に即して行う公共施設若しくは公用施設の整備、宅地の造成又は建築物及び建築施設の整備に関する事業で一定のものの用に供するために、地方公共団体又は中心市街地整備推進機構に買い取られる場合（措法34の２②八、【参考】措法65の４①八）

（注）1　措置法第33条第１項第２号若しくは第４号、第33条の２第１項第１号若しくは第34条第２項第１号に掲げる場合又は①、②～(２の４)、④、⑥及び⑦に掲げる場合に該当する場合を

除きます。

2　一定の事業は、認定中心市街地の区域内において行われる次に掲げる事業（中心市街地整備推進機構により行われるものである場合には、地方公共団体の管理の下に行われるものに限ります。）です（措令22の8⑩）。

⑴　道路、公園、緑地その他の公共施設又は公用施設の整備に関する事業

⑵　都市計画法第4条第7項に規定する市街地開発事業

⑶　都市再開発法第129条の6に規定する認定再開発事業計画に基づいて行われる同法第129条の2第1項に規定する再開発事業

3　中心市街地整備推進機構に係る要件は、⑥の（注）2⑷に同じです。

⑨　景観法第8条第1項に規定する景観計画の区域内にある土地等が、この景観計画に定められた景観重要公共施設の整備に関する事業（景観整備機構により行われる場合には、地方公共団体の管理下に行われるものに限ります。）の用に供するために、地方公共団体又は景観整備機構に買い取られる場合（措法34の2②九、【参考】措法65の4①九）

（注）1　措置法第33条第1項第2号、第33条の2第1項第1号若しくは第34条第2項第1号に掲げる場合又は、②～(2の4)、④、⑥から⑧に掲げる場合に該当する場合を除きます。

2　景観整備機構に係る要件は、⑥の（注）2⑷に同じです。

⑩　都市再生特別措置法第46条第1項に規定する都市再生整備計画又は同法第81条第1項に規定する立地適正化計画の区域内にある土地等が、これらの計画に記載された公共施設の整備に関する事業（都市再生推進法人により行われるものである場合には、地方公共団体の管理の下に行われるものに限ります。）の用に供するために、地方公共団体又は都市再生推進法人に買い取られる場合（措法34の2②十、【参考】措法65の4①十）

（注）1　措置法第33条第1項第2号若しくは第4号、第33条の2第1項第1号若しくは第34条第2項第1号に掲げる場合又は、①、②～(2の4)、④、⑥から⑨に掲げる場合に該当する場合を除きます。

2　都市再生推進法人に係る要件は、⑥の（注）2⑷に同じです。

⑪　地域における歴史的風致の維持及び向上に関する法律に規定する認定重点区域内にある土地等が、同法第8条に規定する認定歴史的風致維持向上計画に記載された公共施設又は公用施設の整備に関する事業（歴史的風致維持向上支援法人により行われるものである場合には、地方公共団体の管理の下に行われるものに限ります。）の用に供するために、地方公共団体又は歴史的風致維持向上支援法人に買い取られる場合（措法34の2②十一、【参考】措法65の4①十一）

（注）1　措置法第33条第1項第2号若しくは第4号、第33条の2第1項第1号、第34条の2第1号に掲げる場合又は①、②～(2の4)、④、⑥から⑩に掲げる場合に該当する場合を除きます。

2　歴史的風致維持向上支援法人に係る要件は、⑥の（注）2⑷に同じです。

⑫　土地等が、国や都道府県が作成した総合的な地域開発に関する計画に基づいて、主として工

場や住宅又は流通業務施設の用途に供する目的で行われる一団の土地の造成に関する事業で、次に掲げる要件にあてはまるものとして都道府県知事が指定したものの用に供するために、地方公共団体や国若しくは地方公共団体が２分の１以上出資している法人に買い取られる場合（措法34の２②十二、【参考】措法65の４①十二）

(イ)　その計画区域の面積が300ha以上であり、かつ、その事業の施行区域の面積が30ha以上であること。

(ロ)　その事業の施行区域内の道路、公園、緑地、その他の公共用の空地の面積がその施行区域内に造成される土地の用途区分に応じて適正に確保されるものであること。

（注）　総合的な地域開発に関する計画とは、次のものです（措令22の８⑭）。

１　国土交通省の作成した苫小牧地区及び石狩新港地区の開発に関する計画

２　青森県の作成したむつ小川原地区の開発に関する計画

⑬～(13の２)　土地等が、次に掲げる事業の用に供するため地方公共団体の出資に係る法人等に買い取られる場合（措法34の２②十三、【参考】措法65の４①十三）

(イ)　商店街の活性化のための地域住民の需要に応じた事業活動の促進に関する法律に規定する認定商店街活性化事業計画に基づく商店街活性化事業又は認定商店街活性化支援事業計画に基づく商店街活性化支援事業

(ロ)　中心市街地の活性化に関する法律に規定する認定特定民間中心市街地活性化事業計画に基づく中小小売商業高度化事業

⑭　土地等が、農業協同組合等の行う一定の宅地等供給事業のために買い取られた場合又は独立行政法人中小企業基盤整備機構の融資を受けて中小企業者の行う他の事業者との事業の共同化若しくは中小企業の集積の活性化に寄与する事業の用に供するための一定の宅地造成事業のために買い取られる場合（措法34の２②十四、【参考】措法65の４①十四）

(14の２)　土地等が、総合特別区域法に規定する土地の造成に関する事業で、都市計画その他の土地利用に関する国又は地方公共団体の計画に適合した計画に従って行われるものであることなど一定の要件に該当するものとして市町村長又は特別区の区長が指定したものの用に供するために買い取られる場合（措法34の２②十四の二、【参考】措法65の４①十四の二）

⑮　土地等が、産業廃棄物の処理に係る特定施設の整備の促進に関する法律の規定による整備計画の認定を受けて行われる特定施設の整備事業の用に供するために、地方公共団体又は特定法人（（注）２及び３に掲げる法人をいいます。）に買い取られる場合（措法34の２②十五、措令22の８㉑、措規17の２⑯、【参考】措法65の４①十五）

（注）１　措置法第33条第１項第２号若しくは第33条の２第１項第１号に掲げる場合又は①に掲げる場合に該当する場合を除きます。

２　地方公共団体の出資に係る法人のうち、発行済株式又は出資の総数又は総額の２分の１以上が一の地方公共団体により所有され又は出資されていること（措令22の８⑳）。

3　公益社団法人又は公益財団法人であって、定款に法人が解散した場合に残余財産が地方公共団体又はその法人と類似の目的をもつ他の公益を目的とする事業を行う法人に帰属する旨の定めがあるもので、次に掲げる要件のいずれかを満たすもの。

イ　社員総会における議決権の総数の２分の１以上の数が地方公共団体により保有されている公益社団法人であること。

ロ　社員総会における議決権の総数の４分の１以上の数が一の地方公共団体により保有されている公益社団法人であること。

ハ　拠出をされた金額の２分の１以上の金額が地方公共団体により拠出をされている公益財団法人であること。

ニ　拠出をされた金額の４分の１以上の金額が一の地方公共団体により拠出をされている公益財団法人であること。

⑯　土地等が、広域臨海環境整備センター法第20条第３項の規定による認可を受けた基本計画に基づいて行う廃棄物の搬入施設の整備事業の用に供するために、広域臨海環境整備センターに買い取られる場合（措法34の２②十六、【参考】措法65の４①十六）

⑰　生産緑地法に規定する生産緑地地区内にある土地が、同法第11条第１項、第12条第２項又は第15条第２項の規定に基づき、地方公共団体、土地開発公社又は独立行政法人都市再生機構等に買い取られる場合（措法34の２②十七、措令22の８⑦、【参考】措法65の４①十七）

⑱　国土利用計画法第12条第１項の規定により規制区域として指定された区域内の土地等が、同法第19条第２項の規定により買い取られる場合（措法34の２②十八、【参考】措法65の４①十八）

⑲　土地等が、国、地方公共団体その他特定の法人が作成した地域の開発、保全又は整備に関する事業に係る計画で国土利用計画法による土地利用基本計画に定められた特定の計画に基づき、国又は地方公共団体等に買い取られる場合（措法34の２②十九、【参考】措法65の４①十九）

⑳　土地等が、都市再開発法第７条の６第３項、大都市地域住宅等供給促進法第８条第３項、地方拠点都市地域の整備及び産業業務施設の再配置の促進に関する法律第22条第３項又は被災市街地復興特別措置法第８条第３項の規定により買い取られる場合（注）（措法34の２②二十、【参考】措法65の４①二十）

（注）　都市再開発法、大都市地域住宅等供給促進法又は地方拠点都市地域の整備、産業業務施設の再配置の促進に関する法律又は被災市街地復興特別措置法の規定により、市街地再開発促進区域、土地区画整理促進区域、拠点整備促進区域又は被災市街地復興推進地域内にある土地等に建築物の建築等が許可されないため、土地等の所有者からの申出により土地等が都道府県知事に買い取られる場合です。

㉑　土地区画整理法による土地区画整理事業（同法第３条第１項の規定によるものを除きます。）が施行された場合において、土地等の上に存する建物等が建築基準法第３条第２項に規定する建

築物など一定の要件に該当する既存不適格建築物の敷地について換地を定めることが困難である場合において土地区画整理法第90条の規定により換地が定められなかったことに伴い同法第94条の規定により清算金を取得する場合（措法34の２②二十一、措規17の２⑰、【参考】措法65の４①二十一）

（注）区画整理会社が施行者となる土地区画整理事業の施行に伴い、その区画整理会社の株主又は社員である者がその有する土地等につき換地が定められなかったことによる清算金を取得する場合を除きます（措令22の８㉔）。

(21の２) 被災市街地復興土地区画整理事業が施行された場合において、被災市街地復興特別措置法第17条第１項の規定により保留地が定められたことに伴い当該土地等に係る換地処分により当該土地等のうち当該保留地の対価の額に対応する部分の譲渡があったとき（措法34の２②二十一の二、【参考】措法65の４①二十一の二）

㉒　土地等につきマンションの建替え等の円滑化に関する法律に規定するマンション建替事業が施行された場合において、その土地等に係る同法の権利変換により補償金（やむを得ない事情により権利変換を希望しない旨の申出をしたと認められる一定の場合に支払われるものに限ります。）を取得するとき又はその土地等が同法の売渡し請求若しくは買取り請求（やむを得ない事情があったと認められる一定の場合にされたものに限ります。）により買い取られる場合（措法34の２②二十二、【参考】措法65の４①二十二）

(22の２)　建築物の耐震改修の促進に関する法律に規定する通行障害既存耐震不適格建築物に該当するマンションの建替え等の円滑化に関する法律に規定する決議特定要除却認定マンションの敷地の用に供されている土地等につき、同法第２条第１項第９号に規定するマンション敷地売却事業が実施された場合において、その土地等に係る同法の認可を受けた分配金取得計画に基づき分配金を取得する場合又はその土地等が同法第124条第１項の請求により買い取られる場合（措法34の２②二十二の二、【参考】措法65の４①二十二の二）

㉓　絶滅のおそれのある野生動植物の種の保存に関する法律により管理地区として指定された区域内の土地が国や地方公共団体に買い取られる場合又は鳥獣の保護及び管理並びに狩猟の適正化に関する法律の規定により環境大臣が特別保護地区として指定した区域内の土地のうち天然記念物に指定されている鳥獣等の生息地で国や地方公共団体において保存すべきものとして、国や地方公共団体に買い取られる場合（措法34の２②二十三、【参考】措法65の４①二十三）

（注）措置法第33条第１項第２号又は同法第34条第２項第４号に掲げる場合に該当する場合を除きます。

㉔　自然公園法に規定する都道府県立自然公園又は自然環境保全法に規定する都道府県自然環境保全地域の一定の特別地域内又は特別地区内の土地が、地方公共団体に買い取られる場合（措法34の２②二十四、【参考】措法65の４①二十四）

（注）　国立公園や国定公園の特別地域内及び自然環境保全地域の特別地区内の土地が、国や地方公共団体に買い取られた場合には、本章の1の「特定土地区画整理事業等のために土地等を譲渡した場合の譲渡所得の特別控除（2,000万円）」の適用対象とされています。

㉕　農業経営基盤強化促進法第4条第1項第1号に規定する農用地で農業振興地域の整備に関する法律第8条第2項第1号に規定する農用地区域として定められている区域内にあるものが、農業経営基盤強化促進法の協議に基づき、同項に規定する農地中間管理機構（一定の要件に該当するものに限ります。）に買い取られる場合（措法34の2②二十五、措令22の8㉗、【参考】措法65の4①二十五）

## ⑷　代行買収

前記⑶①の住宅の建設又は宅地造成のための土地等の買取り及び別表4「特定住宅地造成事業等に関する証明書の区分一覧表」の（2の2）の収用対償地については、次により代行買収が認められています。

イ　住宅の建設又は宅地造成事業（措通34の2－2、34の2－3、【参考】措通65の4－1、65の4－2）

⑴　代行買収者は、地方公共団体、独立行政法人中小企業基盤整備機構、独立行政法人都市再生機構、成田国際空港株式会社、地方住宅供給公社、日本勤労者住宅協会又は地方公共団体が財産を提供して設立した宅地造成を行うことを主たる目的とする団体（地方公共団体とともに国、地方公共団体及び独立行政法人都市再生機構以外の者が財産を提供して設立した団体を除きます。）であること

⑵　買取りをした土地等は、最終的には事業施行者に帰属するものであること

⑶　その土地等の買取り契約書には、代行買収者が事業施行者が行うその住宅の建設又は宅地造成のために買取りをするものである旨が明記されているものであること

⑷　上記⑵に掲げる事項については、その事業施行者と代行買収者との間の契約書又は覚書により相互に明確に確認されているものであること

ロ　収用対償地の買取り（措令22の8②、【参考】措令39の5③）

⑴　代行買収者は、地方公共団体、地方公共団体が財産を提供して設立した団体又は独立行政法人都市再生機構であること

⑵　収用等に係る事業施行者と代行買収者との間において、収用等の対償に充てるため土地等を買い取るべき旨の契約が締結されていること

## ⑸　収用対償地の買取り

イ　契約方式

次の(イ)から(ハ)の方式による契約に基づき、収用の対償に充てられることとなる土地等が公共事業施行者に買い取られる場合は、その収用対償地の提供者に、この特別控除（1,500万円）の適用が認められています。

なお、収用対償地の取得に関する契約方式の参考として、「第４　参考編」（422ページ以下参照）に次の(イ)から(ハ)の方式の契約書の一例を掲載しています。

(イ)　一括契約方式（措通34の２－５(1)、【参考】措通65の４－２の２(1)）

公共事業施行者、事業用地の所有者及び収用対償地提供者の三者が次に掲げる事項を内容とする契約を締結する方式

①　収用対償地提供者は、公共事業施行者に収用対償地を譲渡すること

②　事業用地の所有者は、公共事業施行者に事業用地を譲渡すること

③　公共事業施行者は、収用対償地提供者に対価を支払い、事業用地の所有者に収用対償地を譲渡するとともに補償金等と収用対償地の価額との差額を支払うこと

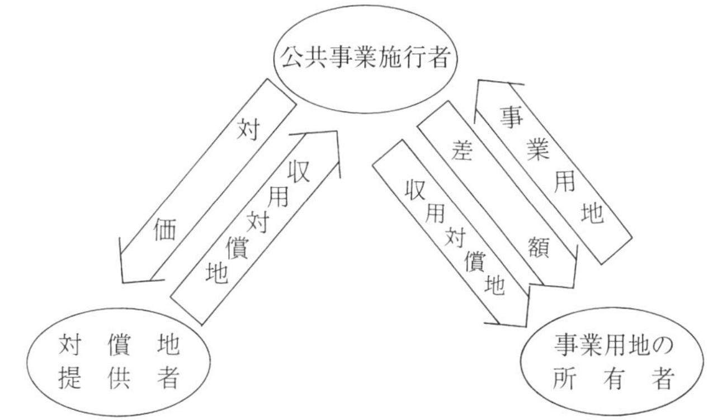


(注)１　この契約は、「公共事業施行者と収用対償地提供者との間の収用対償地の取得契約」と「公共事業施行者と事業用地の所有者との間の現物補償契約」を一括して契約する方式です。

２　この契約方式におけるその収用対償地の譲渡について、措法第34条の２第２項第２号に規定する「当該収用の対償に充てるため買い取られる場合」に該当するのは、その収用対償地のうち事業用地の所有者に支払われるべき事業用地の譲渡に係る補償金又は対価に相当する部分に限られますので、例えば、この契約方式に基づいて公共事業施行者が取得する収用対償地であってもその事業用地の上にある建物につき支払われるべき移転補償金に相当する部分にはこの特例の適用はありません（措通34の２－５(1)（注)。法人税等についても同様の定めがあります。）。

**【設　問】**

**問**　Ａ市では道路の拡幅事業を行っていますが、事業用地の所有者である甲が土地の対価補償金1,200万円と建物移転補償金800万円の対償として替地を希望したため、公共事業施行者で

あるＡ市、事業用地の所有者甲及び対償地提供者乙の三者で次のような契約をしました。この場合、対償地提供者乙の譲渡所得の計算上1,500万円の特別控除はどのように取り扱われますか。

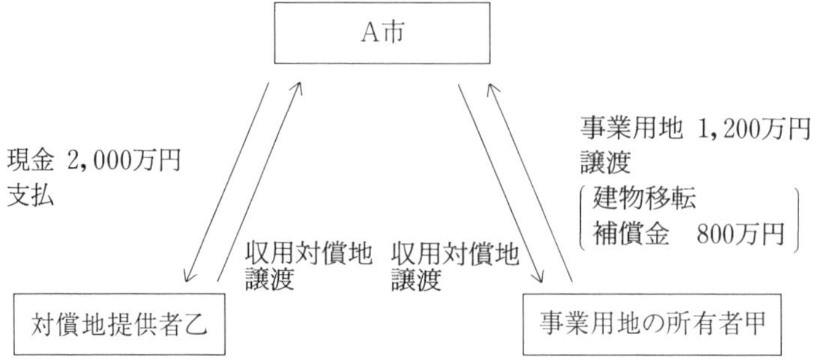


**答** 1,200万円相当部分のみが特別控除の特例の対象となります。

1,500万円の特別控除の特例の対象となるのは、措置法第33条第１項第１号の収用、同項第２号の買取り及び同条第３項第１号の使用の対償に充てられるものに限られていますので、建物移転補償金に対応する部分についてはこの特例の適用はありません（措通34の２－５(1)（注））。

(ロ) 売払い方式（措通34の２－５(2)、【参考】措通65の４－２の２(2)）

公共事業施行者及び事業用地の所有者が次に掲げる事項を内容とする契約を締結する方式

① 事業用地の所有者は、公共事業施行者に事業用地を譲渡し、収用対償地の希望の申出をすること

② 公共事業施行者は、補償金等のうち収用対償地の価額相当額を留保し残額を事業用地の所有者に支払い、収用対償地の譲渡を約すこと

③ 公共事業施行者は、事業用地の所有者に収用対償地を譲渡し、②で留保された金額をもってその譲渡の対価に充てること

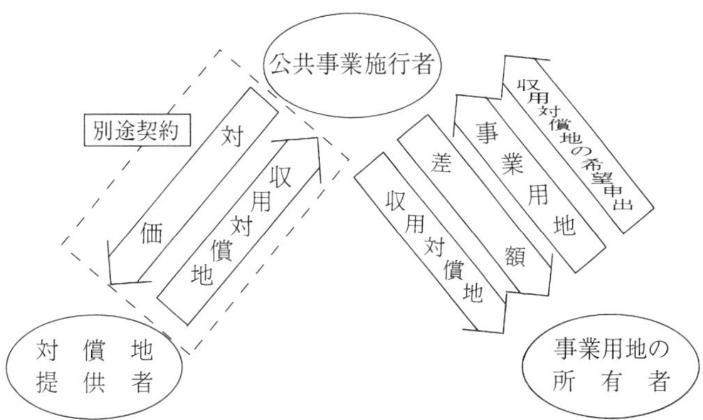


（注）　この売払い方式による契約は、公共事業施行者と事業用地の所有者間のものであり、事業施行者と収用対償地提供者間の契約は、別途に通常の形式で締結されることになります。

(ハ)　収用対償地が農地等である場合の三者契約方式（措通34の２－４）

公共事業施行者、事業用地の所有者及び収用対償地提供者の三者が、次に掲げる事項を内容とする契約を締結する方式

①　収用対償地提供者は、事業用地の所有者に農地等を譲渡すること

②　公共事業施行者は、収用対償地提供者に対し、直接その農地等の対価を支払うこと

③　事業用地の所有者は、事業用地を公共事業施行者に譲渡すること

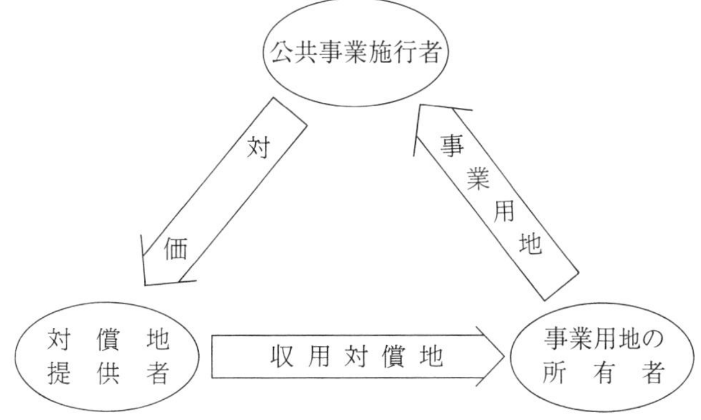


（注）１　公共事業施行者は、農地法上、農地等を取得できないためこの方式が認められています。

２　この契約方式における農地等の譲渡について、措法第34条の２第２項第２号に規定する「当該収用の対償に充てるため買い取られる場合」に該当するのは、その収用対償地（農地等）のうち事業用地の所有者に支払われるべき事業用地の譲渡に係る補償金又は対価のうち収用対償地の提供者に直接支払われる金額に相当する部分に限られます（措通34の２－４（注））。

ロ　建物等の取壊し補償等に係る対償地

措置法第34条の２第２項第２号に規定する「当該収用」には、同法第33条第３項第２号に規定する（土地の上にある資産の）取壊し及び除去は含まれていません。

収用対償地は、制度上土地収用法第82条に規定する「替地補償」の替地に当たるものであり、土地等の補償金等に代えて与えられる土地等をいうものとされています。したがって、建物等の取壊し、除去又は移転等の補償金等に代えて与えられるものは、この収用対償地には該当しないことになり、その提供者には1,500万円の特別控除の適用はありません。

### (6)　申告等の手続

この特例の適用を受けるためには、その年分の確定申告書第３表（分離課税用）の「特例適用条文」欄に「措法34条の２」と記載するとともに、別表４「特定住宅地造成事業等に関する証明書の区分一覧表」（353ページ）に掲げる証明書を添付しなければなりません（措法34の２⑤）。

なお、この特例の適用があるものとした場合に、他に確定申告書を提出する必要がない者については、申告等の手続を要しません（措法34の２⑤）。

（注）　法人税等の場合は、確定申告書等に損金の額に算入される金額の損金算入に関する申告の記載及びその損金の額に算入される金額の計算に関する明細書の添付があり、かつ、買取りをする者から交付を受けた土地等の買取りがあったことを証する書類等を保存している場合に限り適用されます（措法65の４⑤）。

## 3　農地保有の合理化等のために農地等を譲渡した場合の譲渡所得の特別控除（800万円）

### (1)　制度の概要

農業振興地域内の農地等を農業委員会のあっせんにより譲渡した場合など、一定の要件に該当するものについては、その譲渡所得から800万円（譲渡所得の金額が800万円に満たないときはその金額）が控除されます（措法34の３、【参考】措法65の５）。

なお、この特例に該当する譲渡所得に、短期譲渡所得と長期譲渡所得とがあるときは、この800万円の特別控除はまず短期譲渡所得から控除し、次に控除しきれない金額を長期譲渡所得から控除することになります（措法34の３①一）。

### (2)　特例の適用要件

この特例は、個人が土地等を農地保有の合理化等のために譲渡した場合に適用されますので、立木及び棚卸資産の譲渡には適用がなく、建物や構築物などの譲渡及び「資産の譲渡とみなされる借地権の設定」（27ページ参照）に当たる場合にも適用がありません。

また、この特例に該当する譲渡の全部又は一部について、措置法第37条《特定の事業用資産の買換えの場合の譲渡所得の課税の特例》又は第37条の４《特定の事業用資産を交換した場合の譲渡所得の課税の特例》の規定の適用を受ける場合には、この特別控除の適用を受けられません。

### ⑶　農地保有の合理化等のための譲渡

この特例の適用要件である農地保有の合理化等のための譲渡とは、次に掲げる場合をいいます。

なお、次の①～⑦までの土地等の譲渡に係る証明書類等については、別表５「農地保有の合理化等に関する証明書の区分一覧表」（387ページ）を参照してください。

①～（１の３）　土地等を農業振興地域の整備に関する法律第23条の規定による勧告に係る協議、調停又はあっせんにより譲渡した場合（措法34の３②一、【参考】措法65の５①一）

②　農業経営基盤強化促進法に規定する農地中間管理機構に対して当該農地中間管理機構が行う事業のために農業振興地域の整備に関する法律に規定する農用地区域内の農地等を譲渡した場合（措法34の３②一、措令22の９①、【参考】措法65の５①一、措令39の６②）

（注）　特例の対象となる譲渡先である農地中間管理機構は、公益社団法人（その社員総会における議決権の総数の２分の１以上の数が地方公共団体により保有されているものに限ります。）又は公益財団法人（その設立当初において拠出された金額の２分の１以上の金額が地方公共団体により拠出されているものに限ります。）でその定款において、その法人が解散した場合にその残余財産が地方公共団体又はその法人と類似の目的をもつ他の公益を目的とする事業を行う法人に帰属する旨の定めがあるものに限られます。

③　農業振興地域の整備に関する法律に規定する農用地区域内の土地等を一定の法律の規定による公告のあった農用地の利用に関する計画の定めるところにより譲渡した場合（措法34の３②二、【参考】措法65の５①二）

④　農村地域への産業の導入の促進等に関する法律の規定により定められた産業導入地区内の農用地等（農業振興地域の整備に関する法律に規定する農用地等とその上に存する権利に限ります。）を、その実施計画に係る施設用地に供するために譲渡した場合（措法34の３②三）

⑤　土地等（土地改良法に規定する農用地及びその農用地の上に存する権利に限られます。）につき同法に掲げる土地改良事業が施行された場合において、その土地等に係る換地処分により同法第54条の２第４項に規定する清算金を取得するとき（措法34の３②四）

⑥　林業経営の規模の拡大や林地の集団化など林地保有の合理化のため、森林組合又は森林組合連合会に委託して森林法の規定による地域森林計画の対象とされた山林に係る土地を譲渡した場合（措法34の３②五）

⑦　農業振興地域の整備に関する法律の規定する農用地等及び農用地等とすることが適当な土地

並びにこれらの土地の上に存する権利につき、同法第13条の２第１項又は第２項の事業が施行され、清算金を取得する場合（措法34の３②六）

（注） 農業振興地域の整備に関する法律による交換分合により土地等を取得した場合には、第５章の「交換処分等に伴い資産を取得した場合の課税の特例」の適用がありますが、本人の申出又は同意に基づき取得すべき土地等を定めないで清算金の交付を受けた場合の清算金については、この農地保有の合理化等のために農地等を譲渡した場合の譲渡所得の特別控除の適用対象となります。

### (4) 申告等の手続

この特例の適用を受けるためには、その年分の確定申告書第３表（分離課税用）の「特例適用条文」欄に「措法34条の３」と記載するとともに、別表５「農地保有の合理化等に関する証明書の区分一覧表」（387ページ）に掲げる証明書を添付しなければなりません（注）（措法34の３③）。

（注） 法人税等の場合は、確定申告書等に損金の額に算入される金額の損金算入に関する申告の記載があり、かつ、損金の額に算入される金額の計算に関する明細書その他財務省令で定める書類の添付がある場合に限り適用されます（措法65の５②）。

## 〔参考〕　各種特例適用上の検討表

### 5,000万円控除の特例適用上の検討表

〔措法33条、33条の２、33条の３、33条の４〕

<table>
<tr><th>順号</th><th colspan="2">検　　討　　事　　項</th><th>関係条文等</th></tr>
<tr><td>1</td><td colspan="2">事業施行者は誰か</td><td>措通33－１<br>措通33－２</td></tr>
<tr><td>2</td><td colspan="2">土地等の買取り等の根拠法は</td><td></td></tr>
<tr><td rowspan="6">3</td><td rowspan="6">代行買収の場合</td><td>①　買取りした資産は、最終的に事業施行者に帰属するか</td><td>措通33－51(1)</td></tr>
<tr><td>②　買取りをする者の買取りの申出を拒む者がある場合には、事業施行者が収用するものか</td><td>措通33－51(2)</td></tr>
<tr><td>③　資産の買取り契約書には、資産の買取りをする者が事業の施行者が施行する事業の用に供するために買取りをするものである旨が明記されているか</td><td>措通33－51(3)</td></tr>
<tr><td>④　事業施行者と資産の買取りをする者との間の契約書又は覚書により上記①及び②の事項について、相互に明確に確認されているか</td><td>措通33－51(4)</td></tr>
<tr><td>⑤　買取りをする者は、地方公共団体が財産を提供（全額出資）して設立した団体か</td><td>措規14⑤<br>措通33－51</td></tr>
<tr><td>⑥　代行買収の認められている事業に該当するか、また代行買収者は、事業施行者及び事業の種類の区分に適合するか</td><td>措規14⑤<br>措通33－51<br>措通33の４－８</td></tr>
<tr><td>4</td><td colspan="2">特例適用上その事業は事業認定（事業認可）は必要か</td><td>措規14⑤<br>措通33－１<br>措通33－２</td></tr>
<tr><td>5</td><td colspan="2">事業認定（事業認可）はいつ行われたか</td><td></td></tr>
<tr><td>6</td><td colspan="2">事業決定はいつ行われたか</td><td></td></tr>
<tr><td>7</td><td colspan="2">買取り等の時において事業の施行場所、施行内容が具体的に確定し、事業認定が行われ得る状況にあるか</td><td>措通33－52</td></tr>
<tr><td>8</td><td colspan="2">事業の計画区域外の買収はないか</td><td></td></tr>
<tr><td>9</td><td colspan="2">事業の計画変更の場合、その計画変更は、同一事業か、別個の事業か</td><td>措通33の４－４</td></tr>
<tr><td>10</td><td colspan="2">最初に買取り等の申出があった日から６か月以内に譲渡しているか</td><td>措法33の４③一</td></tr>
<tr><td>11</td><td colspan="2">一の収用等の事業で２以上の年にわたる買取りはないか</td><td>措法33の４③二</td></tr>
</table>

| 順号 | 検　討　事　項 | 関係条文等 |
|---|---|---|
| 12 | 事業施行者から最初に買取り等の申出を受けた者が譲渡しているか | 措法33の４③三 |
| 13 | 土地等以外の資産に対する補償金の支払はないか | 措法33① |
| 14 | 対価補償金以外の補償金の支払はないか | 措通33－８<br>措通33－９ |
| 15 | 買い取られる土地等に棚卸資産が含まれていないか | 措法33①<br>措令22②<br>措通33－５ |
| 16 | 地役権の設定の場合は、土地の時価の1/2（又は1/4）を超えているか | 措法33④一<br>所令79、80 |
| 17 | 本体事業の用地買収（5,000万円控除）とした土地等の中に対償に充てるための用地が含まれていないか | |
| 18 | 残地補償金の支払はないか | 措通33－16 |
| 19 | 残地買収の場合、特例対象外の買収はないか | 措通33－17 |
| 20 | 当該事業は、収用証明書を発行できる事業か（収用証明書の区分一覧表（317ページ）のいずれに該当するか） | 措法33①<br>措規14⑤<br>措通33－50（別表２） |

| | 特例適用該当の有無 | 該　当<br>非該当 | 適用条文 | 措置法第　条第　項第　号<br>措置法施行規則<br>第　条第　項第　号 |
|---|---|---|---|---|

# 2,000万円控除の特例適用上の検討表

〔措法34条〕

| 順号 | 検討事項 | | 関係条文等 |
|---|---|---|---|
| 1 | 事業施行者は誰か | | 措通34－１ |
| 2 | 土地等の買取りの根拠法は | | |
| 3 | 代行買収の場合 | ①　買取りをする者は地方公共団体が財産を提供して設立した団体で、都市計画その他市街地の整備の計画に従って宅地の造成を行うことを主たる目的としているか | 措令22の７<br>措通34－１の２ |
| | | ②　買取りをした土地等に相当する換地処分又は権利変換後の換地取得資産又は変換取得資産若しくは防災変換取得資産は、最終的に事業施行者に帰属するか | 措通34－２(1) |
| | | ③　資産の買取り契約書には、買取りをする者が事業の施行者の行う事業の用に供するために買取りをするものである旨が明記されているか | 措通34－２(2) |
| | | ④　事業施行者と資産の買取りをする者との間の契約書又は覚書により②の事項について、相互に明確に確認されているか | 措通34－２(3) |
| 4 | 事業決定はいつ行われたか | | |
| 5 | 買取りの時において事業の施行場所、施行内容が具体的に確定しているか | | |
| 6 | 計画区域外の買取りはないか | | |
| 7 | 土地等以外の資産に対する補償金の支払はないか | | 措法34①<br>措通34－３ |
| 8 | 買取り資産に棚卸資産は含まれていないか | | 措法34① |
| 9 | 当該事業は、特定土地区画整理事業等に関する証明書を発行できる事業か（特定土地区画整理事業等に関する証明書の区分一覧表（345ページ）のいずれに該当するか） | | 措法34②<br>措規17①<br>措通34－５（別表３） |
| 10 | 措法第34条第２項各号の事業について、同一事業の用地として２以上の年にわたって土地等を買い取るものでないか | | 措法34③ |

| | 特例適用該当の有無 | 該当<br>非該当 | 適用条文 | 措置法第　条第　項第　号<br>措置法規則<br>第　条第　項第　号 |
|---|---|---|---|---|

# 1,500万円控除の特例適用上の検討表

〔措法34条の２〕

<table>
<tr><th>順号</th><th colspan="5">検　討　事　項</th><th>関係条文等</th></tr>
<tr><td>1</td><td colspan="5">事業施行者は誰か</td><td>措通34の２－２</td></tr>
<tr><td>2</td><td colspan="5">土地等の買取りの根拠法は</td><td></td></tr>
<tr><td rowspan="4">3</td><td rowspan="4">代行買収の場合</td><td colspan="4">①　買取りをする者は地方公共団体が財産を提供して設立した団体で、都市計画その他市街地の整備の計画に従って宅地の造成を行うことを主たる目的としているか</td><td>措令22の８①</td></tr>
<tr><td colspan="4">②　買取りをする資産は、最終的に事業の施行者に帰属するか</td><td>措通34の２－３(1)</td></tr>
<tr><td colspan="4">③　資産の買取り契約書には、買取りをする者が事業の施行者の行う事業（住宅の建設又は宅地の造成）の用に供するために買取りをするものである旨が明記されているか</td><td>措通34の２－３(2)</td></tr>
<tr><td colspan="4">④　事業の施行者と買取りをする者との間の契約書又は覚書により②の事項について、相互に明確に確認されているか</td><td>措通34の２－３(3)</td></tr>
<tr><td>4</td><td colspan="5">事業決定はいつ行われたか</td><td></td></tr>
<tr><td>5</td><td colspan="5">買取りの時において事業の施行場所、施行内容が具体的に確定しているか</td><td></td></tr>
<tr><td>6</td><td colspan="5">計画区域外の買取りはないか</td><td></td></tr>
<tr><td>7</td><td colspan="5">土地等以外の資産に対する補償金の支払はないか</td><td>措法34の２①<br>措通34－３</td></tr>
<tr><td>8</td><td colspan="5">買取り資産に棚卸資産は含まれていないか</td><td>措法34の２①</td></tr>
<tr><td>9</td><td colspan="5">当該事業は、特定住宅地造成事業等に関する証明書を発行できる事業か(特定住宅地造成事業等に関する証明書の区分一覧表（353ページ）のいずれに該当するか)</td><td>措法34の２②<br>措規17の２①<br>措通34の２－24<br>（別表４）</td></tr>
<tr><td>10</td><td colspan="5">措法第34条の２第２項第１号～第３号、第６号～第16号、第19号、第22号又は第22号の２の事業について同一事業の用地として２以上の年にわたって土地等を買い取るものでないか</td><td>措法34の２④</td></tr>
<tr><td></td><td colspan="2">特例適用該当の有無</td><td>該　当<br>非該当</td><td>適用条文</td><td colspan="2">措置法　第　条　第　項第　号<br>措置法施行規則<br>第　条　第　項第　号</td></tr>
</table>

# 800万円控除の特例適用上の検討表

〔措法34条の３〕

| 順号 | 検　討　事　項 | | | | 関係条文等 |
|---|---|---|---|---|---|
| 1 | 事業施行者又は用地買収者は誰か | | | | |
| 2 | 土地等の買取りの根拠法は | | | | |
| 3 | 農業委員会等が作成した「あっせん調書」及び「あっせん台帳」に記載されている「あっせん価額」と異なる金額の譲渡ではないか<br>（注）「あっせん価額」以外の金銭を収受している場合は、「あっせんにより譲渡した場合」に該当しないため特例の適用はない | | | | 措法34の３②一 |
| 4 | 「あっせん（農業委員会）」、「調停（都道府県知事）」及び「勧告（市町村長）」が行われる前に譲渡（契約を含む。）したものではないか | | | | 措法34の３②一 |
| 5 | 土地等以外の資産に対する補償金の支払はないか<br>（注）　棚卸資産・立木・建物（構築物を含む。）及び「譲渡所得の基因となる不動産の貸付（所令79）」に該当するものはないか | | | | 措法34の３①<br>措通34－３ |
| 6 | 当該事業は、農地保有の合理化等に譲渡したものであることの証明書を発行できる事業か（農地保有の合理化等に関する証明書の区分一覧表（387ページ）のいずれに該当するか） | | | | 措法34の３②<br>措規18②<br>措通34の３－１<br>（別表５） |
| | 特例適用該当の有無 | 該　　当<br>非 該 当 | 適用条文 | 措置法　第　条　第　項第　号<br>措置法施行規則<br>第　条　第　項第　号 | |

# 第９章　災害に係る譲渡所得関係の措置

本章では収用等の場合の譲渡所得の課税の特例について、災害に関する税制上の措置を説明します。

## 1　収用等に伴い代替資産を取得した場合の課税の特例等に関する措置

### (1)　特例の概要

土地等が次の事業の用に供するために地方公共団体又は独立行政法人都市再生機構（土地開発公社を含みます。）に買い取られ、対価を取得する場合には、「収用等に伴い代替資産を取得した場合の課税の特例」（措法33）又は「収用交換等の場合の5,000万円特別控除」（措法33の４）の適用を受けることができます（措法33①三の六、三の七、33の４①）。

①　地方公共団体又は独立行政法人都市再生機構が被災市街地復興推進地域において施行する減価補償金を交付すべきこととなる被災市街地復興土地区画整理事業の施行区域内にある土地等が公共施設の整備改善に関する事業の用に供するために買い取られる場合

②　地方公共団体又は独立行政法人都市再生機構が住宅被災市町村の区域において施行する都市再開発法による第二種市街地再開発事業の施行区域内にある土地等がその第二種市街地再開発事業の用に供するために買い取られる場合

### (2)　特例を受けるための手続

この措置の適用を受けるためには、この特例の適用を受けようとする年分の確定申告書に、この特例の適用を受けようとする旨を記載するとともに、国土交通大臣（又は都道府県知事）の一定の事項を証する書類等を添付する必要があります（措規14⑤五の十二、五の十三）。ただし、「収用交換等の場合の5,000万円特別控除」の適用を受ける方については、この特例の適用があるとした場合においてその年分の確定申告書を提出する必要がないときには、この手続をする必要はありません（措法33の４④）。

## 2　換地処分等に伴い資産を取得した場合の課税の特例に関する措置

### ⑴　特例の概要

その有する土地等（棚卸資産等を除きます。）で被災市街地復興推進地域内にあるものにつき被災市街地復興土地区画整理事業が施行された場合において、その土地等に係る換地処分により、代替住宅等を取得したときは、取得価額の引継ぎ等により課税を繰り延べる等の措置の適用を受けることができます（措法33の３⑨）。

### ⑵　特例を受けるための手続

この措置の適用を受けるためには、この特例の適用を受けようとする年分の確定申告書に、この特例の適用を受けようとする旨を記載するとともに、被災市街地復興土地区画整理事業の施行者から交付を受けた土地等に係る換地処分により代替住宅等を取得したことを証する書類その他一定の書類を添付する必要があります（措法33の３⑩、措規14の３）。

# 3　買換資産等の取得期限等の延長に関する特例措置

| 特例の概要[注1] | 特例を受けるための手続 |
|---|---|
| 確定優良住宅地等予定地のための譲渡に該当するものとして**「優良住宅地の造成等のために土地等を譲渡した場合の長期譲渡所得の課税の特例」（措法31の２）**の適用を受けた土地等の譲渡が、特定非常災害[※]として指定された非常災害に基因するやむを得ない事情により、予定期間内に確定優良住宅地等予定地のための譲渡に該当することが困難となり、所轄税務署長の承認を受けた場合には、その予定期間を、その予定期間の末日から２年以内の日で所轄税務署長が認定した日の属する年の12月31日まで延長することができます（措法31の２⑦、措令20の２㉖）。<br><br>（※）「特定非常災害」とは、著しく異常かつ激甚な非常災害であって、その非常災害の被害者の行政上の権利利益の保全等を図ること等が特に必要と認められるものが発生した場合に指定されるものをいいます（特定非常災害の被害者の権利利益の保全等を図るための特別措置に関する法律２①）。以下同じです。 | ①　確定優良住宅地造成等事業を行う事業者は、予定期間の末日の属する年の翌年１月15日までに、一定の事項を記載した「確定優良住宅地造成等事業に関する期間（再）延長承認申請書【特定非常災害用】」に事業概要書等を添付して、所轄税務署長に提出する必要があります（措規13の３⑭）。<br>②　上記①による申請の後、所轄税務署長からその申請に係る「確定優良住宅地造成等事業に関する期間（再）延長承認通知書【特定非常災害用】」の送付を受けた場合は、事業者は事業用地を提供した方にその承認通知書の写しを交付する必要があります。<br>③　上記②により、事業者から承認通知書の写しの交付を受けた事業用地を提供した方は、その交付を受けた承認通知書の写しを納税地の所轄税務署長に提出する必要があります（措規13の３⑮）。<br>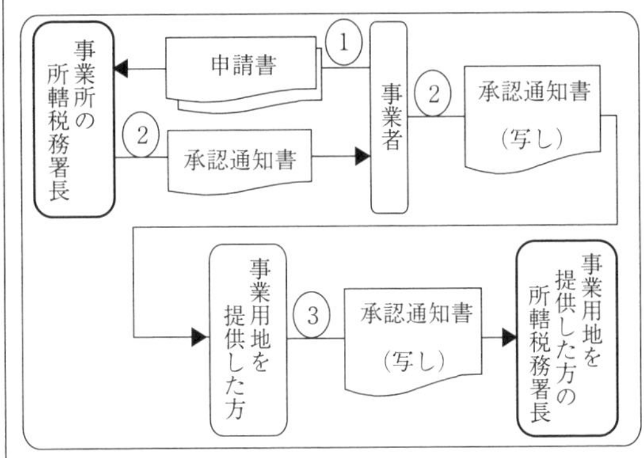 |
| **「収用等に伴い代替資産を取得した場合の課税の特例」（措法33）**の適用を受けた方が、特定非常災害として指定された非常災害に基因するやむを得ない事情により、その代替資産の取得指定期間内に代替資産の取得をすることが困難となり、所轄税務署長の承認を受けた場合には、その取得指定期間を、その取得指定期間の末日から２年以内の日で所轄税務署長が認定した日まで延長することができます（措法33⑧、措令22㉗）。 | 取得指定期間の末日の属する年の翌年３月15日（同日が、修正申告書の提出期限[注2]後である場合には、その提出期限）までに、この特例の適用を受けようとする旨その他一定の事項を記載した「買換資産等の取得期限等の延長承認申請書【特定非常災害用】」に、特定非常災害として指定された非常災害に基因するやむを得ない事情により代替資産の取得をすることが困難であると認められる事情を証する書類を添付して、所轄税務署長に提出する必要があります（措規14⑧）。 |

| 特例の概要[注1] | 特例を受けるための手続 |
| --- | --- |
| **「交換処分等に伴い資産を取得した場合の課税の特例」（措法33の２）**の適用を受けた方が、特定非常災害として指定された非常災害に基因するやむを得ない事情により、その代替資産の取得指定期間内に代替資産の取得をすることが困難となり、所轄税務署長の承認を受けた場合には、その取得指定期間を、その取得指定期間の末日から２年以内の日で所轄税務署長が認定した日まで延長することができます（措法33の２⑤、措令22㉗）。 | 取得指定期間の末日の属する年の翌年３月15日（同日が、修正申告書の提出期限[注2]後である場合には、その提出期限）までに、この特例の適用を受けようとする旨その他一定の事項を記載した「買換資産等の取得期限等の延長承認申請書【特定非常災害用】」に、特定非常災害として指定された非常災害に基因するやむを得ない事情により代替資産の取得をすることが困難であると認められる事情を証する書類を添付して、所轄税務署長に提出する必要があります（措規14⑧）。 |

（注）１　これらの特例は、予定期間等の末日が平成29年４月１日以後である買換資産等について適用されます（平成29年改正法附則51⑦）。

２　取得指定期間内に代替資産（買換資産）を取得しなかった場合には、その取得指定期間を経過した日から４月以内に修正申告書を提出しなければならないこととされています。

なお、措置法第33条第８項の規定の適用を受けた場合には、その後に同条第３項に規定する政令で定める場合に該当するとして取得指定期間の延長を行うことはできません（措通33－49の２）。

## ４　特定住宅地造成事業等のために土地等を譲渡した場合の1,500万円特別控除に関する措置

### ⑴　特例の概要

被災市街地復興推進地域内にある土地等が次に掲げる場合に該当することとなった場合には、「特定住宅地造成事業等のために土地等を譲渡した場合の1,500万円特別控除」（措法34の２）の適用を受けることができます。

①　被災市街地復興特別措置法等の規定により都道府県知事等に買い取られる場合（措法34の２②二十）

②　被災市街地復興土地区画整理事業に係る換地処分によりその事業の換地計画に定められた公営住宅等の用地に供するための保留地の対価の額に対応する土地等の部分の譲渡があった場合（措法34の２②二十一の二）

### ⑵　特例を受けるための手続

この措置の適用を受けるためには、この特例の適用を受けようとする年分の確定申告書に、この特例の適用を受けようとする旨を記載するとともに、その買取りをする者から交付を受けた土地等の買取りをしたことを証する書類その他一定の書類を添付する必要があります（措法34の２

⑤)。

なお、この特例の適用があるものとした場合に、他に確定申告書を提出する必要がない者については、申告等の手続を要しません（措法34の２⑤)。

## 5　優良住宅地の造成等のために土地等を譲渡した場合の長期譲渡所得の課税の特例に関する措置

### (1)　特例の概要

その有する土地等で所有期間が５年を超えるものの譲渡をした場合において、その譲渡が土地開発公社に対する次に掲げる土地等の譲渡で、その譲渡に係る土地等が独立行政法人都市再生機構の施行するそれぞれ次に定める事業の用に供されるものであるときは、「優良住宅地の造成等のために土地等を譲渡した場合の長期譲渡所得の課税の特例」（措法31の２）の適用を受けることができます（措法31の２②二の二)。

①　被災市街地復興推進地域内にある土地等　被災市街地復興土地区画整理事業

②　住宅被災市町村の区域内にある土地等　都市再開発法による第二種市街地再開発事業

### (2)　特例を受けるための手続

この特例の適用を受けるためには、この特例の適用を受けようとする年分の確定申告書に、土地開発公社の被災市街地復興土地区画整理事業又は第二種市街地再開発事業の用に供するために買い取ったものである旨を証する書類を添付する必要があります（措法31の２⑥)。

# 第2　様式編

**様式１**

（文 書 記 号 及 び 番 号）
令和　　年　　月　　日

国　税　局　長
税　務　署　長　殿

（事業所所在地）
（事業施行者）（事業施行者名）
（職名及び氏名）

担当部課係名＿＿＿＿＿＿＿＿
担当者名＿＿＿＿＿＿電話＿＿＿＿

租税特別措置法施行規則第＿＿条第＿＿項第＿＿号＿＿に
規定する書類の発行を予定している事業に関する説明書

1　事業の名称
2　事業施行地の所在
3　事業施行の基礎となった根拠法令
4　資産の買取り等を行う者
5　資産の買取り等の申出の予定年月
6　事業の規模
　(1)　事業施行地の面積
　(2)　(1)のうち買収予定面積
　(3)　被買収者（見込）数　　　　（個人　　人、法人　　社）
　(4)　買収（予定）価額

〈添付書類〉
①
②
③
④
⑤
⑥

（規格Ａ４）

**（記載要領）**

1　事業に関する説明書（以下「説明書」といいます。）を提出する者は事業施行者ですが、直接事業を施行する事業所等の責任者が提出しても差し支えありません。

2　説明書は事業の内容を検討するためのものですから、具体的に記入し、事業認定（又は事業認可）のある場合であっても必ず提出します。

3　「事業施行者」欄は、例えば「○○県」、「○○県開発公社」などのようにその事業施行者名を具体的に記載します。

4　「担当部課係名」及び「担当者名」欄は、用地買収を担当する部課係及び連絡等する場合の担当者氏名を記載します。

5　「事業の名称」欄は、例えば「○○県立○○高等学校建設事業」「○○県営□□住宅団地建設事業」などの様に、その事業の名称を具体的に記載します。

6　「事業施行地の所在」欄は、当該事業を施行する地域を町名（又は大字）まで記載します。

7　「資産の買取り等を行う者」欄は、「事業の施行者」と「資産の買取り等を行う者」とが異なる場合（代行買収）はその者を記入してください。

8　「資産の買取り等の申出の予定年月」欄は、計画による買取り等申出の予定年月（被買収者数が多く、買取り等の申出を数か月にわたって行うことが見込まれる場合には、その始期終期）を記載します。

9　「事業施行地の面積」及び「買収予定面積」欄は、当該事業を施行する予定地の面積及び当該地域のうち買収を予定している地域の面積を記載します。

10　「被買収者（見込）数」欄は、実人員を記入します。

　なお、実人員が不明のときは、延人員により記入しても差し支えありませんが、その場合においてはその旨を表示します。

11　添付書類は、次に掲げるもののほか、事業の内容の検討上参考となるものをできる限り添付します。

⑴　事業施行者が事業の施行を決定したことを明らかにする書類（例えば、事業施行者の内部決裁文書の写しなど）

⑵　事業計画書

⑶　事業施行地を表示する図面

⑷　事業計画を表示する図面

⑸　買取り等をする土地の一筆ごとの明細

⑹　買取り等をする資産（土地を除きます。）の明細

⑺　事業認定書又は事業認可書の写し

⑻　代行買収の場合は、代行買収者の定款及び当該事業の買収に使用する契約書並びに事業施行者と当該代行買収者とで、次のことについて取り交わした協定書、覚書など

イ　買取りをした資産は、最終的に事業の施行者に帰属するものであること。

ロ　買取りをする者の買取りの申出を拒む者がある場合には、事業の施行者が収用するものであること。

**【記載例】**

〇〇〇第　〇〇〇　号
令和 〇 年 〇 月 〇 日

〇〇 税 務 署 長 殿

(事業施行者名) 〇〇市〇〇区××町1丁目2番地3号
〇〇市
〇〇市長　〇 〇 〇 〇
(担当部課係名建設局用地部用地第二係)
(担当者名 〇 〇 〇 〇 電話×××-××××)

租税特別措置法施行規則第14条第５項第２号に規定する
書類の発行を予定している事業に関する説明書

1　事業の名称　〇〇都市計画道路〇〇線建設事業
2　事業施行地の所在　〇〇市××町1丁目地内
3　事業施行の基礎となった根拠法令　都市計画法
4　資産の買取り等を行う者　〇〇 市
5　資産の買取り等の申出の予定年月　令和〇年〇月～〇月
6　事業の規模
(1)　事業施行地の面積　1,968　㎡
(2)　(1)のうち買収予定面積　1,968　㎡
(3)　被買収者（見込）数　28　者（個人21名、法人7社）
(4)　買収価額等の総額　831,425　千円
①　買収予定価額　763,000　千円
②　①以外の補償金額　68,425　千円

〈添付書類〉
①　都市計画法による事業認可書の写し
②　事業計画書
③　事業計画を表示する図面
④　買取り等をする土地等の一筆ごとの明細
⑤　買取り等をする資産（土地等以外）の明細
⑥　その他

（規格Ａ４）

**様式２**

# 収　用　証　明　書

（文書記号及び番号）
令和　　年　　月　　日

（住所（居所）又は所在地）
（氏名又は名称）　　　　　　　　　　　様

公共事業施行者　（事業所所在地）
（公共事業施行者）　　　　㊞
（職・氏名・印）

（証明文）

記

1　買取り等に係る資産

(1)　資産の表示等

| 所　在　地 | 種類等 | 面積（$m^2$） | 区　　分 | 買取り等年月日 | 買取り等の金額 | 備　考 |
|---|---|---|---|---|---|---|
| | | | | | | |
| | | | | | | |
| | | | | | | |

(2)　証明規定　租税特別措置法施行規則第14条第５項第　号

2　取壊し又は除去をしなければならなくなった資産

(1)　資産の表示

| 所　　在　　地 | 種　　　　類 | 面　積　等 | 区　　　分 |
|---|---|---|---|
| | | $m^2$ | |
| | | | |

(2)　買取り等の日　令和　年　月　日

(3)　補償金の明細

| 補　償　項　目 | 補　償　金　額 | 備　　　考 |
|---|---|---|
| | 円 | |
| | | |
| | | |
| | | |
| | | |

(4)　証明規定　租税特別措置法施行規則第14条第５項第11号

3　代行買収の場合

| 代　行　買　収　者 | 所在地 |
|---|---|
| | 名　称 |

（規格Ａ４）

**(記載要領)**

1　証明文例

(1)　土地収用法による事業の認定又は都市計画法による都市計画事業の認可を受けた事業の場合

（事業施行者名）が買取り（若しくは使用又は補償）をした下記1の資産に係る（事業名）は

{ 土地収用法第３章の規定による事業の認定（認定年月日及び告示番号）<br>都市計画法第59条の規定による都市計画事業の認可（認可年月日及び告示番号） }

を受けたものであることを証明する。

また、(事業施行者名）が補償した下記２の資産は当該資産が所在する土地の買取り（又は使用）に伴い取壊し又は除却をしなければならなくなったものであること及びこれに伴う移転料その他の損失に対する補償金は下記２の明細のとおりであることを証明する。

(2)　事業の認定又は都市計画法による都市計画事業の認可を受けていない事業の場合（簡易証明の場合）

下記１の資産は、(事業施行者名）が施行する（事業名）（根拠法令）の用に供するため買取り（若しくは使用又は補償）したものであることを証明する。

また、(事業施行者名）が補償した下記２の資産は当該資産の所在する土地の買取り（又は使用）に伴い、取壊し又は除去をしなければならなくなったものであること及びこれに伴う移転料その他の損失に対する補償金は下記２の明細のとおりであることを証明する。

(注)　事業の種別により上記証明文例に適合しない場合には適宜記載します。

2　証明規定例

(1)　上記１(1)の場合

租税特別措置法施行規則第14条第５項２号又は第11号として記載します。

(2)　上記１(2)の場合

租税特別措置法施行規則第14条５項３号イ又は第11号と記載します。

(注) 事業の種別により上記証明規定例に該当しない場合は該当する規定を記載します。

(3)　代行買取

資産の買取り等が代行買取者により行われた場合に記載します。

【記載例(1)】

# 収　用　証　明　書

〇〇〇〇第〇〇〇号
令和 〇年 〇月 〇日

〇〇市〇〇町１―２―３
〇　〇　　〇　〇　様

公共事業施行者　　〇〇市〇〇町〇―〇―〇
〇〇県〇〇土木事務所長
〇　〇　　〇　〇　㊞

〇〇県が買取りをした下記１の資産に係る〇〇都市計画道路事業幹線街路環状〇号線新設事業は、都市計画法第59条第２項の規定による都市計画事業の認可（令和〇年〇月〇日及び国土交通省告示〇〇〇〇号）を受けたものであることを証明する。

また、〇〇県が補償した下記２の資産は当該資産のある土地の買取りに伴い、取壊し又は除去をしなければならなくなったものであること及びこれに伴う移転料その他の損失に対する補償金は下記２の明細のとおりであることを証明する。

記

1　買取り等に係る資産

(1)　資産の表示等

| 所　在　地 | 種類等 | 面積(㎡) | 区　　分 | 買取り等年月日 | 買取り等の金額 | 備　考 |
|---|---|---|---|---|---|---|
| 〇〇市〇〇町1-234番５ | 宅地 | 234.56 | 買収 | 令和〇年〇月〇日 | 234,560,000円 | |
| 〇〇市〇〇町1-234番６ | 宅地 | 78.12 | 残地買収 | 〃 | 78,120,000 | |

(2)　証明規定　租税特別措置法施行規則第14条第５項第２号

2　取壊し又は除去をしなければならなくなった資産

(1)　資産の表示

| 所　　在　　地 | 種　　　類 | 面　積　等 | 区　　分 |
|---|---|---|---|
| 〇〇区〇〇町１ - 234番1 | 木造銅板葺屋根 | １棟(123.05㎡) | 移転 |
| | その他工作物 | １式 | 移転 |

(2)　買取り等の日　令和〇年〇月〇日

(3)　補償金の明細

| 補　償　項　目 | 補　償　金　額 | 備　　　考 |
|---|---|---|
| 建物移転補償料 | 23,456,789 円 | |
| 工作物等補償料 | 1,234,567 | |
| 動産移転補償料 | 987,654 | |
| 移転雑費補償料 | 7,654,321 | |

(4)　証明規定　租税特別措置法施行規則第14条第５項第11号

3　代行買収の場合

| 代 行 買 収 者 | 所在地 |
|---|---|
| | 名　称 |

**【記載例(2)】**

## 収　用　証　明　書

○○○○第○○○号
令和 ○年 ○月 ○日

○○市○○町２―３―４
○　○　　○　○　様

公共事業施行者　　○○市○○町○―○―○
○○県○○土木事務所
○　○　○　○（公印省略）

下記１の資産は、○○県が施行する一般県道○○号○○○○線（○○交差点）（根拠法令　道路法第15条）の用に供するため買取りしたものであることを証明する。

また、○○県が補償した下記２の資産は当該資産のある土地の買取りに伴い、取壊し又は除去をしなければならなくなったものであること及びこれに伴う移転料その他の損失に対する補償金は下記２の明細のとおりであることを証明する。

記

1　買取り等に係る資産　該当なし

2　取壊し又は除去をしなければならなくなった資産

(1)　資産の表示

| 所　在　・　番　地 | 種　　類 | 数　　量 | 区　　分 |
|---|---|---|---|
| ○○県○○町５－432－１ | 軽量鉄骨造２階建共同住宅２階部分 | 43.21㎡ | 立退き |

(2)　買取り等の日　令和○年○月○日

(3)　補償金の明細

| 補　償　項　目 | 補　償　金　額 | 備　　考 |
|---|---|---|
| 借家人補償料 | 850,600 円 | |
| 工作物等補償料 | 340,800 | |
| 動産移転補償料 | 187,654 | |
| 移転雑費補償料 | 123,456 | |

(4)　証明規定　租税特別措置法施行規則第14条第５項第11号

3　代行買取の場合

| 代　行　買　収　者 | 所在地 |
|---|---|
| | 名　称 |

**様式 3**

公共事業用資産の買取り等の申出証明書

資産の所有者への交付用

<table>
<tr><td rowspan="2">資産の所有者</td><td>住所（居所）又は所在地</td><td colspan="5"></td></tr>
<tr><td>氏名又は名称</td><td colspan="5">法人<br>個人</td></tr>
<tr><td rowspan="2">事業名</td><td rowspan="2">買取り等の申出年月日</td><td rowspan="2">買取り等の区分</td><td colspan="3">買取り等の申出をした資産</td></tr>
<tr><td>所在地</td><td>種類</td><td>数量</td></tr>
<tr><td rowspan="4"></td><td rowspan="4"></td><td rowspan="4"></td><td></td><td></td><td>㎡</td></tr>
<tr><td></td><td></td><td></td></tr>
<tr><td></td><td></td><td></td></tr>
<tr><td></td><td></td><td></td></tr>
<tr><td>摘要</td><td colspan="5">（　　　（　・　・　））<br>（　　　（　・　・　））</td></tr>
<tr><td rowspan="2">公共事業施行者</td><td>事業場の所在地</td><td colspan="5"></td></tr>
<tr><td>事業場の名称</td><td colspan="5"></td></tr>
</table>

※　収用等の5,000万円控除の特例の適用を受ける場合には、この証明書を確定申告書等に添付又は保存（資産の所有者が法人の場合に限ります。）してください。

（資 6 －58－ 1 －A 6 統一）

**（記載要領等）**

1　この証明書は、買取り等を必要とする資産につき公共事業施行者が最初に買取り等の申出を行った都度作成し、当該申出を受けた資産の所有者に交付します。

2　この証明書の各欄は、次により記載します。

(1)「資産の所有者」欄の「法人」・「個人」の文字は該当するものを○で囲みます。

(2)「事業名」欄には、資産の買取り等を必要とする事業の名称を具体的に記載します。

(3)「買取り等の申出年月日」欄には、買取り等を必要とする資産について最初に買取り等の申出をした年月日を記載します。

(4)「買取り等の区分」欄には、買取り等の態様に応じ、「買取り」、「消滅」、「交換」、「取壊し」、「除去」又は「使用」と記載します。

(5)「買取り等の申出をした資産」の各欄は、次により記載します。

イ　資産の種類ごとに、かつ、一筆、一棟または一個ごとに別欄に記載し、記載欄が不足する場合には、別紙を追加します。

ロ「種類」欄には、土地にあっては宅地、田、畑、山林、原野等と、建物にあっては木造住宅、鉄筋コンクリート造店舗等と記載するなど、具体的に記載します。

(6)「摘要」欄には、資産の買取りを必要とする事業施行者に代わり、特定の者が当該資産について買取り等の申出をするときは、当該事業の施行者の名称を、「事業施行者○○県」等と記載します。

また、仲裁裁判等があった場合には、次のイ～ニによります。

イ　仲裁裁判があった場合には、右のカッコ欄に「仲裁判断の申請をした日」、「仲裁判断のあった日」と記載し、併せてその日を記載します。

ロ　補償金の支払請求があった場合には、右のカッコ欄に「当該請求をした日」と記載し、併せてその日を記載します。

ハ　農地法の許可を受ける場合には、右のカッコ欄に「申請をした日」、「許可があった日」と記載し、併せてその日を記載します。

ニ　農地法の届出をする場合には、右のカッコ欄に「届出書を提出した日」、「受理した日」と記載し、併せてその日を記載します。

**【記載例】**

公共事業用資産の買取り等の申出証明書　　資産の所有者への交付用

<table>
<tr><td rowspan="2">資産の所有者</td><td>住所（居所）又は所在地</td><td colspan="5">中央区新富2-6-1</td></tr>
<tr><td>氏名又は名称</td><td colspan="5">法人 (個人)　京橋太郎</td></tr>
<tr><td colspan="2" rowspan="2">事業名</td><td rowspan="2">買取り等の申出年月日</td><td rowspan="2">買取り等の区分</td><td colspan="3">買取り等の申出をした資産</td></tr>
<tr><td>所在地</td><td>種類</td><td>数量</td></tr>
<tr><td colspan="2" rowspan="4">中央区立<br>○○小学校<br>建設事業</td><td rowspan="4">6・5・14</td><td rowspan="4">買取り<br>取壊し</td><td>中央区新富2-6-2</td><td>宅地</td><td>150㎡</td></tr>
<tr><td>中央区新富2-6-2</td><td>建物<br>（木造住宅）</td><td>1棟</td></tr>
<tr><td></td><td></td><td></td></tr>
<tr><td></td><td></td><td></td></tr>
<tr><td colspan="2">摘要</td><td colspan="5">令和6年3月2日○○税務署と事前協議済　（　　（・・））<br>（　　（・・））</td></tr>
<tr><td rowspan="2">公共事業施行者</td><td>事業場の所在地</td><td colspan="5">中央区築地1-1-1</td></tr>
<tr><td>事業場の名称</td><td colspan="5">中央区長○ ○ ○ ○</td></tr>
</table>

※　収用等の5,000万円控除の特例の適用を受ける場合には、この証明書を確定申告書等に添付又は保存（資産の所有者が法人の場合に限ります。）してください。

（資 6 －58－ 1 －A 6 統一）

**(留意事項等)**

1 「買取り等の申出をした資産」欄には、租税特別措置法第33条第４項又は同法第64条第２項の規定により収用等による譲渡があったものとみなされる資産（例えば、収用等される土地の上にある取壊しをしなければならない建物など）についても記載します。

2 この証明書の写しは、「最初の買取り等の申出年月日」の属する月の翌月10日までに、公共事業施行者の所在地の所轄税務署長に提出しなければなりません（措規15③)。

3 この証明書の写しと併せて、「公共事業用資産の買取り等の申出証明書（写し）の提出について」（様式9）を提出します。

4 「摘要」欄に、税務署（又は国税局）と事前協議済である旨記載します。

**様式 4**

公共事業用資産の買取り等の証明書

<table>
<tr><td rowspan="2">譲渡者等</td><td>住所（居所）<br>又は所在地</td><td colspan="4"></td></tr>
<tr><td>氏　　名<br>又は名称</td><td colspan="4">法人<br>個人</td></tr>
<tr><td>資産の所在地</td><td>資産の種類</td><td>数 量</td><td>買取り等の区分</td><td>買取り等の年月日</td><td>買取り等の価額</td></tr>
<tr><td></td><td></td><td>㎡</td><td></td><td>・　・</td><td>百万　千　円</td></tr>
<tr><td></td><td></td><td></td><td></td><td>・　・</td><td></td></tr>
<tr><td></td><td></td><td></td><td></td><td>・　・</td><td></td></tr>
<tr><td></td><td></td><td></td><td></td><td>・　・</td><td></td></tr>
<tr><td colspan="6">（摘要）<br>○事業名　　　　○買取り等の申出年月日　・　・<br>○〔　　（　・　・　）〕<br>○〔　　（　・　・　）〕</td></tr>
<tr><td rowspan="2">公共事業<br>施行者</td><td>事業場の所在地</td><td colspan="4"></td></tr>
<tr><td>事業場の名称</td><td colspan="4"></td></tr>
</table>

※　収用等の5,000万円控除の特例の適用を受ける場合には、この証明書を確定申告書等に添付又は保存（譲渡者等が法人の場合に限ります。）してください。

（資 6 －59－ 1 －A 6 統一）

**（記載要領等）**

1　この証明書は、公共事業施行者が資産の買取り等を行った都度作成し、当該資産の譲渡者等に交付します。

2　この証明書の各欄は、次により記載します。

(1)「譲渡者等」欄の「法人」・「個人」の文字は、該当するものを○で囲みます。

(2)「資産の所在地」から「買取り等の価額」までの各欄は、次により記載します。

イ　資産の種類ごとに、かつ、一筆、一棟または一個ごとに別欄に記載し、記載欄が不足する場合には別紙を追加します。

ロ 「種類」欄には、土地にあっては宅地、田、畑、山林、原野等と、建物にあっては木造住宅、鉄筋コンクリート造店舗等と記載するなど、具体的に記載します。

ハ 「買取り等の区分」欄には、買取り等の態様に応じ、「買取り」、「消滅」、「交換」、「取壊し」、「除去」又は「使用」と記載します。

ニ 「買取り等の価額」欄には、買取り等をした資産の対価として支払うべき金額を記載します。

(3)「摘要」欄には、次に掲げる事項を記載します。

イ　事業名（資産の買取り等を必要とする事業の具体的な名称）

ロ　買取り等の申出年月日（買取り等をした資産について最初に買取り等の申出をした年月日）

ハ　資産の買取り等に際し、当該資産の買取り等の対価以外に各種の損失補償として支払うべき金額がある場合には、当該対価及び当該対価以外の損失補償の金額の支払総額並びに当該対価以外の損失補償の交付名義ごとの支払金額

ニ　資産の買取りを必要とする事業の施行者に代わり、特定の者が当該資産の買取り等をしたときは、当該事業の施行者の名称

ホ　仲裁判断等があった場合には、次の(イ)～(ニ)によります。

(イ)　仲裁判断があった場合には、カッコ欄に「仲裁の申請をした日」、「仲裁判断のあった日」と記載し、併せてその日を記載します。

(ロ)　補償金の支払請求があった場合には、カッコ欄に「補償金の支払の請求をした日」を記載し、併せてその日を記載します。

(ハ)　農地法の許可を受ける場合には、カッコ欄に「申請をした日」、「許可があった日」と記載し、併せてその日を記載します。

(ニ)　農地法の届出をする場合には、カッコ欄に「届出書を提出した日」、「受理した日」と記載し、併せてその日を記載します。

**【記載例】**

公共事業用資産の買取り等の証明書

<table>
<tr><td rowspan="2">譲渡者等</td><td>住所（居所）又は所在地</td><td colspan="5">中央区新富２－６－１</td></tr>
<tr><td>氏名又は名称</td><td colspan="5">法人 （個人） 京橋太郎</td></tr>
<tr><td></td><td>資産の所在地</td><td>資産の種類</td><td>数量</td><td>買取り等の区分</td><td>買取り等の年月日</td><td>買取り等の金額<br>百万 千 円</td></tr>
<tr><td rowspan="4">①</td><td>中央区新富２－６－２</td><td>宅地</td><td>150㎡</td><td>買取り</td><td>6・7・9</td><td>280 000 000</td></tr>
<tr><td>中央区新富２－６－２</td><td>建物（木造住宅）</td><td>１棟</td><td>取壊し</td><td>6・7・9</td><td>10 000 000</td></tr>
<tr><td></td><td></td><td></td><td></td><td>・ ・</td><td></td></tr>
<tr><td></td><td></td><td></td><td></td><td>・ ・</td><td></td></tr>
<tr><td>②</td><td colspan="6">（摘要）建物移転補償金（事業施行地外）3,000,000円 仮住居補償金800,000円<br>移転雑費1,500,000円<br>○事業名 中央区立〇〇小学校建設事業　○買取り等の申出年月日 6・5・14<br>○〔　（ ・ ・ ）〕<br>令和6年3月2日〇〇税務署と事前協議済　〔　（ ・ ・ ）〕</td></tr>
<tr><td rowspan="2">公共事業施行者</td><td>事業場の所在地</td><td colspan="5">中央区築地１－１－１</td></tr>
<tr><td>事業場の名称</td><td colspan="5">中央区長〇 〇 〇 〇</td></tr>
</table>

※ 収用等の5,000万円控除の特例の適用を受ける場合には、この証明書を確定申告書等に添付又は保存（譲渡者等が法人の場合に限ります。）してください。

**（留意事項等）**

1 収用等される土地の上にある取壊しをしなければならない建物など、租税特別措置法第33条第４項又は同法第64条第２項の規定により収用等による譲渡があったものとみなされる資産については、①の部分に記載します。

なお、建物等の資産に係る移転補償金等につき、「収用等に伴い代替資産を取得した場合の課税の特例」（措法33）や「収用交換等の場合の譲渡所得等の特別控除」（5,000万円控除、措法33の４）の適用を受けるには、その資産が、実際に取壊し又は除去されていることを要します。

2 事業施行地外の土地の上にある資産に対する補償があった場合には、②の部分（「摘要」欄）に【記載例】のように、事業施行地外のものであることが分かるように記載します。

なお、事業施行地外の土地の上にある建物等の資産に係る移転補償金等については、原則として、「収用等に伴い代替資産を取得した場合の課税の特例」や「収用交換等の場合の譲渡所得等の特別控除」の適用はありません。

3 「摘要」欄に、税務署（又は国税局）と事前協議済である旨記載します。

〔参考　漁業補償の場合〕

公共事業用資産の買取り等の証明書

| 譲渡者等 | 住所（居所）又は所在地 | 横須賀市上町３丁目１番地 | | | | |
|---|---|---|---|---|---|---|
| | 氏名又は名称 | 法人 (個人) 横須賀次郎 | | | | |
| 資産の種類 | 資産の所在地 | 買取り等の区分 | 数量 | 配分確定日 | 買取り等の価額 | |
| 漁業権 | 横須賀市○○町地先 | 消滅 価値減少 | ㎢ 7.5 | 6・4・9 | 総額 | 百万 18 千 000 円 000 |
| | | | | | うち対価補償金額 | 16 470 000 |
| 摘要 | ○事業名 ×××埋立事業 | ○収益補償金額　1,530,000　円（率8.5%）<br>〈横須賀○○　漁業協同組合〉<br>○買取り等の申出年月日　5年8月14日<br>○買取り等の年月日　5年11月27日<br>○〔　（　．　．　）〕<br>〔　（　．　．　）〕 | | | | |
| 公共事業施行者 | 事業場の所在地 | 横須賀市小川町11 | | | | |
| | 事業場の名称 | 横須賀市長○○○○ | | | | |

※　収用等の5,000万円控除の特例の適用を受ける場合には、この証明書を確定申告書等に添付又は保存（譲渡者等が法人の場合に限ります。）してください。

（注）【記載例】のように、漁業権につき公共事業施行者から漁業協同組合等に対して最初に買取り等の申出があった日から６か月を経過した日後において、組合員の漁業を営む権利の消滅に伴う補償金等の額が確定した場合であっても、公共事業施行者と漁業協同組合等の間で締結された漁業権等の消滅に関する契約の効力が、最初に買取り等の申出があった日から６か月を経過した日までに生じているときは、各組合員の漁業を営む権利の収用交換等による譲渡は、最初に買取り等の申出のあった日から６か月を経過した日までにされているものとして取り扱われます（措通33の４－３の２）。

また、漁業協同組合等が有する漁業権等の消滅により、その漁業協同組合等の組合員がその漁業を営む権利の消滅に伴って取得する補償金等を譲渡所得の総収入金額に算入すべき時期は、その組合員ごとの補償金等の額が確定した日により判定します（同通達注書）。

**様式５**

特定土地区画整理事業等のための土地等の買取り証明書

（租税特別措置法施行規則第17条第１項第１号
又は　　　　　　　　　　　　　　　　　　　　該当
租税特別措置法施行規則第22条の４第１項第１号）

2,000万円

| 譲　渡　者 | 住所（居所）又は所在地 | | | |
|---|---|---|---|---|
| | 氏　名　又　は　名　称 | | | |
| 土地等の種類 | 土　地　等　の　所　在　地 | 面　　　積 | 買取年月日 | 買　取　価　額 |
| | | ㎡ | | 円 |
| 上記の土地等は、租税特別措置法施行規則第17条第１項第１号（又は租税特別措置法施行規則第22条の４第１項第１号）に規定する事業の用に供するために買取ったものであることを証明する。 | | | | |
| （摘要） | | | | |
| 土地等の買取者 | 所　在　地 | | | |
| | 名　　　称 | | | |
| 事業施行者 | 所　在　地 | | | |
| | 名　　　称 | | | |

（規格Ａ６）

**（記載要領）**

1　土地等の所有者ごとに別紙とします。

2　「住所（居所）又は所在地」欄には、この証明書を作成する日現在の住所若しくは居所又は本店若しくは主たる事務所の所在地を記載します。

3　「土地等の種類」欄には、宅地、地上権、借地権、田、畑等に区分して具体的に記載します。

4　「買取価額」欄には、取得した土地等の対価として支払うべき金額を記載します。

5　「摘要」欄には、土地等の買取りに際し、買取りの対価とともにその買取りに伴う損失補償として各種の名義による交付金の支払いがされている場合に、その支払総額及びその交付金の内容の区分ごとにその金額を記載します。

6　「土地等の買取者」欄には、事業施行者に代わり、租税特別措置法第34条第２項第１号又は第65条の３第１項第１号に規定する法人で当該事業の施行者でないものが同号の買取りをする場合に記載します。

**様式６**

特定住宅地造成事業等のための土地等の買取り証明書
（租税特別措置法第34条の２第２項第１号又は第65条の４第１項第１号に該当）

（1,500万円）

<table>
<tr><td rowspan="2">譲　渡　者</td><td>住所（居所）<br>又は所在地</td><td colspan="5"></td></tr>
<tr><td>氏名又は名称</td><td colspan="5"></td></tr>
<tr><td>土地等の種類</td><td>土 地 等 の 所 在 地</td><td>数　　量</td><td>買取り年月日</td><td colspan="3">買 取 り 価 額</td></tr>
<tr><td></td><td></td><td>㎡</td><td></td><td></td><td>千</td><td>円</td></tr>
<tr><td></td><td></td><td></td><td></td><td></td><td></td><td></td></tr>
<tr><td></td><td></td><td></td><td></td><td></td><td></td><td></td></tr>
<tr><td colspan="7">上記の土地等は　　　　　事業のために買取ったものであることを証明する。</td></tr>
<tr><td colspan="7">（摘要）</td></tr>
<tr><td rowspan="2">事 業 施 行 者</td><td>所　在　地</td><td colspan="5"></td></tr>
<tr><td>名　　　称</td><td colspan="5"></td></tr>
</table>

（規格Ａ６）

**（記載要領）**

1　土地の所有者ごとに別紙とします。

2　「住所（居所）又は所在地」欄には、この証明書を作成する日の現況による住所若しくは居所又は本店若しくは主たる事務所の所在地を記載します。

3　「土地等の種類」欄には、宅地、借地権、山林、田、畑等に区分して具体的に記載します。

4　「買取り価額」欄には、取得した土地等の対価として支払うべき金額を記載します。

5　「摘要」欄には、土地等の買取りに際し、買取りの対価とともにその買取りに伴う損失補償として各種の名義による交付金の支払がされている場合には、その支払総額及びその交付金の内容の区分ごとにその金額を記載し、その事業の施行者に代わり、その事業の施行者でない者が買取りをした場合には、その買取りをした者の名称及び所在地を併せて記載します。

**様式７**

譲渡所得の特別控除に係る土地等についての農業委員会のあっせんの証明願

令和　　年　　月　　日

○○農業委員会会長 殿

住　所＿＿＿＿＿＿＿＿＿＿＿＿

氏　名(名称)＿＿＿＿＿＿＿＿＿＿㊞

租税特別措置法第34条の３第１項（第65条の５第１項）の規定による農用地区域内の土地等を譲渡した場合の譲渡所得の特別控除の（措置）を受けるため、下記の土地等(土地及び土地の上に存する権利をいう。)は農業振興地域の整備に関する法律第23条第１項に規定するあっせんにより譲渡したものであることを証明願います。

記

| 土地等の所在及び地番 | 地目 | 地積 | あっせんの成立年月日 | あっせんに係る契約の種類 |
|---|---|---|---|---|
| | | | | |

第　　　号

上記のとおり相違ないことを証明します。

令和　　年　　月　　日

○○農業委員会会長＿＿＿＿＿＿＿＿＿＿㊞

（規格Ａ４）

（編注）措置法規則第18条第２項第３号（第22条の６第２項第３号）に規定する証明書の例です。

農地売買等事業のために土地等を買い入れた旨の証明願

令和　　年　　月　　日

（農地中間管理機構の名称）殿

住所（事務所）
氏名（名　称）
（代表者）　　　　　　　　印

租税特別措置法第34条の３第１項（第65条の５第１項）の規定に基づく土地等を譲渡した場合の譲渡所得（所得又は連結所得）の特別控除の適用を受けるため、下記の土地等は、貴法人が農業経営基盤強化促進法第７条第１号に掲げる農地売買等事業のために買い入れたものであることを証明願います。

記

| 土地等の所在 | 地　番 | 地　目 | 地　積 | 買入れ年月日 |
| --- | --- | --- | --- | --- |
| | | | ㎡ | |

第　　　号

上記のとおり相違ないことを証明します。

令和　　年　　月　　日

（農地中間管理機構）
事務所
名　称
代者表　　　　　　　　印

（規格Ａ４）

（編注）措置法規則第18条第２項第４号（第22条の６第２項第４号）に規定する証明書の例です。

譲渡所得（所得）の特別控除に係る土地等についての証明願

令和　　年　　月　　日

○○市町村長　殿

住所（事務所）
氏名（名　称）
（代表者）　　　　　　　印

租税特別措置法第34条の３第１項（第65条の５第１項）の規定に基づく土地等を譲渡した場合の譲渡所得（所得）の特別控除の適用を受けるため、下記の土地等の譲渡について、下記の年月日に農業経営基盤強化促進法第19条の規定により農用地利用集積計画の公告をした旨を証明願います。

記

| 土地等の所在 | 地　　番 | 地　　目 | 地　　積 | 農用地利用集積計画の公告の年月日 |
| --- | --- | --- | --- | --- |
|  |  |  | ㎡ |  |

第　　　号

上記のとおり相違ないことを証明します。

令和　　年　　月　　日

○○　市町村長　　　　　　印

（規格Ａ４）

（編注）措置法規則第18条第２項第４号イ（第22条の６第２項第４号イ）に規定する証明書の例です。

譲渡所得（所得）の特別控除に係る土地等についての証明願

令和　　年　　月　　日

○ ○ 市町村長　殿

住所（事務所）
氏名（名　称）
（代表者）　　　　　　　　印

租税特別措置法第34条の３第１項（第65条の５第１項）の規定に基づく土地等を譲渡した場合の譲渡所得（所得）の特別控除の適用を受けるため、下記の土地等は、租税特別措置法施行令第22条の９（第39条の６第２項）に規定する土地等（農業振興地域の整備に関する法律第８条第２項第１号に規定する農用地区域内にあり、かつ、開発して農地とすることが適当なもの、同号に規定する農業上の用途区分が同法第３条第４号に規定する農業用施設の用に供することとされているもの（農地の保全又は利用上必要な施設の用に供することとされている土地を含む。）又はこれらの土地の上に存する権利をいう。）に該当することを証明願います。

記

| 土地等の所在 | 地番 | 地目 | 地積 |
|---|---|---|---|
| | | | m² |

第　　　号

上記のとおり相違ないことを証明します。

令和　　年　　月　　日

○ ○ 市町村長　　　　　　　印

（規格Ａ４）

（編注）措置法規則第18条第２項第４号ロ（第22条の６第２項第４号ロ）に規定する証明書の例です。

譲渡所得（所得）の特別控除に係る土地等についての証明願

令和　　年　　月　　日

○ ○ 市町村長　殿

住所（事務所）
氏名（名　称）　　　　　　　印
（代表者）

租税特別措置法第34条の３第１項（第65条の５第１項）の規定による土地等を譲渡した場合の譲渡所得（所得）の特別控除の適用を受けるため、下記の土地等は、農業経営基盤強化促進法第19条（又は、農地中間管理事業の推進に関する法律第18条第７項）の規定による公告があった農用地利用集積計画（又は、農用地利用集積等促進計画）の定めるところにより譲渡したものであり、かつ、当該土地等が農業振興地域の整備に関する法律第８条第２項第１号に規定する農用地区域内にあることを証明願います。

記

| 土地等の所在 | 地　　番 | 地　　目 | 地　　積 | 農用地利用集積計画の公告の年月日 | 備　　考 |
|---|---|---|---|---|---|
| | | | ㎡ | | |

（注１）　土地等の権利移転が農用地利用集積計画の公告によるものであることを明らかにする表示のある登記事項証明書を確定申告書等（連結確定申告書等）に添付する場合は、当該土地等が農用地区域内にあることの証明のみでよいこととされているので、下線部は削除すること。

（注２）　当該土地等の所有権移転が農業経営基盤強化促進法第７条第１項第２号に規定する事業に係るものである場合は、信託財産である旨並びに当該信託に係る受託者（農地中間管理機構）の住所及び名称を備考欄に記載するものとし、この場合は（注１）にかかわらず、当該土地等の権利移転が農用地利用集積計画の公告によるものであることを明らかにする表示のある登記事項証明書を確定申告書等（連結確定申告書等）に添付すること。

（注３）　当該土地等の所有権移転が農業協同組合法第10条第３項に規定する信託に係るものである場合は、信託財産である旨並びに当該信託に係る受託者（農業協同組合）の住所及び名称を備考欄に記載するものとし、この場合は（注１）にかかわらず、当該土地等の権利移転が農用地利用集積計画の公告によるものであることを明らかにする表示のある登記事項証明書を確定申告書等（連結確定申告書等）に添付すること。

---

第　　　　号

上記のとおり相違ないことを証明します。

令和　　年　　月　　日

○ ○ 市町村長　　　　　　印

（規格Ａ４）

（編注）　措置法規則第18条第２項第５号（第22条の６第２項第５号）に規定する証明書の例です。

**様式8**

公共事業用資産の買取り等の申出証明書（写）

| 税務署<br>提出用 |
|---|

<table>
<tr><td rowspan="2">資産の所有者</td><td>住所（居所）<br>又は所在地</td><td colspan="5"></td></tr>
<tr><td>氏　　名<br>又は名称</td><td colspan="5">法人<br>個人</td></tr>
<tr><td rowspan="2">事業名</td><td rowspan="2">買取り等の<br>申出年月日</td><td rowspan="2">買取り等の<br>区　　分</td><td colspan="3">買取り等の申出をした資産</td></tr>
<tr><td>所在地</td><td>種類</td><td>数量</td></tr>
<tr><td rowspan="4"></td><td rowspan="4"></td><td rowspan="4"></td><td></td><td></td><td>㎡</td></tr>
<tr><td></td><td></td><td></td></tr>
<tr><td></td><td></td><td></td></tr>
<tr><td></td><td></td><td></td></tr>
<tr><td>摘　　要</td><td colspan="5"></td></tr>
<tr><td rowspan="2">公共事業<br>施行者</td><td>事業場の所在地</td><td colspan="4"></td></tr>
<tr><td>事業場の名称</td><td colspan="4"></td></tr>
</table>

（規格Ａ６）

**（記載要領等）**

1　この証明書（写）は、買取り等を必要とする資産につき公共事業施行者が最初に買取り等の申出をした日の属する月の翌月10日までに、その事業の施行に係る営業所、事務所その他の事業場の所在地の所轄税務署長に提出します。

2　この証明書（写）の提出に併せて、「公共事業用資産の買取り等の申出証明書（写し）の提出について」（様式９）を提出します。

3　この証明書（写）の各欄は、様式３「公共事業用資産の買取り等の申出証明書」の記載要領に準じて記載します。

**様式9**

令和　　年　　月　　日

＿＿＿＿＿＿＿税務署長

（事業施行者）

＿＿＿＿＿＿＿＿＿＿＿＿

## 公共事業用資産の買取り等の申出証明書（写し）の提出について

標題の件について、下記の事業に係る公共事業用資産の買取り等の申出証明書（写し）を提出します。

記

| 事業の名称 | |
|---|---|
| 事業施行地の所在 | |
| 事前協議の申出年月日 | |
| 資産の買取り等を行う者 | |
| 提出する買取り等の申出証明書（写し）の件数 | 令和　　年　　月　買取り等申出分<br>＿＿＿＿＿＿＿人 |
| 事前協議時における資産の買取り等の申出の予定年月日 | 令和　　年　　月　（頃）から<br>令和　　年　　月　（頃） |
| （摘要） | |

※1　公共事業用資産の買取り等の申出証明書（写し）を提出する税務署と事前協議を行った税務署等が異なる場合は、事前協議を行った税務署等の名称を摘要欄に記載してください。

2　公共事業用資産の買取り等の申出証明書(写し)を提出する際は、この様式を併せて提出してください。
なお、公共事業用資産の買取り等の申出証明書（写し）の提出期限は、最初に買取り等の申出をした日の属する月の翌月10日になります。

（資6－53－4－A4標準）

**様式10**

令和　　年分 不動産等の譲受けの対価の支払調書

<table>
<tr><td rowspan="2">支払を受ける者</td><td>住所（居所）又は所在地</td><td colspan="5"></td></tr>
<tr><td>氏名又は名称</td><td colspan="3"></td><td colspan="2">個人番号又は法人番号</td></tr>
<tr><td>物件の種類</td><td>物件の所在地</td><td>細目</td><td>数量</td><td>取得年月日</td><td colspan="2">支払金額</td></tr>
<tr><td></td><td></td><td></td><td></td><td>年 月 日<br>・ ・</td><td colspan="2">千 円</td></tr>
<tr><td></td><td></td><td></td><td></td><td>・ ・</td><td colspan="2"></td></tr>
<tr><td></td><td></td><td></td><td></td><td>・ ・</td><td colspan="2"></td></tr>
<tr><td colspan="7">（摘要）</td></tr>
<tr><td rowspan="3">あっせんをした者</td><td>住所（居所）又は所在地</td><td colspan="3"></td><td>支払確定年月日</td><td>あっせん手数料</td></tr>
<tr><td>氏名又は名称</td><td colspan="3"></td><td rowspan="2">年 月 日<br>・ ・</td><td rowspan="2">千 円</td></tr>
<tr><td>個人番号又は法人番号</td><td colspan="3"></td></tr>
<tr><td rowspan="2">支払者</td><td>住所（居所）又は所在地</td><td colspan="5"></td></tr>
<tr><td>氏名又は名称</td><td colspan="3">（電話）</td><td colspan="2">個人番号又は法人番号</td></tr>
<tr><td colspan="2">整理欄</td><td colspan="3">①</td><td colspan="2">②</td></tr>
</table>

○「個人番号又は法人番号」欄に個人番号（12桁）を記載する場合には、右詰で記載します。

376

（規格Ａ６）

**（記載要領）**

1　この支払調書は、居住者及び内国法人に支払う法第225条第１項第９号に規定する不動産等の譲渡（租税特別措置法第33条第４項第２号又は同法第64条第２項第２号の規定により譲渡とみなされるものその他これに準ずる土地の上にある資産の移転に伴い生じた資産の損失の補償を含みます。以下この表において同じです。）の対価について使用します。

2　この支払調書の記載の要領は、次によります。

⑴「住所（居所）又は所在地」及び「個人番号又は法人番号」の欄には、支払調書を作成する日の現況による住所若しくは居所又は本店若しくは主たる事務所の所在地及び行政手続における特定の個人を識別するための番号の利用等に関する法律第２条第５項に規定する個人番号又は同条第15項に規定する法人番号を記載します。

⑵「物件の種類」の欄には、土地、借地権、建物、船舶のように記載します。

⑶ 船舶又は航空機については、船籍又は航空機の登録をした機関の所在地を「物件の所在地」の項に記載します。

⑷「細目」の項には、土地の地目、建物の構造等を記載します。

⑸「数量」の項には、土地の面積、建物の戸数及び延べ面積等を記載します。

⑹「取得年月日」の項には、資産の所有権その他の財産権の移転のあつた日を記載します。

⑺「支払金額」の項には、取得した資産の対価として支払うべき金額を記載します。

3　資産の譲渡に際し、譲渡の対価又は譲渡に伴う各種の損失の補償として各種の交付名義による支払がされている場合には、その支払総額及びその交付の内容の区分ごとにその金額を「摘要」の欄に記載します。

4　この支払調書を税務署長に提出する場合には、様式11の合計表を作成して添付します。

**【記載例】**

令和 6 年分 不動産等の譲受けの対価の支払調書

| | | | | | | |
|---|---|---|---|---|---|---|
| 支払を受ける者 | 住所（居所）又は所在地 | 中央区新富2-6-1 | | | | |
| | 氏名又は名称 | 京橋太郎 | 個人番号又は法人番号 112233445566 | | | |
| 物件の種類 | 物件の所在地 | 細目 | 数量 | 取得年月日 | 支払金額 | |
| | 支払総額 | | | 年 月 日 . . | 千 円 295 300 000 | |
| 土地 | 中央区新富2-6-2 | 宅地 | 150㎡ | 6・7・9 | 280 000 000 | |
| 建物 | 中央区新富2-6-2 | 建物（木造住宅） | 1棟 | 6・7・9 | 10 000 000 | |

（摘要）建物移転補償金（事業施行地外）3,000,000円 事業名○○○事業
仮住居補償金 800,000円
移転雑費 1,500,000円

| | | | | |
|---|---|---|---|---|
| あっせんをした者 | 住所（居所）又は所在地 | | 支払確定年月日 | あっせん手数料 |
| | 氏名又は名称 | | 年 月 日 . . | 千 円 |
| | 個人番号又は法人番号 | | | |
| 支払者 | 住所（居所）又は所在地 | 中央区築地1-1-1 | | |
| | 氏名又は名称 | 中央区長○○○○（電話） | 個人番号又は法人番号 8000020131024 | |
| 整理欄 | ① | ② | | |

○「個人番号又は法人番号」欄に個人番号（12桁）を記載する場合には、右詰で記載します。

376

〔参考 漁業補償の場合〕

令和 6 年分 不動産等の譲受けの対価の支払調書

| | | | | | |
|---|---|---|---|---|---|
| 支払を受ける者 | 住所（居所）又は所在地 | 横須賀市上町3-1 | | | |
| | 氏名又は名称 | 横須賀次郎 | 個人番号又は法人番号 556677889900 | | |
| 物件の種類 | 物件の所在地 | 細目 | 数量 | 取得年月日 | 支払金額 |
| 漁業権 | 横須賀市○○町地先 | 消滅価値減少 | 7.5k㎡ | 年 月 日 6・4・9 | 千 円 18 000 000 |
| | | | | . . | |
| | | | | . . | |

（摘要）
○事業名×××埋立事業 ○うち収益補償金額1,530,000円（率8.5%）

| | | | | |
|---|---|---|---|---|
| あっせんをした者 | 住所（居所）又は所在地 | | 支払確定年月日 | あっせん手数料 |
| | 氏名又は名称 | | 年 月 日 . . | 千 円 |
| | 個人番号又は法人番号 | | | |
| 支払者 | 住所（居所）又は所在地 | 横須賀市小川町11 | | |
| | 氏名又は名称 | 横須賀市長○○○○（電話） | 個人番号又は法人番号 3000020142018 | |
| 整理欄 | ① | ② | | |

○「個人番号又は法人番号」欄に個人番号（12桁）を記載する場合には、右詰で記載します。

376

様式11

FE0104

# 令和□□年分 給与所得の源泉徴収票等の法定調書合計表

（所得税法施行規則別表第５(8)、５(24)、５(25)、５(26)、６(1)及び６(2)関係）

署番号

【平成28年1月1日以後提出用】

提出用

| 税務署受付印 | 令和　年　月　日提出　税務署長　殿 | 事業種目 | | 整理番号 |
|---|---|---|---|---|

| 提出者 | | 調書の提出区分 新規=1 追加=2 訂正=3 無効=4 | 提出媒体 | 1 給与 | 2 退職 | 3 報酬 | 4 使用 | 5 譲受 | 6 斡旋 |
|---|---|---|---|---|---|---|---|---|---|
| 住所又は所在地 | 電話（　－　－　） | | | | | | | | |
| (フリガナ) | | (フリガナ) | | | | | | 本店等一括提出 | 翌年以降送付 |
| 氏名又は名称 | | 作成担当者 | | | | | | 有 ◯ | 否 ◯ |
| 個人番号又は法人番号(注) | ↓個人番号の記載に当たっては、左端を空欄にし、ここから記載してください。 | | | | | | | | |
| (フリガナ) | | 作成税理士署名 | | | | | | 税理士番号 | |
| 代表者氏名 | | 電話（　－　－　） | | | | | | | |

（注）平成27年分以前の合計表を作成する場合には、「個人番号又は法人番号」欄に何も記載しないでください。

○提出媒体欄には、法定調書の種類別にコードを記載してください。（電子＝14 FD＝15 MO＝16 CD＝17 DVD＝18 書面＝30 その他＝99）

## 1 給与所得の源泉徴収票合計表（375）

| 区分 | 人員 | 左のうち、源泉徴収税額のない者 | 支払金額 | 源泉徴収税額 |
|---|---|---|---|---|
| Ⓐ俸給、給与、賞与等の総額 | 人 | 人 | 円 | 円 |
| Ⓐのうち、丙欄適用の日雇労務者の賃金 | | | 円 | 円 |
| Ⓑ源泉徴収票を提出するもの | 人 | | 円 | 円 |
| 災害減免法により徴収猶予したもの | 人員　人 | 猶予税額　円 | （摘要） | |

## 2 退職所得の源泉徴収票合計表（316）

| 区分 | 人員 | 支払金額 | 源泉徴収税額 | （摘要） |
|---|---|---|---|---|
| Ⓐ退職手当等の総額 | 人 | 円 | 円 | |
| Ⓑ Ⓐのうち、源泉徴収票を提出するもの | 人 | 円 | 円 | |

## 3 報酬、料金、契約金及び賞金の支払調書合計表（309）

| | 区分 | 人員 個人 | 人員 個人以外 | 支払金額 | 源泉徴収税額 |
|---|---|---|---|---|---|
| 所得税法第204条に規定する報酬又は料金等 | 原稿料、講演料等の報酬又は料金（1号該当） | 人 | 人 | 円 | 円 |
| | 弁護士、税理士等の報酬又は料金（2号該当） | 人 | 人 | 円 | 円 |
| | 診療報酬（3号該当） | 人 | 人 | 円 | 円 |
| | 職業野球選手、騎手、外交員等の報酬又は料金（4号該当） | 人 | 人 | 円 | 円 |
| | 芸能等に係る出演、演出等の報酬又は料金（5号該当） | 人 | 人 | 円 | 円 |
| | ホステス等の報酬又は料金（6号該当） | 人 | 人 | 円 | 円 |
| | 契約金（7号該当） | 人 | 人 | 円 | 円 |
| | 賞金（8号該当） | 人 | 人 | 円 | 円 |
| | Ⓐ計 | 実　人 | 実　人 | 円 | 円 |
| Ⓑ Ⓐのうち、支払調書を提出するもの | | 人 | 人 | 円 | 円 |

| 区分 | 件数 | 支払金額 | 源泉徴収税額 | （摘要） |
|---|---|---|---|---|
| Ⓐのうち、所得税法第174条第10号に規定する内国法人に対する賞金 | 件 | 円 | 円 | |
| 災害減免法により徴収猶予したもの | 人員　人 | 猶予税額　円 | | |

## 4 不動産の使用料等の支払調書合計表（313）

| 区分 | 人員 | 支払金額 |
|---|---|---|
| Ⓐ使用料等の総額 | 人 | 円 |
| Ⓑ Ⓐのうち、支払調書を提出するもの | 人 | 円 |

（摘要）

## 6 不動産等の売買又は貸付けのあっせん手数料の支払調書合計表（314）

| 区分 | 人員 | 支払金額 |
|---|---|---|
| Ⓐあっせん手数料の総額 | 人 | 円 |
| Ⓑ Ⓐのうち、支払調書を提出するもの | 人 | 円 |

（摘要）

## 5 不動産等の譲受けの対価の支払調書合計表（376）

| 区分 | 人員 | 支払金額 |
|---|---|---|
| Ⓐ譲受けの対価の総額 | 人 | 円 |
| Ⓑ Ⓐのうち、支払調書を提出するもの | 人 | 円 |

（摘要）

| 税務署整理欄 | 通信日付印 | 確認 | 提出年月日 | 身元確認 |
|---|---|---|---|---|
| | | | 年　月　日 | |
| | | | 区分 A B C D E F G H | |

**(記載要領)**

「５　不動産等の譲受けの対価の支払調書合計表（376)」欄の「Ⓐ譲受けの対価の総額」欄及び「ⒷⒶのうち、支払調書を提出するもの」欄には、この合計表とともに不動産等の譲受けの対価の支払調書を提出するものについて、その合計を記載します。

租税特別措置法第33条（収用等に伴い代替資産を取得した場合の課税の特例）に規定する特定土地区画整理事業等の事業施行者、租税特別措置法第33条の２（交換処分等に伴い資産を取得した場合の課税の特例）に規定する特定住宅地造成事業等のための買取りをする者及び租税特別措置法第33条の４（収用交換等の場合の譲渡所得等の特別控除）に規定する公共事業施行者が、法律の規定に基づいて買取り等の対価を支払う場合には、その「事業名又は工事名」及び「買取り等の申出年月日」を「摘要」欄に記載します。

【記載例】

FE0104

# 令和 06 年分 給与所得の源泉徴収票等の法定調書合計表

（所得税法施行規則別表第５(８)、５(24)、５(25)、５(26)、６(１)及び６(２)関係）

【平成28年1月1日以後提出用】 提出用

| | |
|---|---|
| 提出日 | 令和 6 年 ○月 ×日提出 税務署長 殿 |
| 住所又は所在地 | ○○市○○町×－×－× 電話（○○○－×××－△△△） |
| (フリガナ) | |
| 氏名又は名称 | ○○市役所 |
| 個人番号又は法人番号(注) | 1 1 2 2 3 3 4 4 5 5 6 6 7 |
| (フリガナ) | シチョウ○○○○ |
| 代表者氏名 | 市長○○○○ |
| 事業種目 | |
| 整理番号 | |
| 調書の提出区分（新規=1 追加=2 訂正=3 無効=4） | 1 |
| 提出媒体 | 1 給与 / 2 退職 / 3 報酬 / 4 使用 / 5 譲受 30 / 6 斡旋 |
| (フリガナ) | ○○カ ○○カカリ○○○○ |
| 作成担当者 | ○○課○○係○○○○ 内線 ○○○○ |
| 本店等一括提出 | 有 ○ |
| 翌年以降送付 | 否 ○ |
| 作成税理士署名 | 電話（ － － ） |
| 税理士番号 | |

(注) 平成27年分以前の合計表を作成…番号又は法人番号」欄に何も記載しないでください。

○ 提出媒体欄には、法定調書の種…ください。（電子＝14 FD＝15 MO＝16 CD＝17 DVD＝18 書面＝30 その他＝99）

## 1 給与所得の源泉徴収票合計表（375）

| 区分 | 人員 | 左のうち、源泉徴収税額のない者 | 支払金額 | 源泉徴収税額 |
|---|---|---|---|---|
| Ⓐ 俸給、給与、賞与等の総額 | 人 | 人 | 円 | 円 |
| Ⓐのうち、丙欄適用の日雇労務者の賃金 | | | 円 | 円 |
| Ⓑ 源泉徴収票を提出するもの | 人 | | 円 | 円 |
| 災害減免法により徴収猶予したもの | 人員 人 | 猶予税額 円 | （摘要） | |

## 2 退職所得の源泉徴収票合計表（316）

（中略）

| 区分 | 人員 | | 支払金額 | 源泉徴収税額 |
|---|---|---|---|---|
| 所得税法第204条に規定する報酬又は料金等 弁護士、税理士等の報酬又は料金（2号該当） | 人 | 人 | 円 | 円 |
| 診療報酬（3号該当） | 人 | 人 | 円 | 円 |
| 職業野球選手、騎手、外交員等の報酬又は料金（4号該当） | 人 | 人 | 円 | 円 |
| 芸能等に係る出演、演出等の報酬又は料金（5号該当） | 人 | 人 | 円 | 円 |
| ホステス等の報酬又は料金（6号該当） | 人 | 人 | 円 | 円 |
| 契約金（7号該当） | 人 | 人 | 円 | 円 |
| 賞金（8号該当） | 人 | 人 | 円 | 円 |
| Ⓐ 計 | 実 人 | 実 人 | 円 | 円 |
| Ⓑ Ⓐのうち、支払調書を提出するもの | 人 | 人 | 円 | 円 |

| 区分 | 件数 | 支払金額 | 源泉徴収税額 | （摘要） |
|---|---|---|---|---|
| Ⓐのうち、所得税法第174条第10号に規定する内国法人に対する賞金 | 件 | 円 | 円 | |
| 災害減免法により徴収猶予したもの | 人員 人 | 猶予税額 円 | | |

## 4 不動産の使用料等の支払調書合計表（313）

| 区分 | 人員 | 支払金額 |
|---|---|---|
| Ⓐ 使用料等の総額 | 人 | 円 |
| Ⓑ Ⓐのうち、支払調書を提出するもの | 人 | 円 |
| （摘要） | | |

## 6 不動産等の売買又は貸付けのあっせん手数料の支払調書合計表（314）

| 区分 | 人員 | 支払金額 |
|---|---|---|
| Ⓐ あっせん手数料の総額 | 人 | 円 |
| Ⓑ Ⓐのうち、支払調書を提出するもの | 人 | 円 |
| （摘要） | | |

## 5 不動産等の譲受けの対価の支払調書合計表（376）

| 区分 | 人員 | 支払金額 |
|---|---|---|
| Ⓐ 譲受けの対価の総額 | 17 人 | 234,567,890 円 |
| Ⓑ Ⓐのうち、支払調書を提出するもの | 17 人 | 234,567,890 円 |
| （摘要） | | |

| 税務署整理欄 | 通信日付印 | 確認 | 提出年月日（年 月 日） | 身元確認 |
|---|---|---|---|---|
| | | | 区分 A B C D E F G H | |

**様式12**

都市再開発による第一種市街地再開発事業の施行に伴う権利変換に係る資産である旨の証明

令和　　年　　月　　日

| 資産の所有者 | |
|---|---|

事業の施行者

下記の資産は、　　　　　　　　が施行する第一種市街地再開発事業の権利変換計画において、施設建築物の一部を取得する権利および施設建築敷地の共有持分が与えられるように定められた資産であることを証明いたします。

記

資産の明細

| 資産の所在地 | 資産の種類 | 数量 | 資産の価格 |
|---|---|---|---|
| | | | 円 |
| | | | |
| | | | |
| | | | |
| | | | |

摘　要

1　事業の名称

2　施行者の名称

3　権利変換計画認可年月日

4　権利変換期日

（規格Ａ４）

様式13

# 収 用 証 明 書(権利者用)

令和　　年　　月　　日

資産の譲渡者　住 所
　　　　　　　氏 名

事業の施行者

下記資産は、都市再開発法第71条第１項の規定による権利変換を希望しない旨の申出に基づき同法87条（権利変換期日における権利の変換）の規定による権利変換を受けなかった資産で同法第91条第１項の補償金として支払ったものであることを証明いたします。

記

| 資 産 の 所 在 地 | 資産の種類 | 数 量 | 買取り等の価額 | 買取り等の価額 |
|---|---|---|---|---|
| | | | | 円 |
| | | | | |
| | | | | |
| | | | | |
| | | | | |

摘 要

1 事業の名称

2 施行者の名称

3 権利変換計画<br>認可年月日

4 権利変換期日

（規格Ａ４）

**様式14**

公共事業用資産の買取り等の証明書

<table>
<tr><td rowspan="2">譲 渡 者 名</td><td>住所(居所)<br>又は住所地</td><td colspan="4"></td></tr>
<tr><td>氏名又は名称</td><td colspan="4">法人<br>個人</td></tr>
<tr><td>資産の所在地</td><td>資産の種類</td><td>数 量</td><td>買取り等の<br>区 分</td><td>買取り等の<br>年 月 日</td><td>買取り等の価額</td></tr>
<tr><td></td><td></td><td>m²</td><td></td><td></td><td>千 円</td></tr>
<tr><td></td><td></td><td></td><td></td><td></td><td></td></tr>
<tr><td></td><td></td><td></td><td></td><td></td><td></td></tr>
<tr><td></td><td></td><td></td><td></td><td></td><td></td></tr>
<tr><td></td><td></td><td></td><td></td><td></td><td></td></tr>
<tr><td>摘要</td><td colspan="5">支 払 総 額 円<br>損失補償の交付名義及び支払金額<br>動 産 移 転 補 償 金 円　　借 家 人 補 償 金 円<br>仮 住 居 補 償 金 円　　営業廃止・休止等補償金 円<br>仮 設 店 舗 補 償 金 円　　移 転 雑 費 補 償 金 円<br>家賃・地代減収補償金 円<br>事 業 名　　第一種市街地再開発事業</td></tr>
</table>

| やむを得ない事情 | |
|---|---|

本件は、令和　　年　　月　　日開催の　　　　　　　　　　　　　　　第一種市街地再開発審査会において、租税特別措置法施行令第　　条第　　項第　　号に該当するやむを得ない事情による転出として議決済である

<table>
<tr><td rowspan="2">事 業 の<br>施 行 者</td><td>事業所の所在地</td><td></td></tr>
<tr><td>事業所の名称</td><td></td></tr>
</table>

※収用等の5,000万円控除の特例の適用を受ける場合は、この証明書を確定申告書に添付又は保存（譲渡者が法人である場合に限ります。）してください。

（規格Ａ４）

**様式15**

（権利者用）

租税特別措置法第33条第１項第３号の２の
規定に該当する旨の証明書

令和　　年　　月　　日

施設建築物が与えられなかった者　住　所
氏　名

事業の施行者

下記資産は、都市再開発法第79条第２項の規定に基づき、令 和　　年　　月　　日開催の第　回　　　　　　　　　第一種市街地再開発事業市街地再開発審査会において、議決された床面積が過小となる資産に該当し、同条第３項に規定する権利変換計画において施設建築物の一部等が与えられないように定められたことを証明します。

記

1　従前の建築物の表示

| 資 産 の 所 在 地 | 資産の種類 | 構　　　造 | 面　　　積 | 買取等の価額 |
|---|---|---|---|---|
| | | | ㎡ | 円 |

2　事業の名称

3　事業施行者名

4　権利変換計画認可年月日　　令和　　年　　月　　日

5　権利変換期日　　令和　　年　　月　　日

（規格Ａ４）

（注）　法人の場合は標題の第33条を第64条と書き換えてください。

**様式16**

（権利者用）

租税特別措置法施行令第　　条第　　項各号の一に該当する旨及び
同項に規定する市街地再開発審査会の議決のあった旨の証明書

令和　　年　　月　　日

資産の譲渡者　住　所
　　　　　　　氏　名

事業の施行者

下記資産は、都市再開発法第71条第１項の規定による（権利変換を希望しない旨の申出、借家権の取得を希望しない旨の申出）に基づき同法第87条（権利変換期日における権利の変換）の規定による権利変換を受けなかった資産で、当該資産が租税特別措置法施行令第　　条第　　項各号の一に該当するものとし、申出の内容につき令和　　年　　月　　日開催の第　　回　　　　　　　　　　第一種市街地再開発事業市街地再開発審査会において審議の結果やむを得ない事情が妥当である旨の議決があった事を証明いたします。

記

| 資　産　の　所　在　地 | 資産の種類 | 数　量 | 買取り等の区分 | 買取り等の価額 |
|---|---|---|---|---|
| | | | | 円 |
| | | | | |
| | | | | |
| | | | | |
| | | | | |

摘　要

1　事業の名称

2　事業施行者名

3　権利変換計画認可年月日

4　権利変換期日

（規格Ａ４）

**様式17**

建築物推定再建築費（再取得価額）と建築物評価額の明細書

<table>
<tr><td rowspan="2">建物所有者</td><td>住所または<br>所　在　地</td><td colspan="3"></td></tr>
<tr><td>氏名または<br>名　　　称</td><td colspan="3">法人<br>個人</td></tr>
<tr><td>建物の概要</td><td>構造</td><td></td><td>面積　　　　　m²</td><td>用途</td></tr>
<tr><td colspan="2">建築物推定再建築費</td><td colspan="3">円</td></tr>
<tr><td colspan="2">建　築　物　評　価　額</td><td colspan="3">円</td></tr>
<tr><td colspan="2">再建築費と評価額の差額</td><td colspan="3">円</td></tr>
<tr><td colspan="2">収益補償金を対価補償金に振替えられる限度額</td><td colspan="3">円</td></tr>
<tr><td colspan="5">上記については権利変換計画の対象となった資産の明細であることを証明します。<br>令和　　年　　月　　日<br>事業の施行者</td></tr>
</table>

（規格Ａ４）

**様式18**

都市再開発法第104条の規定により同条の差額に相当する金額の交付を受けることとなった資産である旨の証明

令和　　年　　月　　日

| 資産の所有者 | |
|---|---|

都県

市街地再開発組合

理事長

都市再開発法による第一種市街地再開発事業の施行に伴う権利変換に係る資産のうち下記資産が標記に記載の資産であることを証明いたします。

記

| 資 産 の 所 在 地 | 種　　類 | 数　量 | 資産の価額 |
|---|---|---|---|
| | | | |
| | | | |
| | | | |

摘　要

1　事 業 の 名 称　　　　　　　　　　第一種市街地再開発事業

2　施 行 者 の 名 称

3　組合設立年月日　　令和　　年　　月　　日

4　権利変換計画認可年　　月　　日　　令和　　年　　月　　日

5　権 利 変 換 期 日　　令和　　年　　月　　日

6　清算金交付年月日　　令和　　年　　月　　日

7　清 算 金 交 付 額　　金　　　　　　円

（規格Ａ４）

**様式19**

令和　　年　　月　　日

都市再開発法による第一種市街地再開発事業の施行に伴う権利変換にかかる資産である旨の証明

| 資産の所有者 | |
|---|---|

事業の施行者

下記の資産は、　　　　　　　　　　第一種市街地再開発事業に係る施設建築物の建築工事の完了に伴い、施設建築物の一部を取得する権利に基づき取得した資産であることを証明いたします。

記

資産の明細

| 資　産　の　所　在　地 | 資産の種類 | 数　　量 | 資産の価額 |
|---|---|---|---|
| | | | 円 |
| | | | |
| | | | |
| | | | |
| | | | |

摘　要

1　事 業 の 名 称　　　　　　　　　　第一種市街地再開発事業

2　施 行 者 の 名 称

3　権利変換計画認可年月日　　令和　　年　　月　　日

4　権 利 変 換 期 日　　令和　　年　　月　　日

5　工事完了年月日　　令和　　年　　月　　日

（規格Ａ４）

# 第3　法　令　編

# 租税特別措置法

**（優良住宅地の造成等のために土地等を譲渡した場合の長期譲渡所得の課税の特例）**

**第31条の２**　個人が、昭和62年10月１日から令和７年12月31日までの間に、その有する土地等でその年１月１日において前条第２項に規定する所有期間が５年を超えるものの譲渡をした場合において、当該譲渡が優良住宅地等のための譲渡に該当するときは、当該譲渡（次条の規定の適用を受けるものを除く。以下この項において同じ。）による譲渡所得については、前条第１項前段の規定により当該譲渡に係る課税長期譲渡所得金額に対し課する所得税の額は、同項前段の規定にかかわらず、次の各号に掲げる場合の区分に応じ当該各号に定める金額に相当する額とする。

一　課税長期譲渡所得金額が2,000万円以下である場合　当該課税長期譲渡所得金額の100分の10に相当する金額

二　課税長期譲渡所得金額が2,000万円を超える場合　次に掲げる金額の合計額

イ　200万円

ロ　当該課税長期譲渡所得金額から2,000万円を控除した金額の100分の15に相当する金額

**2**　前項に規定する優良住宅地等のための譲渡とは、次に掲げる土地等の譲渡に該当することにつき財務省令で定めるところにより証明がされたものをいう。

【関係法令通達】　措規13の３①②、措通31の２－32「別表１」

一　国、地方公共団体その他これらに準ずる法人に対する土地等の譲渡で政令で定めるもの

【関係法令通達】　措令20の２①、措通31の２－１～３

二　独立行政法人都市再生機構、土地開発公社その他これらに準ずる法人で宅地若しくは住宅の供給又は土地の先行取得の業務を行うことを目的とするものとして政令で定めるものに対する土地等の譲渡で、当該譲渡に係る土地等が当該業務を行うために直接必要であると認められるもの（土地開発公社に対する政令で定める土地等の譲渡に該当するものを除く。）

【関係法令通達】　措令20の２②、措通31の２－４

二の二　土地開発公社に対する次に掲げる土地等の譲渡で、当該譲渡に係る土地等が独立行政法人都市再生機構が施行するそれぞれ次に定める事業の用に供されるもの

イ　被災市街地復興特別措置法（平成７年法律第14号）第５条第１項の規定により都市計画に定められた被災市街地復興推進地域（以下第34条の２までにおいて「被災市街地復興推進地域」という。）内にある土地等　同法による被災市街地復興土地区画整理事業（以下第34条の２までにおいて「被災市街地復興土地区画整理事業」という。）

ロ　被災市街地復興特別措置法第21条に規定する住宅被災市町村の区域内にある土地等　都市再開発法（昭和44年法律第38号）による第二種市街地再開発事業

三　土地等の譲渡で第33条の４第１項に規定する収用交換等によるもの（前３号に掲げる譲渡又

は政令で定める土地等の譲渡に該当するものを除く。）

【関係法令通達】 措令20の２③、措通31の２－５

四　都市再開発法による第一種市街地再開発事業の施行者に対する土地等の譲渡で、当該譲渡に係る土地等が当該事業の用に供されるもの（前各号に掲げる譲渡又は政令で定める土地等の譲渡に該当するものを除く。）

【関係法令通達】 措令20の２③

五　密集市街地における防災街区の整備の促進に関する法律（平成９年法律第49号）による防災街区整備事業の施行者に対する土地等の譲渡で、当該譲渡に係る土地等が当該事業の用に供されるもの（第１号から第３号までに掲げる譲渡又は政令で定める土地等の譲渡に該当するものを除く。）

六　密集市街地における防災街区の整備の促進に関する法律第３条第１項第１号に規定する防災再開発促進地区の区域内における同法第８条に規定する認定建替計画（当該認定建替計画に定められた新築する建築物の敷地面積の合計が500平方メートル以上であることその他の政令で定める要件を満たすものに限る。）に係る建築物の建替えを行う事業の同法第７条第１項に規定する認定事業者に対する土地等の譲渡で、当該譲渡に係る土地等が当該事業の用に供されるもの（第２号から前号までに掲げる譲渡又は政令で定める土地等の譲渡に該当するものを除く。）

七　都市再生特別措置法第25条に規定する認定計画に係る同条に規定する都市再生事業（当該認定計画に定められた建築物（その建築面積が財務省令で定める面積以上であるものに限る。）の建築がされること、その事業の施行される土地の区域の面積が１ヘクタール以上であることその他の政令で定める要件を満たすものに限る。）の同法第23条に規定する認定事業者（当該認定計画に定めるところにより当該認定事業者と当該区域内の土地等の取得に関する協定を締結した独立行政法人都市再生機構を含む。）に対する土地等の譲渡で、当該譲渡に係る土地等が当該都市再生事業の用に供されるもの（第２号から前号までに掲げる譲渡に該当するものを除く。）

八　国家戦略特別区域法第11条第１項に規定する認定区域計画に定められている同法第２条第２項に規定する特定事業又は当該特定事業の実施に伴い必要となる施設を整備する事業（これらの事業のうち、産業の国際競争力の強化又は国際的な経済活動の拠点の形成に特に資するものとして財務省令で定めるものに限る。）を行う者に対する土地等の譲渡で、当該譲渡に係る土地等がこれらの事業の用に供されるもの（第２号から前号までに掲げる譲渡に該当するものを除く。）

九　所有者不明土地の利用の円滑化等に関する特別措置法（平成30年法律第49号）第13条第１項の規定により行われた裁定（同法第10条第１項第１号に掲げる権利に係るものに限るものとし、同法第18条の規定により失効したものを除く。以下この号において「裁定」という。）に係る同法第10条第２項の裁定申請書（以下この号において「裁定申請書」という。）に記載された同項第２号の事業を行う当該裁定申請書に記載された同項第１号の事業者に対する次に掲げる土地等の譲渡（当該裁定後に行われるものに限る。）で、当該譲渡に係る土地等が当該事業の用に供されるもの（第１号から第２号の２まで又は第４号から前号までに掲げる譲渡に該当するものを除く。）

イ　当該裁定申請書に記載された特定所有者不

明土地（所有者不明土地の利用の円滑化等に関する特別措置法第10条第２項第５号に規定する特定所有者不明土地をいう。以下この号において同じ。）又は当該特定所有者不明土地の上に存する権利

ロ　当該裁定申請書に添付された所有者不明土地の利用の円滑化等に関する特別措置法第10条第３項第１号に掲げる事業計画書の同号ハに掲げる計画に当該事業者が取得するものとして記載がされた特定所有者不明土地以外の土地又は当該土地の上に存する権利（当該裁定申請書に記載された当該事業が当該特定所有者不明土地以外の土地をイに掲げる特定所有者不明土地と一体として使用する必要性が高い事業と認められないものとして政令で定める事業に該当する場合における当該記載がされたものを除く。）

十　マンションの建替え等の円滑化に関する法律（平成14年法律第78号）第15条第１項若しくは第64条第１項若しくは第３項の請求若しくは同法第56条第１項の申出に基づくマンション建替事業（同法第２条第１項第４号に規定するマンション建替事業をいい、良好な居住環境の確保に資するものとして政令で定めるものに限る。以下この号において同じ。）の施行者（同法第２条第１項第５号に規定する施行者をいう。以下この号において同じ。）に対する土地等の譲渡又は同法第２条第１項第６号に規定する施行マンションが政令で定める建築物に該当し、かつ、同項第７号に規定する施行再建マンションの延べ面積が当該施行マンションの延べ面積以上であるマンション建替事業の施行者に対する土地等（同法第11条第１項に規定する隣接施行敷地に係るものに限る。）の譲渡で、これらの譲渡に係る土地等がこれらのマンション建替事業の用に供されるもの（第６号から前号までに掲げる譲渡に該当するものを除く。）

【関係法令通達】　措令20の２⑨⑩

十一　マンションの建替え等の円滑化に関する法律第124条第１項の請求に基づく同法第２条第１項第９号に規定するマンション敷地売却事業（当該マンション敷地売却事業に係る同法第113条に規定する認定買受計画に、同法第109条第１項に規定する決議特定要除却認定マンションを除却した後の土地に新たに建築される同法第２条第１項第１号に規定するマンション（良好な居住環境を備えたものとして政令で定めるものに限る。）に関する事項、当該土地において整備される道路、公園、広場その他の公共の用に供する施設に関する事項その他の財務省令で定める事項の記載があるものに限る。以下この号において同じ。）を実施する者に対する土地等の譲渡又は当該マンション敷地売却事業に係る同法第141条第１項の認可を受けた同項に規定する分配金取得計画（同法第145条において準用する同項の規定により当該分配金取得計画の変更に係る認可を受けた場合には、その変更後のもの）に基づく当該マンション敷地売却事業を実施する者に対する土地等の譲渡で、これらの譲渡に係る土地等がこれらのマンション敷地売却事業の用に供されるもの

【関係法令通達】　措令20の２⑪、措規13の３⑤

十二　建築面積が政令で定める面積以上である建築物の建築をする事業（当該事業の施行される土地の区域の面積が500平方メートル以上であることその他の政令で定める要件を満たすものに限る。）を行う者に対する都市計画法第４条第２項に規定する都市計画区域のうち政令で定める区域内にある土地等の譲渡で、当該譲渡に係る土地等が当該事業の用に供されるもの（第６号から第10号まで又は次号から第16号までに掲げる譲渡に該当するものを除く。）

十三　都市計画法第29条第１項の許可（同法第４条第２項に規定する都市計画区域のうち政令で定める区域内において行われる同条第12項に規定する開発行為に係るものに限る。以下この号において「開発許可」という。）を受けて住宅建設の用に供される一団の宅地（次に掲げる要件を満たすものに限る。）の造成を行う個人（同法第44条又は第45条に規定する開発許可に基づく地位の承継があつた場合には、当該承継に係る被承継人である個人又は当該地位を承継した個人。第５項において同じ。）又は法人（同法第44条又は第45条に規定する開発許可に基づく地位の承継があった場合には、当該承継に係る被承継人である法人又は当該地位を承継した法人。第５項において同じ。）に対する土地等の譲渡で、当該譲渡に係る土地等が当該一団の宅地の用に供されるもの（第６号から第９号までに掲げる譲渡に該当するものを除く。）

イ　当該一団の宅地の面積が1,000平方メートル（開発許可を要する面積が1,000平方メートル未満である区域内の当該一団の宅地の面積にあっては、政令で定める面積）以上のものであること。

ロ　当該一団の宅地の造成が当該開発許可の内容に適合して行われると認められるものであること。

十四　その宅地の造成につき都市計画法第29条第１項の許可を要しない場合において住宅建設の用に供される一団の宅地（次に掲げる要件を満たすものに限る。）の造成を行う個人（当該造成を行う個人の死亡により当該造成に関する事業を承継した当該個人の相続人又は包括受遺者が当該造成を行う場合には、その死亡した個人又は当該相続人若しくは包括受遺者。第５項において同じ。）又は法人（当該造成を行う法人の合併による消滅により当該造成に関する事業を引き継いだ当該合併に係る法人税法第２条第12号に規定する合併法人が当該造成を行う場合には当該合併により消滅した法人又は当該合併法人とし、当該造成を行う法人の分割により当該造成に関する事業を引き継いだ当該分割に係る同条第12号の３に規定する分割承継法人が当該造成を行う場合には当該分割をした法人又は当該分割承継法人とする。第５項において同じ。）に対する土地等の譲渡で、当該譲渡に係る土地等が当該一団の宅地の用に供されるもの（第６号から第９号までに掲げる譲渡又は政令で定める土地等の譲渡に該当するものを除く。）

イ　当該一団の宅地の面積が1,000平方メートル（政令で定める区域内の当該一団の宅地の面積にあっては、政令で定める面積）以上のものであること。

ロ　都市計画法第４条第２項に規定する都市計画区域内において造成されるものであること。

ハ　当該一団の宅地の造成が、住宅建設の用に供される優良な宅地の供給に寄与するものであることについて政令で定めるところにより都道府県知事の認定を受けて行われ、かつ、当該認定の内容に適合して行われると認められるものであること。

十五　一団の住宅又は中高層の耐火共同住宅（それぞれ次に掲げる要件を満たすものに限る。）の建設を行う個人（当該建設を行う個人の死亡により当該建設に関する事業を承継した当該個人の相続人又は包括受遺者が当該建設を行う場合には、その死亡した個人又は当該相続人若しくは包括受遺者。次号及び第５項において同じ。）又は法人（当該建設を行う法人の合併による消滅により当該建設に関する事業を引き継いだ当該合併に係る法人税法第２条第12号に規定する合併法人が当該建設を行う場合には当該合併により消滅した法人又は当該合併法人とし、当該建設を行う法人の分割により当該建設に関する事業を引き継いだ当該分割に係る同条第12

号の３に規定する分割承継法人が当該建設を行う場合には当該分割をした法人又は当該分割承継法人とする。次号及び同項において同じ。）に対する土地等の譲渡で、当該譲渡に係る土地等が当該一団の住宅又は中高層の耐火共同住宅の用に供されるもの（第６号から第10号まで又は前２号に掲げる譲渡に該当するものを除く。）

イ　一団の住宅にあってはその建設される住宅の戸数が25戸以上のものであること。

ロ　中高層の耐火共同住宅にあっては住居の用途に供する独立部分（建物の区分所有等に関する法律（昭和37年法律第69号）第２条第１項に規定する建物の部分に相当するものをいう。）が15以上のものであること又は当該中高層の耐火共同住宅の床面積が1,000平方メートル以上のものであることその他政令で定める要件を満たすものであること。

ハ　前号ロに規定する都市計画区域内において建設されるものであること。

ニ　当該一団の住宅又は中高層の耐火共同住宅の建設が優良な住宅の供給に寄与するものであることについて政令で定めるところにより都道府県知事（当該中高層の耐火共同住宅でその用に供される土地の面積が1,000平方メートル未満のものにあっては、市町村長）の認定を受けたものであること。

十六　住宅又は中高層の耐火共同住宅（それぞれ次に掲げる要件を満たすものに限る。）の建設を行う個人又は法人に対する土地等（土地区画整理法（昭和29年法律第119号）による土地区画整理事業の同法第２条第４項に規定する施行地区内の土地等で同法第98条第１項の規定による仮換地の指定（仮に使用又は収益をすることができる権利の目的となるべき土地又はその部分の指定を含む。以下この号において同じ。）がされたものに限る。）の譲渡のうち、その譲渡が当該指定の効力発生の日（同法第99条第２項の規定により使用又は収益を開始することができる日が定められている場合には、その日）から３年を経過する日の属する年の12月31日までの間に行われるもので、当該譲渡をした土地等につき仮換地の指定がされた土地等が当該住宅又は中高層の耐火共同住宅の用に供されるもの（第６号から第10号まで又は前３号に掲げる譲渡に該当するものを除く。）

イ　住宅にあっては、その建設される住宅の床面積及びその住宅の用に供される土地等の面積が政令で定める要件を満たすものであること。

ロ　中高層の耐火共同住宅にあっては、前号ロに規定する政令で定める要件を満たすものであること。

ハ　住宅又は中高層の耐火共同住宅が建築基準法（昭和25年法律第201号）その他住宅の建築に関する法令に適合するものであると認められること。

**3**　第１項の規定は、個人が、昭和62年10月１日から令和７年12月31日までの間に、その有する土地等でその年１月１日において前条第２項に規定する所有期間が５年を超えるものの譲渡をした場合において、当該譲渡が確定優良住宅地等予定地のための譲渡（その譲渡の日から同日以後２年を経過する日の属する年の12月31日までの期間（住宅建設の用に供される宅地の造成に要する期間が通常２年を超えることその他の政令で定めるやむを得ない事情がある場合には、その譲渡の日から政令で定める日までの期間。第５項において「予定期間」という。）内に前項第13号から第16号までに掲げる土地等の譲渡に該当することとなることが確実であると認められることにつき財務省令で定めるところにより証明がされたものをいう。第８項において同じ。）に該当するときについて準用する。この場合において、第１項中「優良住宅地等のための譲渡」とあるのは、「第３項に規定する確定優良住宅地等予定地のための譲渡」と読み替えるものとする。

4　第１項（前項において準用する場合を含む。）の場合において、個人が、その有する土地等につき、第33条から第33条の４まで、第34条から第35条の２まで、第36条の２、第36条の５、第37条、第37条の４から第37条の６まで又は第37条の８の規定の適用を受けるときは、当該土地等の譲渡は、第１項又は前項に規定する優良住宅地等のための譲渡又は確定優良住宅地等予定地のための譲渡に該当しないものとみなす。

5　第３項の規定の適用を受けた者から同項の規定の適用を受けた譲渡に係る土地等の買取りをした第２項第13号若しくは第14号の造成又は同項第15号若しくは第16号の建設を行う個人又は法人は、当該譲渡の全部又は一部が予定期間内に同項第13号から第16号までに掲げる土地等の譲渡に該当することとなった場合には、当該第３項の規定の適用を受けた者に対し、遅滞なく、その該当することとなった当該譲渡についてその該当することとなったことを証する財務省令で定める書類を交付しなければならない。

6　第３項の規定の適用を受けた者は、同項の規定の適用を受けた譲渡に係る前項に規定する書類の交付を受けた場合には、納税地の所轄税務署長に対し、財務省令で定めるところにより、当該書類を提出しなければならない。

7　第３項の規定の適用を受けた土地等の譲渡の全部又は一部が、特定非常災害の被害者の権利利益の保全等を図るための特別措置に関する法律第２条第１項の規定により特定非常災害として指定された非常災害に基因するやむを得ない事情により、第３項に規定する予定期間内に第２項第13号から第16号までに掲げる土地等の譲渡に該当することが困難となった場合で政令で定める場合において、当該予定期間の初日から当該予定期間の末日後２年以内の日で政令で定める日までの間に当該譲渡の全部又は一部が同項第13号から第16号までに掲げる土地等の譲渡に該当することとなることが確実であると認められることにつき財務省令で定めるところにより証明がされたときは、第３項、第５項及び次項から第10項までの規定の適用については、第３項に規定する予定期間は、当該初日から当該政令で定める日までの期間とする。

8　第３項の規定の適用を受けた者は、同項の規定の適用を受けた譲渡の全部又は一部が同項に規定する予定期間内に第２項第13号から第16号までに掲げる土地等の譲渡に該当しないこととなった場合には、当該予定期間を経過した日から４月以内に第３項の規定の適用を受けた譲渡のあった日の属する年分の所得税についての修正申告書を提出し、かつ、当該期限内に当該申告書の提出により納付すべき税額を納付しなければならない。この場合において、その該当しないこととなった譲渡は、同項の規定にかかわらず、確定優良住宅地等予定地のための譲渡ではなかったものとみなす。

9　前項の場合において、修正申告書の提出がないときは、納税地の所轄税務署長は、当該申告書に記載すべきであった所得金額、所得税の額その他の事項につき国税通則法第24条又は第26条の規定による更正を行う。

10　第８項の規定による修正申告書及び前項の更正に対する国税通則法の規定の適用については、次に定めるところによる。

一　当該修正申告書で第８項に規定する提出期限内に提出されたものについては、国税通則法第20条の規定を適用する場合を除き、これを同法第17条第２項に規定する期限内申告書とみなす。

二　当該修正申告書で第８項に規定する提出期限後に提出されたもの及び当該更正については、国税通則法第２章から第７章までの規定中「法定申告期限」とあり、及び「法定納期限」とあるのは「租税特別措置法第31条の２第８項に規定する修正申告書の提出期限」と、同法第61条第１項第１号中「期限内申告書」とあるのは「租税特別措置法第２条第１項第10号に規定する確定申告書」と、同条第２項中「期限内申告書又は期限後申告書」とあるのは「租税特別措置法第31条の２第８項の規定による修正申告書」と、同法第65条第１項、第３項第２号及び第５項第２号中「期限内申告書」とあるのは「租税特別措置法第２条第１項第10号に規定する確定申告書」とする。

三　国税通則法第61条第１項第２号及び第66条の規定は、前号に規定する修正申告書及び更正には、適用しない。

**（収用等に伴い代替資産を取得した場合の課税の特例）**

**第33条**　個人の有する資産（所得税法第２条第１項第16号に規定する棚卸資産その他これに準ずる資産で政令で定めるものを除く。以下この条、次条第２項及び第33条の４において同じ。）で次の各号に規定するものが当該各号に掲げる場合に該当することとなった場合（次条第１項の規定に該当する場合を除く。）において、その者が当該各号に規定する補償金、対価又は清算金の額（当該資産の譲渡（消滅及び価値の減少を含む。以下この款において同じ。）に要した費用がある場合には、当該補償金、対価又は清算金の額のうちから支出したものとして政令で定める金額を控除した金額。以下この条において同じ。）の全部又は一部に相当する金額をもって当該各号に規定する収用、買取り、換地処分、権利変換、買収又は消滅（以下第33条の４までにおいて「収用等」という。）のあった日の属する年の12月31日までに当該収用等により譲渡した資産と同種の資産その他のこれに代わるべき資産として政令で定めるもの（以下この款において「代替資産」という。）の取得（所有権移転外リース取引による取得を除き、製作及び建設を含む。以下この款において同じ。）をしたときは、その者については、その選択により、当該収用等により取得した補償金、対価又は清算金の額が当該代替資産に係る取得に要した金額（以下第37条の８までにおいて「取得価額」という。）以下である場合にあっては、当該譲渡した資産（第３号の清算金を同号の土地等とともに取得した場合には、当該譲渡した資産のうち当該清算金の額に対応するものとして政令で定める部分。以下この項において同じ。）の譲渡がなかったものとし、当該補償金、対価又は清算金の額が当該取得価額を超える場合にあっては、当該譲渡した資産のうちその超える金額に相当するものとして政令で定める部分について譲渡があったものとして、第31条（第31条の２又は第31条の３の規定により適用される場合を含む。第33条の４第１項第１号、第34条第１項第１号、第34条の２第１項第１号、第34条の３第１項第１号、第35条第１項第１号及び第35条の２第１項を除き、以下第37条の８までにおいて同じ。）若しくは前条又は同法第32条若しくは第33条の規定を適用することができる。

【関係法令通達】　措令22②～⑧、措通33－１～19

一　資産が土地収用法（昭和26年法律第219号）、河川法（昭和39年法律第167号）、都市計画法、首都圏の近郊整備地帯及び都市開発区域の整備に関する法律（昭和33年法律第98号）、近畿圏の近郊整備区域及び都市開発区域の整備及び開発に関する法律（昭和39年法律第145号）、新住宅市街地開発法（昭和38年法律第134号）、都市再開発法、新都市基盤整備法（昭和47年法律第86号）、流通業務市街地の整備に関する法律（昭和41年法律第110号）、水防法（昭和24年法律第193号）、土地改良法（昭和24年法律第195号）、森林法、道路法（昭和27年法律第180号）、住宅地区改良法（昭和35年法律第84号）、所有者不明土地の利用の円滑化等に関する特別措置

法その他政令で定めるその他の法令（以下次条までにおいて「土地収用法等」という。）の規定に基づいて収用され、補償金を取得する場合（政令で定める場合に該当する場合を除く。）

【関係法令通達】　措令22①⑨

二　資産について買取りの申出を拒むときは土地収用法等の規定に基づいて収用されることとなる場合において、当該資産が買い取られ、対価を取得するとき（政令で定める場合に該当する場合を除く。）。

【関係法令通達】　措令22⑨

三　土地又は土地の上に存する権利（以下第33条の3までにおいて「土地等」という。）につき土地区画整理法による土地区画整理事業、大都市地域における住宅及び住宅地の供給の促進に関する特別措置法（昭和50年法律第67号。以下第34条の2までにおいて「大都市地域住宅等供給促進法」という。）による住宅街区整備事業、新都市基盤整備法による土地整理又は土地改良法による土地改良事業が施行された場合において、当該土地等に係る換地処分により土地区画整理法第94条（大都市地域住宅等供給促進法第82条第1項及び新都市基盤整備法第37条において準用する場合を含む。）の規定による清算金（土地区画整理法第90条（同項及び新都市基盤整備法第36条において準用する場合を含む。）の規定により換地又は当該権利の目的となるべき宅地若しくはその部分を定められなかったこと及び大都市地域住宅等供給促進法第74条第4項又は第90条第1項の規定により大都市地域住宅等供給促進法第74条第4項に規定する施設住宅の一部等又は大都市地域住宅等供給促進法第90条第2項に規定する施設住宅若しくは施設住宅敷地に関する権利を定められなかったことにより支払われるものを除く。）又は土地改良法第54条の2第4項（同法第89条の2第10項、第96条及び第96条の4第1項において準用する場合を含む。）に規定する清算金（同法第53条の2の2第1項（同法第89条の2第3項、第96条及び第96条の4第1項において準用する場合を含む。）の規定により地積を特に減じて換地若しくは当該権利の目的となるべき土地若しくはその部分を定めたこと又は換地若しくは当該権利の目的となるべき土地若しくはその部分を定められなかったことにより支払われるものを除く。）を取得するとき（政令で定める場合に該当する場合を除く。）。

【関係法令通達】　措令22⑩、措通33－20

三の二　資産につき都市再開発法による第一種市街地再開発事業が施行された場合において、当該資産に係る権利変換により同法第91条の規定による補償金（同法第79条第3項の規定により施設建築物の一部等若しくは施設建築物の一部についての借家権が与えられないように定められたこと又は同法第111条の規定により読み替えられた同項の規定により建築施設の部分若しくは施設建築物の一部についての借家権が与えられないように定められたことにより支払われるもの及びやむを得ない事情により同法第71条第1項又は第3項の申出をしたと認められる場合として政令で定める場合における当該申出に基づき支払われるものに限る。）を取得するとき（政令で定める場合に該当する場合を除く。）。

【関係法令通達】　措令22⑪⑫、措通33－21

三の三　資産につき密集市街地における防災街区の整備の促進に関する法律による防災街区整備事業が施行された場合において、当該資産に係る権利変換により同法第226条の規定による補償金（同法第212条第3項の規定により防災施設建築物の一部等若しくは防災施設建築物の一部についての借家権が与えられないように定められたこと又は政令で定める規定により防災建築施設の部分若しくは防災施設建築物の一部についての借家権が与えられないように定められたことにより支払われるもの及びやむを得ない事情により同法第203条第１項又は第３項の申出をしたと認められる場合として政令で定める場合における当該申出に基づき支払われるものに限る。）を取得するとき（政令で定める場合に該当する場合を除く。）。

【関係法令通達】　措令22⑬～⑮、措通33－21

三の四　土地等が都市計画法第52条の４第１項（同法第57条の５及び密集市街地における防災街区の整備の促進に関する法律第285条において準用する場合を含む。）又は都市計画法第56条第１項の規定に基づいて買い取られ、対価を取得する場合（第34条第２項第２号及び第２号の２に掲げる場合に該当する場合を除く。）

三の五　土地区画整理法による土地区画整理事業で同法第109条第１項に規定する減価補償金（次号において「減価補償金」という。）を交付すべきこととなるものが施行される場合において、公共施設の用地に充てるべきものとして当該事業の施行区域（同法第２条第８項に規定する施行区域をいう。同号において同じ。）内の土地等が買い取られ、対価を取得するとき。

三の六　地方公共団体又は独立行政法人都市再生機構が被災市街地復興推進地域において施行する被災市街地復興土地区画整理事業で減価補償金を交付すべきこととなるものの施行区域内にある土地等について、これらの者が当該被災市街地復興土地区画整理事業として行う公共施設の整備改善に関する事業の用に供するためにこれらの者（土地開発公社を含む。）に買い取られ、対価を取得する場合（前２号に掲げる場合に該当する場合を除く。）

三の七　地方公共団体又は独立行政法人都市再生機構が被災市街地復興特別措置法第21条に規定する住宅被災市町村の区域において施行する都市再開発法による第二種市街地再開発事業の施行区域（都市計画法第12条第２項の規定により第二種市街地再開発事業について都市計画に定められた施行区域をいう。）内にある土地等について、当該第二種市街地再開発事業の用に供するためにこれらの者（土地開発公社を含む。）に買い取られ、対価を取得する場合（第２号又は次条第１項第１号に掲げる場合に該当する場合を除く。）

四　国、地方公共団体、独立行政法人都市再生機構又は地方住宅供給公社が、自ら居住するため住宅を必要とする者に対し賃貸し、又は譲渡する目的で行う50戸以上の一団地の住宅経営に係る事業の用に供するため土地等が買い取られ、対価を取得する場合

五　資産が土地収用法等の規定により収用された場合（第２号の規定に該当する買取りがあった場合を含む。）において、当該資産に関して有する所有権以外の権利が消滅し、補償金又は対価を取得するとき（政令で定める場合に該当する場合を除く。）。

【関係法令通達】　措令22⑨、措通33－22

六　資産に関して有する権利で都市再開発法に規定する権利変換により新たな権利に変換をすることのないものが、同法第87条の規定により消滅し、同法第91条の規定による補償金を取得する場合（政令で定める場合に該当する場合を除く。）

【関係法令通達】　措令22⑫、措通33－23

六の二　資産に関して有する権利で密集市街地における防災街区の整備の促進に関する法律に規定する権利変換により新たな権利に変換をする

ことのないものが、同法第221条の規定により消滅し、同法第226条の規定による補償金を取得する場合（政令で定める場合に該当する場合を除く。）

【関係法令通達】 措令22⑮、措通33－23

七 国若しくは地方公共団体（その設立に係る団体で政令で定めるものを含む。）が行い、若しくは土地収用法第３条に規定する事業の施行者がその事業の用に供するために行う公有水面埋立法（大正10年法律第57号）の規定に基づく公有水面の埋立て又は当該施行者が行う当該事業の施行に伴う漁業権、入漁権、漁港水面施設運営権その他水の利用に関する権利又は鉱業権（租鉱権及び採石権その他土石を採掘し、又は採取する権利を含む。）の消滅（これらの権利の価値の減少を含む。）により、補償金又は対価を取得する場合

【関係法令通達】 措令22⑯、措通33－24・25

八 前各号に掲げる場合のほか、国又は地方公共団体が、建築基準法第11条第１項若しくは漁業法（昭和24年法律第267号）第39条第１項その他政令で定めるその他の法令の規定に基づき行う処分に伴う資産の買取り若しくは消滅（価値の減少を含む。）により、又はこれらの規定に基づき行う買収の処分により補償金又は対価を取得する場合

【関係法令通達】 措令22①

2 前項の規定は、個人が同項各号に掲げる場合に該当することとなった場合において、当該個人が、収用等のあった日の属する年の前年中（当該収用等により当該個人の有する資産の譲渡をすることとなることが明らかとなった日以後の期間に限る。）に代替資産となるべき資産の取得をしたとき（当該代替資産となるべき資産が土地等である場合において、工場等の建設に要する期間が通常１年を超えることその他の政令で定めるやむを得ない事情があるときは、政令で定める期間内に取得をしたとき）について準用する。この場合において、同項中「その選択により」とあるのは、「その選択により、政令で定めるところにより」と読み替えるものとする。

3 第１項の規定は、個人が同項各号に掲げる場合に該当した場合において、その者が当該各号に規定する補償金、対価又は清算金の額の全部又は一部に相当する金額をもって取得指定期間（収用等のあった日の属する年の翌年１月１日から収用等のあった日以後２年を経過した日までの期間（当該収用等に係る事業の全部又は一部が完了しないこと、工場等の建設に要する期間が通常２年を超えることその他のやむを得ない事情があるため、当該期間内に代替資産の取得をすることが困難である場合で政令で定める場合には、当該代替資産については、同年１月１日から政令で定める日までの期間）をいう。）内に代替資産の取得をする見込みであるときについて準用する。この場合において、同項中「の額（」とあるのは「の額（第３項に規定する収用等のあった日の属する年において当該補償金、対価若しくは清算金の額の一部に相当する金額をもって同項に規定する代替資産の取得をした場合又は同項に規定する収用等に係る次項に規定する前年中に同項に規定する代替資産となるべき資産を取得した場合には、これらの資産の取得価額を控除した金額。以下この項において同じ。）（」と、「取得価額」とあるのは「取得価額の見積額」と読み替えるものとする。

【関係法令通達】 措令22⑲、措規14⑥

4 個人の有する資産が次の各号に掲げる場合に該当することとなった場合には、第１項（前２項において準用する場合を含む。）の規定の適用については、第１号の場合にあっては同号に規定する

土地等、第２号又は第３号の場合にあってはこれらの号に規定する土地の上にある資産又はその土地の上にある建物に係る配偶者居住権、第４号の場合にあっては同号に規定する権利（第２号から第４号までに規定する補償金がこれらの資産の価額の一部を補償するものである場合には、これらの資産のうちその補償金に対応するものとして政令で定める部分）について、収用等による譲渡があったものとみなす。この場合においては、第１号、第２号若しくは第４号に規定する補償金若しくは対価の額又は第３号に規定する補償金の額をもって、第１項に規定する補償金、対価又は清算金の額とみなす。

【関係法令通達】　措令22⑳

一　土地等が土地収用法等の規定に基づいて使用され、補償金を取得する場合（土地等について使用の申出を拒むときは土地収用法等の規定に基づいて使用されることとなる場合において、当該土地等が契約により使用され、対価を取得するときを含む。）において、当該土地等を使用させることが譲渡所得の基因となる不動産等の貸付けに該当するとき（政令で定める場合に該当する場合を除く。）。

【関係法令通達】　措令22㉑、措通33－26

二　土地等が第１項第１号から第３号の３までの規定、前号の規定若しくは次条第１項第２号若しくは第33条の３第１項の規定に該当することとなったことに伴い、その土地の上にある資産につき、土地収用法等の規定に基づく収用をし、若しくは取壊し若しくは除去をしなければならなくなった場合又は第１項第８号に規定する法令の規定若しくは大深度地下の公共的使用に関する特別措置法（平成12年法律第87号）第11条の規定に基づき行う国若しくは地方公共団体の処分に伴い、その土地の上にある資産の取壊し若しくは除去をしなければならなくなった場合において、これらの資産若しくはその土地の上にある建物に係る配偶者居住権（当該配偶者居住権の目的となっている建物の敷地の用に供される土地等を当該配偶者居住権に基づき使用する権利を含む。以下この号及び次号並びに次条第１項第１号において同じ。）の対価又はこれらの資産若しくはその土地の上にある建物に係る配偶者居住権の損失に対する補償金で政令で定めるものを取得するとき（政令で定める場合に該当する場合を除く。）。

【関係法令通達】　措令22㉒㉓、措通33－27～31

三　土地等が第33条の３第９項の規定に該当することとなったことに伴い、その土地の上にある資産が土地区画整理法第77条の規定により除却される場合において、当該資産又はその土地の上にある建物に係る配偶者居住権の損失に対して、同法第78条第１項の規定による補償金を取得するとき。

四　配偶者居住権の目的となっている建物の敷地の用に供される土地等が第１項第１号、第２号、第３号の２若しくは第３号の３の規定若しくは第１号の規定に該当することとなったことに伴い当該土地等を当該配偶者居住権に基づき使用する権利の価値が減少した場合又は配偶者居住権の目的となっている建物が同項第１号、第２号若しくは第５号の規定に該当することとなったことに伴い当該建物の敷地の用に供される土地等を当該配偶者居住権に基づき使用する権利が消滅した場合において、これらの権利の対価又はこれらの権利の損失に対する補償金で政令で定めるものを取得するとき（第２号に掲げる場合又は政令で定める場合に該当する場合を除く。）。

**5**　第１項第１号、第５号、第７号又は第８号に規定する補償金の額は、名義がいずれであるかを問わず、資産の収用等の対価たる金額をいうものとし、収用等に際して交付を受ける移転料その他当該資産の収用等の対価たる金額以外の金額を含まないものとする。

**6**　第１項から第３項までの規定は、これらの規定の適用を受けようとする年分の確定申告書に、これらの規定の適用を受けようとする旨を記載し、かつ、これらの規定による山林所得の金額又は譲渡所得の金額の計算に関する明細書その他財務省令で定める書類を添付しない場合には、適用しない。ただし、当該申告書の提出がなかったこと又は当該記載若しくは添付がなかったことにつき税務署長においてやむを得ない事情があると認める場合において、当該記載をした書類並びに当該明細書及び財務省令で定める書類の提出があったときは、この限りでない。

【関係法令通達】　措規14⑤⑥、措通33－50「別表２」

**7**　前項に規定する確定申告書を提出する者は、政令で定めるところにより、代替資産の明細に関する財務省令で定める書類を納税地の所轄税務署長に提出しなければならない。

【関係法令通達】　措令22㉖、措規14⑦

**8**　個人が、特定非常災害の被害者の権利利益の保全等を図るための特別措置に関する法律第２条第１項の規定により特定非常災害として指定された非常災害に基因するやむを得ない事情により、代替資産の第３項に規定する取得指定期間内における取得をすることが困難となった場合において、当該取得指定期間の初日から当該取得指定期間の末日後２年以内の日で政令で定める日までの間に代替資産の取得をする見込みであり、かつ、財務省令で定めるところにより納税地の所轄税務署長の承認を受けたときは、同項及び第33条の５の規定の適用については、同項に規定する取得指定期間は、当該初日から当該政令で定める日までの期間とする。

**（交換処分等に伴い資産を取得した場合の課税の特例）**

**第33条の２**　個人の有する資産で次の各号に規定するものが当該各号に掲げる場合に該当することとなった場合（当該各号に規定する資産とともに補償金、対価又は清算金（以下この款において「補償金等」という。）を取得した場合を含む。）には、その者については、その選択により、当該各号に規定する収用、買取り又は交換（以下この款において「交換処分等」という。）により譲渡した資産（当該各号に規定する資産とともに補償金等を取得した場合には、当該譲渡した資産のうち当該補償金等の額に対応する部分以外のものとして政令で定める部分）の譲渡がなかったものとして、第28条の４、第31条若しくは第32条又は所得税法第27条、第32条、第33条若しくは第35条の規定を適用することができる。

【関係法令通達】　措令22の２①

一　資産につき土地収用法等の規定による収用があった場合（前条第１項第２号又は第４号の規定に該当する買取りがあった場合を含む。）において、当該資産又は当該資産に係る配偶者居住権と同種の資産その他のこれらに代わるべき資産として政令で定めるものを取得するとき。

【関係法令通達】　措令22の２②

二　土地等につき土地改良法による土地改良事業又は農業振興地域の整備に関する法律第13条の２第１項の事業が施行された場合において、当該土地等に係る交換により土地等を取得するとき。

**2**　前条第１項から第４項までの規定は、個人の有する資産で前項各号に規定するものが当該各号に掲げる場合に該当することとなった場合において、個人が、当該各号に規定する資産とともに補償金等を取得し、その額の全部若しくは一部に相当する金額をもって代替資産の取得をしたとき、若しくは取得をする見込みであるとき、又は代替資産となるべき資産の取得をしたときについて準用する。この場合において、同条第１項中「当該譲渡した資産」とあるのは、「当該譲渡した資産のうち当該補償金等の額に対応するものとして政令で定める部分」と読み替えるものとする。

【関係法令通達】　措令22の２③④、措規14⑥

**3**　前条第５項及び第６項の規定は、前２項の規定を適用する場合について準用する。

【関係法令通達】　措令22の２⑤、措規14⑤

**4**　前条第７項の規定は、前項において準用する同条第６項に規定する確定申告書を提出する者について準用する。この場合において、同条第７項中「代替資産」とあるのは、「交換処分等により取得した資産又は代替資産」と読み替えるものとする。

【関係法令通達】　措規14の２

**5**　前条第８項の規定は、第２項の規定を適用する場合について準用する。この場合において、同条第８項中「第３項」とあるのは、「次条第２項において準用する第３項」と読み替えるものとする。

**（換地処分等に伴い資産を取得した場合の課税の特例）**

**第33条の３**　個人が、その有する土地等につき土地区画整理法による土地区画整理事業、新都市基盤整備法による土地整理、土地改良法による土地改良事業又は大都市地域住宅等供給促進法による住宅街区整備事業が施行された場合において、当該土地等に係る換地処分により土地等又は土地区画整理法第93条第１項、第２項、第４項若しくは第５項に規定する建築物の一部及びその建築物の存する土地の共有持分、大都市地域住宅等供給促進法第74条第１項に規定する施設住宅の一部等若しくは大都市地域住宅等供給促進法第90条第２項に規定する施設住宅若しくは施設住宅敷地に関する権利を取得したときは、第28条の４、第31条若しくは第32条又は所得税法第27条、第33条若しくは第35条の規定の適用については、換地処分により譲渡した土地等（土地等とともに清算金を取得した場合又は中心市街地の活性化に関する法律（平成10年法律第92号）第16条第１項、高齢者、障害者等の移動等の円滑化の促進に関する法律（平成18年法律第91号）第39条第１項、都市の低炭素化の促進に関する法律（平成24年法律第84号）第19条第１項、大都市地域住宅等供給促進法第21条第１項若しくは地方拠点都市地域の整備及び産業業務施設の再配置の促進に関する法律（平成４年法律第76号）第28条第１項の規定による保留地が定められた場合には、当該譲渡した土地等のうち当該清算金の額又は当該保留地の対価の額に対応する部分以外のものとして政令で定める部分）の譲渡がなかったものとみなす。

【関係法令通達】　措令22の３①、措通33－20

**2**　個人が、その有する資産につき都市再開発法による第一種市街地再開発事業が施行された場合において当該資産に係る権利変換により施設建築物の一部を取得する権利若しくは施設建築物の一部についての借家権を取得する権利及び施設建築敷地若しくはその共有持分若しくは地上権の共有持分（当該資産に係る権利変換が同法第110条第１項又は第110条の２第１項の規定により定められた権利変換計画において定められたものである場合には、施設建築敷地に関する権利又は施設建築物に関する権利を取得する権利）若しくは個別利用区内の宅地若しくはその使用収益権を取得したとき、又はその有する資産が同法による第二種市街地再開発事業の施行に伴い買い取られ、若しくは収用された場合において同法第118条の11第１項の規定によりその対償として同項に規定する建築施設の部分の給付（当該給付が同法第118条の25の３第１項の規定により定められた管理処分計画において定められたものである場合には、施設建築敷地又は施設建築物に関する権利の給付）を受ける権利を取得したときは、第28条の４、第31条若しくは第32条又は所得税法第27条、第33条若しくは第35条の規定の適用については、当該権利変換又は買取り若しくは収用により譲渡した資産（当該給付を受ける権利とともに補償金等を取得した場合には、当該譲渡した資産のうち当該補償金等の額に対応する部分以外のものとして政令で定める部分。次項及び次条第１項において「旧資産」という。）の譲渡がなかったものとみなす。

【関係法令通達】　措令22の３②

**3**　前項の規定の適用を受けた場合において、同項の施設建築物の一部を取得する権利若しくは施設建築物の一部についての借家権を取得する権利（都市再開発法第110条第１項又は第110条の２第１項の規定により定められた権利変換計画に係る施設建築物に関する権利を取得する権利を含む。）若しくは前項に規定する給付を受ける権利につき譲渡、相続（限定承認に係るものに限る。以下この条、第33条の６、第36条の４、第37条の３、第37条の６及び第37条の８第４項において同じ。）、遺贈（法人に対するもの並びに公益信託に関する法律第２条第１項第１号に規定する公益信託（以下この項において「公益信託」という。）の受託者である個人に対するもの（その信託財産とするためのものに限る。）及び個人に対する包括遺贈のうち限定承認に係るものに限る。以下この条、第33条の６、第36条の４、第37条の３、第37条の６及び第37条の８第４項において同じ。）若しくは贈与（法人に対するもの及び公益信託の受託者である個人に対するもの（その信託財産とするためのものに限る。）に限る。以下この条、第33条の６、第36条の４、第37条の３、第37条の６及び第37条の８第４項において同じ。）があったとき、又は前項に規定する建築施設の部分（都市再開発法第118条の25の３第１項の規定により定められた管理処分計画に係る施設建築敷地又は施設建築物に関する権利を含む。）につき同法第118条の５第１項の規定による譲受け希望の申出の撤回があったとき（同法第118条の12第１項又は第118条の19第１項の規定により譲受け希望の申出を撤回したものとみなされる場合を含む。）は、政令で定めるところにより、当該譲渡、相続、遺贈若しくは贈与又は譲受け希望の申出の撤回のあった日若しくは同法第118条の12第１項若しくは第118条の19第１項の規定によりその撤回があったものとみなされる日において旧資産の譲渡、相続、遺贈若しくは贈与又は収用等による譲渡があったものとみなして第28条の４、第31条、第32条若しくは第33条又は所得税法第27条、第33条、第35条、第40条若しくは第59条の規定を適用し、前項の施設建築物の一部を取得する権利及び施設建築敷地若しくはその共有持分若しくは地上権の共有持分（都市再開発法第110条の２第１項の規定により定められた権利変換計画に係る施設建築敷地に関する権利又は施設建築物に関する権利を取得する権利を含む。）若しくは個別利用区内の宅地若しくはその使用収益権又は前項に規定する給付を受ける権利につき都市再開発法第104条第１項（同法第110条の２第６項又は第111条の規定により読み替えて適用される場合を含む。）又は第118条の24（同法第118条の25の３第３項の規定により読み替えて適用される場合を含む。）の規定によりこれらの規定に規定する差額に相当する金額の交付を受けることとなったときは、そのなった日において旧資産のうち当該金額に対応するものとして政令で定める部分につき収用等による譲渡があったものとみなして第33条の規定を適用する。

【関係法令通達】　措令22の３③④

4　個人が、その有する資産につき密集市街地における防災街区の整備の促進に関する法律による防災街区整備事業が施行された場合において、当該資産に係る権利変換により防災施設建築物の一部を取得する権利若しくは防災施設建築物の一部についての借家権を取得する権利及び防災施設建築敷地若しくはその共有持分若しくは地上権の共有持分（当該資産に係る権利変換が同法第255条第１項又は第257条第１項の規定により定められた権利変換計画において定められたものである場合には、防災施設建築敷地に関する権利又は防災施設建築物に関する権利を取得する権利）又は個別利用区内の宅地若しくはその使用収益権を取得したときは、第28条の４、第31条若しくは第32条又は所得税法第27条、第33条若しくは第35条の規定の適用については、当該権利変換により譲渡した資産（次項及び次条第１項において「防災旧資産」という。）の譲渡がなかったものとみなす。

5　前項の規定の適用を受けた場合において、同項の防災施設建築物の一部を取得する権利又は防災施設建築物の一部についての借家権を取得する権利（密集市街地における防災街区の整備の促進に関する法律第255条第１項又は第257条第１項の規定により定められた権利変換計画に係る防災施設建築物に関する権利を取得する権利を含む。）につき譲渡、相続、遺贈又は贈与があったときは、政令で定めるところにより、当該譲渡、相続、遺贈又は贈与のあった日において防災旧資産の譲渡、相続、遺贈又は贈与があったものとみなして第28条の４、第31条若しくは第32条又は所得税法第27条、第33条、第35条、第40条若しくは第59条の規定を適用し、前項の防災施設建築物の一部を取得する権利及び防災施設建築敷地若しくはその共有持分若しくは地上権の共有持分（密集市街地における防災街区の整備の促進に関する法律第255条第１項の規定により定められた権利変換計画に係る防災施設建築敷地に関する権利又は防災施設建築物に関する権利を取得する権利を含む。）又は個別利用区内の宅地若しくはその使用収益権につき密集市街地における防災街区の整備の促進に関する法律第248条第１項（政令で定める規定により読み替えて適用される場合を含む。）の規定により同項に規定する差額に相当する金額の交付を受けることとなったときは、そのなった日において防災旧資産のうち当該金額に対応するものとして政令で定める部分につき収用等による譲渡があったものとみなして第33条の規定を適用する。

【関係法令通達】　措令22の３⑤⑥⑦

6　個人が、その有する資産（政令で定めるものに限る。以下この項において同じ。）につきマンションの建替え等の円滑化に関する法律第２条第１項第４号に規定するマンション建替事業が施行された場合において、当該資産に係る同法の権利変換により同項第７号に規定する施行再建マンションに関する権利を取得する権利又は当該施行再建マンションに係る敷地利用権（同項第19号に規定する敷地利用権をいう。）を取得したときは、第28条の４、第31条若しくは第32条又は所得税法第27条、第33条若しくは第35条の規定の適用については、当該権利変換により譲渡した資産（次項において「変換前資産」という。）の譲渡がなかったものとみなす。

【関係法令通達】　措令22の３⑧

7　前項の規定の適用を受けた場合において、同項の施行再建マンションに関する権利を取得する権利につき譲渡、相続、遺贈又は贈与があったときは、政令で定めるところにより、当該譲渡、相続、遺贈又は贈与のあった日において変換前資産の譲渡、相続、遺贈又は贈与があったものとみなして第28条の４、第31条若しくは第32条又は所得税法第27条、第33条、第35条、第40条若しくは第59条の規定を適用し、当該施行再建マンションに関する権利を取得する権利又は同項の施行再建マンションに係る敷地利用権につきマンションの建替え等の円滑化に関する法律第85条の規定により同条に規定する差額に相当する金額の交付を受けることとなったときは、そのなった日において変換前資産のうち当該金額に対応するものとして政令で定める部分につき譲渡があったものとみなして第28条の４、第31条若しくは第32条又は所得税法第27条、第33条若しくは第35条の規定を適用する。

【関係法令通達】　措令22の３⑨⑩

8　個人が、その有する資産につきマンションの建替え等の円滑化に関する法律第２条第１項第12号に規定する敷地分割事業が実施された場合において、当該資産に係る同法の敷地権利変換により同法第191条第１項第２号に規定する除却敷地持分、同項第５号に規定する非除却敷地持分等又は同項第８号の敷地分割後の団地共用部分の共有持分を取得したときは、第28条の４、第31条若しくは第32条又は所得税法第27条、第33条若しくは第35条の規定の適用については、当該敷地権利変換により譲渡した資産（当該資産につきマンションの建替え等の円滑化に関する法律第205条の規定により同条に規定する差額に相当する金額の交付を受けることとなった場合には、当該譲渡した資産のうち当該差額に相当する金額に対応する部分以外のものとして政令で定める部分）の譲渡がなかったものとみなす。

【関係法令通達】　措令22の３⑪

9　個人が、その有する土地等（所得税法第２条第１項第16号に規定する棚卸資産その他これに準ずる資産で政令で定めるものを除く。以下この条において同じ。）で被災市街地復興推進地域内にあるものにつき被災市街地復興土地区画整理事業が施行された場合において、当該土地等に係る換地処分により、土地等及びその土地等の上に建設された被災市街地復興特別措置法第15条第１項に規定する住宅又は同条第２項に規定する住宅等（以下この項、次項及び第33条の６第１項第４号において「代替住宅等」という。）を取得したときは、第31条若しくは第32条又は所得税法第33条の規定の適用については、当該換地処分により譲渡した土地等（代替住宅等とともに清算金を取得した場合又は被災市街地復興特別措置法第17条第１項の規定により保留地が定められた場合には、当該譲渡した土地等のうち当該清算金の額又は当該保留地の対価の額に対応する部分以外のものとして政令で定める部分）の譲渡がなかったものとみなす。

10　前項の規定は、同項の規定の適用を受けようとする年分の確定申告書に、同項の規定の適用を受けようとする旨の記載があり、かつ、被災市街地復興土地区画整理事業の施行者から交付を受けた土地等に係る換地処分により代替住宅等を取得したことを証する書類その他の財務省令で定める書類の添付がある場合に限り、適用する。

11　税務署長は、確定申告書の提出がなかった場合又は前項の記載若しくは添付がない確定申告書の提出があった場合においても、その提出又は記載若しくは添付がなかったことについてやむを得ない事情があると認めるときは、当該記載をした書類及び同項の財務省令で定める書類の提出があった場合に限り、第９項の規定を適用することができる。

12　第９項の規定の適用を受ける同項に規定する換地処分による土地等の譲渡については、第１項の規定は、適用しない。

13　個人の有する土地又は土地の上に存する権利で被災市街地復興推進地域内にあるものにつき被災市街地復興土地区画整理事業が施行された場合に

おいて、当該個人が、当該土地又は土地の上に存する権利に係る換地処分により土地等及びその土地等の上に建設された被災市街地復興特別措置法第15条第1項に規定する住宅又は同条第2項に規定する住宅等を取得したときにおける第1項の規定の適用については、当該換地処分による土地又は土地の上に存する権利の譲渡につき第9項の規定の適用を受ける場合を除き、当該換地処分により取得した当該住宅又は当該住宅等は第1項に規定する清算金に、当該住宅又は当該住宅等の価額は同項に規定する清算金の額にそれぞれ該当するものとみなす。

**（収用交換等の場合の譲渡所得等の特別控除）**

**第33条の4**　個人の有する資産で第33条第1項各号又は第33条の2第1項各号に規定するものがこれらの規定に該当することとなった場合（第33条第4項の規定により同項第1号に規定する土地等、同項第2号若しくは第3号に規定する土地の上にある資産若しくはその土地の上にある建物に係る配偶者居住権又は同項第4号に規定する権利につき収用等による譲渡があったものとみなされた場合、前条第3項の規定により旧資産又は旧資産のうち同項の政令で定める部分につき収用等による譲渡があったものとみなされた場合及び同条第5項の規定により防災旧資産のうち同項の政令で定める部分につき収用等による譲渡があったものとみなされた場合を含む。）において、その者がその年中にその該当することとなった資産のいずれについても第33条又は第33条の2の規定の適用を受けないとき（同条の規定の適用を受けず、かつ、第33条の規定の適用を受けた場合において、次条第1項の規定による修正申告書を提出したことにより第33条の規定の適用を受けないこととなるときを含む。）は、これらの全部の資産の収用等又は交換処分等（以下この款において「収用交換等」という。）による譲渡に対する第31条若しくは第32条又は所得税法第32条若しくは第33条の規定の適用については、次に定めるところによる。

一　第31条第1項中「長期譲渡所得の金額（」とあるのは、「長期譲渡所得の金額から5,000万円（長期譲渡所得の金額のうち第33条の4第1項の規定に該当する資産の譲渡に係る部分の金額が5,000万円に満たない場合には、当該資産の譲渡に係る部分の金額）を控除した金額（」とする。

二　第32条第1項中「短期譲渡所得の金額（」とあるのは、「短期譲渡所得の金額から5,000万円（短期譲渡所得の金額のうち第33条の4第1項の規定に該当する資産の譲渡に係る部分の金額が5,000万円に満たない場合には、当該資産の譲渡に係る部分の金額）を控除した金額（」とする。

三　所得税法第32条第3項の山林所得に係る収入金額から必要経費を控除した残額は、当該資産の譲渡に係る当該残額に相当する金額から5,000万円（当該残額に相当する金額が5,000万円に満たない場合には、当該残額に相当する金額）を控除した金額とする。

四　所得税法第33条第3項の譲渡所得に係る収入金額から当該所得の基因となった資産の取得費及びその資産の譲渡に要した費用の額の合計額を控除した残額は、当該資産の譲渡に係る当該残額に相当する金額から5,000万円（当該残額に相当する金額が5,000万円に満たない場合には、当該残額に相当する金額）を控除した金額とする。

**2**　前項の場合において、当該個人のその年中の収用交換等による資産の譲渡について同項各号のうち2以上の号の規定の適用があるときは、同項各号の規定により控除すべき金額は、通じて5,000万円の範囲内において、政令で定めるところにより計算した金額とする。

【関係法令通達】　措令22の4①、措通33の4－1

3　第１項の規定は、次の各号に掲げる場合に該当する場合には、当該各号に定める資産については、適用しない。

一　第１項に規定する資産の収用交換等による譲渡が、当該資産の買取り、消滅、交換、取壊し、除去又は使用（以下この条において「買取り等」という。）の申出をする者（以下この条において「公共事業施行者」という。）から当該資産につき最初に当該申出のあった日から６月を経過した日（当該資産の当該譲渡につき、土地収用法第15条の７第１項の規定による仲裁の申請（同日以前にされたものに限る。）に基づき同法第15条の11第１項に規定する仲裁判断があった場合、同法第46条の２第１項の規定による補償金の支払の請求があった場合又は農地法（昭和27年法律第229号）第３条第１項若しくは第５条第１項の規定による許可を受けなければならない場合若しくは同項第６号の規定による届出をする場合には、同日から政令で定める期間を経過した日）までにされなかった場合　当該資産

【関係法令通達】　措令22の４②、措通33の４－１の２⑴・２～３の２

二　一の収用交換等に係る事業につき第１項に規定する資産の収用交換等による譲渡が２以上あった場合において、これらの譲渡が２以上の年にわたってされたとき　当該資産のうち、最初に当該譲渡があった年において譲渡された資産以外の資産

【関係法令通達】　措通33の４－１の２⑵・３の３～５

三　第１項に規定する資産の収用交換等による譲渡が当該資産につき最初に買取り等の申出を受けた者以外の者からされた場合（当該申出を受けた者の死亡によりその者から当該資産を取得した者が当該譲渡をした場合を除く。）　当該資産

【関係法令通達】　措通33の４－１の２⑶・６

4　第１項の規定は、同項の規定の適用があるものとした場合においてもその年分の確定申告書を提出しなければならない者については、同項の規定の適用を受けようとする年分の確定申告書又は同項の修正申告書に、同項の規定の適用を受けようとする旨の記載があり、かつ、同項の規定の適用を受けようとする資産につき公共事業施行者から交付を受けた前項の買取り等の申出があったことを証する書類その他の財務省令で定める書類の添付がある場合に限り、適用する。

【関係法令通達】　措規15②

5　税務署長は、確定申告書若しくは第１項の修正申告書の提出がなかった場合又は前項の記載若しくは添付がない確定申告書若しくは第１項の修正申告書の提出があった場合においても、その提出又は記載若しくは添付がなかったことについてやむを得ない事情があると認めるときは、当該記載をした書類及び前項の財務省令で定める書類の提出があった場合に限り、第１項の規定を適用することができる。

6　公共事業施行者は、財務省令で定めるところにより、第３項の買取り等の申出に係る資産の全部につき第４項に規定する買取り等の申出があったことを証する書類の写し及び当該資産の買取り等に係る支払に関する調書を、その事業の施行に係る営業所、事業所その他の事業場の所在地の所轄税務署長に提出しなければならない。

【関係法令通達】　措規15③④

7　所得税法第132条第１項に規定する延納の許可に係る所得税の額の計算の基礎となった山林所得

の金額又は譲渡所得の金額のうちに第１項の規定の適用を受けた資産の譲渡に係る部分の金額がある場合には、当該延納に係る同法第136条の規定による利子税のうち当該譲渡に係る山林所得の金額又は譲渡所得の金額に対する所得税の額に対応する部分の金額として政令で定めるところにより計算した金額は、免除する。

【関係法令通達】　措令22の４③

**（収用交換等に伴い代替資産を取得した場合の更正の請求、修正申告等）**

**第33条の５**　第33条第３項（第33条の２第２項において準用する場合を含む。以下この条において同じ。）の規定の適用を受けた者は、次の各号に掲げる場合に該当する場合には、それぞれ、当該各号に定める日から４月以内に当該収用交換等のあった日の属する年分の所得税についての修正申告書を提出し、かつ、当該期限内に当該申告書の提出により納付すべき税額を納付しなければならない。

【関係法令通達】　措令22の５、措通33の５－１

一　代替資産の取得をした場合において、当該資産の取得価額が第33条第３項の規定により読み替えられた同条第１項に規定する取得価額の見積額に満たないとき　当該資産の取得をした日

二　第33条第３項に規定する取得指定期間内に代替資産の取得をしなかった場合　当該取得指定期間を経過した日

**2**　前項各号に掲げる場合に該当することとなった場合において、修正申告書の提出がないときは、納税地の所轄税務署長は、当該申告書に記載すべきであった所得金額、所得税の額その他の事項につき国税通則法第24条又は第26条の規定による更正を行う。

**3**　第１項の規定による修正申告書及び前項の更正に対する国税通則法の規定の適用については、次に定めるところによる。

一　当該修正申告書で第１項に規定する提出期限内に提出されたものについては、国税通則法第20条の規定を適用する場合を除き、これを同法第17条第２項に規定する期限内申告書とみなす。

二　当該修正申告書で第１項に規定する提出期限後に提出されたもの及び当該更正については、国税通則法第２章から第７章までの規定中「法定申告期限」とあり、及び「法定納期限」とあるのは「租税特別措置法第33条の５第１項に規定する修正申告書の提出期限」と、同法第61条第１項第１号中「期限内申告書」とあるのは「租税特別措置法第２条第１項第10号に規定する確定申告書」と、同条第２項中「期限内申告書又は期限後申告書」とあるのは「租税特別措置法第33条の５第１項の規定による修正申告書」と、同法第65条第１項、第３項第２号及び第５項第２号中「期限内申告書」とあるのは「租税特別措置法第２条第１項第10号に規定する確定申告書」とする。

三　国税通則法第61条第１項第２号及び第66条の規定は、前号に規定する修正申告書及び更正には、適用しない。

**4**　第33条第３項の規定の適用を受けた者は、同項に規定する取得指定期間内に代替資産の取得をした場合において、その取得価額が同項の規定により読み替えられた同条第１項に規定する取得価額の見積額に対して過大となったときは、当該代替資産の取得をした日から４月以内に、納税地の所轄税務署長に対し、その収用交換等のあった日の属する年分の所得税についての更正の請求をすることができる。

**（収用交換等により取得した代替資産等の取得価額の計算）**

**第33条の６**　第33条、第33条の２第１項若しくは第２項又は第33条の３の規定の適用を受けた者（前条第１項の規定による修正申告書を提出し、又は

同条第２項の規定による更正を受けたため、第33条（第33条の２第２項において準用する場合を含む。）の規定の適用を受けないこととなった者を除く。）が代替資産又は交換処分等、換地処分若しくは権利変換（都市再開発法第88条第２項の規定による施設建築物の一部若しくは同条第５項の規定による施設建築物の一部についての借家権若しくは同法第110条第３項若しくは第110条の２第４項の規定による同法第110条第２項（同法第110条の２第２項において準用する場合を含む。）の施設建築物に関する権利、同法第118条の11第１項（同法第118条の25の３第３項の規定により読み替えて適用される場合を含む。）の規定による建築施設の部分若しくは施設建築敷地若しくは施設建築物に関する権利、密集市街地における防災街区の整備の促進に関する法律第222条第２項の規定による防災施設建築物の一部若しくは同条第５項の規定による防災施設建築物の一部についての借家権若しくは同法第255条第４項若しくは第257条第３項の規定による同法第255条第２項（同法第257条第２項において準用する場合を含む。）の防災施設建築物に関する権利又はマンションの建替え等の円滑化に関する法律第71条第２項の規定による施行再建マンションの区分所有権（政令で定めるものに限る。）若しくは同条第３項の規定による施行再建マンションの部分についての借家権の取得を含む。第３号において同じ。）により取得した資産（以下この条において「代替資産等」という。）について所得税法第49条第１項の規定により償却費の額を計算するとき、又は代替資産等につきその取得した日以後譲渡（譲渡所得の基因となる不動産等の貸付けを含む。）、相続、遺贈若しくは贈与があった場合において、事業所得の金額、山林所得の金額、譲渡所得の金額又は雑所得の金額を計算するときは、政令で定めるところにより、第33条、第33条の２第１項若しくは第２項又は第33条の３の規定の適用を受けた資産（以下この項において「譲渡資産」という。）の取得の時期を当該代替資産等の取得の時期とし、譲渡資産の取得価額並びに設備費及び改良費の額の合計額（第36条の４、第37条の３、第37条の５及び第37条の６において「取得価額等」という。）のうち当該代替資産等に対応する部分として政令で定めるところにより計算した金額をその取得価額とする。ただし、取得価額については、次の各号に掲げる場合に該当する場合には、その取得価額とされる金額に、当該各号に定める金額のうち政令で定めるところにより計算した金額をそれぞれ加算した金額を、その取得価額とする。

【関係法令通達】 措令22の６①～③⑤、措規16、措通33の６－１

一　譲渡資産に係る収用交換等による譲渡に関して第33条第１項に規定する費用がある場合　当該費用に相当する金額

二　代替資産の取得価額が、譲渡資産に係る補償金等の額（当該資産の収用交換等による譲渡に要した費用がある場合には、第33条第１項に規定する政令で定める金額を控除した金額）を超える場合又は同条第３項（第33条の２第２項において準用する場合を含む。）の規定により読み替えられた第33条第１項に規定する取得価額の見積額（当該補償金等の額以下のものに限る。）を超える場合（前条第４項の規定による更正の請求をした場合を除く。）　その超える金額

【関係法令通達】 措令22の６④

三　交換処分等、換地処分又は権利変換により取得した資産の価額が譲渡資産の価額を超え、かつ、その差額に相当する金額を交換処分等、換地処分又は権利変換に際して支出した場合　その支出した金額

四　代替住宅等を取得するために要した経費の額

がある場合　当該経費の額

2　個人が第33条、第33条の2第1項若しくは第2項又は第33条の3第2項、第4項若しくは第6項の規定の適用を受けた場合には、代替資産等については、第19条第1項各号に掲げる規定は、適用しない。

**（特定土地区画整理事業等のために土地等を譲渡した場合の譲渡所得の特別控除）**

**第34条**　個人の有する土地又は土地の上に存する権利（以下この款において「土地等」という。）が特定土地区画整理事業等のために買い取られる場合に該当することとなった場合には、その者がその年中にその該当することとなった土地等（第35条の規定の適用を受ける部分を除く。）の全部又は一部につき第36条の2、第36条の5、第37条又は第37条の4の規定の適用を受ける場合を除き、これらの全部の土地等の譲渡に対する第31条又は第32条の規定の適用については、次に定めるところによる。

一　第31条第1項中「長期譲渡所得の金額（」とあるのは、「長期譲渡所得の金額から2,000万円（長期譲渡所得の金額のうち第34条第1項の規定に該当する土地等の譲渡に係る部分の金額が2,000万円に満たない場合には当該土地等の譲渡に係る部分の金額とし、同項第2号の規定により読み替えられた第32条第1項の規定の適用を受ける場合には2,000万円から同項の規定により控除される金額を控除した金額と当該土地等の譲渡に係る部分の金額とのいずれか低い金額とする。）を控除した金額（」とする。

二　第32条第1項中「短期譲渡所得の金額（」とあるのは、「短期譲渡所得の金額から2,000万円（短期譲渡所得の金額のうち第34条第1項の規定に該当する土地等の譲渡に係る部分の金額が2,000万円に満たない場合には、当該土地等の譲渡に係る部分の金額）を控除した金額（」とする。

【関係法令通達】　措通34－3

2　前項に規定する特定土地区画整理事業等のために買い取られる場合とは、次に掲げる場合をいう。

一　国、地方公共団体、独立行政法人都市再生機構又は地方住宅供給公社が土地区画整理法による土地区画整理事業、大都市地域住宅等供給促進法による住宅街区整備事業、都市再開発法による第一種市街地再開発事業又は密集市街地における防災街区の整備の促進に関する法律による防災街区整備事業として行う公共施設の整備改善、宅地の造成、共同住宅の建設又は建築物及び建築敷地の整備に関する事業の用に供するためこれらの者（地方公共団体の設立に係る団体で政令で定めるものを含む。）に買い取られる場合（第33条第1項第3号の4から第3号の6までの規定の適用がある場合を除く。）

【関係法令通達】　措令22の7①、措通34－1・2

二　都市再開発法による第一種市街地再開発事業の都市計画法第56条第1項に規定する事業予定地内の土地等が、同項の規定に基づいて、当該第一種市街地再開発事業を行う都市再開発法第11条第2項の認可を受けて設立された市街地再開発組合に買い取られる場合

二の二　密集市街地における防災街区の整備の促進に関する法律による防災街区整備事業の都市計画法第56条第1項に規定する事業予定地内の土地等が、同項の規定に基づいて、当該防災街区整備事業を行う密集市街地における防災街区の整備の促進に関する法律第136条第2項の認可を受けて設立された防災街区整備事業組合に買い取られる場合

三　古都における歴史的風土の保存に関する特別措置法（昭和41年法律第1号）第12条第1項、

都市緑地法（昭和48年法律第72号）第17条第１項若しくは第３項、特定空港周辺航空機騒音対策特別措置法（昭和53年法律第26号）第８条第１項、航空法（昭和27年法律第231号）第49条第４項（同法第55条の２第３項において準用する場合を含む。）、防衛施設周辺の生活環境の整備等に関する法律（昭和49年法律第101号）第５条第２項又は公共用飛行場周辺における航空機騒音による障害の防止等に関する法律（昭和42年法律第110号）第９条第２項その他政令で定める法律の規定により買い取られる場合

【関係法令通達】　措令22の７②

三の二　古都における歴史的風土の保存に関する特別措置法第13条第１項に規定する対象土地が同条第４項の規定により同項の都市緑化支援機構に買い取られる場合（当該都市緑化支援機構が公益社団法人又は公益財団法人であることその他の政令で定める要件を満たす場合に限る。）

三の三　都市緑地法第17条の２第１項に規定する対象土地が同条第４項の規定により同項の都市緑化支援機構に買い取られる場合（当該都市緑化支援機構が公益社団法人又は公益財団法人であることその他の政令で定める要件を満たす場合に限る。）

四　文化財保護法（昭和25年法律第214号）第27条第１項の規定により重要文化財として指定された土地、同法第109条第１項の規定により史跡、名勝若しくは天然記念物として指定された土地、自然公園法（昭和32年法律第161号）第20条第１項の規定により特別地域として指定された区域内の土地又は自然環境保全法（昭和47年法律第85号）第25条第１項の規定により特別地区として指定された区域内の土地が国又は地方公共団体（その設立に係る団体で政令で定めるものを含む。）に買い取られる場合（当該重要文化財として指定された土地又は当該史跡、名勝若しくは天然記念物として指定された土地が独立行政法人国立文化財機構、独立行政法人国立科学博物館、地方独立行政法人（地方独立行政法人法（平成15年法律第118号）第21条第６号に掲げる業務を主たる目的とするもののうち政令で定めるものに限る。）又は文化財保護法第192条の２第１項に規定する文化財保存活用支援団体に買い取られる場合（当該文化財保存活用支援団体に買い取られる場合には、当該文化財保存活用支援団体が公益社団法人又は公益財団法人であることその他の政令で定める要件を満たす場合に限る。）を含むものとし、第33条第１項第２号の規定の適用がある場合を除く。）

【関係法令通達】　措令22の７①③～⑤

五　森林法第25条若しくは第25条の２の規定により保安林として指定された区域内の土地又は同法第41条の規定により指定された保安施設地区内の土地が同条第３項に規定する保安施設事業のために国又は地方公共団体に買い取られる場合

六　防災のための集団移転促進事業に係る国の財政上の特別措置等に関する法律（昭和47年法律第132号）第３条第１項の同意を得た同項に規定する集団移転促進事業計画において定められた同法第２条第１項に規定する移転促進区域内にある同法第３条第２項第６号に規定する農地等が当該集団移転促進事業計画に基づき地方公共団体に買い取られる場合（第33条第１項第２号の規定の適用がある場合を除く。）

七　農業経営基盤強化促進法第４条第１項第１号に規定する農用地で同法第22条の４第１項に規定する区域内にあるものが、同条第２項の申出に基づき、同項の農地中間管理機構に買い取られる場合（当該農地中間管理機構が公益社団法人又は公益財団法人であることその他の政令で

定める要件を満たす場合に限る。）

3　個人の有する土地等につき、一の事業で前項各号の買取りに係るものの用に供するために、これらの規定の買取りが２以上行われた場合において、これらの買取りが２以上の年にわたって行われたときは、これらの買取りのうち、最初にこれらの規定の買取りが行われた年において行われたもの以外の買取りについては、第１項の規定は、適用しない。

【関係法令通達】　措通34－４・４の２

4　第１項の規定は、同項の規定の適用があるものとした場合においてもその年分の確定申告書を提出しなければならない者については、同項の規定の適用を受けようとする年分の確定申告書に、同項の規定の適用を受けようとする旨の記載があり、かつ、第２項各号の買取りをする者から交付を受けた第１項の土地等の買取りがあったことを証する書類その他の財務省令で定める書類の添付がある場合に限り、適用する。

【関係法令通達】　措規17①、措通34－５「別表３」

5　税務署長は、確定申告書の提出がなかった場合又は前項の記載若しくは添付がない確定申告書の提出があった場合においても、その提出又は記載若しくは添付がなかったことについてやむを得ない事情があると認めるときは、当該記載をした書類及び同項の財務省令で定める書類の提出があった場合に限り、第１項の規定を適用することができる。

6　第２項各号の買取りをする者は、財務省令で定めるところにより、第１項の土地等の買取りに係る支払に関する調書を、その事業の施行に係る営業所、事業所その他の事業場の所在地の所轄税務署長に提出しなければならない。

【関係法令通達】　措規17②

**（特定住宅地造成事業等のために土地等を譲渡した場合の譲渡所得の特別控除）**

**第34条の２**　個人の有する土地等が特定住宅地造成事業等のために買い取られる場合に該当することとなった場合には、その者がその年中にその該当することとなった土地等（第35条の規定の適用を受ける部分を除く。）の全部又は一部につき第36条の２、第36条の５、第37条又は第37条の４の規定の適用を受ける場合を除き、これらの全部の土地等の譲渡に対する第31条又は第32条の規定の適用については、次に定めるところによる。

【関係法令通達】　措通34の２－17

一　第31条第１項中「長期譲渡所得の金額（」とあるのは、「長期譲渡所得の金額から1,500万円（長期譲渡所得の金額のうち第34条の２第１項の規定に該当する土地等の譲渡に係る部分の金額が1,500万円に満たない場合には当該土地等の譲渡に係る部分の金額とし、同項第２号の規定により読み替えられた第32条第１項の規定の適用を受ける場合には1,500万円から同項の規定により控除される金額を控除した金額と当該土地等の譲渡に係る部分の金額とのいずれか低い金額とする。）を控除した金額（」とする。

二　第32条第１項中「短期譲渡所得の金額（」とあるのは、「短期譲渡所得の金額から1,500万円（短期譲渡所得の金額のうち第34条の２第１項の規定に該当する土地等の譲渡に係る部分の金額が1,500万円に満たない場合には、当該土地等の譲渡に係る部分の金額）を控除した金額（」とする。

【関係法令通達】　措通34－３

2　前項に規定する特定住宅地造成事業等のために買い取られる場合とは、次に掲げる場合をいう。

一　地方公共団体（その設立に係る団体で政令で定めるものを含む。第12号において同じ。）、独立行政法人中小企業基盤整備機構、独立行政法人都市再生機構、成田国際空港株式会社、地方住宅供給公社又は日本勤労者住宅協会が行う住宅の建設又は宅地の造成を目的とする事業（政令で定める事業を除く。）の用に供するためにこれらの者に買い取られる場合（第33条第１項第２号若しくは第４号、第33条の２第１項第１号又は前条第２項第１号に掲げる場合に該当する場合を除く。）

【関係法令通達】　措令22の８①、措通34の２－１～３

二　第33条第１項第１号に規定する土地収用法等に基づく収用（同項第２号の買取り及び同条第４項第１号の使用を含む。）を行う者若しくはその者に代わるべき者として政令で定める者によって当該収用の対償に充てるため買い取られる場合、住宅地区改良法第２条第６項に規定する改良住宅を同条第３項に規定する改良地区の区域外に建設するため買い取られる場合又は公営住宅法（昭和26年法律第193号）第２条第４号に規定する公営住宅の買取りにより地方公共団体に買い取られる場合（第33条第１項第２号若しくは第４号若しくは第33条の２第１項第１号に掲げる場合又は政令で定める場合に該当する場合を除く。）

【関係法令通達】　措令22の８②③、措通34の２－４～７

三　一団の宅地の造成に関する事業（次に掲げる要件を満たすもので政令で定めるものに限る。）の用に供するために、平成６年１月１日から令和８年12月31日までの間に、買い取られる場合（政令で定める場合に限る。）

【関係法令通達】　措令22の８④⑤

イ　当該一団の宅地の造成が土地区画整理法による土地区画整理事業（当該土地区画整理事業の同法第２条第４項に規定する施行地区（ロにおいて「施行地区」という。）の全部が都市計画法第７条第１項の市街化区域と定められた区域に含まれるものに限る。）として行われるものであること。

ロ　当該一団の宅地の造成に係る一団の土地（イの土地区画整理事業の施行地区内において当該土地等の買取りをする個人又は法人の有する当該施行地区内にある一団の土地に限る。）の面積が５ヘクタール以上のものであることその他政令で定める要件を満たすものであること。

【関係法令通達】　措令22の８⑥、措規17の２③、措通34の２－９・13

ハ　当該事業により造成される宅地の分譲が公募の方法により行われるものであること。

【関係法令通達】　措通34の２－14～16

四　公有地の拡大の推進に関する法律（昭和47年法律第66号）第６条第１項の協議に基づき地方公共団体、土地開発公社又は政令で定める法人に買い取られる場合（第33条第１項第２号又は前条第２項各号に掲げる場合に該当する場合を除く。）

【関係法令通達】　措令22の８⑦

五　特定空港周辺航空機騒音対策特別措置法第４条第１項に規定する航空機騒音障害防止特別地区内にある土地が同法第９条第２項の規定により買い取られる場合

六　地方公共団体又は幹線道路の沿道の整備に関する法律（昭和55年法律第34号）第13条の２第１項に規定する沿道整備推進機構（政令で定めるものに限る。）が同法第２条第２号に掲げる沿道整備道路の沿道の整備のために行う公共施設若しくは公用施設の整備、宅地の造成又は建築物及び建築敷地の整備に関する事業で政令で定めるものの用に供するために、都市計画法第12条の４第１項第４号に掲げる沿道地区計画の区域内にある土地等が、これらの者に買い取られる場合（第33条第１項第２号若しくは第４号、第33条の２第１項第１号若しくは前条第２項第１号に掲げる場合又は第１号、第２号若しくは第４号に掲げる場合に該当する場合を除く。）

【関係法令通達】　措令22の８⑧

七　地方公共団体又は密集市街地における防災街区の整備の促進に関する法律第300条第１項に規定する防災街区整備推進機構（政令で定めるものに限る。）が同法第２条第２号に掲げる防災街区としての整備のために行う公共施設若しくは公用施設の整備、宅地の造成又は建築物及び建築敷地の整備に関する事業で政令で定めるものの用に供するために、都市計画法第８条第１項第５号の２に掲げる特定防災街区整備地区又は同法第12条の４第１項第２号に掲げる防災街区整備地区計画の区域内にある土地等が、これらの者に買い取られる場合（第33条第１項第２号若しくは第４号、第33条の２第１項第１号若しくは前条第２項第１号に掲げる場合又は第１号、第２号若しくは第４号に掲げる場合に該当する場合を除く。）

【関係法令通達】　措令22の８⑨

八　地方公共団体又は中心市街地の活性化に関する法律第61条第１項に規定する中心市街地整備推進機構（政令で定めるものに限る。）が同法第16条第１項に規定する認定中心市街地（以下この号において「認定中心市街地」という。）の整備のために同法第12条第１項に規定する認定基本計画の内容に即して行う公共施設若しくは公用施設の整備、宅地の造成又は建築物及び建築敷地の整備に関する事業で政令で定めるものの用に供するために、認定中心市街地の区域内にある土地等が、これらの者に買い取られる場合（第33条第１項第２号若しくは第４号、第33条の２第１項第１号若しくは前条第２項第１号に掲げる場合又は第１号、第２号、第４号若しくは前２号に掲げる場合に該当する場合を除く。）

【関係法令通達】　措令22の８⑩

九　地方公共団体又は景観法（平成16年法律第110号）第92条第１項に規定する景観整備機構（政令で定めるものに限る。以下この号において同じ。）が同法第８条第１項に規定する景観計画に定められた同条第２項第４号ロに規定する景観重要公共施設の整備に関する事業（当該事業が当該景観整備機構により行われるものである場合には、地方公共団体の管理の下に行われるものに限る。）の用に供するために、当該景観計画の区域内にある土地等が、これらの者に買い取られる場合（第33条第１項第２号、第33条の２第１項第１号若しくは前条第２項第１号に掲げる場合又は第２号、第４号若しくは前３号に掲げる場合に該当する場合を除く。）

【関係法令通達】　措令22の８⑪

十　地方公共団体又は都市再生特別措置法第118条第１項に規定する都市再生推進法人（政令で定めるものに限る。以下この号において同じ。）が同法第46条第１項に規定する都市再生整備計画又は同法第81条第１項に規定する立地適正化計画に記載された公共施設の整備に関する事業（当該事業が当該都市再生推進法人により行われるものである場合には、地方公共団体の管理の下に行われるものに限る。）の用に供するために、当該都市再生整備計画又は立地適正化計画の区域内にある土地等が、これらの者に買い取られる場合（第33条第１項第２号若しくは第４号、第33条の２第１項第１号若しくは前条第２項第１号に掲げる場合又は第１号、第２号、第４号若しくは第６号から前号までに掲げる場合に該当する場合を除く。）

【関係法令通達】　措令22の８⑫

十一　地方公共団体又は地域における歴史的風致の維持及び向上に関する法律（平成20年法律第40号）第34条第１項に規定する歴史的風致維持向上支援法人（政令で定めるものに限る。以下この号において同じ。）が同法第12条第１項に規定する認定重点区域における同法第８条に規定する認定歴史的風致維持向上計画に記載された公共施設又は公用施設の整備に関する事業（当該事業が当該歴史的風致維持向上支援法人により行われるものである場合には、地方公共団体の管理の下に行われるものに限る。）の用に供するために、当該認定重点区域内にある土地等が、これらの者に買い取られる場合（第33条第１項第２号若しくは第４号、第33条の２第１項第１号若しくは前条第２項第１号に掲げる場合又は第１号、第２号、第４号若しくは第６号から前号までに掲げる場合に該当する場合を除く。）

【関係法令通達】　措令22の８⑬

十二　国又は都道府県が作成した総合的な地域開発に関する計画で政令で定めるものに基づき、主として工場、住宅又は流通業務施設の用に供する目的で行われる一団の土地の造成に関する事業で、次に掲げる要件に該当するものとして都道府県知事が指定したものの用に供するために地方公共団体又は国若しくは地方公共団体の出資に係る法人で政令で定めるものに買い取られる場合

【関係法令通達】　措令22の８⑭

イ　当該計画に係る区域の面積が政令で定める面積以上であり、かつ、当該事業の施行区域の面積が政令で定める面積以上であること。

【関係法令通達】　措令22の８⑮

ロ　当該事業の施行区域内の道路、公園、緑地その他の公共の用に供する空地の面積が当該施行区域内に造成される土地の用途区分に応じて適正に確保されるものであること。

十三　次に掲げる事業（都市計画その他の土地利用に関する国又は地方公共団体の計画に適合して行われるものであることその他の政令で定める要件に該当することにつき財務省令で定めるところにより証明がされたものに限る。）の用に供するために、地方公共団体の出資に係る法人その他の政令で定める法人に買い取られる場合

【関係法令通達】　措令22の８⑯⑰、措規17の２⑥～⑮

イ　商店街の活性化のための地域住民の需要に応じた事業活動の促進に関する法律（平成21年法律第80号）第５条第３項に規定する認定商店街活性化事業計画に基づく同法第２条第２項に規定する商店街活性化事業又は同法第７条第３項に規定する認定商店街活性化支援事業計画に基づく同法第２条第３項に規定する商店街活性化支援事業

ロ　中心市街地の活性化に関する法律第49条第２項に規定する認定特定民間中心市街地活性化事業計画に基づく同法第７条第７項に規定する中小小売商業高度化事業（同項第１号から第４号まで又は第７号に掲げるものに限る。）

十四　農業協同組合法（昭和22年法律第132号）第11条の48第１項に規定する宅地等供給事業の

うち同法第10条第５項第３号に掲げるもの又は独立行政法人中小企業基盤整備機構法（平成14年法律第147号）第15条第１項第３号ロに規定する他の事業者との事業の共同化若しくは中小企業の集積の活性化に寄与する事業の用に供する土地の造成に関する事業で、都市計画その他の土地利用に関する国又は地方公共団体の計画に適合した計画に従って行われるものであることその他の政令で定める要件に該当するものとして都道府県知事が指定したものの用に供するために買い取られる場合

【関係法令通達】　措令22の８⑱

十四の二　総合特別区域法（平成23年法律第81号）第２条第２項第５号イ又は第３項第５号イに規定する共同して又は一の団体若しくは主として一の建物に集合して行う事業の用に供する土地の造成に関する事業で、都市計画その他の土地利用に関する国又は地方公共団体の計画に適合した計画に従って行われるものであることその他の政令で定める要件に該当するものとして市町村長又は特別区の区長が指定したものの用に供するために買い取られる場合

【関係法令通達】　措令22の８⑲

十五　地方公共団体の出資に係る法人その他の政令で定める法人（以下この号において「特定法人」という。）が行う産業廃棄物の処理に係る特定施設の整備の促進に関する法律（平成４年法律第62号）第２条第２項に規定する特定施設（同項第１号に規定する建設廃棄物処理施設を含むものを除く。）の整備の事業（当該事業が同法第４条第１項の規定による認定を受けた整備計画に基づいて行われるものであることその他の政令で定める要件に該当することにつき財務省令で定めるところにより証明がされたものに限る。）の用に供するために、地方公共団体又は当該特定法人に買い取られる場合（第33条第１項第２号若しくは第33条の２第１項第１号に掲げる場合又は第１号に掲げる場合に該当する場合を除く。）

【関係法令通達】　措令22の８⑳㉑、措規17の２⑯

十六　広域臨海環境整備センター法（昭和56年法律第76号）第20条第３項の規定による認可を受けた同項の基本計画に基づいて行われる同法第２条第１項第４号に掲げる廃棄物の搬入施設の整備の事業の用に供するために、広域臨海環境整備センターに買い取られる場合

十七　生産緑地法（昭和49年法律第68号）第６条第１項に規定する生産緑地地区内にある土地が、同法第11条第１項、第12条第２項又は第15条第２項の規定に基づき、地方公共団体、土地開発公社その他政令で定める法人に買い取られる場合

【関係法令通達】　措令22の８⑦

十八　国土利用計画法（昭和49年法律第92号）第12条第１項の規定により規制区域として指定された区域内の土地等が同法第19条第２項の規定により買い取られる場合

十九　国、地方公共団体その他政令で定める法人が作成した地域の開発、保全又は整備に関する事業に係る計画で、国土利用計画法第９条第３項に規定する土地利用の調整等に関する事項として同条第１項の土地利用基本計画に定められたもののうち政令で定めるものに基づき、当該事業の用に供するために土地等が国又は地方公共団体（その設立に係る団体で政令で定めるものを含む。）に買い取られる場合

【関係法令通達】　措令22の８㉒

二十　都市再開発法第７条の６第３項、大都市地

域住宅等供給促進法第８条第３項（大都市地域住宅等供給促進法第27条において準用する場合を含む。）、地方拠点都市地域の整備及び産業業務施設の再配置の促進に関する法律第22条第３項又は被災市街地復興特別措置法第８条第３項の規定により土地等が買い取られる場合

二十一　土地区画整理法による土地区画整理事業（同法第３条第１項の規定によるものを除く。）が施行された場合において、土地等の上に存する建物又は構築物（以下この号において「建物等」という。）が建築基準法第３条第２項に規定する建築物その他の政令で定める建物等に該当していることにより換地（当該土地の上に存する権利の目的となるべき土地を含む。以下この号において同じ。）を定めることが困難であることにつき財務省令で定めるところにより証明がされた当該土地等について土地区画整理法第90条の規定により換地が定められなかったことに伴い同法第94条の規定による清算金を取得するとき（政令で定める場合に該当する場合を除く。）。

【関係法令通達】　措令22の８㉓㉔、措規17の２⑰

二十一の二　土地等につき被災市街地復興土地区画整理事業が施行された場合において、被災市街地復興特別措置法第17条第１項の規定により保留地が定められたことに伴い当該土地等に係る換地処分により当該土地等のうち当該保留地の対価の額に対応する部分の譲渡があったとき。

二十二　土地等につきマンションの建替え等の円滑化に関する法律第２条第１項第４号に規定するマンション建替事業が施行された場合において、当該土地等に係る同法の権利変換により同法第75条の規定による補償金（当該個人（同条第１号に掲げる者に限る。）がやむを得ない事情により同法第56条第１項の申出をしたと認められる場合として政令で定める場合における当該申出に基づき支払われるものに限る。）を取得するとき、又は当該土地等が同法第15条第１項若しくは第64条第１項若しくは第３項の請求（当該個人にやむを得ない事情があったと認められる場合として政令で定める場合にされたものに限る。）により買い取られたとき。

【関係法令通達】　措令22の８㉕

二十二の二　建築物の耐震改修の促進に関する法律（平成７年法律第123号）第５条第３項第２号に規定する通行障害既存耐震不適格建築物（同法第７条第２号又は第３号に掲げる建築物であるものに限る。）に該当する決議特定要除却認定マンション（マンションの建替え等の円滑化に関する法律第109条第１項に規定する決議特定要除却認定マンションをいう。以下この号において同じ。）の敷地の用に供されている土地等につきマンションの建替え等の円滑化に関する法律第２条第１項第９号に規定するマンション敷地売却事業（当該マンション敷地売却事業に係る同法第113条に規定する認定買受計画に、決議特定要除却認定マンションを除却した後の土地に新たに建築される同項第１号に規定するマンションに関する事項の記載があるものに限る。）が実施された場合において、当該土地等に係る同法第141条第１項の認可を受けた同項に規定する分配金取得計画（同法第145条において準用する同項の規定により当該分配金取得計画の変更に係る認可を受けた場合には、その変更後のもの）に基づき同法第151条の規定による同法第142条第１項第３号の分配金を取得するとき、又は当該土地等が同法第124条第１項の請求により買い取られたとき。

二十三　絶滅のおそれのある野生動植物の種の保存に関する法律（平成４年法律第75号）第37条第１項の規定により管理地区として指定された

区域内の土地が国若しくは地方公共団体に買い取られる場合又は鳥獣の保護及び管理並びに狩猟の適正化に関する法律（平成14年法律第88号）第29条第１項の規定により環境大臣が特別保護地区として指定した区域内の土地のうち文化財保護法第109条第１項の規定により天然記念物として指定された鳥獣（これに準ずる鳥を含む。）の生息地で国若しくは地方公共団体においてその保存をすべきものとして政令で定めるものが国若しくは地方公共団体に買い取られる場合（第33条第１項第２号又は前条第２項第４号に掲げる場合に該当する場合を除く。）

【関係法令通達】　措令22の８㉖

二十四　自然公園法第72条に規定する都道府県立自然公園の区域内のうち同法第73条第１項に規定する条例の定めるところにより特別地域として指定された地域で、当該地域内における行為につき同法第20条第１項に規定する特別地域内における行為に関する同法第２章第４節の規定による規制と同等の規制が行われている地域として環境大臣が認定した地域内の土地又は自然環境保全法第45条第１項に規定する都道府県自然環境保全地域のうち同法第46条第１項に規定する条例の定めるところにより特別地区として指定された地区で、当該地区内における行為につき同法第25条第１項に規定する特別地区内における行為に関する同法第４章第２節の規定による規制と同等の規制が行われている地区として環境大臣が認定した地区内の土地が地方公共団体に買い取られる場合

二十五　農業経営基盤強化促進法第４条第１項第１号に規定する農用地で農業振興地域の整備に関する法律第８条第２項第１号に規定する農用地区域として定められている区域内にあるものが、農業経営基盤強化促進法第22条第２項の協議に基づき、同項の農地中間管理機構（政令で定めるものに限る。）に買い取られる場合

【関係法令通達】　措令22の８㉗

3　個人の有する土地等で被災市街地復興推進地域内にあるものが前項第21号の２に掲げる場合に該当することとなった場合には、同号の保留地が定められた場合は第33条の３第１項に規定する保留地が定められた場合に該当するものとみなし、かつ、同号の保留地の対価の額は同項に規定する保留地の対価の額に該当するものとみなして、同項の規定を適用する。

4　個人の有する土地等につき、一の事業で第２項第１号から第３号まで、第６号から第16号まで、第19号、第22号又は第22号の２の買取りに係るものの用に供するために、これらの規定の買取りが２以上行われた場合において、これらの買取りが２以上の年にわたって行われたときは、これらの買取りのうち、最初にこれらの規定の買取りが行われた年において行われたもの以外の買取りについては、第１項の規定は、適用しない。

【関係法令通達】　措通34の２－22～23

5　前条第４項及び第５項の規定は第１項の規定を適用する場合について、同条第６項の規定は第２項各号の買取りをする者について、それぞれ準用する。

【関係法令通達】　措規17の２①⑲、措通34の２－24「別表４」

**（農地保有の合理化等のために農地等を譲渡した場合の譲渡所得の特別控除）**

**第34条の３**　個人の有する土地等が農地保有の合理化等のために譲渡した場合に該当することとなった場合には、その者がその年中にその該当することとなった土地等の全部又は一部につき第37条又は第37条の４の規定の適用を受ける場合を除き、これらの全部の土地等の譲渡に対する第31条又は

第32条の規定の適用については、次に定めるところによる。

一　第31条第１項中「長期譲渡所得の金額（」とあるのは、「長期譲渡所得の金額から800万円（長期譲渡所得の金額のうち第34条の３第１項の規定に該当する土地等の譲渡に係る部分の金額が800万円に満たない場合には当該土地等の譲渡に係る部分の金額とし、同項第２号の規定により読み替えられた第32条第１項の規定の適用を受ける場合には800万円から同項の規定により控除される金額を控除した金額と当該土地等の譲渡に係る部分の金額とのいずれか低い金額とする。）を控除した金額（」とする。

二　第32条第１項中「短期譲渡所得の金額（」とあるのは、「短期譲渡所得の金額から800万円（短期譲渡所得の金額のうち第34条の３第１項の規定に該当する土地等の譲渡に係る部分の金額が800万円に満たない場合には、当該土地等の譲渡に係る部分の金額）を控除した金額（」とする。

2　前項に規定する農地保有の合理化等のために譲渡した場合とは、次に掲げる場合をいう。

一　農業振興地域の整備に関する法律第23条に規定する勧告に係る協議、調停又はあっせんにより譲渡した場合その他農地保有の合理化のために土地等を譲渡した場合として政令で定める場合（第34条第２項第７号又は前条第２項第25号の規定の適用がある場合を除く。）

【関係法令通達】　措令22の９①

二　農業振興地域の整備に関する法律第８条第２項第１号に規定する農用地区域内にある土地等を農地中間管理事業の推進に関する法律（平成25年法律第101号）第18条第７項の規定による公告があった同条第１項の農用地利用集積等促進計画の定めるところにより譲渡した場合（第34条第２項第７号又は前条第２項第25号の規定の適用がある場合を除く。）

三　農村地域への産業の導入の促進等に関する法律（昭和46年法律第112号）第５条第２項の規定により同条第１項に規定する実施計画において定められた同条第２項第１号に規定する産業導入地区内の土地等（農業振興地域の整備に関する法律第３条に規定する農用地等及び当該農用地等の上に存する権利に限る。）を当該実施計画に係る農村地域への産業の導入の促進等に関する法律第４条第２項第４号に規定する施設用地の用に供するため譲渡した場合

四　土地等（土地改良法第２条第１項に規定する農用地及び当該農用地の上に存する権利に限る。）につき同条第２項第１号から第３号までに掲げる土地改良事業が施行された場合において、当該土地等に係る換地処分により同法第54条の２第４項（同法第89条の２第10項、第96条及び第96条の４第１項において準用する場合を含む。）に規定する清算金（当該土地等について、同法第８条第５項第２号に規定する施設の用若しくは同項第３号に規定する農用地以外の用途に供する土地又は同法第53条の３の２第１項第１号に規定する農用地に供することを予定する土地に充てるため同法第53条の２の２第１項（同法第89条の２第３項、第96条及び第96条の４第１項において準用する場合を含む。）の規定により、地積を特に減じて換地若しくは当該権利の目的となるべき土地若しくはその部分を定めたこと又は換地若しくは当該権利の目的となるべき土地若しくはその部分が定められなかったことにより支払われるものに限る。）を取得するとき。

五　林業経営の規模の拡大、林地の集団化その他林地保有の合理化に資するため、森林組合法（昭和53年法律第36号）第９条第２項第７号又

は第101条第１項第９号の事業を行う森林組合又は森林組合連合会に委託して森林法第５条第１項の規定による地域森林計画の対象とされた山林に係る土地を譲渡した場合

六　土地等（農業振興地域の整備に関する法律第３条に規定する農用地等及び同法第８条第２項第３号に規定する農用地等とすることが適当な土地並びにこれらの土地の上に存する権利に限る。）につき同法第13条の２第１項又は第２項の事業が施行された場合において、同法第13条の３の規定による清算金を取得するとき。

**3**　第１項の規定は、同項の規定の適用を受けようとする年分の確定申告書に、同項の規定の適用を受けようとする旨の記載があり、かつ、同項の規定に該当する旨を証する書類として財務省令で定めるものの添付がある場合に限り、適用する。

【関係法令通達】　措規18②、措通34の３－１「別表５」

**4**　税務署長は、確定申告書の提出がなかった場合又は前項の記載若しくは添付がない確定申告書の提出があった場合においても、その提出又は記載若しくは添付がなかったことについてやむを得ない事情があると認めるときは、当該記載をした書類及び同項の財務省令で定める書類の提出があった場合に限り、第１項の規定を適用することができる。

# 租税特別措置法施行令

**（優良住宅地の造成等のために土地等を譲渡した場合の長期譲渡所得の課税の特例）**

**第20条の２**　法第31条の２第２項第１号に規定する政令で定める土地等の譲渡は、次に掲げる土地等（法第31条第１項に規定する土地等をいう。以下この条において同じ。）の譲渡（法第31条第１項に規定する譲渡をいう。以下この項において同じ。）とする。

一　国又は地方公共団体に対する土地等の譲渡

二　地方道路公社、独立行政法人鉄道建設・運輸施設整備支援機構、独立行政法人水資源機構、成田国際空港株式会社、東日本高速道路株式会社、首都高速道路株式会社、中日本高速道路株式会社、西日本高速道路株式会社、阪神高速道路株式会社又は本州四国連絡高速道路株式会社に対する土地等の譲渡で、当該譲渡に係る土地等がこれらの法人の行う法第33条第１項第１号に規定する土地収用法等に基づく収用（同項第２号の買取り及び同条第４項第１号の使用を含む。）の対償に充てられるもの

**2**　法第31条の２第２項第２号に規定する宅地若しくは住宅の供給又は土地の先行取得の業務を行うことを目的とする法人として政令で定めるものは、次に掲げる法人とし、同号に規定する政令で定める土地等の譲渡は、公有地の拡大の推進に関する法律第17条第１項第１号ニに掲げる土地の譲渡とする。

一　成田国際空港株式会社、独立行政法人中小企業基盤整備機構、地方住宅供給公社及び日本勤労者住宅協会

二　公益社団法人（その社員総会における議決権の全部が地方公共団体により保有されているものに限る。）又は公益財団法人（その拠出をされた金額の全額が地方公共団体により拠出をされているものに限る。）のうち次に掲げる要件を満たすもの

イ　宅地若しくは住宅の供給又は土地の先行取得の業務を主たる目的とすること。

ロ　当該地方公共団体の管理の下にイに規定する業務を行っていること。

三　幹線道路の沿道の整備に関する法律（昭和55年法律第34号）第13条の３第３号に掲げる業務を行う同法第13条の２第１項に規定する沿道整備推進機構（公益社団法人（その社員総会における議決権の総数の２分の１以上の数が地方公共団体により保有されているものに限る。以下この項において同じ。）又は公益財団法人（その設立当初において拠出をされた金額の２分の１以上の金額が地方公共団体により拠出をされているものに限る。以下この項において同じ。）であって、その定款において、その法人が解散した場合にその残余財産が地方公共団体又は当該法人と類似の目的をもつ他の公益を目的とする事業を行う法人に帰属する旨の定めがあるものに限る。）

四　密集市街地における防災街区の整備の促進に関する法律（平成９年法律第49号）第301条第３号に掲げる業務を行う同法第300条第１項に規定する防災街区整備推進機構（公益社団法人又は公益財団法人であって、その定款において、その法人が解散した場合にその残余財産が地方公共団体又は当該法人と類似の目的をもつ他の公益を目的とする事業を行う法人に帰属する旨の定めがあるものに限る。）

五　中心市街地の活性化に関する法律（平成10年法律第92号）第62条第３号に掲げる業務を行う

同法第61条第１項に規定する中心市街地整備推進機構（公益社団法人又は公益財団法人であって、その定款において、その法人が解散した場合にその残余財産が地方公共団体又は当該法人と類似の目的をもつ他の公益を目的とする事業を行う法人に帰属する旨の定めがあるものに限る。）

六　都市再生特別措置法第119条第４号に掲げる業務を行う同法第118条第１項に規定する都市再生推進法人（公益社団法人又は公益財団法人であって、その定款において、その法人が解散した場合にその残余財産が地方公共団体又は当該法人と類似の目的をもつ他の公益を目的とする事業を行う法人に帰属する旨の定めがあるものに限る。）

**3**　法第31条の２第２項第３号及び第４号に規定する政令で定める土地等の譲渡は、都市再開発法（昭和44年法律第38号）による市街地再開発事業の施行者である同法第50条の２第３項に規定する再開発会社に対する当該再開発会社の株主又は社員である個人の有する土地等の譲渡とする。

**4**　法第31条の２第２項第５号に規定する政令で定める土地等の譲渡は、密集市街地における防災街区の整備の促進に関する法律による防災街区整備事業の施行者である同法第165条第３項に規定する事業会社に対する当該事業会社の株主又は社員である個人の有する土地等の譲渡とする。

**5**　法第31条の２第２項第６号に規定する政令で定める要件は、第１号及び第２号（密集市街地における防災街区の整備の促進に関する法律第８条に規定する認定建替計画（以下この項において「認定建替計画」という。）に定められた同法第４条第４項第１号に規定する建替事業区域（第２号において「建替事業区域」という。）の周辺の区域からの避難に利用可能な通路を確保する場合にあっては、第１号及び第３号）に掲げる要件とする。

一　認定建替計画に定められた新築する建築物の敷地面積がそれぞれ100平方メートル以上であり、かつ、当該敷地面積の合計が500平方メートル以上であること。

二　認定建替計画に定められた建替事業区域内に密集市街地における防災街区の整備の促進に関する法律第２条第10号に規定する公共施設が確保されていること。

三　その確保する通路が次に掲げる要件を満たすこと。

イ　密集市街地における防災街区の整備の促進に関する法律第289条第４項の認可を受けた同条第１項に規定する避難経路協定（その避難経路協定を締結した同項に規定する土地所有者等に地方公共団体が含まれているものに限る。）において同項に規定する避難経路として定められていること。

ロ　幅員４メートル以上のものであること。

**6**　法第31条の２第２項第６号に規定する政令で定める土地等の譲渡は、同号に規定する認定事業者である法人に対する当該法人の株主又は社員である個人の有する土地等の譲渡とする。

**7**　法第31条の２第２項第７号に規定する政令で定める要件は、次に掲げる要件とする。

一　その事業に係る法第31条の２第２項第７号に規定する認定計画において同号に規定する建築物の建築をすることが定められていること。

二　その事業の施行される土地の区域の面積が１ヘクタール（当該区域が含まれる都市再生特別措置法第２条第３項に規定する都市再生緊急整備地域内において当該区域に隣接し、又は近接してこれと一体的に他の同条第１項に規定する都市開発事業（当該都市再生緊急整備地域に係る同法第15条第１項に規定する地域整備方針に定められた都市機能の増進を主たる目的とするものに限る。）が施行され、又は施行されることが確実であると見込まれ、かつ、当該区域及び当該他の都市開発事業の施行される土地の区域の面積の合計が１ヘクタール以上となる場合には、0.5ヘクタール）以上であること。

三　都市再生特別措置法第２条第２項に規定する公共施設の整備がされること。

8　法第31条の２第２項第９号ロに規定する政令で定める事業は、同号に規定する裁定申請書に記載された所有者不明土地の利用の円滑化等に関する特別措置法（平成30年法律第49号）第10条第２項第２号の事業に係る同条第１項に規定する事業区域の面積が500平方メートル以上であり、かつ、当該裁定申請書に記載された法第31条の２第２項第９号イに規定する特定所有者不明土地の面積の当該事業区域の面積に対する割合が４分の１未満である事業とする。

9　法第31条の２第２項第10号に規定する良好な居住環境の確保に資するものとして政令で定めるものは、マンションの建替え等の円滑化に関する法律（平成14年法律第78号）第２条第１項第４号に規定するマンション建替事業に係る同項第７号に規定する施行再建マンションの住戸の規模及び構造が国土交通大臣が財務大臣と協議して定める基準に適合する場合における当該マンション建替事業とする。

10　法第31条の２第２項第10号に規定する政令で定める建築物は、建築基準法第３条第２項（同法第86条の９第１項において準用する場合を含む。）の規定により同法第３章（第３節及び第５節を除く。）の規定又はこれに基づく命令若しくは条例の規定の適用を受けない建築物とする。

11　法第31条の２第２項第11号に規定する良好な居住環境を備えたものとして政令で定めるものは、マンションの建替え等の円滑化に関する法律第２条第１項第９号に規定するマンション敷地売却事業に係る同法第109条第１項に規定する決議特定要除却認定マンションを除却した後の土地に新たに建築される同法第２条第１項第１号に規定するマンションのその住戸の規模及び構造が国土交通大臣が財務大臣と協議して定める基準に適合する場合における当該マンションとする。

12　法第31条の２第２項第12号に規定する政令で定める面積は、150平方メートルとする。

13　法第31条の２第２項第12号に規定する政令で定める要件は、次に掲げる要件とする。

一　法第31条の２第２項第12号に規定する建築物の建築をする事業の施行される土地の区域（以下この項において「施行地区」という。）の面積が500平方メートル以上であること。

二　次に掲げる要件のいずれかを満たすこと。

イ　その事業の施行地区内において都市施設（都市計画法（昭和43年法律第100号）第４条第６項に規定する都市計画施設又は同法第12条の５第２項第１号イに掲げる施設をいう。）の用に供される土地（その事業の施行地区が、同条第３項に規定する再開発等促進区内又は同条第４項に規定する開発整備促進区内である場合には当該都市施設又は同条第５項第１号に規定する施設の用に供される土地とし、幹線道路の沿道の整備に関する法律第９条第３項に規定する沿道再開発等促進区内である場合には当該都市計画施設、同条第２項第１号に規定する沿道地区施設又は同条第４項第１号に規定する施設の用に供される土地とする。）が確保されていること。

ロ　法第31条の２第２項第12号に規定する建築物に係る建築面積の敷地面積に対する割合が、建築基準法第53条第１項各号に掲げる建築物の区分に応じ同項に定める数値（同条第２項又は同条第３項（同条第７項又は第８項の規定により適用される場合を含む。）の規定の適用がある場合には、これらの規定を適用した後の数値とする。）から10分の１を減じた数値（同条第６項（同条第７項の規定により適用される場合を含む。）の規定の適用がある場合には、10分の９とする。）以下であること。

ハ　その事業の施行地区内の土地の高度利用に寄与するものとして財務省令で定める要件

14　法第31条の2第2項第12号に規定する政令で定める区域は、次に掲げる区域とする。

一　都市計画法第7条第1項の市街化区域と定められた区域

二　都市計画法第7条第1項に規定する区域区分に関する同法第4条第1項に規定する都市計画が定められていない同条第2項に規定する都市計画区域のうち、同法第8条第1項第1号に規定する用途地域が定められている区域

15　法第31条の2第2項第13号に規定する政令で定める区域は、次に掲げる区域とする。

一　前項各号に掲げる区域

二　都市計画法第7条第1項の市街化調整区域と定められた区域

**（収用等に伴い代替資産を取得した場合の課税の特例）**

**第22条**　法第33条第1項第1号に規定する政令で定める法令は、測量法（昭和24年法律第188号）、鉱業法、採石法（昭和25年法律第291号）又は日本国とアメリカ合衆国との間の相互協力及び安全保障条約第6条に基づく施設及び区域並びに日本国における合衆国軍隊の地位に関する協定の実施に伴う土地等の使用等に関する特別措置法（昭和27年法律第140号）とし、同項第8号に規定する政令で定める法令の規定は、漁港及び漁場の整備等に関する法律（昭和25年法律第137号）第59条第2項（第2号に係る部分に限る。）、港湾法第41条第1項、鉱業法第53条（同法第87条において準用する場合を含む。）、海岸法（昭和31年法律第101号）第22条第1項、水道法（昭和32年法律第177号）第42条第1項又は電気通信事業法（昭和59年法律第86号）第141条第5項とする。

2　法第33条第1項に規定する政令で定める棚卸資産に準ずる資産は、事業所得の基因となる山林並びに雑所得の基因となる土地及び土地の上に存する権利とする。

3　法第33条第1項の規定により補償金、対価又は清算金の額から控除する同項に規定する政令で定める金額は、同項に規定する収用等（以下この項、第18項及び第19項において「収用等」という。）により譲渡（消滅及び価値の減少を含む。以下第22条の6までにおいて同じ。）をした資産（以下この条において「譲渡資産」という。）の譲渡に要した費用の金額の合計額が、当該収用等に際し譲渡に要する費用に充てるべきものとして交付を受けた金額の合計額を超える場合におけるその超える金額のうち、当該譲渡資産に係るものとして財務省令で定めるところにより計算した金額とする。

【関係法令通達】　措規14①

4　法第33条第1項に規定する代替資産（以下この条及び第22条の6第2項から第4項までにおいて「代替資産」という。）は、法第33条第1項各号の場合の区分に応じ次に掲げる資産とする。

一　法第33条第1項第1号、第2号、第3号の2又は第3号の3の場合にあっては、譲渡資産が土地又は土地の上に存する権利、建物（その附属設備を含む。）又は建物に附属する財務省令で定める構築物、当該構築物以外の構築物及びその他の資産の区分のいずれに属するかに応じそれぞれこれらの区分に属する資産（譲渡資産がその他の資産の区分に属するものである場合には、次に掲げる譲渡資産の区分に応じそれぞれ次に定める資産）

イ　ロ及びハに掲げる資産以外の資産　当該資産と種類及び用途を同じくする資産

ロ　配偶者居住権　当該配偶者居住権を有していた者の居住の用に供する建物又は当該建物の賃借権

ハ　配偶者居住権の目的となっている建物の敷地の用に供される土地又は当該土地の上に存する権利を当該配偶者居住権に基づき使用する権利　当該権利を有していた者の居住の用に供する建物の敷地の用に供される土地又は当該土地の上に存する権利

【関係法令通達】　措規14②

二　法第33条第１項第３号又は第３号の４から第４号までの場合にあっては、譲渡資産が当該各号に規定する資産の区分のいずれに属するかに応じそれぞれ当該各号に規定する資産

三　法第33条第１項第５号の場合にあっては、当該譲渡資産と同種の権利（当該譲渡資産が次に掲げる資産である場合には、次に掲げる譲渡資産の区分に応じそれぞれ次に定める資産）

イ　配偶者居住権　当該配偶者居住権を有していた者の居住の用に供する建物又は当該建物の賃借権

ロ　配偶者居住権の目的となっている建物の敷地の用に供される土地又は当該土地の上に存する権利を当該配偶者居住権に基づき使用する権利　当該権利を有していた者の居住の用に供する建物の敷地の用に供される土地又は当該土地の上に存する権利

四　法第33条第１項第６号から第７号までの場合にあっては、当該譲渡資産と同種の権利

五　法第33条第１項第８号の場合にあっては、譲渡資産が第１号又は前２号に規定する譲渡資産の区分のいずれに属するかに応じそれぞれこれらの区分に属する資産

**5**　譲渡資産が前項第１号に規定する区分（その他の資産の区分を除く。）の異なる２以上の資産で一の効用を有する１組の資産となっているものである場合には、同号の規定にかかわらず、財務省令で定めるところにより、その効用と同じ効用を有する他の資産をもって当該譲渡資産の全てに係る代替資産とすることができる。

【関係法令通達】　措規14③

**6**　譲渡資産が当該譲渡をした者の営む事業（第25条第２項に規定する事業に準ずるものを含む。以下この項において同じ。）の用に供されていたものである場合において、その者が、事業の用に供するため、当該譲渡資産に係る前２項の代替資産に該当する資産以外の資産（当該事業の用に供する減価償却資産、土地及び土地の上に存する権利に限る。）の取得（製作及び建設を含む。以下この条並びに次条第１項及び第５項第２号において同じ。）をするときは、前２項の規定にかかわらず、当該資産をもって当該譲渡資産の代替資産とすることができる。

**7**　法第33条第１項に規定する清算金の額に対応するものとして政令で定める部分は、譲渡資産のうち、換地処分により取得した同項第３号に規定する清算金の額が当該清算金の額（中心市街地の活性化に関する法律第16条第１項、高齢者、障害者等の移動等の円滑化の促進に関する法律（平成18年法律第91号）第39条第１項、都市の低炭素化の促進に関する法律（平成24年法律第84号）第19条第１項、大都市地域における住宅及び住宅地の供給の促進に関する特別措置法（昭和50年法律第67号）第21条第１項又は地方拠点都市地域の整備及び産業業務施設の再配置の促進に関する法律（平成４年法律第76号）第28条第１項の規定による保留地が定められた場合には、当該保留地の対価の額を加算した金額）と当該換地処分により取得した法第33条第１項第３号に規定する土地等（大都市地域における住宅及び住宅地の供給の促進に関する特別措置法第74条第１項に規定する施設住宅の一部等並びに同法第90条第２項に規定する施設住宅及び施設住宅敷地に関する権利を含む。）の価額との合計額のうちに占める割合を、当該譲渡資産の価額に乗じて計算した金額に相当する部分

とする。

**8**　法第33条第１項の規定により譲渡があったものとされる同項に規定する政令で定める部分は、譲渡資産のうち、当該譲渡資産に係る同項に規定する補償金、対価又は清算金の額から当該譲渡資産の代替資産に係る取得に要した金額（以下第25条の６までにおいて「取得価額」という。）を控除した金額が当該補償金、対価又は清算金の額のうちに占める割合を、当該譲渡資産の価額に乗じて計算した金額に相当する部分とする。

**9**　法第33条第１項第１号、第２号及び第５号に規定する政令で定める場合は、都市再開発法による第二種市街地再開発事業（その施行者が同法第50条の２第３項に規定する再開発会社（以下この条において「再開発会社」という。）であるものに限る。）の施行に伴い、当該再開発会社の株主又は社員である者が、資産又は資産に関して有する所有権以外の権利が収用され、買い取られ、又は消滅し、補償金又は対価を取得する場合とする。

**10**　法第33条第１項第３号に規定する政令で定める場合は、土地区画整理法による土地区画整理事業（その施行者が同法第51条の９第５項に規定する区画整理会社（以下この項及び第23項第２号において「区画整理会社」という。）であるものに限る。）の施行に伴い、当該区画整理会社の株主又は社員である者が、その有する土地等（法第33条第１項第３号に規定する土地等をいう。以下この条において同じ。）につき当該土地等に係る換地処分により土地区画整理法第94条の規定による清算金（同法第95条第６項の規定により換地を定められなかったことにより取得するものに限る。）を取得する場合とする。

**11**　法第33条第１項第３号の２に規定するやむを得ない事情により都市再開発法第71条第１項又は第３項の申出をしたと認められる場合として政令で定める場合は、同号の第一種市街地再開発事業の施行者が、次に掲げる場合のいずれか（同条第１項又は第３項の申出をした者が同法第70条の２第１項の申出をすることができる場合には、第１号に掲げる場合に限る。）に該当することを、同法第７条の19第１項、第43条第１項若しくは第50条の14第１項の審査委員の過半数の同意を得て、又は同法第57条第１項若しくは第59条第１項の市街地再開発審査会の議決を経て、認めた場合とする。この場合において、当該市街地再開発審査会の議決については、同法第79条第２項後段の規定を準用する。

一　都市再開発法第71条第１項又は第３項の申出をした者（以下この項において「申出人」という。）の当該権利変換に係る建築物が都市計画法第８条第１項第１号又は第２号の地域地区による用途の制限につき建築基準法第３条第２項の規定の適用を受けるものである場合

二　申出人が当該権利変換に係る都市再開発法第２条第３号に規定する施行地区内において同条第６号に規定する施設建築物（以下この項において「施設建築物」という。）の保安上危険であり、又は衛生上有害である事業を営んでいる場合

三　申出人が前号の施行地区内において施設建築物に居住する者の生活又は施設建築物内における事業に対し著しい支障を与える事業を営んでいる場合

四　第２号の施行地区内において住居を有し、若しくは事業を営む申出人又はその者と住居及び生計を一にしている者が老齢又は身体上の障害のため施設建築物において生活し、又は事業を営むことが困難となる場合

五　前各号に掲げる場合のほか、施設建築物の構造、配置設計、用途構成、環境又は利用状況につき申出人が従前の生活又は事業を継続することを困難又は不適当とする事情がある場合

**12**　法第33条第１項第３号の２に規定する補償金を取得するときから除かれる同号に規定する政令で

定める場合及び同項第６号に規定する政令で定める場合は、資産につき都市再開発法による第一種市街地再開発事業（その施行者が再開発会社であるものに限る。）が施行された場合において、当該再開発会社の株主又は社員である者が、当該資産に係る権利変換により、又は当該資産に関して有する権利で権利変換により新たな権利に変換をすることのないものが消滅したことにより、同法第91条の規定による補償金を取得するときとする。

**13**　法第33条第１項第３号の３に規定する政令で定める規定は、密集市街地における防災街区の整備の促進に関する法律施行令（平成９年政令第324号）第43条の規定により読み替えられた密集市街地における防災街区の整備の促進に関する法律第212条第３項の規定とする。

**14**　法第33条第１項第３号の３に規定するやむを得ない事情により密集市街地における防災街区の整備の促進に関する法律第203条第１項又は第３項の申出をしたと認められる場合として政令で定める場合は、同号の防災街区整備事業の施行者が、次に掲げる場合のいずれか（同条第１項又は第３項の申出をした者が同法第202条第１項の申出をすることができる場合には、第１号に掲げる場合に限る。）に該当することを、同法第131条第１項、第161条第１項若しくは第177条第１項の審査委員の過半数の同意を得て、又は同法第187条第１項若しくは第190条第１項の防災街区整備審査会の議決を経て、認めた場合とする。この場合において、当該防災街区整備審査会の議決については、同法第212条第２項後段の規定を準用する。

一　密集市街地における防災街区の整備の促進に関する法律又は第３項の申出をした者（以下この項において「申出人」という。）の当該権利変換に係る建築物が都市計画法第８条第１項第１号又は第２号の地域地区による用途の制限につき建築基準法第３条第２項の規定の適用を受けるものである場合

二　申出人が当該権利変換に係る密集市街地における防災街区の整備の促進に関する法律第117条第２号に規定する施行地区内において同条第５号に規定する防災施設建築物（以下この項において「防災施設建築物」という。）の保安上危険であり、又は衛生上有害である事業を営んでいる場合

三　申出人が前号の施行地区内において防災施設建築物に居住する者の生活又は防災施設建築物内における事業に対し著しい支障を与える事業を営んでいる場合

四　第２号の施行地区内において住居を有し、若しくは事業を営む申出人又はその者と住居及び生計を一にしている者が老齢又は身体上の障害のため防災施設建築物において生活し、又は事業を営むことが困難となる場合

五　前各号に掲げる場合のほか、防災施設建築物の構造、配置設計、用途構成、環境又は利用状況につき申出人が従前の生活又は事業を継続することを困難又は不適当とする事情がある場合

**15**　法第33条第１項第３号の３に規定する補償金を取得するときから除かれる同号に規定する政令で定める場合及び同項第６号の２に規定する政令で定める場合は、資産につき密集市街地における防災街区の整備の促進に関する法律による防災街区整備事業（その施行者が同法第165条第３項に規定する事業会社（以下この項、第23項第３号及び第25項第２号において「事業会社」という。）であるものに限る。）が施行された場合において、当該事業会社の株主又は社員である者が、当該資産に係る権利変換により、又は当該資産に関して有する権利で権利変換により新たな権利に変換をすることのないものが消滅したことにより、同法第226条の規定による補償金を取得するときとする。

**16**　法第33条第１項第７号に規定する地方公共団体の設立に係る団体で政令で定めるものは、その出

資金額又は拠出された金額の全額が地方公共団体により出資又は拠出をされている法人とする。

17　法第33条第2項に規定する政令で定めるやむを得ない事情は、工場、事務所その他の建物、構築物又は機械及び装置で事業の用に供するもの（以下この項及び第19項第2号において「工場等」という。）の敷地の用に供するための宅地の造成並びに当該工場等の建設及び移転に要する期間が通常1年を超えると認められる事情その他これに準ずる事情とし、同条第2項に規定する政令で定める期間は、同項に規定する収用等のあった日の属する年の前年以前3年の期間（当該収用等により同項の個人の有する資産の譲渡をすることとなることが明らかとなった日以後の期間に限る。）とする。

18　法第33条第2項において準用する同条第1項の規定を適用する場合において、同条第2項に規定する代替資産となるべき資産が減価償却資産であり、かつ、当該代替資産となるべき資産につき収用等のあった日前に既に必要経費に算入された所得税法第49条第1項の規定による償却費の額があるときは、当該収用等により取得した法第33条第1項に規定する補償金、対価又は清算金の額のうち、当該償却費の額と当該償却費の額の計算の基礎となった期間につき法第33条の6の規定を適用した場合に計算される所得税法第49条第1項の規定による償却費の額との差額に相当する金額については、譲渡資産の譲渡があったものとし、当該譲渡があったものとされる金額は、不動産所得、事業所得、山林所得又は雑所得に係る収入金額とする。

19　法第33条第3項に規定する政令で定める場合は、次の各号に掲げる場合とし、同項に規定する政令で定める日は、当該各号に掲げる場合の区分に応じ当該各号に定める日とする。

一　収用等に係る事業の全部又は一部が完了しないため、当該収用等のあった日以後2年を経過した日までにイ又はロに掲げる資産を代替資産として取得をすることが困難であり、かつ、当該事業の全部又は一部の完了後において当該資産の取得をすることが確実であると認められる場合　それぞれイ又はロに定める日

イ　当該収用等に係る事業の施行された地区内にある土地又は当該土地の上に存する権利（当該事業の施行者の指導又はあっせんにより取得するものに限る。）　当該収用等があった日から4年を経過した日（同日前に当該土地又は土地の上に存する権利の取得をすることができると認められる場合には、当該取得をすることができると認められる日とし、当該収用等に係る事業の全部又は一部が完了しないことにより当該4年を経過した日までに当該取得をすることが困難であると認められる場合において財務省令で定めるところにより納税地の所轄税務署長の承認を受けたときは、同日から4年を経過する日までの期間内の日で当該取得をすることができる日として当該税務署長が認定した日とする。）から6月を経過した日

【関係法令通達】　措規14④

ロ　当該収用等に係る事業の施行された地区内にある土地又は当該土地の上に存する権利を有する場合に当該土地又は当該権利の目的物である土地の上に建設する建物又は構築物　当該収用等があった日から4年を経過した日（同日前に当該土地又は当該権利の目的物である土地を当該建物又は構築物の敷地の用に供することができると認められる場合には、当該敷地の用に供することができると認められる日とし、当該収用等に係る事業の全部又は一部が完了しないことにより当該4年を経過した日までに当該敷地の用に供することが困難であると認められる場合において財務省

令で定めるところにより納税地の所轄税務署長の承認を受けたときは、同日から４年を経過する日までの期間内の日で当該敷地の用に供することができる日として当該税務署長が認定した日とする。）から６月を経過した日

【関係法令通達】　措規14④

二　収用等のあったことに伴い、工場等の建設又は移転を要することとなった場合において、当該工場等の敷地の用に供するための宅地の造成並びに当該工場等の建設及び移転に要する期間が通常２年を超えるため、当該収用等のあった日以後２年を経過した日までに当該工場等又は当該工場等の敷地の用に供する土地その他の当該工場等に係る資産を代替資産として取得をすることが困難であり、かつ、当該収用等のあった日から３年を経過した日までに当該資産の取得をすることが確実であると認められるとき　当該資産の取得をすることができることとなると認められる日

**20**　法第33条第４項に規定する同項第２号若しくは第３号の土地の上にある資産若しくはその土地の上にある建物に係る配偶者居住権又は同項第４号の権利のうちその補償金に対応するものとして政令で定める部分は、これらの資産のうち、これらの資産に係るこれらの号に規定する補償金の額がこれらの資産の価額のうちに占める割合に相当する部分とする。

**21**　法第33条第４項第１号に規定する政令で定める場合は、都市再開発法による第二種市街地再開発事業（その施行者が再開発会社であるものに限る。）の施行に伴い、土地等が使用され、補償金を取得する場合（土地等について使用の申出を拒むときは都市計画法第69条の規定により適用される土地収用法（昭和26年法律第219号）の規定に基づいて使用されることとなる場合において、当該土地等が契約により使用され、対価を取得するときを含む。）において、当該再開発会社の株主又は社員の有する土地等が使用され、補償金又は対価を取得するときとする。

**22**　法第33条第４項第２号に規定する資産若しくはその土地の上にある建物に係る配偶者居住権（当該配偶者居住権の目的となっている建物の敷地の用に供される土地等を当該配偶者居住権に基づき使用する権利を含む。以下この項及び次項において同じ。）の対価又は同号に規定する資産若しくはその土地の上にある建物に係る配偶者居住権の損失に対する補償金で政令で定めるものは、次の各号に掲げる場合の区分に応じ当該各号に定める対価又は補償金とする。

一　法第33条第４項第２号に規定する土地の上にある資産について同号に規定する土地収用法等（第24項第１号において「土地収用法等」という。）の規定に基づき収用の請求をしたときは収用されることとなる場合において、当該資産が買い取られ、又はその土地の上にある建物が買い取られ当該建物に係る配偶者居住権が消滅し、対価を取得するとき　当該資産又は当該配偶者居住権の対価

二　法第33条第４項第２号に規定する土地の上にある資産について同号の取壊し又は除去をしなければならなくなった場合において、当該資産又はその土地の上にある建物に係る配偶者居住権の損失に対する補償金を取得するとき　当該資産又は当該配偶者居住権の損失につき土地収用法第88条（所有者不明土地の利用の円滑化等に関する特別措置法第35条第１項において準用する場合を含む。）、河川法（昭和39年法律第167号）第22条第３項、水防法（昭和24年法律第193号）第28条第３項、土地改良法（昭和24年法律第195号）第119条、道路法第69条第１項、土地区画整理法第78条第１項（大都市地域における住宅及び住宅地の供給の促進に関する特別措置法第71条及び新都市基盤整備法（昭和47年

法律第86号）第29条において準用する場合を含む。）、都市再開発法第97条第１項、密集市街地における防災街区の整備の促進に関する法律第232条第１項、建築基準法第11条第１項、港湾法第41条第３項又は大深度地下の公共的使用に関する特別措置法（平成12年法律第87号）第32条第１項の規定により受けた補償金その他これに相当する補償金

**23**　法第33条第４項第２号に規定する政令で定める場合は、次に掲げる場合とする。

一　都市再開発法による市街地再開発事業（その施行者が再開発会社であるものに限る。）の施行に伴い、土地等が収用され、又は買い取られることとなったことにより、次に掲げる資産につき、収用をし、又は取壊し若しくは除去をしなければならなくなった場合において、次に掲げる資産の区分に応じそれぞれ次に定める資産の対価又は当該資産の損失につき補償金を取得するとき。

イ　その土地の上にある当該再開発会社の株主又は社員（都市再開発法第73条第１項第２号若しくは第７号又は第118条の７第１項第２号に規定する者を除く。）の有する資産　当該資産

ロ　その土地の上にある建物（当該再開発会社の株主又は社員（都市再開発法第73条第１項第７号若しくは第14号又は第118条の７第１項第４号に規定する者を除く。）が当該建物に係る配偶者居住権を有するものに限る。）　当該配偶者居住権

二　土地区画整理法による土地区画整理事業（その施行者が区画整理会社であるものに限る。）の施行に伴い、土地等が買い取られることとなったことにより、次に掲げる資産につき、取壊し又は除去をしなければならなくなった場合において、次に掲げる資産の区分に応じそれぞれ次に定める資産の損失につき補償金を取得するとき。

イ　その土地の上にある当該区画整理会社の株主又は社員（換地処分により土地等又は土地区画整理法第93条第４項若しくは第５項に規定する建築物の一部及びその建築物の存する土地の共有持分を取得する者を除く。ロにおいて同じ。）の有する資産　当該資産

ロ　その土地の上にある建物（当該区画整理会社の株主又は社員が当該建物に係る配偶者居住権を有するものに限る。）　当該配偶者居住権

三　密集市街地における防災街区の整備の促進に関する法律による防災街区整備事業（その施行者が事業会社であるものに限る。）の施行に伴い、土地等が買い取られることとなったことにより、次に掲げる資産につき、取壊し又は除去をしなければならなくなった場合において、次に掲げる資産の区分に応じそれぞれ次に定める資産の損失につき補償金を取得するとき。

イ　その土地の上にある当該事業会社の株主又は社員（密集市街地における防災街区の整備の促進に関する法律第205条第１項第２号又は第７号に規定する者を除く。）の有する資産　当該資産

ロ　その土地の上にある建物（当該事業会社の株主又は社員（密集市街地における防災街区の整備の促進に関する法律第205条第１項第７号又は第14号に規定する者を除く。）が当該建物に係る配偶者居住権を有するものに限る。）　当該配偶者居住権

**24**　法第33条第４項第４号に規定する権利の対価又は権利の損失に対する補償金で政令で定めるものは、次の各号に掲げる場合の区分に応じ当該各号に定める対価又は補償金とする。

一　法第33条第４項第４号に規定する配偶者居住権の目的となっている建物又は当該建物の敷地の用に供される土地等について土地収用法等の

規定に基づき収用の請求をしたときは収用されることとなる場合において、当該建物又は当該土地等が買い取られ当該土地等を当該配偶者居住権に基づき使用する権利が消滅し、又は当該権利の価値が減少し、対価を取得するとき　当該権利の対価

二　法第33条第４項第４号に規定する権利の価値が減少した場合又は当該権利が消滅した場合において、当該権利の損失に対する補償金を取得するとき　当該権利の損失につき土地収用法第88条、河川法第22条第３項、水防法第28条第３項、道路法第69条第１項、都市再開発法第97条第１項、密集市街地における防災街区の整備の促進に関する法律第232条第１項又は大深度地下の公共的使用に関する特別措置法第32条第１項の規定により受けた補償金その他これに相当する補償金

**25**　法第33条第４項第４号に規定する政令で定める場合は、次に掲げる場合とする。

一　都市再開発法による市街地再開発事業（その施行者が再開発会社であるものに限る。）の施行に伴い、当該再開発会社の株主又は社員（同法第118条の７第１項第４号に規定する者を除く。）である者が、その配偶者居住権の目的となっている建物又は当該建物の敷地の用に供される土地等が収用され、又は買い取られ、当該土地等を当該配偶者居住権に基づき使用する権利の対価又は当該権利の損失につき補償金を取得する場合

二　密集市街地における防災街区の整備の促進に関する法律による防災街区整備事業（その施行者が事業会社であるものに限る。）の施行に伴い、当該事業会社の株主又は社員である者が、その配偶者居住権の目的となっている建物又は当該建物の敷地の用に供される土地等が買い取られ、当該土地等を当該配偶者居住権に基づき使用する権利の損失につき補償金を取得する場合

**26**　法第33条第６項に規定する確定申告書を提出する者は、同条第７項に規定する財務省令で定める書類を、次の各号に掲げる場合の区分に応じ当該各号に定める日（同条第６項ただし書の規定に該当してその日後において同項ただし書に規定する書類を提出する場合には､その提出の日）までに納税地の所轄税務署長に提出しなければならない。

【関係法令通達】　措規14⑦

一　法第33条第１項（同条第２項において準用する場合を含む。）の規定の適用を受ける場合　当該確定申告書の提出の日

二　法第33条第３項において準用する同条第１項の規定の適用を受ける場合　代替資産の取得をした日から４月を経過する日

**27**　法第33条第８項に規定する政令で定める日は、同条第３項に規定する取得指定期間の末日の翌日から起算して２年以内の日で代替資産の取得をすることができるものとして同条第８項の所轄税務署長が認定した日とする。

**（交換処分等に伴い資産を取得した場合の課税の特例）**

**第22条の２**　法第33条の２第１項に規定する政令で定める部分は、同項に規定する交換処分等により譲渡した資産のうち、当該交換処分等により取得した資産（以下第22条の６までにおいて「交換取得資産」という。）の価額が当該価額と当該交換取得資産とともに取得した同項に規定する補償金等の額との合計額のうちに占める割合を、当該譲渡した資産の価額に乗じて計算した金額に相当する部分とする。

**2**　前条第４項第１号及び第２号並びに第５項の規定は、法第33条の２第１項第１号に規定する政令で定める資産について準用する。

**3**　法第33条の２第２項において準用する法第33条

第１項に規定する当該補償金等の額に対応するものとして政令で定める部分は、法第33条の２第２項に規定する譲渡した資産のうち第１項に規定する部分以外の部分とする。

**4**　法第33条の２第２項において準用する法第33条第１項から第３項までの規定により法第33条の２第２項に規定する補償金等の額から控除する法第33条第１項に規定する当該資産の譲渡に要した費用の金額は、当該資産につき前条第３項の規定に準じて計算した金額から、当該金額に第１項に規定する割合を乗じて計算した金額を控除した金額とする。

**5**　法第33条の２第６項において準用する法第33条第５項に規定する確定申告書を提出する者は、法第33条の２第４項において準用する法第33条第７項に規定する財務省令で定める書類を、次の各号に掲げる場合の区分に応じ、当該各号に定める日（法第33条の２第３項において準用する法第33条第６項ただし書の規定に該当してその日後において同項ただし書に規定する書類を提出する場合には、その提出の日）までに納税地の所轄税務署長に提出しなければならない。

【関係法令通達】　措規14の２

一　法第33条の２第１項又は同条第２項において準用する法第33条第１項若しくは第２項の規定の適用を受ける場合　当該確定申告書の提出の日

二　法第33条の２第２項において準用する法第33条第３項の規定の適用を受ける場合　法第33条の２第２項に規定する代替資産の取得をした日から４月を経過する日

**（換地処分等に伴い資産を取得した場合の課税の特例）**

**第22条の３**　法第33条の３第１項に規定する政令で定める部分は、同項の換地処分により譲渡した土地等（土地又は土地の上に存する権利をいう。以下この項において同じ。）のうち、当該換地処分により取得した土地等（土地区画整理法第93条第１項、第２項、第４項又は第５項に規定する建築物の一部及びその建築物の存する土地の共有持分、大都市地域における住宅及び住宅地の供給の促進に関する特別措置法第74条第１項に規定する施設住宅の一部等並びに同法第90条第２項に規定する施設住宅及び施設住宅敷地に関する権利を含む。以下この項並びに第22条の６第２項第１号及び第３号並びに第３項第３号において「換地取得資産」という。）の価額が当該価額と当該換地取得資産とともに取得した清算金の額又は法第33条の３第１項に規定する保留地の対価の額との合計額のうちに占める割合を、当該譲渡した土地等の価額に乗じて計算した金額に相当する部分とする。

**2**　法第33条の３第２項に規定する政令で定める部分は、同項の買取り又は収用（以下この条において「買取り等」という。）により譲渡した資産のうち、当該資産に係る都市再開発法第118条の11第１項の規定により取得した同項に規定する建築施設の部分の給付（当該給付が同法第118条の25の３第１項の規定により定められた管理処分計画において定められたものである場合には、施設建築敷地又は施設建築物に関する権利の給付）を受ける権利（以下この条並びに第22条の６第２項第１号及び第５号並びに第３項第３号において「対償取得資産」という。）の買取り等の時における価額が当該価額と当該対償取得資産とともに取得した法第33条の３第２項に規定する補償金等の額との合計額のうちに占める割合を、当該譲渡した資産の価額に乗じて計算した金額に相当する部分とする。

**3**　法第33条の３第２項の施設建築物の一部を取得する権利若しくは施設建築物の一部についての借家権を取得する権利（都市再開発法第110条第１項又は第110条の２第１項の規定により定められ

た権利変換計画に係る施設建築物に関する権利を取得する権利を含む。第１号において同じ。）若しくは法第33条の３第２項に規定する給付を受ける権利につき、同条第３項に規定する譲渡、相続、遺贈若しくは贈与（以下この条において「譲渡等」という。）があった場合又は同項に規定する譲受け希望の申出の撤回があった場合（同項に規定する譲受け希望の申出を撤回したものとみなされる場合を含む。）において、同項の規定により譲渡等又は同項に規定する収用等による譲渡があったものとみなされる法第33条の３第２項に規定する旧資産（以下この項及び次項において「旧資産」という。）は、次の各号に掲げる場合の区分に応じ当該各号に定めるものとする。

一　譲渡等又は法第33条の３第３項に規定する収用等による譲渡があったものとみなされる旧資産が、権利変換により譲渡した資産に係るものである場合　旧資産のうち、当該譲渡等をした当該施設建築物の一部を取得する権利又は施設建築物の一部についての借家権を取得する権利の権利変換の時における価額が当該旧資産に係る権利変換により取得した当該施設建築物の一部を取得する権利又は施設建築物の一部について借家権を取得する権利及び施設建築敷地若しくはその共有持分又は地上権の共有持分（都市再開発法第110条第１項又は第110条の２第１項の規定により定められた権利変換計画に係る施設建築敷地に関する権利を含む。）の権利変換の時における総価額のうちに占める割合を、当該旧資産の権利変換の時における価額に乗じて計算した金額に相当する部分

二　譲渡等又は法第33条の３第３項に規定する収用等による譲渡があったものとみなされる旧資産が、買取り等により譲渡した資産に係るものである場合　旧資産のうち、当該譲渡等をした又は譲受け希望の申出の撤回をした若しくは譲受け希望の申出を撤回したものとみなされた当該給付を受ける権利の買取り等の時における価額が当該旧資産に係る対償取得資産の買取り等の時における価額のうちに占める割合を、当該旧資産の買取り等の時における価額に乗じて計算した金額に相当する部分

4　法第33条の３第３項に規定する政令で定める部分は、次の各号に掲げる場合の区分に応じ当該各号に定める部分とする。

一　旧資産が権利変換により譲渡した資産に係るものである場合　当該旧資産のうち、都市再開発法第104条第１項（同法第110条の２第６項又は第111条の規定により読み替えて適用される場合を含む。）の差額に相当する金額が変換取得資産（法第33条の３第３項の施設建築物の一部を取得する権利及び施設建築敷地若しくはその共有持分若しくは地上権の共有持分（都市再開発法第110条の２第１項の規定により定められた権利変換計画に係る施設建築敷地に関する権利又は施設建築物に関する権利を取得する権利を含む。）又は個別利用区内の宅地若しくはその使用収益権をいう。第22条の６第２項第４号及び第３項第３号において同じ。）の権利変換の時における総価額のうちに占める割合を、当該旧資産の権利変換の時における価額に乗じて計算した金額に相当する部分

二　旧資産が買取り等により譲渡した資産に係るものである場合　当該旧資産のうち、都市再開発法第118条の24第１項（同法第118条の25の３第３項の規定により読み替えて適用される場合を含む。）の差額に相当する金額が対償取得資産の買取り等の時における価額のうちに占める割合を、当該旧資産の買取り等の時における価額に乗じて計算した金額に相当する部分

5　法第33条の３第４項の防災施設建築物の一部を取得する権利又は防災施設建築物の一部についての借家権を取得する権利（密集市街地における防災街区の整備の促進に関する法律第255条第１項

又は第257条第１項の規定により定められた権利変換計画に係る防災施設建築物に関する権利を取得する権利を含む。以下この項において同じ。）につき譲渡等があった場合において、法第33条の３第５項の規定により譲渡等があったものとみなされる同条第４項に規定する防災旧資産（以下この項及び第７項において「防災旧資産」という。）は、当該防災旧資産のうち、当該譲渡等をした当該防災施設建築物の一部を取得する権利又は防災施設建築物の一部についての借家権を取得する権利の権利変換の時における価額が当該防災旧資産に係る権利変換により取得した当該防災施設建築物の一部を取得する権利又は防災施設建築物の一部についての借家権を取得する権利及び防災施設建築敷地若しくはその共有持分又は地上権の共有持分（密集市街地における防災街区の整備の促進に関する法律第255条第１項又は第257条第１項の規定により定められた権利変換計画に係る防災施設建築敷地に関する権利を含む。）の権利変換の時における総価額のうちに占める割合を、当該防災旧資産の権利変換の時における価額に乗じて計算した金額に相当する部分とする。

6　法第33条の３第５項に規定する政令で定める規定は、密集市街地における防災街区の整備の促進に関する法律施行令第43条又は第45条の規定とする。

7　法第33条の３第５項に規定する政令で定める部分は、防災旧資産のうち、密集市街地における防災街区の整備の促進に関する法律第248条第１項（密集市街地における防災街区の整備の促進に関する法律施行令第43条又は第45条の規定により読み替えて適用される場合を含む。）の差額に相当する金額が防災変換取得資産（法第33条の３第５項の防災施設建築物の一部を取得する権利及び防災施設建築敷地若しくはその共有持分若しくは地上権の共有持分（密集市街地における防災街区の整備の促進に関する法律第255条第１項の規定により定められた権利変換計画に係る防災施設建築敷地に関する権利又は防災施設建築物に関する権利を取得する権利を含む。）又は個別利用区内の宅地若しくはその使用収益権をいう。第22条の６第２項第６号及び第３項第３号において同じ。）の権利変換の時における総価額のうちに占める割合を、当該防災旧資産の権利変換の時における価額に乗じて計算した金額に相当する部分とする。

8　法第33条の３第６項に規定する政令で定める資産は、マンションの建替え等の円滑化に関する法律第２条第１項第６号に規定する施行マンションに関する権利及びその敷地利用権（同項第19号に規定する敷地利用権をいう。）とする。

9　法第33条の３第７項に規定する施行再建マンションに関する権利を取得する権利につき譲渡等があった場合において、同項の規定により譲渡等があったものとみなされる同条第６項に規定する変換前資産（以下この項及び次項において「変換前資産」という。）は、変換前資産のうち、当該譲渡等をした当該取得する権利の同条第６項の権利変換の時における価額が当該変換前資産に係る当該権利変換により取得した当該取得する権利及び同項に規定する施行再建マンションに係る敷地利用権（次項並びに第22条の６第２項第７号及び第３項第３号において「変換後資産」という。）の当該権利変換の時における総価額のうちに占める割合を、当該変換前資産の当該権利変換の時における価額に乗じて計算した金額に相当する部分とする。

10　法第33条の３第７項に規定する政令で定める部分は、変換前資産のうち、同項に規定する差額に相当する金額が変換後資産の同条第６項の権利変換の時における総価額のうちに占める割合を、当該変換前資産の当該権利変換の時における価額に乗じて計算した金額に相当する部分とする。

11　法第33条の３第８項に規定する政令で定める部分は、同項の敷地権利変換により譲渡した資産のうち、当該敷地権利変換により取得した同項に規定する除却敷地持分、非除却敷地持分等又は敷地分割後の団地共用部分の共有持分（第22条の６第２項第８号及び第３項第３号において「分割後資産」という。）の価額が当該価額と法第33条の３第８項に規定する差額に相当する金額との合計額のうちに占める割合を、当該譲渡した資産の価額に乗じて計算した金額に相当する部分とする。

**12**　法第33条の３第８項に規定する棚卸資産に準ずる資産で政令で定めるものは、雑所得の基因となる土地及び土地の上に存する権利とする。

**13**　法第33条の３第９項に規定する政令で定める部分は、同項の換地処分により譲渡した土地等（同項に規定する土地等をいう。以下この項において同じ。）のうち、当該換地処分により取得した代替住宅等（同条第９項に規定する代替住宅等をいう。以下この項並びに第22条の６第２項第１号及び第９号並びに第３項第４号において同じ。）の価額が当該価額と当該代替住宅等とともに取得した清算金の額又は法第33条の３第９項の保留地の対価の額との合計額のうちに占める割合を、当該譲渡した土地等の価額に乗じて計算した金額に相当する部分とする。

**（収用交換等の場合の譲渡所得等の特別控除）**

**第22条の４**　法第33条の４第２項に規定する政令で定めるところにより計算した金額は、5,000万円の範囲内において、まず同条第１項第２号の規定により控除すべき金額から成るものとし、同号の規定の適用がない場合又は同号の規定により控除すべき金額が5,000万円に満たない場合には、5,000万円又は当該満たない部分の金額の範囲内において、順次同項第４号、第３号又は第１号の規定により控除すべき金額から成るものとして計算した金額とする。この場合において、同項第４号に規定する残額に相当する金額のうちに所得税法第33条第３項第１号に掲げる所得に係る部分の金額と同項第２号に掲げる所得に係る部分の金額とがあるときは、まず同項第１号に掲げる所得に係る部分の金額から控除するものとする。

**2**　法第33条の４第３項第１号に規定する政令で定める期間は、次の各号に掲げる場合の区分に応じ当該各号に定める期間とする。

一　法第33条の４第３項第１号に規定する資産の収用交換等による譲渡につき土地収用法第15条の７第１項の規定による仲裁の申請に基づき同法第15条の11第１項に規定する仲裁判断があった場合　当該申請をした日から当該譲渡の日までの期間

二　前号の譲渡につき土地収用法第46条の２第１項の規定による補償金の支払の請求があった場合　当該請求をした日から当該譲渡の日までの期間

三　第１号の譲渡につき農地法（昭和27年法律第229号）第３条第１項又は第５条第１項の規定による許可を受けなければならない場合　当該許可の申請をした日から当該許可があった日（当該申請をした日後に当該許可を要しないこととなった場合には、その要しないこととなった日）までの期間

四　第１号の譲渡につき農地法第５条第１項第６号の規定による届出をする場合　当該届出に要する期間として財務省令で定める期間

【関係法令通達】　措規15①

**3**　法第33条の４第７項に規定する政令で定めるところにより計算した金額は、所得税法第136条の規定による利子税の額に、その利子税の計算の基礎となった所得税に係る山林所得の金額又は譲渡所得の金額（法第31条第１項（法第31条の２又は第31条の３の規定により適用される場合を含む。）に規定する長期譲渡所得の金額及び法第32条第１項に規定する短期譲渡所得の金額については、法第33条の４第１項、第34条第１項、第34条の２第１項、第34条の３第１項、第35条第１項、第35条

の２第１項又は第35条の３第１項の規定により控除される金額を控除した後の金額とする。以下この項において同じ。）のうちに法第33条の４第１項の規定の適用を受けた資産の譲渡に係る山林所得の金額又は譲渡所得の金額の占める割合を乗じて計算した金額とする。

**（代替資産の取得期間を延長した場合に取得すべき代替資産）**

**第22条の５**　個人が法第33条第３項（法第33条の２第２項において準用する場合を含む。）の規定の適用を受けた場合において、第22条第19項各号に掲げる場合に該当するときは、その者については、法第33条の５第１項各号に規定する代替資産は、第22条第19項各号の規定に該当する資産とする。

**（収用交換等により取得した代替資産等の取得価額の計算）**

**第22条の６**　法第33条の６第１項本文に規定する政令で定める区分所有権は、マンションの建替え等の円滑化に関する法律第２条第１項第６号に規定する施行マンションの区分所有権（同項第14号に規定する区分所有権をいう。以下この項において同じ。）を有する者に対し、同法の権利変換により当該施行マンションの区分所有権に対応して与えられた同条第１項第７号に規定する施行再建マンションの区分所有権とする。

**2**　法第33条の６第１項本文の規定により同項に規定する代替資産等（以下この条において「代替資産等」という。）の取得価額とされる金額は、財務省令で定めるところにより、次の各号に掲げる資産の区分に応じ当該各号に定める金額とする。

【関係法令通達】　措規16

一　代替資産　当該代替資産の取得価額（当該取得価額が法第33条の６第１項に規定する譲渡資産（以下この項において「譲渡資産」という。）の法第33条の４第１項に規定する収用交換等による譲渡により取得した補償金、対価又は清算金の額（当該譲渡に要した費用の金額がある場合には、当該費用の金額のうち第22条第３項又は第22条の２第４項の規定により計算した金額を控除した金額）を超える場合には、その超える金額を控除した金額）又は法第33条第３項（法第33条の２第２項において準用する場合を含む。）において準用する法第33条第１項に規定する取得価額の見積額（その額が当該代替資産の取得価額と当該補償金、対価又は清算金の額とのいずれにも満たず、かつ、法第33条の５第４項の規定による更正の請求をしない場合における当該見積額に限る。）が当該補償金、対価又は清算金の額のうちに占める割合を、当該譲渡資産の取得価額並びに設備費及び改良費の額の合計額（当該補償金、対価又は清算金とともに交換取得資産、換地取得資産、対償取得資産又は代替住宅等を取得した場合には、当該交換取得資産、換地取得資産、対償取得資産又は代替住宅等につき次号、第３号、第５号又は第９号の規定により計算した金額を控除した金額）に乗じて計算した金額

二　交換取得資産　第22条の２第１項に規定する割合を、譲渡資産の取得価額並びに設備費及び改良費の額の合計額（以下第25条の４までにおいて「取得価額等」という。）に乗じて計算した金額

三　換地取得資産　第22条の３第１項に規定する割合を、譲渡資産の取得価額等に乗じて計算した金額

四　変換取得資産　当該変換取得資産の価額が当該価額と当該変換取得資産と併せて取得した都市再開発法第104条第１項（同法第110条の２第６項又は第111条の規定により読み替えて適用される場合を含む。）の差額に相当する金額との合計額のうちに占める割合を、譲渡資産の取得価額等に乗じて計算した金額

五　対償取得資産　当該対償取得資産の価額が当該価額と当該対償取得資産と併せて取得した法第33条の３第２項に規定する補償金等の額及び都市再開発法第118条の24（同法第118条の25の３第３項の規定により読み替えて適用される場合を含む。）の差額に相当する金額との合計額のうちに占める割合を、譲渡資産の取得価額等に乗じて計算した金額

六　防災変換取得資産　当該防災変換取得資産の価額が当該価額と当該防災変換取得資産と併せて取得した密集市街地における防災街区の整備の促進に関する法律第248条第１項（密集市街地における防災街区の整備の促進に関する法律施行令第43条又は第45条の規定により読み替えて適用される場合を含む。）の差額に相当する金額との合計額のうちに占める割合を、譲渡資産の取得価額等に乗じて計算した金額

七　変換後資産　当該変換後資産の価額が当該価額と当該変換後資産と併せて取得したマンションの建替え等の円滑化に関する法律第85条に規定する差額に相当する金額との合計額のうちに占める割合を、譲渡資産の取得価額等に乗じて計算した金額

八　分割後資産　第22条の３第11項に規定する割合を、譲渡資産の取得価額等に乗じて計算した金額

九　代替住宅等　第22条の３第13項に規定する割合を、譲渡資産の取得価額等に乗じて計算した金額

**3**　法第33条の６第１項ただし書の規定により代替資産等の取得価額とされる金額に加算する金額は、次の各号に掲げる代替資産等の区分に応じ当該各号に定める金額とする。

一　代替資産　法第33条の６第１項第２号に定める金額

二　交換取得資産　法第33条の６第１項第１号に定める金額に前項第２号に規定する割合を乗じて計算した金額及び同条第１項第３号に定める金額の合計額

三　換地取得資産、変換取得資産、対償取得資産、防災変換取得資産、変換後資産又は分割後資産　法第33条の６第１項第３号に定める金額

四　代替住宅等　法第33条の６第１項第１号に定める金額に前項第９号に規定する割合を乗じて計算した金額並びに同条第１項第３号に定める金額及び同項第４号に定める金額の合計額

**4**　法第33条の２第２項の規定の適用を受けた者に係る代替資産につき法第33条の６第１項第２号の規定を適用する場合において、同号に規定する当該資産の収用交換等による譲渡に要した費用の金額があるときは、同号の補償金等の額から控除する金額は、第22条の２第４項の規定により計算した金額とする。

**5**　代替資産等について償却費の額を計算する場合又は事業所得の金額、山林所得の金額、譲渡所得の金額若しくは雑所得の金額を計算する場合には、確定申告書に当該代替資産等の取得価額が法第33条の６第１項の規定により計算されている旨及びその計算の明細を記載するものとする。

**（特定土地区画整理事業等のために土地等を譲渡した場合の譲渡所得の特別控除）**

**第22条の７**　法第34条第２項第１号又は第４号に規定する地方公共団体の設立に係る団体で政令で定めるものは、地方公共団体が財産を提供して設立した団体（当該地方公共団体とともに国、地方公共団体及び独立行政法人都市再生機構以外の者が財産を提供して設立した団体を除く。）で、都市計画その他市街地の整備の計画に従って宅地の造成を行うことを主たる目的とするものとする。

**2**　法第34条第２項第３号の２に規定する政令で定める要件は、次に掲げる要件とする。

一　法第34条第２項第３号の２の都市緑化支援機構（以下この項において「支援機構」という。）

が公益社団法人又は公益財団法人であり、かつ、その定款において、当該支援機構が解散した場合にその残余財産が地方公共団体又は当該支援機構と類似の目的をもつ他の公益を目的とする事業を行う法人に帰属する旨の定めがあること。

二　支援機構と地方公共団体との間で、その買い取った対象土地（法第34条第２項第３号の２に規定する対象土地等をいう。以下この号において同じ。）の売買の予約又はその買い取った対象土地の第三者への転売を停止条件とする停止条件付売買契約の締結をし、その旨の仮登記を行うこと。

3　前項の規定は、法第34条第２項第３号の３に規定する政令で定める要件について準用する。この場合において、前項各号中「第34条第２項第３号の２」とあるのは、「第34条第２項第３号の３」と読み替えるものとする。

4　法第34条第２項第４号に規定する政令で定める地方独立行政法人は、地方独立行政法人法施行令（平成15年政令第486号）第６条第３号に掲げる博物館又は植物園のうち博物館法（昭和26年法律第285号）第２条第２項に規定する公立博物館又は同法第31条第２項に規定する指定施設に該当するものに係る地方独立行政法人法（平成15年法律第118号）第21条第６号に掲げる業務を主たる目的とするものとする。

5　法第34条第２項第４号に規定する政令で定める要件は、次に掲げる要件とする。

一　法第34条第２項第４号の文化財保存活用支援団体（以下この項において「支援団体」という。）が公益社団法人（その社員総会における議決権の総数の２分の１以上の数が地方公共団体により保有されているものに限る。次項において同じ。）又は公益財団法人（その設立当初において拠出をされた金額の２分の１以上の金額が地方公共団体により拠出をされているものに限る。次項において同じ。）であり、かつ、その定款において、当該支援団体が解散した場合にその残余財産が地方公共団体又は当該支援団体と類似の目的をもつ他の公益を目的とする事業を行う法人に帰属する旨の定めがあること。

二　支援団体と地方公共団体との間で、その買い取った土地（法第34条第２項第４号に規定する重要文化財として指定された土地又は同号に規定する史跡、名勝若しくは天然記念物として指定された土地をいう。以下この項において同じ。）の売買の予約又はその買い取った土地の第三者への転売を停止条件とする停止条件付売買契約の締結をし、その旨の仮登記を行うこと。

三　その買い取った土地が、文化財保護法（昭和25年法律第214号）第192条の２第１項の規定により支援団体の指定をした同項の市町村の教育委員会が置かれている当該市町村の区域内にある土地であること。

四　文化財保護法第183条の５第１項に規定する認定文化財保存活用地域計画に記載された土地の保存及び活用に関する事業（地方公共団体の管理の下に行われるものに限る。）の用に供するためにその土地が買い取られるものであること。

6　法第34条第２項第７号に規定する政令で定める要件は、同号の農地中間管理機構が公益社団法人又は公益財団法人であり、かつ、その定款において、当該農地中間管理機構が解散した場合にその残余財産が地方公共団体又は当該農地中間管理機構と類似の目的をもつ他の公益を目的とする事業を行う法人に帰属する旨の定めがあることとする。

**（特定住宅地造成事業等のために土地等を譲渡した場合の譲渡所得の特別控除）**

**第22条の８**　法第34条の２第２項第１号に規定する地方公共団体の設立に係る団体で政令で定めるものは、地方公共団体が財産を提供して設立した団体（当該地方公共団体とともに国、地方公共団体及び独立行政法人都市再生機構以外の者が財産を提供して設立した団体を除く。次項において同じ。）で、都市計画その他市街地の整備の計画に従って宅地の造成を行うことを主たる目的とするものとし、同号に規定する政令で定める事業は、土地開発公社が行う公有地の拡大の推進に関する法律第17条第１項第１号ニに掲げる土地の取得に係る事業とする。

2　法第34条の２第２項第２号に規定する政令で定める者は、地方公共団体若しくは地方公共団体が財産を提供して設立した団体又は独立行政法人都市再生機構で、同号に規定する収用を行う者と当該収用に係る事業につきその者に代わって当該収用の対償に充てられる土地又は土地の上に存する権利を買い取るべき旨の契約を締結したものとする。

3　法第34条の２第２項第２号に規定する政令で定める場合は、都市再開発法による第二種市街地再開発事業の用に供するために同号に規定する収用をすることができる当該事業の施行者である同法第50条の２第３項に規定する再開発会社によって当該収用の対償に充てるため買い取られる場合とする。

4　法第34条の２第２項第３号に規定する政令で定める一団の宅地の造成に関する事業は、その一団の宅地の造成に関する事業に係る宅地の造成及び宅地の分譲が同号イからハまでに掲げる要件を満たすものであることにつき、財務省令で定めるところにより、国土交通大臣の認定を受けたものとする。

【関係法令通達】　措規17の２②

5　法第34条の２第２項第３号に規定する政令で定める場合は、同条第１項に規定する土地等（以下この項、第23項第４号及び第24項において「土地等」という。）が、土地区画整理事業に係る土地区画整理法第４条第１項、第14条第１項若しくは第３項又は第51条の２第１項に規定する認可の申請があった日の属する年の１月１日以後（当該土地区画整理事業の同号イに規定する施行地区内の土地又は土地の上に存する権利につき同法第98条第１項の規定による仮換地の指定（仮に使用又は収益をすることができる権利の目的となるべき土地又はその部分の指定を含む。）が行われた場合には、同日以後その最初に行われた当該指定の効力発生の日の前日までの間）に、同号ロに規定する個人又は法人に買い取られる場合（当該土地等が当該個人又は法人の有する当該施行地区内にある土地と併せて一団の土地に該当することとなる場合に限るものとし、当該土地区画整理事業（その施行者が同法第51条の９第５項に規定する区画整理会社であるものに限る。）の施行に伴い、当該区画整理会社の株主又は社員である者の有する土地等が当該区画整理会社に買い取られる場合を除く。）とする。

6　法第34条の２第２項第３号ロに規定する政令で定める要件は、同号ハに規定する方法により分譲される一の住宅の建設の用に供される土地の面積が財務省令で定める要件を満たすものであることとする。

【関係法令通達】　措規17の２③

7　法第34条の２第２項第４号及び第17号に規定する政令で定める法人は、港務局、地方住宅供給公社、地方道路公社及び独立行政法人都市再生機構とする。

8　法第34条の２第２項第６号に規定する政令で定める沿道整備推進機構は、公益社団法人（その社員総会における議決権の総数の２分の１以上の数が地方公共団体により保有されているものに限る。次項から第13項まで及び第27項において同じ。）又は公益財団法人（その設立当初において拠出をされた金額の２分の１以上の金額が地方公共団体により拠出をされているものに限る。次項から第13項まで及び第27項において同じ。）であって、その定款において、その法人が解散した場合にその残余財産が地方公共団体又は当該法人と類似の目的をもつ他の公益を目的とする事業を行う法人に帰属する旨の定めがあるものとし、同号に規定する政令で定める事業は、同号の沿道地区計画の区域内において行われる次に掲げる事業（当該事業が同号に規定する沿道整備推進機構により行われるものである場合には、地方公共団体の管理の下に行われるものに限る。）とする。

一　道路、公園、緑地その他の公共施設又は公用施設の整備に関する事業

二　都市計画法第４条第７項に規定する市街地開発事業、住宅地区改良法（昭和35年法律第84号）第２条第１項に規定する住宅地区改良事業又は流通業務市街地の整備に関する法律（昭和41年法律第110号）第２条第２項に規定する流通業務団地造成事業

三　遮音上有効な機能を有する建築物として財務省令で定めるもの（以下この号において「緩衝建築物」という。）の整備に関する事業で、次に掲げる要件を満たすもの

イ　その事業の施行される土地の区域の面積が500平方メートル以上であること。

ロ　当該緩衝建築物の建築面積が150平方メートル以上であること。

ハ　当該緩衝建築物の敷地のうち日常一般に開放された空地の部分の面積の当該敷地の面積に対する割合が100分の20以上であること。

【関係法令通達】　措規17の２④

9　法第34条の２第２項第７号に規定する政令で定める防災街区整備推進機構は、公益社団法人又は公益財団法人であって、その定款において、その法人が解散した場合にその残余財産が地方公共団体又は当該法人と類似の目的をもつ他の公益を目的とする事業を行う法人に帰属する旨の定めがあるものとし、同号に規定する政令で定める事業は、同号の特定防災街区整備地区又は防災街区整備地区計画の区域内において行われる次に掲げる事業（当該事業が同号に規定する防災街区整備推進機構により行われるものである場合には、地方公共団体の管理の下に行われるものに限る。）とする。

一　道路、公園、緑地その他の公共施設又は公用施設の整備に関する事業

二　都市計画法第４条第７項に規定する市街地開発事業又は住宅地区改良法第２条第１項に規定する住宅地区改良事業

三　密集市街地における防災街区の整備の促進に関する法律第２条第２号に掲げる防災街区としての整備に資する建築物として財務省令で定めるもの（以下この号において「延焼防止建築物」という。）の整備に関する事業で、次に掲げる要件を満たすもの

イ　その事業の施行される土地の区域の面積が300平方メートル以上であること。

ロ　当該延焼防止建築物の建築面積が150平方メートル以上であること。

【関係法令通達】　措規17の２⑤

10　法第34条の２第２項第８号に規定する政令で定める中心市街地整備推進機構は、公益社団法人又は公益財団法人であって、その定款において、その法人が解散した場合にその残余財産が地方公共団体又は当該法人と類似の目的をもつ他の公益を目的とする事業を行う法人に帰属する旨の定めがあるものとし、同号に規定する政令で定める事業は、同号の認定中心市街地の区域内において行われる次に掲げる事業（当該事業が同号に規定する中心市街地整備推進機構により行われるものである場合には、地方公共団体の管理の下に行われるものに限る。）とする。

一　道路、公園、緑地その他の公共施設又は公用施設の整備に関する事業

二　都市計画法第４条第７項に規定する市街地開

発事業

三　都市再開発法第129条の６に規定する認定再開発事業計画に基づいて行われる同法第129条の２第１項に規定する再開発事業

**11**　法第34条の２第２項第９号に規定する政令で定める景観整備機構は、公益社団法人又は公益財団法人であって、その定款において、その法人が解散した場合にその残余財産が地方公共団体又は当該法人と類似の目的をもつ他の公益を目的とする事業を行う法人に帰属する旨の定めがあるものとする。

**12**　法第34条の２第２項第10号に規定する政令で定める都市再生推進法人は、公益社団法人又は公益財団法人であって、その定款において、その法人が解散した場合にその残余財産が地方公共団体又は当該法人と類似の目的をもつ他の公益を目的とする事業を行う法人に帰属する旨の定めがあるものとする。

**13**　法第34条の２第２項第11号に規定する政令で定める歴史的風致維持向上支援法人は、公益社団法人又は公益財団法人であって、その定款において、その法人が解散した場合にその残余財産が地方公共団体又は当該法人と類似の目的をもつ他の公益を目的とする事業を行う法人に帰属する旨の定めがあるものとする。

**14**　法第34条の２第２項第12号に規定する政令で定める計画は、国土交通省の作成した苫小牧地区及び石狩新港地区の開発に関する計画並びに青森県の作成したむつ小川原地区の開発に関する計画とし、同号に規定する政令で定める法人は、その発行済株式又は出資の総数又は総額の２分の１以上が国（国の全額出資に係る法人を含む。）又は地方公共団体により所有され又は出資をされている法人とする。

**15**　法第34条の２第２項第12号イに規定する計画に係る区域の面積に係る政令で定める面積は300ヘクタールとし、同号イに規定する事業の施行区域の面積に係る政令で定める面積は30ヘクタールとする。

**16**　法第34条の２第２項第13号に規定する政令で定める要件は、次の各号に掲げる事業の区分に応じ当該各号に定める要件とする。

一　法第34条の２第２項第13号イに掲げる事業　次に掲げる事業の区分に応じそれぞれ次に定める要件

イ　商店街の活性化のための地域住民の需要に応じた事業活動の促進に関する法律（平成21年法律第80号。以下この号及び次項第１号において「商店街活性化法」という。）第２条第２項に規定する商店街活性化事業　次に掲げる要件

(1)　当該事業が都市計画その他の土地利用に関する国又は地方公共団体の計画に適合して行われるものであること。

(2)　当該事業により顧客その他の地域住民の利便の増進を図るための施設として財務省令で定める施設が設置されること。

(3)　当該事業の区域として財務省令で定める区域の面積が1,000平方メートル以上であること。

(4)　当該事業に係る商店街活性化法第５条第３項に規定する認定商店街活性化事業計画が経済産業大臣が財務大臣と協議して定める基準に適合するものであり、当該認定商店街活性化事業計画に従って当該事業が実施されていること。

(5)　その他財務省令で定める要件

【関係法令通達】　措規17の２⑥～⑧

ロ　商店街活性化法第２条第３項に規定する商店街活性化支援事業　次に掲げる要件

(1)　イ(1)に掲げる要件

(2)　当該事業を行う施設として財務省令で定める施設（その建築面積が150平方メート

ル以上であるものに限る。）が設置されること。

(3) 当該事業の区域として財務省令で定める区域の面積が300平方メートル以上であること。

(4) 当該事業に係る商店街活性化法第７条第３項に規定する認定商店街活性化支援事業計画が経済産業大臣が財務大臣と協議して定める基準に適合するものであり、当該認定商店街活性化支援事業計画に従って当該事業が実施されていること。

(5) その他財務省令で定める要件

【関係法令通達】 措規17の２⑨～⑪

二 法第34条の２第２項第13号ロに掲げる事業 次に掲げる要件

イ 前号イ(1)及び(2)に掲げる要件

ロ 当該事業の区域として財務省令で定める区域の面積が1,000平方メートル（当該事業が中心市街地の活性化に関する法律第７条第７項第３号若しくは第４号に定める事業又は同項第７号に定める事業（当該事業が同項第３号又は第４号に定める事業に類するもので財務省令で定めるものに限る。）である場合には、500平方メートル）以上であること。

【関係法令通達】 措規17の２⑫⑬

ハ 当該事業が独立行政法人中小企業基盤整備機構法（平成14年法律第147号）第15条第１項第３号又は第４号に掲げる業務（同項第３号ロ又はハに掲げる事業又は業務に係るものに限る。）に係る資金の貸付けを受けて行われるものであること。

ニ その他財務省令で定める要件

【関係法令通達】 措規17の２⑭

17 法第34条の２第２項第13号に規定する政令で定める法人は、次の各号に掲げる事業の区分に応じ当該各号に定める法人とする。

一 前項第１号に掲げる事業 次に掲げる事業の区分に応じそれぞれ次に定める法人

イ 前項第１号イに掲げる商店街活性化事業 法第34条の２第２項第13号イの認定商店街活性化事業計画（当該商店街活性化事業に係るものに限る。）に係る商店街活性化法第５条第１項に規定する認定商店街活性化事業者である法人で、中小企業等協同組合法第９条の２第７項に規定する特定共済組合及び同法第９条の９第４項に規定する特定共済組合連合会以外のもの

ロ 前項第１号ロに掲げる商店街活性化支援事業 法第34条の２第２項第13号イの認定商店街活性化支援事業計画（当該商店街活性化支援事業に係るものに限る。）に係る商店街活性化法第７条第１項に規定する認定商店街活性化支援事業者である法人（商店街活性化法第６条第１項に規定する一般社団法人又は一般財団法人であって、その定款において、その法人が解散した場合にその残余財産が地方公共団体又は当該法人と類似の目的をもつ他の公益を目的とする事業を行う法人に帰属する旨の定めがあるもののうち、次に掲げる要件のいずれかを満たすものに限る。）

(1) その社員総会における議決権の総数の３分の１を超える数が地方公共団体により保有されている公益社団法人であること。

(2) その社員総会における議決権の総数の４分の１以上の数が一の地方公共団体により保有されている公益社団法人であること。

(3) その拠出をされた金額の３分の１を超える金額が地方公共団体により拠出をされている公益財団法人であること。

(4) その拠出をされた金額の４分の１以上の金額が一の地方公共団体により拠出をされ

ている公益財団法人であること。

二　前項第２号に掲げる事業　法第34条の２第２項第13号ロの認定特定民間中心市街地活性化事業計画（当該事業に係るものに限る。）に係る中心市街地の活性化に関する法律第49条第１項に規定する認定特定民間中心市街地活性化事業者である法人（同法第７条第７項第７号に定める事業にあっては、商工会、商工会議所及び次に掲げる法人に限る。）

イ　地方公共団体の出資に係る中心市街地の活性化に関する法律第７条第７項第７号に掲げる特定会社のうち、次に掲げる要件を満たすもの

⑴　当該法人の発行済株式又は出資の総数又は総額の３分の２以上が地方公共団体又は独立行政法人中小企業基盤整備機構により所有され、又は出資をされていること。

⑵　当該法人の株主又は出資者（⑶において「株主等」という。）の３分の２以上が中小小売商業者等（中心市街地の活性化に関する法律第７条第１項に規定する中小小売商業者又は中心市街地の活性化に関する法律施行令（平成10年政令第263号）第12条第１項第２号に規定する中小サービス業者（同法第７条第１項第３号及び第５号から第７号までに該当するものに限る。）をいう。⑶において同じ。）又は商店街振興組合等（同法第７条第７項第１号に掲げる商店街振興組合等（中小企業等協同組合法第９条の９第１項第１号又は第３号の事業を行う協同組合連合会を除く。）をいう。⑶において同じ。）であること。

⑶　その有する当該法人の株式又は出資の数又は金額の最も多い株主等が地方公共団体、独立行政法人中小企業基盤整備機構、中小小売商業者等又は商店街振興組合等のいずれかであること。

ロ　中心市街地の活性化に関する法律第７条第７項第７号に掲げる一般社団法人等であって、その定款において、その法人が解散した場合にその残余財産が地方公共団体又は当該法人と類似の目的をもつ他の公益を目的とする事業を行う法人に帰属する旨の定めがあるもののうち、前号ロ⑴から⑷までに掲げる要件のいずれかを満たすもの

**18**　法第34条の２第２項第14号に規定する政令で定める要件は、同号に規定する事業の次の各号に掲げる区分に応じ当該各号に定める要件とする。

一　農業協同組合法（昭和22年法律第132号）第11条の48第１項に規定する宅地等供給事業のうち同法第10条第５項第３号に掲げるもの　当該事業が、都市計画その他の土地利用に関する国又は地方公共団体の計画に適合した計画に従って行われるものであること並びに当該事業により造成される土地の処分予定価額が、当該事業の施行区域内の土地の取得及び造成に要する費用の額、分譲に要する費用の額、当該事業に要する一般管理費の額並びにこれらの費用に充てるための借入金の利子の額の見積額の合計額以下であること。

二　独立行政法人中小企業基盤整備機構法第15条第１項第３号ロに規定する他の事業者との事業の共同化又は中小企業の集積の活性化に寄与する事業の用に供する土地の造成に関する事業　前号に定める要件に該当すること及び当該事業が同項第３号又は第４号の規定による資金の貸付けを受けて行われるものであること。

**19**　法第34条の２第２項第14号の２に規定する政令で定める要件は、総合特別区域法（平成23年法律第81号）第２条第２項第５号イ又は第３項第５号イに規定する共同して又は一の団地若しくは主として一の建物に集合して行う事業の用に供する土地の造成に関する事業が、前項第１号に定める要件に該当すること及び同法第30条又は第58条の規

定による資金の貸付けを受けて行われるものであることとする。

20　法第34条の２第２項第15号に規定する政令で定める法人は、次に掲げる法人とする。

一　地方公共団体の出資に係る法人のうち、その発行済株式又は出資の総数又は総額の２分の１以上が一の地方公共団体により所有され又は出資をされているもの

二　公益社団法人又は公益財団法人であって、その定款において、その法人が解散した場合にその残余財産が地方公共団体又は当該法人と類似の目的をもつ他の公益を目的とする事業を行う法人に帰属する旨の定めがあるもののうち、次に掲げる要件のいずれかを満たすもの

イ　その社員総会における議決権の総数の２分の１以上の数が地方公共団体により保有されている公益社団法人であること。

ロ　その社員総会における議決権の総数の４分の１以上の数が一の地方公共団体により保有されている公益社団法人であること。

ハ　その拠出をされた金額の２分の１以上の金額が地方公共団体により拠出をされている公益財団法人であること。

ニ　その拠出をされた金額の４分の１以上の金額が一の地方公共団体により拠出をされている公益財団法人であること。

21　法第34条の２第２項第15号に規定する政令で定める要件は、産業廃棄物の処理に係る特定施設の整備の促進に関する法律（平成４年法律第62号）第２条第２項に規定する特定施設（同項第１号に規定する建設廃棄物処理施設を含むものを除く。以下この項において同じ。）の整備の事業が、同法第４条第１項の規定による認定を受けた同項の整備計画（次の各号に掲げる事項の定めがあるものに限る。）に基づいて行われるものであることとする。

一　法第34条の２第２項第15号に規定する特定法人が当該特定施設を運営すること。

二　当該特定施設の利用者を限定しないこと。

22　法第34条の２第２項第19号に規定する政令で定める法人は、独立行政法人中小企業基盤整備機構、独立行政法人都市再生機構その他法人税法別表第１に掲げる法人で地域の開発、保全又は整備に関する事業を行うものとし、同号に規定する地方公共団体の設立に係る団体で政令で定めるものは、第１項に規定する団体とし、同号に規定する政令で定める計画は、同号に規定する地域の開発、保全又は整備に関する事業の施行区域が定められた計画で、当該施行区域の面積が20ヘクタール以上であるものとする。

23　法第34条の２第２項第21号に規定する政令で定める建物等は、次に掲げる建築物又は構築物とする。

一　建築基準法第３条第２項に規定する建築物

二　風俗営業等取締法の一部を改正する法律（昭和59年法律第76号。以下この号において「改正法」という。）附則第２条第２項若しくは第３条第１項の規定の適用に係る風俗営業等の規制及び業務の適正化等に関する法律第２条第１項に規定する風俗営業の営業所が同法第４条第２項第２号の規定に基づく条例の規定の施行若しくは適用の際当該条例の規定に適合しない場合の当該風俗営業の営業所の用に供されている建築物若しくは構築物（以下この項において「建築物等」という。）、同法第28条第３項に規定する店舗型性風俗特殊営業（改正法附則第４条第２項又は風俗営業等の規制及び業務の適正化等に関する法律の一部を改正する法律（平成10年法律第55号）附則第４条第２項の規定の適用に係るものを含む。以下この号において同じ。）が風俗営業等の規制及び業務の適正化等に関する法律第28条第１項の規定の施行若しくは適用の際同項の規定に適合しない場合の当該店舗型性風俗特殊営業の営業所の用に供されている建

築物等、同条第３項に規定する店舗型性風俗特殊営業が同条第２項の規定に基づく条例の規定の施行若しくは適用の際当該条例の規定に適合しない場合の当該店舗型性風俗特殊営業の営業所の用に供されている建築物等、同法第31条の13第１項に規定する店舗型電話異性紹介営業（風俗営業等の規則及び業務の適正化等に関する法律の一部を改正する法律（平成13年法律第52号）附則第２条第２項の規定の適用に係るものを含む。以下この号において同じ。）が風俗営業等の規制及び業務の適正化等に関する法律第31条の13第１項の規定若しくは同項において準用する同法第28条第２項の規定に基づく条例の規定の施行若しくは適用の際同法第31条の13第１項において準用する同法第28条第１項の規定若しくは当該条例の規定に適合しない場合の当該店舗型電話異性紹介営業の営業所の用に供されている建築物等又は同法第33条第５項に規定する営業が同条第４項の規定に基づく条例の規定の施行若しくは適用の際当該条例の規定に適合しない場合の当該営業の営業所の用に供されている建築物等

三　危険物の規制に関する政令の一部を改正する政令（昭和51年政令第153号）附則第２項に規定する屋外タンク貯蔵所で危険物の規制に関する政令（昭和34年政令第306号）第11条第１項第１号の２の表の第２号の上欄に掲げる屋外貯蔵タンクの存するもの

四　都市計画法第４条第２項に規定する都市計画区域内において同法第８条第１項第１号に規定する用途地域が変更され、又は変更されることとなることにより、引き続き従前の用途と同一の用途に供することができなくなる建築物等又は換地処分により取得する土地等の上に建築して従前と同一の用途に供することができなくなる建築物等

五　前各号に掲げる建築物等に類するものとして財務省令で定めるもの

【関係法令通達】　措規17の２⑱

**24**　法第34条の２第２項第21号に規定する政令で定める場合は、土地区画整理法による同号に規定する土地区画整理事業（その施行者が同法第51条の９第５項に規定する区画整理会社であるものに限る。）が施行された場合において、当該区画整理会社の株主又は社員である者が、その有する土地等につき同号の換地が定められなかったことに伴い同法第94条の規定による清算金を取得するときとする。

**25**　法第34条の２第２項第22号に規定するやむを得ない事情により申出をしたと認められる場合として政令で定める場合及び同号に規定するやむを得ない事情があったと認められる場合として政令で定める場合は、次の各号に掲げる場合のいずれかに該当する場合で、同項第22号のマンション建替事業の施行者がその該当することにつきマンションの建替え等の円滑化に関する法律第37条第１項又は第53条第１項の審査委員の過半数の確認を得た場合とする。

一　マンションの建替え等の円滑化に関する法律第56条第１項の申出をした者、同法第15条第１項若しくは第64条第１項の請求をされた者又は同条第３項の請求をした者（次号においてこれらの者を「申出人等」という。）の有する同法第２条第１項第６号に規定する施行マンションが都市計画法第８条第１項第１号から第２号の２までの地域地区による用途の制限につき建築基準法第３条第２項の規定の適用を受けるものである場合

二　前号の施行マンションにおいて住居を有し若しくは事業を営む申出人等又はその者と住居及び生計を一にしている者が老齢又は身体上の障害のためマンションの建替え等の円滑化に関する法律第２条第１項第７号に規定する施行再建

マンションにおいて生活すること又は事業を営むことが困難となる場合

**26** 法第34条の２第２項第23号に規定する政令で定める土地は、次に掲げる土地で国又は地方公共団体において保存をすることが緊急に必要なものとして環境大臣が指定するもの（同号に規定する管理地区として指定された区域内の土地を除く。）とする。

一　文化財保護法第109条第１項の規定により天然記念物として指定された鳥獣の生息地

二　日本国が締結した渡り鳥及び絶滅のおそれのある鳥類並びにその環境の保護に関する条約においてその保護をすべきものとされた鳥類の生息地

**27** 法第34条の２第２項第25号に規定する政令で定める農地中間管理機構は、公益社団法人又は公益財団法人であって、その定款において、その法人が解散した場合にその残余財産が地方公共団体又は当該法人と類似の目的をもつ他の公益を目的とする事業を行う法人に帰属する旨の定めがあるものとする。

**28** 経済産業大臣は、第16項第１号イ⑷及びロ⑷の規定により基準を定めたときは、これを告示する。

**（農地保有の合理化等のために農地等を譲渡した場合の譲渡所得の特別控除）**

**第22条の９**　法第34条の３第２項第１号に規定する農地保有の合理化のために土地等を譲渡した場合として政令で定める場合は、農業経営基盤強化促進法（昭和55年法律第65号）第５条第３項に規定する農地中間管理機構（公益社団法人（その社員総会における議決権の総数の２分の１以上の数が地方公共団体により保有されているものに限る。）又は公益財団法人（その設立当初において拠出をされた金額の２分の１以上の金額が地方公共団体により拠出をされているものに限る。）であって、その定款において、その法人が解散した場合にその残余財産が地方公共団体又は当該法人と類似の目的をもつ他の公益を目的とする事業を行う法人に帰属する旨の定めがあるものに限る。）に対し、同法第７条の規定により当該農地中間管理機構が行う事業（同条第１号に掲げるものに限る。）のために農地法第２条第１項に規定する農地（同法第43条第１項の規定により農作物の栽培を耕作に該当するものとみなして適用する同法第２条第１項に規定する農地を含む。以下この条において「農地」という。）若しくは採草放牧地で農業振興地域の整備に関する法律（昭和44年法律第58号）第８条第２項第１号に規定する農用地区域として定められている区域内にあるもの、当該区域内にある土地で開発して農地とすることが適当なもの若しくは当該区域内にある土地で同号に規定する農業上の用途区分が同法第３条第４号に規定する農業用施設の用に供することとされているもの（農地の保全又は利用上必要な施設で財務省令で定めるものの用に供する土地を含む。）又はこれらの土地の上に存する権利を譲渡した場合（法第34条の３第２項第２号に掲げる場合に該当する場合を除く。）とする。

【関係法令通達】　措規18①

# 租税特別措置法施行規則

**（優良住宅地の造成等のために土地等を譲渡した場合の長期譲渡所得の課税の特例）**

**第13条の３**　法第31条の２第２項に規定する財務省令で定めるところにより証明がされた土地等の譲渡は、次の各号に掲げる土地等（法第31条第１項に規定する土地等をいう。以下この条において同じ。）の譲渡（法第31条第１項に規定する譲渡をいう。以下この条において同じ。）の区分に応じ当該各号に定める書類を確定申告書に添付することにより証明がされた土地等の譲渡とする。

【関係法令通達】　措通31の２－32「別表１」

一　法第31条の２第２項第１号に掲げる土地等の譲渡　次に掲げる場合の区分に応じそれぞれ次に定める書類

イ　当該土地等の譲渡が国又は地方公共団体に対して行われるものである場合　当該土地等の買取りをする者の当該土地等を買い取った旨を証する書類

ロ　当該土地等の譲渡が施行令第20条の２第１項第２号に規定する法人に対して行われるものである場合　当該土地等の買取りをする者の当該土地等を同号に規定する収用の対償に充てるために買い取った旨を証する書類

二　法第31条の２第２項第２号に掲げる土地等の譲渡　次に掲げる場合の区分に応じそれぞれ次に定める書類

イ　当該土地等の譲渡が独立行政法人都市再生機構、土地開発公社又は施行令第20条の２第２項第１号に掲げる法人に対して行われるものである場合　当該土地等の買取りをする者の当該土地等を法第31条の２第２項第２号に規定する業務の用に直接供するために買い取った旨を証する書類

ロ　当該土地等の譲渡が施行令第20条の２第２項第２号に掲げる法人に対して行われるものである場合　当該法人に係る同号に規定する地方公共団体の長の当該土地等が当該法人により法第31条の２第２項第２号に規定する業務の用に直接供するために買い取られた旨を証する書類

ハ　当該土地等の譲渡が施行令第20条の２第２項第３号に掲げる法人に対して行われるものである場合　市町村長又は特別区の区長の当該土地等の買取りをする者が同号に掲げる法人である旨及び当該土地等が当該法人により法第31条の２第２項第２号に規定する業務の用に直接供するために買い取られた旨を証する書類

ニ　当該土地等の譲渡が施行令第20条の２第２項第４号に掲げる法人に対して行われるものである場合　市町村長又は特別区の区長の当該土地等の買取りをする者が同号に掲げる法人である旨及び当該土地等が当該法人により法第31条の２第２項第２号に規定する業務の用に直接供するために買い取られた旨を証する書類

ホ　当該土地等の譲渡が施行令第20条の２第２項第５号に掲げる法人に対して行われるものである場合　市町村長又は特別区の区長の当該土地等の買取りをする者が同号に掲げる法人である旨及び当該土地等が当該法人により法第31条の２第２項第２号に規定する業務の用に直接供するために買い取られた旨を証す

る書類

ヘ　当該土地等の譲渡が施行令第20条の２第２項第６号に掲げる法人に対して行われるものである場合　市町村長又は特別区の区長の当該土地等の買取りをする者が同号に掲げる法人である旨及び当該土地等が当該法人により法第31条の２第２項第２号に規定する業務の用に直接供するために買い取られた旨を証する書類

二の二　法第31条の２第２項第２号の２に掲げる土地等の譲渡　土地開発公社の当該土地等を同号イ又はロに掲げる土地等の区分に応じそれぞれ同号イ又はロに定める事業の用に供するために買い取った旨を証する書類（当該土地等の所在地の記載があるものに限る。）

三　法第31条の２第２項第３号に掲げる土地等の譲渡　当該譲渡に係る土地等の第14条第５項各号の区分に応じ当該各号に定める書類

四　法第31条の２第２項第４号に掲げる土地等の譲渡　当該土地等の買取りをする同号に規定する第一種市街地再開発事業の施行者の当該土地等を当該事業の用に供するために買い取った旨を証する書類

五　法第31条の２第２項第５号に掲げる土地等の譲渡　当該土地等の買取りをする同号に規定する防災街区整備事業の施行者の当該土地等を当該事業の用に供するために買い取った旨を証する書類

六　法第31条の２第２項第６号に掲げる土地等の譲渡　当該土地等の買取りをする同号に規定する認定事業者から交付を受けた次に掲げる書類

イ　密集市街地における防災街区の整備の促進に関する法律（平成９年法律第49号）第４条第１項に規定する所管行政庁の当該土地等に係る法第31条の２第２項第６号に規定する認定建替計画が施行令第20条の２第５項に規定する要件を満たすものである旨を証する書類の写し

ロ　当該土地等の買取りをする者の当該土地等を法第31条の２第２項第６号に規定する認定建替計画に係る建築物の建替えを行う事業の用に供するために買い取った旨を証する書類

七　法第31条の２第２項第７号に掲げる土地等の譲渡　当該土地等の買取りをする同号に規定する認定事業者から交付を受けた次に掲げる書類

イ　国土交通大臣の当該土地等に係る法第31条の２第２項第７号に規定する都市再生事業が都市再生特別措置法（平成14年法律第22号）第25条に規定する認定事業である旨及び施行令第20条の２第７項各号に掲げる要件を満たすものである旨を証する書類の写し

ロ　当該土地等の買取りをする者の当該土地等を法第31条の２第２項第７号に規定する都市再生事業の用に供するために買い取った旨を証する書類（当該土地等の買取りをする者が同号の独立行政法人都市再生機構である場合には、当該書類及び同号の協定に基づき買い取った旨を証する書類）

八　法第31条の２第２項第８号に掲げる土地等の譲渡　当該土地等の買取りをする同号に規定する特定事業又は当該特定事業の実施に伴い必要となる施設を整備する事業を行う者から交付を受けた次に掲げる書類

イ　国家戦略特別区域法（平成25年法律第107号）第７条第１項第１号に規定する国家戦略特別区域担当大臣の当該土地等に係る同法第２条第２項に規定する特定事業が同法第11条第１項に規定する認定区域計画に定められている旨及び当該特定事業又は当該特定事業の実施に伴い必要となる施設を整備する事業が国家戦略特別区域法施行規則（平成26年内閣府令第20号）第12条各号に掲げる要件の全てを満たすものである旨を証する書類の写し

ロ　当該土地等の買取りをする者の当該土地等

を法第31条の２第２項第８号に規定する特定事業又は当該特定事業の実施に伴い必要となる施設を整備する事業の用に供するために買い取った旨を証する書類

九　法第31条の２第２項第９号に掲げる土地等の譲渡　次に掲げる書類

イ　都道府県知事の法第31条の２第２項第９号に規定する裁定をした旨を所有者不明土地の利用の円滑化等に関する特別措置法（平成30年法律第49号）第14条の規定により通知した文書の写し

ロ　次に掲げる場合の区分に応じそれぞれ次に定める書類

(1)　当該土地等が法第31条の２第２項第９号イに掲げる土地等である場合　当該土地等の買取りをする者の所有者不明土地の利用の円滑化等に関する特別措置法第10条第２項の規定による提出をしたイに規定する裁定に係る同号に規定する裁定申請書（同号に規定する事業者及び事業並びに同号イに規定する特定所有者不明土地の記載がされたものに限る。）の写し及び当該土地等を当該事業の用に供するために買い取った旨を証する書類

(2)　当該土地等が法第31条の２第２項第９号ロに掲げる土地等である場合　当該土地等の買取りをする者の所有者不明土地の利用の円滑化等に関する特別措置法第10条第２項の規定による提出をしたイに規定する裁定に係る同号に規定する裁定申請書（同号に規定する事業者及び事業（同号ロに規定する政令で定める事業を除く。）の記載がされたものに限る。）の写し、当該裁定申請書に添付された同号ロの事業計画書（同号ロの計画に当該事業者が当該土地等を取得するものとして記載がされたものに限る。）の写し及び当該土地等を当該記載がされた事業の用に供するために買い取った旨を証する書類

十　法第31条の２第２項第10号に掲げる土地等の譲渡　次に掲げる場合の区分に応じそれぞれ次に定める書類

イ　当該土地等の譲渡がマンションの建替え等の円滑化に関する法律（平成14年法律第78号）第15条第１項若しくは第64条第１項若しくは第３項の請求又は同法第56条第１項の申出に基づくものである場合　当該土地等の買取りをするマンション建替事業（法第31条の２第２項第10号に規定するマンション建替事業をいう。以下この号において同じ。）の施行者（法第31条の２第２項第10号に規定する施行者をいう。ロにおいて同じ。）の当該マンション建替事業に係る施行再建マンション（同号に規定する施行再建マンションをいう。ロにおいて同じ。）が施行令第20条の２第９項に規定する基準に適合することにつき都道府県知事（市の区域内にあっては、当該市の長。ロ及び次号において同じ。）の証明を受けた旨及び当該土地等を当該請求又は申出に基づき当該マンション建替事業の用に供するために買い取った旨を証する書類

ロ　当該土地等の譲渡が法第31条の２第２項第10号に規定する隣接施行敷地に係るものである場合　当該土地等の買取りをするマンション建替事業の施行者の当該マンション建替事業に係る同号に規定する施行マンションが施行令第20条の２第10項に規定する建築物に該当すること及び当該マンション建替事業に係る施行再建マンションが同条第９項に規定する基準に適合し、かつ、当該施行再建マンションの延べ面積が当該施行マンションの延べ面積以上であることにつき都道府県知事の証明を受けた旨並びに当該隣接施行敷地に係る土地等を当該マンション建替事業に係る当該

施行再建マンションの敷地とするために買い取った旨を証する書類

十一　法第31条の２第２項第11号に掲げる土地等の譲渡　当該土地等の買取りをするマンション敷地売却事業（同号に規定するマンション敷地売却事業をいう。以下この号において同じ。）を実施する者の当該マンション敷地売却事業に係る同項第10号に規定する認定買受計画に第５項に規定するいずれかの事項の記載があること及び当該記載がされた同項第１号のマンションが新たに建築されること又は当該記載がされた同項第２号若しくは第３号の施設が整備されることにつき都道府県知事の証明を受けた旨並びに当該土地等を同条第２項第10号の請求又は同号に規定する分配金取得計画に基づき当該マンション敷地売却事業の用に供するために買い取った旨を証する書類

十二　法第31条の２第２項第11号に掲げる土地等の譲渡　当該土地等の買取りをする同号に規定する建築物の建築をする事業を行う者から交付を受けた次に掲げる書類

イ　国土交通大臣のその建築物が法第31条の２第２項第12号に規定する建築物に該当するものである旨及び当該建築物の建築をする事業が施行令第20条の２第13項各号に掲げる要件を満たすものである旨を証する書類の写し

ロ　当該土地等の買取りをする者の法第31条の２第２項第12号の譲渡に係る土地等が施行令第20条の２第14項各号に掲げる区域内に所在し、かつ、当該土地等を法第31条の２第２項第12号に規定する建築物の建築をする事業の用に供する旨を証する書類

十三　法第31条の２第２項第13号に掲げる土地等の譲渡　当該土地等の買取りをする同号の住宅建設の用に供される一団の宅地の造成を行う同号に規定する個人又は法人（以下この号において「土地等の買取りをする者」という。）から交付を受けた次に掲げる書類

イ　当該一団の宅地の造成に係る都市計画法第30条第１項に規定する申請書の写し（当該造成に関する事業概要書及び設計説明書並びに当該一団の宅地の位置及び区域等を明らかにする地形図の添付のあるものに限る。）及び同法第35条第２項の通知の文書の写し

ロ　土地等の買取りをする者の法第31条の２第２項第13号の譲渡に係る土地等がイに規定する通知に係る都市計画法第４条第13項に規定する開発区域内に所在し、かつ、施行令第20条の２第15項各号に掲げる区域内に所在する旨及び当該土地等を当該一団の宅地の用に供する旨を証する書類

十四　法第31条の２第２項第14号に掲げる土地等の譲渡　当該土地等の買取りをする同号の住宅建設の用に供される一団の宅地の造成を行う同号に規定する個人又は法人（当該一団の宅地の造成が土地区画整理法（昭和29年法律第119号）による土地区画整理事業として行われる場合には、当該土地区画整理事業の同法第２条第３項に規定する施行者又は同法第25条第１項に規定する組合員である個人又は法人に限る。以下この号において「土地等の買取りをする者」という。）から交付を受けた次に掲げる書類

イ　当該一団の宅地の造成に係る法第31条の２第２項第14号イ及びロに関する事項の記載のある同号ハに規定する認定の申請書の写し（当該造成に関する事業概要書及び設計説明書並びに当該一団の宅地の位置及び区域等を明らかにする地形図の添付のあるものに限る。）並びに都道府県知事の当該申請書に基づき同号ハに規定する認定をしたことを証する書類の写し

ロ　土地等の買取りをする者の法第31条の２第２項第14号の譲渡に係る土地等が同号ロに規定する都市計画区域内に所在し、かつ、当該

土地等を当該一団の宅地の用に供する旨（当該一団の宅地の造成が土地区画整理法による土地区画整理事業として行われる場合には、当該一団の宅地が当該土地区画整理事業の同法第２条第４項に規定する施行地区内に所在し、かつ、当該譲渡に係る土地等が当該土地等の買取りをする者の有する当該施行地区内にある土地と併せて一団の土地に該当することとなる旨を含む。）を証する書類

ハ　次に掲げる場合の区分に応じそれぞれ次に定める書類

(1)　当該一団の宅地の造成が土地区画整理法による土地区画整理事業として行われる場合　都道府県知事の同法第４条第１項、第14条第１項若しくは第３項又は第51条の２第１項の規定による認可をしたことを証する書類の写し

(2)　(1)の場合以外の場合　都道府県知事の当該一団の宅地の造成がイに規定する認定の内容に適合している旨を証する書類の写し

十五　法第31条の２第２項第15号に掲げる土地等の譲渡　当該土地等の買取りをする同号の一団の住宅又は中高層の耐火共同住宅の建設を行う個人又は法人（以下この号において「土地等の買取りをする者」という。）から交付を受けた次に掲げる書類

イ　当該一団の住宅又は中高層の耐火共同住宅の建設に係る法第31条の２第２項第15号イ又はロ及びハに関する事項の記載のある同号ニに規定する認定の申請書の写し（当該建設に関する事業概要書（当該中高層の耐火共同住宅にあっては、当該事業概要書及び各階平面図）並びに当該建設を行う場所及び区域等を明らかにする地形図の添付のあるものに限る。）並びに都道府県知事（当該中高層の耐火共同住宅でその用に供される土地の面積が1,000平方メートル未満のものにあっては、市町村長）の同号ニに規定する認定をしたことを証する書類の写し

ロ　土地等の買取りをする者の法第31条の２第２項第15号の譲渡に係る土地等が同号ハに規定する都市計画区域内に所在し、かつ、当該土地等を当該一団の住宅又は中高層の耐火共同住宅の用に供する旨を証する書類

ハ　当該一団の住宅又は中高層の耐火共同住宅に係る建築基準法第７条第５項に規定する検査済証の写し

十六　法第31条の２第２項第16号に掲げる土地等の譲渡　当該土地等の買取りをする同号の住宅又は中高層の耐火共同住宅（当該中高層の耐火共同住宅にあっては、その床面積が500平方メートル以上であるものに限る。）の建設を行う個人又は法人（以下この号において「土地等の買取りをする者」という。）から交付を受けたイからハまでに掲げる書類及びニに掲げる書類

イ　当該住宅又は中高層の耐火共同住宅の建設に係る法第31条の２第２項第16号イ又はロに関する事項の記載のある建築基準法第６条第１項に規定する確認の申請書（これに準ずるものを含む。ロにおいて同じ。）の写し（当該建設に関する事業概要書及び当該建設を行う場所及び区域等を明らかにする地形図の添付のあるものに限る。）

ロ　土地等の買取りをする者の法第31条の２第２項第16号の譲渡に係る土地等につき同号に規定する仮換地の指定がされた土地等をイに規定する確認の申請書に係る当該住宅又は中高層の耐火共同住宅の用に供する旨を証する書類

ハ　当該住宅又は中高層の耐火共同住宅に係る前号ハに規定する検査済証の写し

ニ　当該譲渡に係る土地等につき土地区画整理法第98条第５項又は第６項の規定により通知（同法第99条第２項の規定による通知を含む。）

を受けた文書の写し

2　前項第14号ハ(2)に掲げる都道府県知事の証する書類の写し又は同項第15号ハに掲げる検査済証の写しは、同項第14号又は第15号に規定する土地等の買取りをする者から、同項第14号の一団の宅地の造成又は同項第15号の一団の住宅若しくは中高層の耐火共同住宅の建設を同項第14号又は第15号に規定する申請書の内容に適合して行う旨及び当該申請書に基づく同項第14号ハ(2)に規定する都道府県知事の証する書類又は同項第15号ハに規定する検査済証の交付を受けたときは遅滞なく当該都道府県知事の証する書類の写し又は当該検査済証の写しを提出する旨を約する書類が当該造成又は建設に関する事業に係る事務所、事業所その他これらに準ずるものの所在地の所轄税務署長に提出されている場合には、当該土地等の買取りをする者の当該所轄税務署長に提出した書類の写しとすることができる。

3　法第31条の２第２項第７号に規定する財務省令で定める面積は、1,500平方メートルとする。

4　法第31条の２第２項第８号に規定する財務省令で定める事業は、国家戦略特別区域法施行規則第12条各号に掲げる要件の全てを満たす事業とする。

5　法第31条の２第２項第11号に規定する財務省令で定める事項は、次に掲げる事項のうちいずれかの事項（同号に規定する認定買受計画に風俗営業等の規制及び業務の適正化等に関する法律第２条第１項に規定する風俗営業又は同条第５項に規定する性風俗関連特殊営業の用に供する施設に関する事項と併せて記載がされたものを除く。）とする。

一　法第31条の２第２項第11号に規定する決議特定要除却認定マンションを除却した後の土地（以下この項において「除却後の土地」という。）に新たに建築される同号に規定するマンションに関する事項

二　除却後の土地において整備される道路、公園、広場、下水道、緑地、防水若しくは防砂の施設又は消防の用に供する貯水施設に関する事項

三　除却後の土地において整備される公営住宅法（昭和26年法律第193号）第36条第３号ただし書の社会福祉施設若しくは公共賃貸住宅又は地域における多様な需要に応じた公的賃貸住宅等の整備等に関する特別措置法（平成17年法律第79号）第６条第６項に規定する公共公益施設、特定優良賃貸住宅若しくは登録サービス付き高齢者向け住宅に関する事項

6　施行令第20条の２第13項第２号ハに規定する施行地区内の土地の高度利用に寄与するものとして財務省令で定める要件は、同項第１号に規定する建築物の建築をする事業の同号に規定する施行地区内の土地（建物又は構築物の所有を目的とする地上権又は賃借権（以下この項において「借地権」という。）の設定がされている土地を除く。）につき所有権を有する者又は当該施行地区内の土地につき借地権を有する者（区画された一の土地に係る所有権又は借地権が２以上の者により共有されている場合には、当該所有権を有する２以上の者又は当該借地権を有する２以上の者をそれぞれ一の者とみなしたときにおける当該所有権を有する者又は当該借地権を有する者）の数が２以上であることとする。

7　施行令第20条の２第20項第４号に規定する財務省令で定める要件は、同号の住居の用途に供する独立部分の床面積が200平方メートル以下で、かつ、50平方メートル以上（寄宿舎にあっては、18平方メートル以上）のものであることとする。

8　法第31条の２第３項に規定する財務省令で定めるところにより証明がされた土地等の譲渡は、同項に規定する土地等の譲渡の次の各号に掲げる区分に応じ当該各号に定める書類を確定申告書に添付することにより証明がされた土地等の譲渡とする。

一　法第31条の２第２項第13号から第15号までに

係る土地等の譲渡（次号に掲げるものを除く。）当該土地等の買取りをする同項第13号若しくは第14号の造成又は同項第15号の建設を行うこれらの規定に規定する個人又は法人（以下この号において「土地等の買取りをする者」という。）から交付を受けた次に掲げる書類

イ　次に掲げる場合の区分に応じそれぞれ次に定める書類

⑴　国土利用計画法第14条第１項の規定による許可を受けて当該土地等が買い取られる場合　当該許可に係る通知の文書の写し

⑵　国土利用計画法第27条の４第１項（同法第27条の７第１項において準用する場合を含む。）の規定による届出をして当該土地等が買い取られる場合　都道府県知事（地方自治法第252条の19第１項の指定都市にあっては、当該指定都市の長）の当該届出につき国土利用計画法第27条の５第１項又は第27条の８第１項の勧告をしなかった旨を証する書類の写し

⑶　⑴及び⑵に掲げる場合以外の場合　国土交通大臣の次に掲げる事項を認定したことを証する書類の写し

（ⅰ）土地等の買取りをする者の資力、信用、過去の事業実績等からみて当該土地等の買取りをする者の行う一団の宅地の造成又は一団の住宅若しくは中高層の耐火共同住宅の建設が完成すると認められること。

（ⅱ）（ⅰ）の一団の宅地の造成又は一団の住宅若しくは中高層の耐火共同住宅の建設が法第31条の２第２項第13号若しくは第14号の一団の宅地の造成又は同項第15号の一団の住宅若しくは中高層の耐火共同住宅の建設に該当することとなると見込まれること。

ロ　当該土地等のその用に供する法第31条の２第２項第13号若しくは第14号の一団の宅地の造成又は同項第15号の一団の住宅若しくは中高層の耐火共同住宅の建設に関する事業概要書及び当該土地等の所在地を明らかにする地形図

ハ　土地等の買取りをする者の当該買い取った土地等を法第31条の２第３項に規定する２年を経過する日の属する年の12月31日までに、同条第２項第13号若しくは第14号の一団の宅地又は同項第15号の一団の住宅若しくは中高層の耐火共同住宅の用に供することを約する書類（既に施行令第20条の２第23項に規定する所轄税務署長の同項又は同条第25項若しくは第26項の承認を受けて同条第24項から第26項までに規定する所轄税務署長が認定した日の通知を受けている場合（次号ニ及び第３号ロにおいて「認定日の通知を受けている場合」という。）には、当該通知に係る文書の写し（次号ニ及び第３号ロにおいて「通知書の写し」という。））

二　法第31条の２第２項第14号に係る土地等の譲渡（同号の一団の宅地の造成を土地区画整理法による土地区画整理事業として行う同号に規定する個人又は法人に対するものに限る。）当該土地等の買取りをする当該一団の宅地の造成を行う当該個人又は法人（以下この号において「土地等の買取りをする者」という。）から交付を受けた次に掲げる書類

イ　前号イ⑴又は⑵に掲げる場合に該当する場合には、その該当する同号イ⑴又は⑵の区分に応じそれぞれ同号イ⑴又は⑵に定める書類

ロ　国土交通大臣の次に掲げる事項を認定したことを証する書類の写し

⑴　土地等の買取りをする者の資力、信用、過去の事業実績等からみて当該土地等の買取りをする者の行う一団の宅地の造成が完成すると認められること。

(2) (1)の一団の宅地の造成が法第31条の２第２項第14号の一団の宅地の造成に該当することとなると見込まれること。

ハ　当該土地等のその用に供する法第31条の２第２項第14号の一団の宅地の造成に関する事業概要書及び当該土地等の所在地を明らかにする地形図

ニ　土地等の買取りをする者の当該買い取った土地等を法第31条の２第３項に規定する２年を経過する日の属する年の12月31日までに、同条第２項第14号の一団の宅地の用に供することを約する書類（認定日の通知を受けている場合には、通知書の写し）

三　法第31条の２第２項第16号に係る土地等の譲渡　当該土地等の買取りをする同号の住宅又は中高層の耐火共同住宅の建設を行う同号に規定する個人又は法人（以下この号において「土地等の買取りをする者」という。）から交付を受けた次に掲げる書類

イ　当該土地等のその用に供する法第31条の２第２項第16号の住宅又は中高層の耐火共同住宅の建設に関する事業概要書及び当該土地等の所在地を明らかにする地形図

ロ　土地等の買取りをする者の当該買い取った土地等を法第31条の２第３項に規定する２年を経過する日の属する年の12月31日までに、同条第２項第16号の住宅又は中高層の耐火共同住宅の用に供することを約する書類（認定日の通知を受けている場合には、通知書の写し）

ハ　第１項第16号ニに掲げる文書の写し

**9**　前項の場合において、同項に規定する書類を添付して確定申告書を提出した個人が、当該確定申告書を提出した後、法第31条の２第３項の規定の適用を受けた譲渡に係る土地等の買取りをした者から当該土地等につき施行令第20条の２第24項又は第25項に規定する所轄税務署長が認定した日の通知に関する文書の写しの交付を受けたときは、当該通知に関する文書の写しを、遅滞なく、納税地の所轄税務署長に提出するものとし、当該通知に関する文書の写しの提出があった場合には、前項各号に規定する２年を経過する日は、当該通知に係る所轄税務署長が認定した日であったものとする。

**10**　施行令第20条の２第23項に規定する確定優良住宅地造成等事業（以下この項において「確定優良住宅地造成等事業」という。）を行う個人又は法人が、当該確定優良住宅地造成等事業につき、同条第23項又は第25項に規定する所轄税務署長の承認を受けようとする場合には、同条第23項に規定する２年を経過する日の属する年の12月31日（同条第25項の承認にあっては、同条第24項に規定する当初認定日の属する年の末日）の翌日から15日を経過する日までに、第１号に掲げる事項を記載した申請書に第２号に掲げる書類を添付して、同条第23項に規定する所轄税務署長に提出しなければならない。

一　次に掲げる事項

イ　申請者の氏名及び住所又は名称、本店若しくは主たる事務所の所在地及び法人番号（法人番号を有しない法人にあっては、名称及び主たる事務所の所在地）並びに当該確定優良住宅地造成等事業に係る事務所、事業所その他これらに準ずるものの名称、所在地及びその代表者その他の責任者の氏名

ロ　当該確定優良住宅地造成等事業につき施行令第20条の２第23項各号に定める事由がある旨及び当該事由の詳細（同条第25項の承認にあっては、同項に定める事由がある旨及び当該事由の詳細並びに同条第24項に規定する所轄税務署長が認定した日の年月日）

ハ　当該承認を受けようとする確定優良住宅地造成等事業の着工予定年月日及び完成予定年月日

ニ　当該承認を受けようとする確定優良住宅地造成等事業につき施行令第20条の２第23項に規定する開発許可等を受けることができると見込まれる年月日及び同条第24項又は第25項に規定する所轄税務署長の認定を受けようとする年月日

二　当該承認を受けようとする確定優良住宅地造成等事業の第１項第13号から第16号までの区分に応じこれらの規定に規定する申請書に準じて作成した書類（法第31条の２第２項第13号イ、第14号イ及びロ、第15号イ若しくはロ及びハ又は第16号イ若しくはロに関する事項の記載のあるものに限る。）並びに第１項第13号から第16号までに規定する事業概要書、設計説明書又は各階平面図及び地形図その他の書類

**11**　施行令第20条の２第23項第４号に規定する災害その他の財務省令で定める事情は、次に掲げる事情とする。

一　震災、風水害、雪害その他自然現象の異変による災害が生じ、又は法第31条の２第２項第15号若しくは第16号の住宅若しくは中高層の耐火共同住宅につき火災が生じたこと。

二　当該買取りをした土地等につき文化財保護法（昭和25年法律第214号）第92条第１項に規定する埋蔵文化財の調査のための発掘を行うこととなったこと。

三　前２号に掲げる事情のほか、土地等の買取りをする者の責に帰せられない事由で、かつ、当該土地等の買取りをする日においては予測できなかった事由に該当するものとして施行令第20条の２第23項に規定する所轄税務署長が認めた事情が生じたこと。

**12**　法第31条の２第５項に規定する財務省令で定める書類は、第１項第13号から第16号までに掲げる書類（当該書類で既に交付しているものを除く。）とする。

**13**　前項に規定する書類の交付を受けた者（法第31条の２第３項に規定する土地等の譲渡につき同項の規定の適用を受けている者に限る。）は、遅滞なく、次に掲げる事項を記載した書類に当該交付を受けた書類（同条第３項の規定の適用を受けた年分の確定申告書に添付している書類を除く。）を添付して、納税地の所轄税務署長に提出しなければならない。

一　法第31条の２第３項の規定の適用を受けた譲渡に係る土地等のその譲渡をした年月日、当該土地等の面積及び所在地

二　当該土地等の買取りをした者の氏名又は名称及び住所又は本店若しくは主たる事務所の所在地

三　第１号に規定する譲渡に係る土地等のうち、当該交付を受けた書類を提出することにより法第31条の２第２項第13号から第16号までに掲げる土地等の譲渡に該当することとなったものの面積及び所在地

四　法第31条の２第３項の規定の適用を受けた年分の確定申告書を提出した後その者の氏名又は住所を変更している場合には、当該確定申告書に記載した氏名又は住所及び当該確定申告書を提出した税務署の名称

五　その他参考となるべき事項

**14**　施行令第20条の２第26項に規定する確定優良住宅地造成等事業（以下この項において「確定優良住宅地造成等事業」という。）を行う個人又は法人が、当該確定優良住宅地造成等事業につき、同条第26項に規定する所轄税務署長の承認を受けようとする場合には、同項に規定する予定期間の末日の属する年の翌年１月15日までに、次に掲げる事項を記載した申請書に第10項第２号に掲げる書類を添付して、当該所轄税務署長に提出しなければならない。

一　第10項第１号イに掲げる事項

二　当該確定優良住宅地造成等事業について、法第31条の２第７項の特定非常災害として指定さ

れた非常災害により当該予定期間内に施行令第20条の２第26項に規定する開発許可等を受けることが困難となった事情の詳細

三　当該承認を受けようとする確定優良住宅地造成等事業の完成予定年月日

四　当該承認を受けようとする確定優良住宅地造成等事業につき施行令第20条の２第26項に規定する開発許可等を受けることができると見込まれる年月日

五　当該承認を受けようとする確定優良住宅地造成等事業につき施行令第20条の２第23項、第25項又は第26項の承認を受けたことがある場合には、その承認に係る同条第24項から第26項までに規定する所轄税務署長が認定した日

15　前項の場合において、第８項に規定する書類を添付して確定申告書を提出した個人が、当該確定申告書を提出した後、法第31条の２第３項の規定の適用を受けた譲渡に係る土地等の買取りをした者から当該土地等につき施行令第20条の２第26項に規定する所轄税務署長が認定した日の通知に関する文書の写しの交付を受けたときは、当該通知に関する文書の写しを、遅滞なく、納税地の所轄税務署長に提出するものとし、当該通知に関する文書の写しの提出（当該確定申告書に添付した場合を含む。）があった場合には、同項に規定する所轄税務署長が認定した日は当該通知に係る所轄税務署長が認定した日であったものと、当該土地等の譲渡は法第31条の２第７項に規定する財務省令で定めるところにより証明がされたものとする。

**（収用等に伴い代替資産を取得した場合の課税の特例）**

**第14条**　施行令第22条第３項に規定する財務省令で定めるところにより計算した金額は、同項に規定する超える金額を同項に規定する譲渡に要した費用の金額に按分して計算した金額とする。

2　施行令第22条第４項第１号に規定する財務省令で定める構築物は、建物に附属する門、塀、庭園（庭園に附属する亭、庭内神しその他これらに類する附属設備を含む。）、煙突、貯水槽その他これらに類する資産をいう。

3　施行令第22条第５項の規定は、同項に規定する一組の資産が次に掲げる用に供するものである場合において、同項に規定する譲渡資産の譲渡の日の属する年分の確定申告書に当該一組の資産の明細を記載した書類を添付したときに限り、適用する。

一　居住の用

二　店舗又は事務所の用

三　工場、発電所又は変電所の用

四　倉庫の用

五　前各号の用のほか、劇場の用、運動場の用、遊技場の用その他これらの用の区分に類する用

4　施行令第22条第19項第１号イ又はロに規定する所轄税務署長の承認を受けようとする者は、これらの規定に規定する収用等があった日後４年を経過した日から２月以内に、次に掲げる事項を記載した申請書にこれらの規定に規定する事業の施行者の当該承認を受けようとする者がこれらの規定に掲げる資産を同号に規定する代替資産として同号イに規定する取得をすること又は同号ロに規定する敷地の用に供することができることとなると認められる年月の記載がされた書類を添付して、納税地の所轄税務署長に提出しなければならない。

一　申請者の氏名及び住所

二　法第33条第１項に規定する譲渡した資産について引き続き同項の規定の適用を受けようとする旨

三　当該４年を経過した日までに当該取得をすること又は当該敷地の用に供することができないこととなった事情の詳細

四　法第33条第３項に規定する収用等のあった年月日

五　法第33条第３項に規定する補償金、対価又は

清算金の額

六　法第33条の5第1項第2号に掲げる場合に該当することとなったとしたならば同項に規定する修正申告書の提出により納付すべきこととなる税額及びその計算に関する明細

七　当該取得をする予定の当該代替資産の種類、構造及び規模並びにその取得予定年月日

5　法第33条第6項（法第33条の2第3項において準用する場合を含む。）に規定する財務省令で定める書類は、次の各号の区分に応じそれぞれ当該各号に定める書類（法第33条第3項において準用する同条第1項の規定の適用を受ける場合には、当該書類並びに同項に規定する取得をする予定の同項に規定する代替資産についての取得予定年月日及び当該代替資産の取得価額の見積額その他の明細を記載した書類（次項において「代替資産明細書」という。））とする。

一　土地収用法（昭和26年法律第219号）の規定に基づいて収用若しくは使用された資産又は同法に規定された収用委員会の勧告に基づく和解により買い取られ若しくは使用された資産　当該収用若しくは使用に係る裁決書又は当該和解調書の写し

二　土地収用法第3条に規定する事業の用に供するため又は都市計画法その他の法律の規定により都市計画法第4条第6項に規定する都市計画施設の整備に関する事業若しくは同条第7項に規定する市街地開発事業の用に供するため収用又は使用することができる資産（前号に掲げる資産及び次号から第5号までに掲げる資産でこれらの号の規定の適用を受けるものを除く。）

当該資産の買取り（使用を含む。以下この号において同じ。）をする者の当該事業が土地収用法第3章の規定による事業の認定を受けたものである旨又は都市計画法第59条第1項から第4項までの規定による都市計画事業の認可若しくは承認を受けたものである旨を証する書類（当該資産の買取りを必要とする当該事業の施行者が国、地方公共団体若しくは独立行政法人都市再生機構である場合において、当該事業の施行者に代わり、地方公共団体若しくは地方公共団体が財産を提供して設立した団体（地方公共団体以外の者が財産を提供して設立した団体を除く。以下この項において同じ。）が当該資産の買取りをするとき、当該資産の買取りを必要とする当該事業の施行者が国若しくは地方公共団体であり、かつ、当該事業が一団地の面積において10ヘクタール以上（当該事業が拡張に関する事業である場合には、その拡張後の一団地の面積が10ヘクタール以上）のものである場合において、当該事業の施行者に代わり、独立行政法人都市再生機構が当該資産の買取りをするとき、当該事業が全国新幹線鉄道整備法（昭和45年法律第71号）第2条に規定する新幹線鉄道（同法附則第6項に規定する新幹線鉄道規格新線等を含む。）の建設に係る事業若しくは地方公共団体が当該事業に関連して施行する道路法（昭和27年法律第180号）による道路に関する事業である場合において、これらの事業の施行者に代わり、地方公共団体若しくは地方公共団体が財産を提供して設立した団体若しくは独立行政法人鉄道建設・運輸施設整備支援機構が当該資産の買取りをするとき、又は当該事業が大都市地域における宅地開発及び鉄道整備の一体的推進に関する特別措置法（平成元年法律第61号）第9条第2項に規定する同意特定鉄道の整備に係る事業に関連して施行される土地収用法第3条第7号の規定に該当する事業である場合において、当該事業の施行者に代わり、地方公共団体が当該資産の買取りをするときは、これらの事業の施行者の当該証する書類でこれらの買取りをする者の名称及び所在地の記載があるもの。次号及び第5号において同じ。）

三　次に掲げる資産（当該資産の収用に伴い消滅

する法第33条第１項第５号に規定する権利を含み、第１号に掲げる資産を除く。以下この項において同じ。） 当該資産の買取り（使用を含む。）をする者の当該資産が次に掲げる資産に該当する旨を証する書類

イ　土地収用法第３条第１号（専用自動車道及び路外駐車場に係る部分を除く。）、第２号から第６号まで、第７号から第８号まで（鉄道事業法（昭和61年法律第92号）による鉄道事業者の鉄道事業の用、独立行政法人鉄道建設・運輸施設整備支援機構が設置する鉄道の用又は軌道の用に供する施設のうち線路及び停車場に係る部分に限る。）、第10号、第10号の２、第11号、第12号、第13号（観測の用に供する施設に係る部分に限る。）、第13号の２（日本郵便株式会社が設置する郵便物の集配又は運送事務に必要な仕分その他の作業の用に供する施設で既成市街地内のもの及び高速自動車国道と一般国道との連結位置の隣接地内のものに係る部分に限る。）、第15号（海上保安庁が設置する電気通信設備に係る部分に限る。）、第15号の２（電気通信事業法（昭和59年法律第86号）第120条第１項に規定する認定電気通信事業者が設置する同法第９条第１号に規定する電気通信回線設備の用に供する施設（当該施設が市外通信幹線路の中継施設以外の施設である場合には、既成市街地内にあるものに限る。）に係る部分に限る。）、第17号（水力による発電施設、最大出力10万キロワット以上の汽力若しくは原子力による発電施設、最大出力5,000キロワット以上の内燃力若しくはガスタービンによる発電施設（その地域の全部若しくは一部が離島振興法（昭和28年法律第72号）第２条第１項の規定により指定された同項の離島振興対策実施地域若しくは奄美群島振興開発特別措置法（昭和29年法律第189号）第１条に規定する奄美群島の区域に含まれる島、沖縄振興特別措置法（平成14年法律第14号）第３条第３号に規定する離島又は小笠原諸島振興開発特別措置法（昭和44年法律第79号）第４条第１項に規定する小笠原諸島において設置されるものに限る。）又は送電施設若しくは使用電圧５万ボルト以上の変電施設（電気事業法（昭和39年法律第170号）第２条第１項第８号に規定する一般送配電事業、同項第10号に規定する送電事業又は同項第11号の２に規定する配電事業の用に供するために設置される送電施設又は変電施設に限る。）に係る部分に限る。）、第17号の２（高圧導管又は中圧導管及びこれらと接続する整圧器に係る部分に限る。）、第18号から第20号まで、第21号（地方公共団体の設置に係る幼稚園、小学校、中学校、高等学校及び特別支援学校、国の設置に係る特別支援学校、私立学校法（昭和24年法律第270号）第３条に規定する学校法人（イにおいて「学校法人」という。）の設置に係る幼稚園及び高等学校並びに国又は地方公共団体の設置に係る看護師養成所及び准看護師養成所に係る部分に限る。）、第23号（国、地方公共団体又は社会福祉法人の設置に係る社会福祉法（昭和26年法律第45号）第２条第３項第４号に規定する老人デイサービスセンター及び老人短期入所施設並びに同項第４号の２に規定する障害福祉サービス事業の用に供する施設（障害者の日常生活及び社会生活を総合的に支援するための法律（平成17年法律第123号）第５条第６項に規定する療養介護、同条第７項に規定する生活介護、同条第12項に規定する自立訓練、同条第13項に規定する就労移行支援、同条第14項に規定する就労継続支援及び同条第17項に規定する共同生活援助の用に供するものに限る。）並びに同号に規定する地域活動支援センター及び福祉ホーム並びに

社会福祉法第62条第１項に規定する社会福祉施設並びに児童福祉法（昭和22年法律第164号）第43条に規定する児童発達支援センター、地方公共団体又は社会福祉法人の設置に係る幼保連携型認定こども園（就学前の子どもに関する教育、保育等の総合的な提供の推進に関する法律（平成18年法律第77号）第２条第７項に規定する幼保連携型認定こども園をいう。イにおいて同じ。）、保育所（児童福祉法第39条第１項に規定する保育所をいう。）及び小規模保育事業の用に供する施設（同法第６条の３第10項に規定する小規模保育事業の用に供する同項第１号に規定する施設のうち利用定員が10人以上であるものをいう。）並びに学校法人の設置に係る幼保連携型認定こども園に係る部分に限る。）、第25号（地方公共団体の設置に係る火葬場に係る部分に限る。）、第26号（地方公共団体の設置に係るものに限る。）、第27号（地方公共団体が設置する一般廃棄物処理施設、産業廃棄物処理施設その他の廃棄物の処理施設に係る部分に限る。）、第27号の２（中間貯蔵施設（福島県の区域内において汚染廃棄物等（平成23年３月11日に発生した東北地方太平洋沖地震に伴う原子力発電所の事故により放出された放射性物質による環境の汚染への対処に関する特別措置法（平成23年法律第110号）第46条に規定する汚染廃棄物等をいう。イにおいて同じ。）の処理を行うために設置される一群の施設であって、汚染廃棄物等の貯蔵施設及び汚染廃棄物等の受入施設、分別施設又は減量施設から構成されるもの（これらと一体的に設置される常時監視施設、試験研究及び研究開発施設、展示施設、緑化施設その他の施設を含む。）をいう。）及び指定廃棄物の最終処分場（宮城県、茨城県、栃木県、群馬県又は千葉県の区域内において同法第19条に規定する指定廃棄物の埋立処分の用に供される場所をいう。）として環境大臣が指定するものに係る部分に限る。）、第31号（国が設置する通信施設並びに都道府県が設置する警察署、派出所又は駐在所に係る庁舎、警察職員の待機宿舎、交通機動隊の庁舎及び自動車検問のための施設並びに運転免許センターに係る部分に限る。）、第32号（都市公園法（昭和31年法律第79号）第２条第１項に規定する都市公園に係る部分に限る。）又は第34号（独立行政法人水資源機構法（平成14年法律第182号）第２条第２項に規定する施設で１日につき10万立方メートル以上の原水を供給する能力を有するものに係る部分に限る。）の規定に該当するもの（これらのものに関する事業のために欠くことができない土地収用法第３条第35号に規定する施設を含む。）に関する事業に必要なものとして収用又は使用することができる資産

ロ　河川法（昭和39年法律第167号）第22条第１項、水防法（昭和24年法律第193号）第28条、土地改良法（昭和24年法律第195号）第119条若しくは第120条、道路法第68条又は住宅地区改良法（昭和35年法律第84号）の規定に基づいて収用又は使用することができる資産

ハ　土地区画整理法第79条第１項（大都市地域における住宅及び住宅地の供給の促進に関する特別措置法（昭和50年法律第67号。以下第17条の２第１項までにおいて「大都市地域住宅等供給促進法」という。）第71条において準用する場合を含む。）の規定により適用される土地収用法の規定に基づいて使用することができる資産

四　都市計画法第４条第15項に規定する都市計画事業（以下この号において「都市計画事業」という。）に準ずる事業として行う一団地の住宅施設（一団地における50戸以上の集団住宅及び

これらに附帯する通路その他の施設をいう。）のために買い取られる土地その他の資産（第6号に掲げる土地等で同号の規定の適用を受けるものを除く。）　国土交通大臣又は都道府県知事の当該事業が国土交通大臣の定める都市計画事業として行う一団地の住宅施設に係る基準に該当するこれに準ずる事業である旨又は当該土地その他の資産が当該一団地の住宅施設の整備に関する都市計画事業に係る同条第8項に規定する市街地開発事業等予定区域に関する都市計画において定められた区域内にある土地その他の資産である旨を証する書類（当該事業の施行者（当該都市計画が定められている場合には、当該都市計画に定められた施行予定者。以下この号、次号及び第4号の5において同じ。）が国又は地方公共団体である場合において、当該事業の施行者に代わり、地方公共団体又は地方公共団体が財産を提供して設立した団体が当該資産の買取りをするときは、当該証する書類で当該買取りをする者の名称及び所在地の記載のあるもの）

四の二　新住宅市街地開発法（昭和38年法律第134号）第2条第1項に規定する新住宅市街地開発事業（以下この号において「新住宅市街地開発事業」という。）に準ずる事業（新住宅市街地開発事業に係る都市計画法第4条第8項に規定する市街地開発事業等予定区域に関する都市計画が定められているものを除く。）として国土交通大臣が指定した事業又は当該都市計画が定められている新住宅市街地開発事業に準ずる事業の用に供するために買い取られる土地及び当該土地の上に存する資産　国土交通大臣の当該事業が新住宅市街地開発事業として行う宅地の造成及び公共施設の整備に関する事業に係る基準に準じて国土交通大臣の定める基準に該当する事業として指定したものである旨又は当該土地及び資産が当該都市計画において定められた区域内にある土地及び当該土地の上に存する資産である旨を証する書類並びに当該事業の施行者の当該土地及び当該土地の上に存する資産を当該事業の用に供するために買い取ったものである旨を証する書類（当該事業の施行者が独立行政法人都市再生機構である場合において、当該事業の施行者に代わり、地方公共団体又は地方公共団体が財産を提供して設立した団体が当該資産の買取りをするときは、当該証する書類で当該買取りをする者の名称及び所在地の記載があるもの）

四の三　首都圏の近郊整備地帯及び都市開発区域の整備に関する法律（昭和33年法律第98号）第2条第5項又は近畿圏の近郊整備区域及び都市開発区域の整備及び開発に関する法律（昭和39年法律第145号）第2条第4項に規定する工業団地造成事業に該当することとなる事業で一団地の面積において10ヘクタール以上であるものに必要な土地で当該事業の用に供されるもの及び当該土地の上に存する資産（第1号に掲げる資産を除く。）　国土交通大臣の当該土地及び資産が当該事業の用に供される土地及び当該土地の上に存する資産である旨並びに当該事業の施行される区域が首都圏の近郊整備地帯及び都市開発区域の整備に関する法律第3条の2第1項第1号から第3号まで若しくは近畿圏の近郊整備区域及び都市開発区域の整備及び開発に関する法律第5条の2第1項第1号から第3号まで及び第6条第1項第2号に掲げる条件に該当する区域であり、かつ、当該事業につき都市計画法第18条第1項（同法第22条第1項後段の規定により読み替えて適用する場合を含む。次号から第4号の6までにおいて同じ。）の決定をすることが確実であると認められる旨、当該土地及び資産が当該工業団地造成事業について同法第12条第2項の規定により都市計画に定められた施行区域内にある土地及び当該土地の上に存する資産である旨又は当該土地及び資産が当該工業団地造成事業に係る同法第４条第８項に規定する市街地開発事業等予定区域に関する都市計画において定められた区域内にある土地及び当該土地の上に存する資産である旨を証する書類

四の四　都市再開発法（昭和44年法律第38号）第２条第１号に規定する第二種市街地再開発事業に該当することとなる事業に必要な土地で当該事業の用に供されるもの及び当該土地の上に存する資産（第１号に掲げる資産を除く。）　国土交通大臣の当該土地及び資産が当該事業の用に供される土地及び当該土地の上に存する資産である旨並びに当該事業の施行される区域が同法第３条第２号から第４号まで及び第３条の２第２号に掲げる条件に該当する区域であり、かつ、当該事業につき都市計画法第18条第１項の決定をすることが確実であると認められる旨又は当該土地及び資産が当該第二種市街地再開発事業について同法第12条第２項の規定により都市計画に定められた施行区域内にある土地及び当該土地の上に存する資産である旨を証する書類

四の五　新都市基盤整備法（昭和47年法律第86号）第２条第１項に規定する新都市基盤整備事業（第10号及び第11号において「新都市基盤整備事業」という。）に該当することとなる事業に必要な土地で当該事業の用に供されるもの及び当該土地の上に存する資産（第１号に掲げる資産を除く。）　国土交通大臣の当該土地及び資産が当該事業の用に供される土地及び当該土地の上に存する資産である旨並びに当該事業の施行される区域が同法第２条の２第１号から第３号まで及び第３条第２号に掲げる条件に該当する区域であり、かつ、当該事業につき都市計画法第18条第１項の決定をすることが確実であると認められる旨、当該土地及び資産が当該新都市基盤整備事業について同法第12条第２項の規定により都市計画に定められた施行区域内にある土地及び当該土地の上に存する資産である旨又は当該土地及び資産が当該新都市基盤整備事業に係る同法第４条第８項に規定する市街地開発事業等予定区域に関する都市計画において定められた区域内にある土地及び当該土地の上に存する資産である旨を証する書類（当該事業の施行者に代わり、地方公共団体又は地方公共団体が財産を提供して設立した団体が当該資産の買取りをする場合には、当該証する書類で当該買取りをする者の名称及び所在地の記載があるもの。次号において同じ。）

四の六　流通業務市街地の整備に関する法律（昭和41年法律第110号）第２条第２項に規定する流通業務団地造成事業に該当することとなる事業（当該事業の施行される区域の面積が30ヘクタール以上であるものに限る。）に必要な土地で当該事業の用に供されるもの及び当該土地の上に存する資産（第１号に掲げる資産を除く。）　国土交通大臣の当該土地及び資産が当該事業の用に供される土地及び当該土地の上に存する資産である旨並びに当該事業の施行される区域が同法第６条の２各号及び第７条第１項第２号に掲げる条件に該当する区域であり、かつ、当該事業につき都市計画法第18条第１項の決定をすることが確実であると認められる旨、当該土地及び資産が当該流通業務団地造成事業に係る同法第11条第１項第11号に掲げる流通業務団地について同条第２項の規定により都市計画に定められた区域内にある土地及び当該土地の上に存する資産である旨又は当該土地及び資産が当該流通業務団地造成事業に係る同法第４条第８項に規定する市街地開発事業等予定区域に関する都市計画において定められた区域内にある土地及び当該土地の上に存する資産である旨を証する書類

四の七　東日本大震災復興特別区域法（平成23年

法律第122号）第4条第1項に規定する政令で定める区域内において行う都市計画法第11条第1項第12号に掲げる一団地の津波防災拠点市街地形成施設（以下この号において「一団地の津波防災拠点市街地形成施設」という。）の整備に関する事業に必要な土地で当該事業の用に供されるもの及び当該土地の上に存する資産（第1号に掲げる資産を除く。） 国土交通大臣（当該事業の施行者が市町村である場合には、道県知事）の当該土地及び資産が当該事業の用に供される土地及び当該土地の上に存する資産である旨並びに当該土地及び資産が当該事業に係る一団地の津波防災拠点市街地形成施設について同条第2項の規定により都市計画に定められた区域内にある土地及び当該土地の上に存する資産である旨を証する書類（当該事業の施行者に代わり、地方公共団体又は地方公共団体が財産を提供して設立した団体が当該資産の買取りをする場合には、当該証する書類で当該買取りをする者の名称及び所在地の記載があるもの）

四の八　都市計画法第11条第1項第13号に掲げる一団地の復興再生拠点市街地形成施設（以下この号において「一団地の復興再生拠点市街地形成施設」という。）の整備に関する事業に必要な土地で当該事業の用に供されるもの及び当該土地の上に存する資産（第1号に掲げる資産を除く。） 国土交通大臣（当該事業の施行者が市町村である場合には、福島県知事）の当該土地及び資産が当該事業の用に供される土地及び当該土地の上に存する資産である旨並びに当該土地及び資産が当該事業に係る一団地の復興再生拠点市街地形成施設について同条第2項の規定により都市計画に定められた区域内にある土地及び当該土地の上に存する資産である旨を証する書類（当該事業の施行者に代わり、地方公共団体又は地方公共団体が財産を提供して設立した団体が当該資産の買取りをする場合には、当該証する書類で当該買取りをする者の名称及び所在地の記載があるもの）

五　土地収用法第3条各号のいずれかに該当するもの（当該いずれかに該当するものと他の当該各号のいずれかに該当するものとが一組の施設として一の効用を有する場合には、当該一組の施設とし、第3号イに規定するものを除く。）に関する事業で一団地の面積において10ヘクタール以上であるもの（拡張に関する事業にあっては、その拡張後の一団地の面積が10ヘクタール以上であるもの）に必要な土地で当該事業の用に供されるもの及び当該土地の上に存する資産（第1号に掲げる資産を除く。） 当該資産の買取りをする者の当該土地及び資産が当該事業の用に供される土地及び当該土地の上に存する資産である旨並びにこれらの資産につき法第33条第1項第2号に規定する事由があると認められる旨を証する書類

五の二　森林法の規定に基づいて収用又は使用することができる資産　当該資産の所在する地域を管轄する都道府県知事の当該資産の収用（買取りを含む。）又は使用に関して同法第51条（同法第55条第2項において準用する場合を含む。）の裁定をした旨又は同法第57条の届出を受けた旨を証する書類

五の三　所有者不明土地の利用の円滑化等に関する特別措置法の規定に基づいて収用又は使用することができる資産　当該資産の所在する地域を管轄する都道府県知事の当該資産の収用又は使用についての同法第32条第1項の裁定をした旨を証する書類

五の四　測量法（昭和24年法律第188号）の規定に基づいて収用又は使用することができる資産　国土地理院の長のその旨及び当該資産の所在する地域につき同法第14条第1項の規定による通知に係る同条第3項の公示があったことを証する書類

五の五　鉱業法（昭和25年法律第289号）又は採石法（昭和25年法律第291号）の規定に基づいて収用又は使用することができる資産　経済産業大臣又は当該資産の所在する地域を管轄する経済産業局長の当該資産の収用又は使用に関して鉱業法第106条第１項又は採石法第36条第１項の許可をした旨を証する書類

五の六　日本国とアメリカ合衆国との間の相互協力及び安全保障条約第６条に基づく施設及び区域並びに日本国における合衆国軍隊の地位に関する協定の実施に伴う土地等の使用等に関する特別措置法（昭和27年法律第140号）の規定に基づいて収用又は使用することができる資産　当該資産の所在する地域を管轄する地方防衛局長（当該資産の所在する地域が東海防衛支局の管轄区域内である場合には、東海防衛支局長）のその旨を証する書類

五の七　都市再開発法による市街地再開発事業の施行に伴う権利変換又は買取り若しくは収用に係る資産　次に掲げる資産の区分に応じそれぞれ次に定める書類

イ　都市再開発法第79条第３項の規定により施設建築物の一部等若しくは施設建築物の一部についての借家権が与えられないように定められた資産又は同法第111条の規定により読み替えられた同項の規定により建築施設の部分若しくは施設建築物の一部についての借家権が与えられないように定められた資産　第一種市街地再開発事業の施行者のその旨を証する書類

ロ　都市再開発法第71条第１項又は第３項の申出に基づき同法第87条又は第88条第１項、第２項若しくは第５項の規定による権利の変換を受けなかった資産　第一種市街地再開発事業の施行者の施行令第22条第11項各号に掲げる場合のいずれか（同法第71条第１項又は第３項の申出をした者が同法第70条の２第１項の申出をすることができる場合には、施行令第22条第11項第１号に掲げる場合に限る。）に該当する旨を証する書類及び同項に規定する審査委員の同意又は市街地再開発審査会の議決のあったことを証する書類

ハ　都市再開発法第104条第１項（同法第110条の２第６項又は第111条の規定により読み替えて適用される場合を含む。）又は第118条の24（同法第118条の25の３第３項の規定により読み替えて適用される場合を含む。）の規定によりこれらの規定に規定する差額に相当する金額の交付を受けることとなった資産　市街地再開発事業の施行者のその旨を証する書類

五の八　密集市街地における防災街区の整備の促進に関する法律による防災街区整備事業の施行に伴う権利変換に係る資産　次に掲げる資産の区分に応じそれぞれ次に定める書類

イ　密集市街地における防災街区の整備の促進に関する法律第212条第３項の規定により防災施設建築物の一部等若しくは防災施設建築物の一部についての借家権が与えられないように定められた資産又は密集市街地における防災街区の整備の促進に関する法律施行令（平成９年政令第324号）第43条の規定により読み替えられた同項の規定により防災建築施設の部分若しくは防災施設建築物の一部についての借家権が与えられないように定められた資産　防災街区整備事業の施行者のその旨を証する書類

ロ　密集市街地における防災街区の整備の促進に関する法律第203条第１項又は第３項の申出に基づき同法第221条又は第222条第１項、第２項若しくは第５項の規定による権利の変換を受けなかった資産　防災街区整備事業の施行者の施行令第22条第14項各号に掲げる場合のいずれか（同法第203条第１項又は第３

項の申出をした者が同法第202条第１項の申出をすることができる場合には、施行令第22条第14項第１号に掲げる場合に限る。）に該当する旨を証する書類及び同項に規定する審査委員の同意又は防災街区整備審査会の議決のあったことを証する書類

ハ　密集市街地における防災街区の整備の促進に関する法律第248条第１項（密集市街地における防災街区の整備の促進に関する法律施行令第43条又は第45条の規定により読み替えて適用される場合を含む。）の規定により同項に規定する差額に相当する金額の交付を受けることとなった資産　防災街区整備事業の施行者のその旨を証する書類

五の九　都市計画法第52条の４第１項（同法第57条の５及び密集市街地における防災街区の整備の促進に関する法律第285条において準用する場合を含む。）の規定に基づいて買い取られる土地又は土地の上に存する権利（以下第６号までにおいて「土地等」という。）　これらの規定に規定する施行予定者の当該土地等をこれらの規定により買い取ったものである旨を証する書類

五の十　都市計画法第56条第１項の規定に基づいて買い取られる土地等　同法第55条第１項に規定する都道府県知事等の当該土地等につき同項本文の規定により同法第53条第１項の許可をしなかった旨を証する書類及びその買取りをする者の当該土地等を同法第56条第１項の規定により買取りをした旨を証する書類

五の十一　土地区画整理法による土地区画整理事業で同法第109条第１項に規定する減価補償金（以下この号及び次号において「減価補償金」という。）を交付すべきこととなるものに係る公共施設の用地に充てるために買い取られる土地等　国土交通大臣（当該事業の施行者が市町村である場合には、都道府県知事。以下この号において同じ。）の当該事業が減価補償金を交付すべきこととなる同法による土地区画整理事業である旨を証する書類及び当該事業の施行者の当該事業に係る公共施設の用地に充てるための土地等の買取りにつき国土交通大臣の承認を受けて当該事業の施行区域（同法第２条第８項に規定する施行区域をいう。次号において同じ。）内にある当該土地等を買い取ったものであり、かつ、当該土地等を当該公共施設の用地として登記をした旨を証する書類

五の十二　地方公共団体又は独立行政法人都市再生機構が被災市街地復興特別措置法（平成７年法律第14号）第５条第１項の規定により都市計画に定められた被災市街地復興推進地域において施行する同法による被災市街地復興土地区画整理事業（以下第17条の２までにおいて「被災市街地復興土地区画整理事業」という。）で減価補償金を交付すべきこととなるものの施行区域内にある土地等　国土交通大臣（当該被災市街地復興土地区画整理事業の施行者が市町村である場合には、都道府県知事。以下この号において同じ。）の当該被災市街地復興土地区画整理事業が減価補償金を交付すべきこととなる土地区画整理法による土地区画整理事業となることが確実であると認められる旨を証する書類及び当該被災市街地復興土地区画整理事業の施行者の当該被災市街地復興土地区画整理事業に係る公共施設の整備改善に関する事業の用地に充てるための土地等の買取りにつき国土交通大臣の承認を受けて当該被災市街地復興土地区画整理事業の施行区域内にある当該土地等を買い取った旨を証する書類（当該土地等の所在地及び面積並びに当該土地等の買取りの年月日及び買取りの対価の額並びに当該被災市街地復興土地区画整理事業の施行者に代わり、当該施行者以外の者が当該土地等の買取りをする場合には、当該買取りをする者の名称及び所在地の記載が

あるものに限る。）

五の十三　地方公共団体又は独立行政法人都市再生機構が被災市街地復興特別措置法第21条に規定する住宅被災市町村の区域において施行する都市再開発法による第二種市街地再開発事業の施行区域（都市計画法第12条第２項の規定により第二種市街地再開発事業について都市計画に定められた施行区域をいう。以下この号において同じ。）内にある土地等　国土交通大臣の次に掲げる事項を証する書類（当該土地等の所在地及び面積並びに当該土地等の買取りの年月日及び買取りの対価の額並びに当該第二種市街地再開発事業の施行者の名称及び所在地（当該第二種市街地再開発事業の施行者に代わり、当該施行者以外の者が当該土地等の買取りをする場合には、当該施行者の名称及び所在地並びに当該買取りをする者の名称及び所在地）の記載があるものに限る。）

イ　当該土地等が当該第二種市街地再開発事業の施行区域内の土地等であり、かつ、当該土地等が当該第二種市街地再開発事業の施行者により当該事業の用に供されることが確実であると認められること。

ロ　当該第二種市街地再開発事業につき都市再開発法第51条第１項又は第58条第１項の規定による認可があることが確実であると認められること。

六　国、地方公共団体、独立行政法人都市再生機構又は地方住宅供給公社の行う50戸以上の一団地の住宅経営に係る事業の用に供するために買い取られる土地等　当該事業の施行者の当該事業が自ら居住するため住宅を必要とする者に対し賃貸し、又は譲渡する目的で行う50戸以上の一団地の住宅経営に係る事業である旨及び当該土地等を当該事業の用に供するために買い取ったものである旨を証する書類

七　都市再開発法による第一種市街地再開発事業の施行に伴う権利変換により新たな権利に変換することのない権利　第一種市街地再開発事業の施行者のその旨を証する書類

七の二　密集市街地における防災街区の整備の促進に関する法律による防災街区整備事業の施行に伴う権利変換により新たな権利に変換することのない権利　防災街区整備事業の施行者のその旨を証する書類

八　法第33条第１項第７号の規定に該当して消滅（価値の減少を含む。次号ロ及びニにおいて同じ。）をする漁業権、入漁権、漁港水面施設運営権その他水の利用に関する権利又は鉱業権（租鉱権及び採石権その他土石を採掘し、又は採取する権利を含む。）　同項７号に規定する事業の施行に関する主務大臣又は当該事業の施行に係る地域を管轄する都道府県知事のその旨を証する書類（当該事業の施行者が国又は地方公共団体である場合において、当該事業の施行者に代わり、地方公共団体又は地方公共団体が財産を提供して設立した団体が同号に規定する補償金又は対価の支払いをするときは、当該証する書類で当該支払をする者の名称及び所在地の記載があるもの）

九　法第33条第１項第８号の規定に該当する資産　次に掲げる資産の区分に応じそれぞれ次に定める書類

イ　建築基準法第11条第１項の規定による命令又は港湾法（昭和25年法律第218号）第41条第１項の規定による命令に基づく処分により買い取られる資産　これらの命令をした建築基準法第11条第１項に規定する特定行政庁又は港湾法第41条第１項に規定する港湾管理者のその旨を証する書類

ロ　漁業法（昭和24年法律第267号）第39条第１項、海岸法（昭和31年法律第101号）第22条第１項又は電気通信事業法第141条第５項の規定による処分により消滅（価額の減少を

含む。ハにおいて同じ。）した漁業権　当該処分をした都道府県知事又は農林水産大臣のその旨を証する書類

ハ　漁港及び漁場の整備等に関する法律（昭和25年法律第137号）第59条第２項（第２号に係る部分に限る。）の規定による処分により消滅をした漁港水面施設運営権　当該処分をした同項の漁港管理者のその旨を証する書類

ニ　鉱業法第53条（同法第87条において準用する場合を含む。）の規定による処分により消滅した鉱業権（租鉱権を含む。）　当該処分をした経済産業大臣又は経済産業局長のその旨を証する書類

ホ　水道法（昭和32年法律第177号）第42条第１項の規定により買収される資産　国土交通大臣のその旨を証する書類

十　土地区画整理法、大都市地域住宅等供給促進法、新都市基盤整備法、土地改良法又は農業振興地域の整備に関する法律（昭和44年法律第58号）の規定に基づく換地処分又は交換により譲渡する資産　土地区画整理事業、住宅街区整備事業、新都市基盤整備事業、土地改良事業又は農業振興地域の整備に関する法律第13条の２第１項の事業の施行者のその旨を証する書類

十一　法第33条第４項第２号又は第３号に規定する土地の上にある資産又はその土地の上にある建物に係る配偶者居住権（以下この号において「対象資産」という。）　これらの土地の収用若しくは使用をすることができる者、これらの土地に係る土地区画整理事業、住宅街区整備事業、新都市基盤整備事業若しくは土地改良事業の施行者、これらの土地に係る第一種市街地再開発事業の施行者、これらの土地に係る防災街区整備事業の施行者又は同条第１項第８号に規定する処分を行う者の当該対象資産及び当該対象資産に係る対価又は補償金が同条第４項第２号又は第３号の規定に該当するものである旨を証する書類並びに当該対価又は補償金に関する明細書（これらの者が国、地方公共団体又は独立行政法人都市再生機構であり、かつ、当該対象資産に係る土地又は土地の上に存する権利につき第２号から第４号の２まで又は第４号の５から第５号までの規定の適用がある場合において、これらの者に代わり地方公共団体又は地方公共団体が財産を提供して設立した団体が当該対価又は補償金の支払いをするときは、当該証する書類で当該支払をする者の名称及び所在地の記載があるもの及び当該支払をする者の当該対価又は補償金に関する明細書）

十二　法第33条第４項第４号に規定する権利　当該権利に係る同号に規定する配偶者居住権の目的となっている建物若しくは当該建物の敷地の用に供される土地等の収用若しくは使用をすることができる者、当該建物若しくは当該土地等に係る第一種市街地再開発事業の施行者又は当該建物若しくは当該土地等に係る防災街区整備事業の施行者の当該権利に係る対価又は補償金が同号の規定に該当するものである旨を証する書類並びに当該対価又は補償金に関する明細書（これらの者が国、地方公共団体又は独立行政法人都市再生機構であり、かつ、当該権利に係る当該建物若しくは当該土地等につき第２号から第４号の２まで又は第４号の５から第５号までの規定の適用がある場合において、これらの者に代わり地方公共団体又は地方公共団体が財産を提供して設立した団体が当該対価又は補償金の支払をするときは、当該証する書類で当該支払をする者の名称及び所在地の記載があるもの及び当該支払をする者の当該対価又は補償金に関する明細書）

6　法第33条第３項（法第33条の２第２項において準用する場合を含む。）において準用する法第33条第１項の規定の適用を受ける者が施行令第22条第19項各号に掲げる場合に該当するときは、その

者は、代替資産明細書に、当該各号に掲げる場合の区分に応じ当該該当する事情及び同項第１号の場合にあっては同号イの当該土地若しくは土地の上に存する権利の取得をすることができることとなると認められる日又は同号ロの当該土地若しくは当該権利の目的物である土地を同号ロの建物若しくは構築物の敷地の用に供することができることとなると認められる日、同項第２号の場合にあっては同号の当該工場等又は当該工場等の敷地の用に供する土地その他の当該工場等に係る資産の同号に規定する取得をすることができると認められる日を付記し、かつ、同項第１号の場合にあってはこれにその付記した事項についての事実を証する書類を添付しなければならない。

**7**　法第33条第７項に規定する財務省令で定める書類は、同項に規定する代替資産に関する登記事項証明書その他当該代替資産の同条第１項に規定する取得をした旨を証する書類とする。

**8**　法第33条第８項に規定する所轄税務署長の承認を受けようとする個人は、同項に規定する取得指定期間の末日の属する年の翌年３月15日（同日が法第33条の５第１項に規定する提出期限後である場合には、当該提出期限）までに、法第33条第１項に規定する譲渡した資産について同条第８項の承認を受けようとする旨、同項の特定非常災害として指定された非常災害に基因するやむを得ない事情により代替資産（同条第１項に規定する代替資産をいう。以下この項において同じ。）の取得（同条第１項に規定する取得をいう。以下この項において同じ。）をすることが困難であると認められる事情の詳細、取得をする予定の代替資産の取得予定年月日及びその取得価額の見積額並びに当該所轄税務署長の認定を受けようとする年月日その他の明細を記載した申請書に、当該非常災害に基因するやむを得ない事情により代替資産の取得をすることが困難であると認められる事情を証する書類を添付して、当該所轄税務署長に提出しなければならない。ただし、税務署長においてやむを得ない事情があると認める場合には、当該書類を添付することを要しない。

**9**　前項に規定する個人が同項の所轄税務署長の承認を受けた場合には、施行令第22条第27項に規定する所轄税務署長が認定した日は当該承認において税務署長が認定した日とする。

**（交換処分等に伴い資産を取得した場合の課税の特例）**

**第14条の２**　法第33条の２第４項において準用する法第33条第７項に規定する財務省令で定める書類は、法第33条の２第１項に規定する交換処分等により取得した資産又は同条第２項に規定する代替資産に関する登記事項証明書その他これらの資産の取得（製作及び建設を含む。次項において同じ。）をした旨を証する書類とする。

**2**　法第33条の２第５項において準用する法第33条第８項に規定する所轄税務署長の承認を受けようとする個人は、同項に規定する取得指定期間の末日の属する年の翌年３月15日（同日が法第33条の５第１項に規定する提出期限後である場合には、当該提出期限）までに、法第33条の２第１項に規定する譲渡した資産について同条第５項において準用する法第33条第８項の承認を受けようとする旨、同項の特定非常災害として指定された非常災害に基因するやむを得ない事情により代替資産（法第33条の２第２項に規定する代替資産をいう。以下この項において同じ。）の取得をすることが困難であると認められる事情の詳細、取得をする予定の代替資産の取得予定年月日及びその取得価額の見積額並びに当該所轄税務署長の認定を受けようとする年月日その他の明細を記載した申請書に、当該非常災害に基因するやむを得ない事情により代替資産の取得をすることが困難であると認められる事情を証する書類を添付して、当該所轄税務署長に提出しなければならない。ただし、税務署長においてやむを得ない事情があると認める場合には、当該書類を添付することを要しない。

3　前条第9項の規定は、前項に規定する個人が同項の所轄税務署長の承認を受けた場合について準用する。

**（換地処分等に伴い資産を取得した場合の課税の特例）**

**第14条の3**　法第33条の3第10項に規定する財務省令で定める書類は、次に掲げる書類とする。

一　被災市街地復興土地区画整理事業に係る換地処分により譲渡をした法第33条の3第9項に規定する土地等及び取得をした同項に規定する代替住宅等の登記事項証明書並びに当該土地等の換地処分に係る換地計画に関する図書（土地区画整理法第87条第1項各号に掲げる事項の記載があるものに限る。）の写し（当該被災市街地復興土地区画整理事業の施行者の当該換地計画に関する図書の写しである旨の記載があるものに限る。）

二　法第33条の3第9項に規定する清算金又は同項に規定する保留地の対価を取得する場合には、被災市街地復興土地区画整理事業の施行者の当該清算金又は当該保留地の対価の支払をした旨を証する書類（当該清算金の額又は当該保留地の対価の額の記載があるものに限る。）

**（収用交換等の場合の譲渡所得等の特別控除）**

**第15条**　施行令第22条の4第2項第4号に規定する財務省令で定める期間は、次の各号に掲げる場合の区分に応じ当該各号に定める期間とする。

一　施行令第22条の4第2項第4号の譲渡につき農地法（昭和27年法律第229号）第5条第1項第6号の規定による届出をする場合（次号に掲げる場合を除く。）　当該届出に係る届出書を提出した日から当該届出書を農業委員会が農地法施行令（昭和27年政令第445号）第10条第2項の規定により受理した日までの期間

二　前号の譲渡につき農地法第18条第1項の規定による許可を受けた後同法第5条第1項第6号の規定による届出をする場合　当該許可の申請をした日から当該許可があった日までの期間に前号に定める期間を加算した期間

2　法第33条の4第4項に規定する財務省令で定める書類は、次に掲げる書類とする。

一　法第33条の4第3項第1号に規定する公共事業施行者（以下この条において「公共事業施行者」という。）の同号に規定する買取り等（以下この条において「買取り等」という。）の最初の申出の年月日及び当該申出に係る資産の明細を記載した買取り等の申出があったことを証する書類

二　公共事業施行者の買取り等の年月日及び当該買取り等に係る資産の明細を記載した買取り等があったことを証する書類並びに当該買取り等につき施行令第22条の4第2項各号に掲げる場合のいずれかに該当する場合には、その旨を証する書類

三　買取り等に係る資産の第14条第5項各号の区分に応じ当該各号に定める書類

3　公共事業施行者は、前項第1号に掲げる書類の写しを、同号の申出をした日の属する月の翌月10日までに、その事業の施行に係る営業所、事務所その他の事業場の所在地の所轄税務署長に提出しなければならない。

4　公共事業施行者は、その買取り等の申出に係る資産の買取り等をした場合には、1月から3月まで、4月から6月まで、7月から9月まで及び10月から12月までの各期間に支払うべき当該買取り等に係る対価についての所得税法第225条第1項第9号の規定による調書を、当該各期間に属する最終月の翌月末日までに前項の税務署長に提出しなければならない。

**（収用交換等により取得した代替資産等の取得価額の計算）**

**第16条**　法第33条の６第１項の規定により同項に規定する代替資産等の取得価額を計算する場合において、同項に規定する当該譲渡資産に係る当該代替資産等が２以上あるときは、これらの代替資産等の取得価額は、同項の規定により計算した取得価額とされる金額をこれらの代替資産の価額にあん分して計算した金額とする。

**（特定土地区画整理事業等のために土地等を譲渡した場合の譲渡所得の特別控除）**

**第17条**　法第34条第４項に規定する財務省令で定める書類は、次の各号に掲げる場合の区分に応じ当該各号に定める書類とする。

一　法第34条第２項第１号の場合　同号の事業の施行者の同条第１項に規定する土地等（以下第18条までにおいて「土地等」という。）を買い取った旨を証する書類（当該事業の施行者に代わり、同号に規定する法人で当該施行者でないものが同号の買取りをする場合には、当該事業の施行者の当該証する書類で当該買取りをする者の名称及び所在地の記載があるもの）及び次に掲げる場合の区分に応じそれぞれ次に定める書類

イ　土地等が土地区画整理法による土地区画整理事業として行う公共施設の整備改善又は宅地の造成に関する事業の用に供するために買い取られる場合　国土交通大臣（当該事業の施行者が市町村である場合及び市のみが設立した地方住宅供給公社である場合には、都道府県知事。ロにおいて同じ。）の当該土地等が同法第２条第８項に規定する施行区域内の土地等であるか又は当該事業の施行される区域の面積が30ヘクタール以上（当該事業の施行が大都市地域住宅等供給促進法第４条第１項第２号の地区内で行われる場合にあっては、15ヘクタール以上）であり、かつ、当該土地等が当該事業の施行者により当該事業の用に供されることが確実であると認められる旨を証する書類

ロ　土地等が大都市地域住宅等供給促進法による住宅街区整備事業、都市再開発法による第一種市街地再開発事業又は密集市街地における防災街区の整備の促進に関する法律による防災街区整備事業として行う公共施設の整備改善、共同住宅の建設又は建築物及び建築敷地の整備に関する事業の用に供するために買い取られる場合　国土交通大臣の当該土地等が大都市地域住宅等供給促進法第28条第３号に規定する施行区域内の土地等、都市再開発法第６条第１項に規定する施行区域内若しくは都市計画法第４条第１項に規定する都市計画（以下この号において「都市計画」という。）に都市再開発法第２条の３第１項第２号に掲げる地区若しくは同条第２項に規定する地区として定められた地区内の土地等又は密集市街地における防災街区の整備の促進に関する法律第117条第３号に規定する施行区域内若しくは都市計画に同法第３条第１項第１号に規定する防災再開発促進地区として定められた地区内の土地等であり、かつ、当該土地等が当該事業の施行者により当該事業の用に供されることが確実であると認められる旨を証する書類

二　法第34条第２項第２号及び第２号の２の場合　都市計画法第55条第１項に規定する都道府県知事等の当該土地等につき同項本文の規定により同法第53条第１項の許可をしなかった旨を証する書類及びその買取りをする者の当該土地等を同法第56条第１項の規定により買い取った旨を証する書類

三　法第34条第２項第３号の場合　次に掲げる場合の区分に応じそれぞれ次に定める書類

イ　土地等が古都における歴史的風土の保存に関する特別措置法（昭和41年法律第１号）第12条第１項の規定により買い取られる場合　府県知事（地方自治法第252条の19第１項の指定都市にあっては、当該指定都市の長）の当該土地等を古都における歴史的風土の保存に関する特別措置法第12条第１項の規定により買い取った旨を証する書類

ロ　土地等が都市緑地法（昭和48年法律第72号）第17条第１項又は第３項の規定により買い取られる場合　地方公共団体の長の当該土地等をこれらの規定により買い取った旨を証する書類

ハ　土地が特定空港周辺航空機騒音対策特別措置法（昭和53年法律第26号）第８条第１項の規定により買い取られる場合　同項に規定する特定空港の設置者の当該土地を同項の規定により買い取った旨を証する書類

ニ　土地等が航空法（昭和27年法律第231号）第49条第４項（同法第55条の２第３項において準用する場合を含む。ニにおいて同じ。）の規定により買い取られる場合　同法第49条第４項に規定する空港の設置者の当該土地等を同項の規定により買い取った旨を証する書類

ホ　土地等が防衛施設周辺の生活環境の整備等に関する法律（昭和49年法律第101号）第５条第２項の規定により買い取られる場合　当該土地等の所在する地域を管轄する地方防衛局長（当該土地等の所在する地域が東海防衛支局の管轄区域内である場合には、東海防衛支局長）の当該土地等を同項の規定により買い取った旨を証する書類

ヘ　土地等が公共用飛行場周辺における航空機騒音による障害の防止等に関する法律（昭和42年法律第110号）第９条第２項の規定により買い取られる場合　同項に規定する特定飛行場の設置者の当該土地等を同項の規定により買い取った旨を証する書類

三の二　法第34条第２項第３号の２の場合　同号の都市緑化支援機構に対する古都における歴史的風土の保存に関する特別措置法第13条第１項の規定による要請（以下この号において「買取要請」という。）をした府県の知事又は買取要請をした地方自治法第252条の19第１項の指定都市の長の当該都市緑化支援機構が法第34条の第２項第３号の２に規定する対象土地を古都における歴史的風土の保存に関する特別措置法第13条第４項の規定により買い取った旨及び当該対象土地が当該都市緑化支援機構に買い取られる場合が施行令第22条の７第２項各号に掲げる要件を満たすものであることを証する書類

三の三　法第34条第２項第３号の３の場合　同号の都市緑化支援機構に対する都市緑地法第17条の２第１項の規定による要請（以下この号において「買取要請」という。）をした都道府県の知事又は買取要請をした市の長の当該都市緑化支援機構が法第34条第２項第３号の３に規定する対象土地を都市緑地法第17条の２第４項の規定により買い取った旨及び当該対象土地が当該都市緑化支援機構に買い取られる場合が施行令第22条の７第３項において準用する同条第２項各号に掲げる要件を満たすものであることを証する書類

四　法第34条第２項第４号の場合　次に掲げる場合の区分に応じそれぞれ次に定める書類

イ　施行令第22条の７第５項第２号に規定する土地が支援団体（同項第１号に規定する支援団体をいう。イにおいて同じ。）に買い取られる場合　文化財保護法第192条の２第１項の規定により当該支援団体の指定をした同項の市町村の教育委員会が置かれている当該市町村の長の当該土地が当該支援団体に買い取られる場合が施行令第22条の７第５項各号に

掲げる要件を満たすものであることを証する書類

ロ　イに掲げる場合以外の場合　法第34条第２項第４号に規定する土地の買取りをする者の当該土地を買い取った旨を証する書類

五　法第34条第２項第５号の場合　農林水産大臣又は都道府県知事の当該土地が同号に規定する保安林又は保安施設地区として指定された区域内の土地である旨を証する書類及び当該土地の買取りをする者の当該土地を同号に規定する保安施設事業の用に供するために買い取った旨を証する書類

六　法第34条第２項第６号の場合　地方公共団体の長の同号に規定する農地等が同号に規定する移転促進区域内に所在すること及び当該農地等を同号に規定する集団移転促進事業計画に基づき買い取った旨を証する書類

七　法第34条第２項第７号の場合　市町村長の当該土地等が同号に規定する区域内にある同号に規定する農用地である旨を証する書類、同号の農地中間管理機構の当該土地等を同号の申出に基づき買い取った旨を証する書類及び都道府県知事の当該土地等が当該農地中間管理機構に買い取られる場合が施行令第22条の７第６項に規定する要件を満たすものであることを証する書類

**2**　第15条第４項の規定は、法第34条第２項各号の買取りをする者について準用する。

**（特定住宅地造成事業等のために土地等を譲渡した場合の譲渡所得の特別控除）**

**第17条の２**　法第34条の２第５項において準用する法第34条第４項に規定する財務省令で定める書類は、次の各号に掲げる場合の区分に応じ当該各号に定める書類とする。

一　法第34条の２第２項第１号の場合　同号に規定する住宅建設又は宅地造成の施行者の当該土地等を当該住宅建設又は宅地造成のために買い取った旨を証する書類（当該住宅建設又は宅地造成の施行者に代わり、同号に規定する法人で当該施行者でないものが同号の買取りをする場合には、当該施行者の当該証する書類で当該買取りをする者の名称及び所在地の記載があるもの）

二　法第34条の２第２項第２号の場合　次に掲げる場合の区分に応じそれぞれ次に定める書類

イ　土地等が法第34条の２第２項第２号に規定する収用を行う者によって同号に規定する収用の対償に充てるため買い取られる場合　その買取りをする者の当該土地等を当該収用の対償に充てるため買い取った旨を証する書類

ロ　土地等が施行令第22条の８第２項に規定する者によって同項に規定する収用の対償に充てるため買い取られる場合　その買取りをする者の当該土地等を同項に規定する契約に基づき当該収用の対償に充てるため買い取った旨を証する書類及びその契約書の写し

ハ　土地等が住宅地区改良法第２条第６項に規定する改良住宅を同条第３項に規定する改良地区の区域外に建設するため買い取られる場合　国土交通大臣の当該土地等の所在地が同法第６条第３項第１号に掲げる住宅地区改良事業を施行する土地の区域（当該改良地区の区域を除く。）内である旨を証する書類及びその買取りをする者の当該土地等を当該住宅地区改良事業のため買い取った旨を証する書類

ニ　土地等が公営住宅法第２条第４号に規定する公営住宅の買取りにより買い取られる場合　その買取りをする地方公共団体の長の当該土地等を当該公営住宅の買取りにより買い取った旨を証する書類

三　法第34条の２第２項第３号の場合　次に掲げる書類

イ　当該土地等の買取りをする者の当該土地等を法第34条の２第２項第３号に規定する一団の宅地の造成に関する事業の用に供するために買い取った旨、当該土地等の買取りをした年の前年以前の年において当該土地等が買い取られた者から当該事業の用に供するために土地等を買い取ったことがない旨及び当該土地等が当該買取りをする者の有する土地と併せて一団の土地に該当することとなる旨を証する書類

ロ　法第34条の２第２項第３号イに規定する土地区画整理事業の施行者の施行令第22条の８第５項に規定する仮換地の指定がない旨又は最初に行われた当該指定の効力発生の日の年月日を証する書類

ハ　国土交通大臣のイに規定する一団の宅地の造成に関する事業に係る施行令第22条の８第４項の規定による認定をした旨を証する書類（ロに規定する土地区画整理事業に係る同条第５項に規定する許可の申請書の受理年月日の記載のあるものに限る。）の写し

四　法第34条の２第２項第４号の場合　同号の買取りをする者の当該土地を公有地の拡大の推進に関する法律（昭和47年法律第66号）第６条第１項の協議に基づき買い取った旨を証する書類

五　法第34条の２第２項第５号の場合　特定空港周辺航空機騒音対策特別措置法第９条第２項に規定する特定空港の設置者の同法第４条第１項に規定する航空機騒音障害防止特別地区内にある土地を同法第９条第２項の規定に基づき買い取った旨を証する書類

六　法第34条の２第２項第６号の場合　地方公共団体の長の当該事業が同号に規定する事業である旨を証する書類及び次に掲げる場合の区分に応じそれぞれ次に定める者の当該土地等を当該事業の用に供するために買い取った旨を証する書類（ロに掲げる場合には、これらの書類及び市町村長又は特別区の区長の当該土地等の買取りをする者が同号に規定する沿道整備推進機構である旨を証する書類）

イ　当該土地等の買取りをする者が地方公共団体である場合　当該地方公共団体の長

ロ　当該土地等の買取りをする者が法第34条の２第２項第６号に規定する沿道整備推進機構である場合　当該沿道整備推進機構を幹線道路の沿道の整備に関する法律（昭和55年法律第34号）第13条の２第１項の規定により指定した市町村長又は特別区の区長

七　法第34条の２第２項第７号の場合　地方公共団体の長の当該事業が同号に規定する事業である旨を証する書類及び次に掲げる場合の区分に応じそれぞれ次に定める者の当該土地等を当該事業の用に供するために買い取った旨を証する書類（ロに掲げる場合には、これらの書類及び市町村長又は特別区の区長の当該土地等の買取りをする者が同号に規定する防災街区整備推進機構である旨を証する書類）

イ　当該土地等の買取りをする者が地方公共団体である場合　当該地方公共団体の長

ロ　当該土地等の買取りをする者が法第34条の２第２項第７号に規定する防災街区整備推進機構である場合　当該防災街区整備推進機構を密集市街地における防災街区の整備の促進に関する法律第300条第１項の規定により指定した市町村長又は特別区の区長

八　法第34条の２第２項第８号の場合　地方公共団体の長の当該事業が同号に規定する事業である旨を証する書類及び次に掲げる場合の区分に応じそれぞれ次に定める者の当該土地等を当該事業の用に供するために買い取った旨を証する書類（ロに掲げる場合には、これらの書類及び市町村長又は特別区の区長の当該土地等の買取りをする者が同号に規定する中心市街地整備推進機構である旨を証する書類）

イ　当該土地等の買取りをする者が地方公共団体である場合　当該地方公共団体の長

ロ　当該土地等の買取りをする者が法第34条の２第２項第８号に規定する中心市街地整備推進機構である場合　当該中心市街地整備推進機構を中心市街地の活性化に関する法律（平成10年法律第92号。以下この項、第12項及び第14項において「中心市街地活性化法」という。）第61条第１項の規定により指定した市町村長又は特別区の区長

九　法第34条の２第２項第９号の場合　地方公共団体の長の当該事業が同号に規定する事業である旨を証する書類及び次に掲げる場合の区分に応じそれぞれ次に定める者の当該土地等を当該事業の用に供するために買い取った旨を証する書類（ロに掲げる場合には、これらの書類（当該事業の用に供するために買い取った土地等である旨を証する書類にあっては、当該土地等が景観法施行令（平成16年政令第398号）第28条各号のいずれに該当するかの別の記載があるものに限る。）及び景観法（平成16年法律第110号）第７条第１項に規定する景観行政団体の長（以下この号において「景観行政団体の長」という。）の当該土地等の買取りをする者が法第34条の２第２項第９号に規定する景観整備機構である旨を証する書類）

イ　当該土地等の買取りをする者が地方公共団体である場合　当該地方公共団体の長

ロ　当該土地等の買取りをする者が法第34条の２第２項第９号に規定する景観整備機構である場合　当該景観整備機構を景観法第92条第１項の規定により指定した景観行政団体の長

十　法第34条の２第２項第10号の場合　地方公共団体の長の当該事業が同号に規定する事業である旨を証する書類及び次に掲げる場合の区分に応じそれぞれ次に定める者の当該土地等を当該事業の用に供するために買い取った旨を証する書類（ロに掲げる場合には、これらの書類及び市町村長又は特別区の区長の当該土地等の買取りをする者が同号に規定する都市再生推進法人である旨を証する書類）

イ　当該土地等の買取りをする者が地方公共団体である場合　当該地方公共団体の長

ロ　当該土地等の買取りをする者が法第34条の２第２項第10号に規定する都市再生推進法人である場合　当該都市再生推進法人を都市再生特別措置法第118条第１項の規定により指定した市町村長又は特別区の区長

十一　法第34条の２第２項第11号の場合　地方公共団体の長の当該事業が同号に規定する事業である旨を証する書類及び次に掲げる場合の区分に応じそれぞれ次に定める者の当該土地等を当該事業の用に供するために買い取った旨を証する書類（ロに掲げる場合には、これらの書類及び市町村長又は特別区の区長の当該土地等の買取りをする者が同号に規定する歴史的風致維持向上支援法人である旨を証する書類）

イ　当該土地等の買取りをする者が地方公共団体である場合　当該地方公共団体の長

ロ　当該土地等の買取りをする者が法第34条の２第２項第11号に規定する歴史的風致維持向上支援法人である場合　当該歴史的風致維持向上支援法人を地域における歴史的風致の維持及び向上に関する法律（平成20年法律第40号）第34条第１項の規定により指定した市町村長又は特別区の区長

十二　法第34条の２第２項第12号の場合　都道府県知事の当該事業が同号の指定をした事業である旨を証する書類及び次に掲げる場合の区分に応じそれぞれ次に定める者の当該土地等を当該事業の用に供するために買い取った旨を証する書類（ハに掲げる場合には、これらの書類及び都道府県知事の当該土地等の買取りをする者が施行令第22条の８第14項に規定する法人に該当

する旨を証する書類）

イ　当該土地等の買取りをする者が地方公共団体である場合　当該地方公共団体の長

ロ　当該土地等の買取りをする者が施行令第22条の８第１項に規定する団体である場合　当該団体を所轄する都道府県知事

ハ　当該土地等の買取りをする者が施行令第22条の８第14項に規定する法人である場合　当該法人

十三　法第34条の２第２項第13号の場合（土地等が同号イに掲げる事業の用に供するために買い取られる場合に限る。）　経済産業大臣の当該土地等の買取りをする者が施行令第22条の８第17項第１号イ又はロに定める法人に該当する旨を証する書類及び当該事業に係る第15項第１号の書面並びに当該土地等の買取りをする者の当該土地等を当該事業の用に供するために買い取った旨を証する書類

十四　法第34条の２第２項第13号の場合（土地等が同号ロに掲げる事業の用に供するために買い取られる場合に限る。）　経済産業大臣の当該土地等の買取りをする者が施行令第22条の８第17項第２号に定める法人に該当する旨を証する書類及び当該事業に係る第15項第２号の書面並びに当該土地等の買取りをする者の当該土地等を当該事業の用（当該事業が中心市街地活性化法第７条第７項第１号に定める事業である場合には、当該事業により設置される施行令第22条の８第16項第１号イ⑵に規定する施設の用）に供するために買い取った旨を証する書類

十五　法第34条の２第２項第14号の場合　都道府県知事の当該事業が同号の指定をした事業である旨を証する書類及び同号の買取りをする者の当該土地等を同号に規定する事業の用に供するために買い取った旨を証する書類

十六　法第34条の２第２項第14号の２の場合　市町村長又は特別区の区長の当該事業が同号の指定をした事業である旨を証する書類及び同号の買取りをする者の当該土地等を同号に規定する事業の用に供するために買い取った旨を証する書類

十七　法第34条の２第２項第15号の場合　厚生労働大臣の当該土地等の買取りをする者が地方公共団体又は同号に規定する特定法人に該当する旨を証する書類及び当該事業に係る第16項の書面並びに当該土地等の買取りをする者の当該土地等を同号に規定する事業の用に供するために買い取った旨を証する書類

十八　法第34条の２第２項第16号の場合　厚生労働大臣の当該事業が同号の認可を受けた同号に規定する基本計画に基づいて行われる同号の事業である旨を証する書類及び当該土地等の買取りをする者の当該土地等を当該事業の用に供するために買い取った旨を証する書類

十九　法第34条の２第２項第17号の場合　同号の買取りをする者の当該土地を生産緑地法（昭和49年法律第68号）第11条第１項、第12条第２項又は第15条第２項の規定に基づき買い取った旨を証する書類

二十　法第34条の２第２項第18号の場合　都道府県知事（地方自治法第252条の19第１項の指定都市にあっては、当該指定都市の長）の当該土地等を国土利用計画法第19条第２項の規定に基づき買い取った旨を証する書類

二十一　法第34条の２第２項第19号の場合　都道府県知事の同号に規定する地域の開発、保全又は整備に関する事業に係る計画が国、地方公共団体又は施行令第22条の８第22項に規定する法人の作成に係るもので、国土利用計画法第９条第３項に規定する土地利用の調整等に関する事項として同条第１項の土地利用基本計画に定められたもののうち施行令第22条の８第22項に規定するものである旨を証する書類及び同号の買取りをする者の当該土地等を当該計画に基づく

事業の用に供するために買い取った旨を証する書類（当該買取りをする者が当該事業の施行者でない場合には、当該書類で当該事業の施行者の名称及び所在地の記載があるもの）

二十二　法第34条の２第２項第20号の場合　都市再開発法第７条の６第３項に規定する建築許可権者、大都市地域住宅等供給促進法第８条第３項（大都市地域住宅等供給促進法第27条において準用する場合を含む。）に規定する都府県知事、地方拠点都市地域の整備及び産業業務施設の再配置の促進に関する法律（平成４年法律第76号）第22条第３項に規定する都道府県知事等又は被災市街地復興特別措置法第８条第３項に規定する都道府県知事等の当該土地等をこれらの規定により買い取った旨を証する書類

二十三　法第34条の２第２項第21号の場合　国土交通大臣の当該土地等に係る第17項の書面及び同号に規定する土地区画整理事業の施行者の同号に規定する換地が定められなかったことに伴い土地区画整理法第94条の規定による清算金の支払をした旨を証する書類

二十四　法第34条の２第２項第21号の２の場合　被災市街地復興土地区画整理事業の施行者の当該土地等に係る換地処分により当該土地等のうち同号の保留地の対価の額に対応する部分の譲渡があった旨を証する書類（当該対価の額の記載があるものに限る。）

二十五　法第34条の２第２項第22号の場合　同号に規定するマンション建替事業の施行者（マンションの建替え等の円滑化に関する法律第２条第１項第５号に規定する施行者をいう。）の法第34条の２第２項第22号の補償金が同号の申出に基づき支払ったものである旨又は当該土地等を同号の請求により買い取った旨、施行令第22条の８第25項各号に掲げる場合のいずれかに該当する旨及びその該当することにつき同項に規定する審査委員の確認があった旨を証する書類

二十六　法第34条の２第２項第22号の２の場合　同号に規定するマンション敷地売却事業を実施する者の当該マンション敷地売却事業に係る同号に規定する決議特定要除却認定マンションが同号に規定する通行障害既存耐震不適格建築物に該当すること、当該マンション敷地売却事業に係る同号に規定する認定買受計画に同号に規定するマンションに関する事項の記載があること及び当該記載がされた当該マンションが新たに建築されることにつき都道府県知事（市の区域内にあっては、当該市の長）の証明を受けた旨並びに同号の分配金が当該土地等に係る同号に規定する分配金取得計画に基づき支払ったものである旨又は当該土地等を同号の請求により買い取った旨を証する書類

二十七　法第34条の２第２項第23号の場合　次に掲げる場合の区分に応じそれぞれ次に定める書類

イ　法第34条の２第２項第23号に規定する管理地区として指定された区域内の土地が買い取られる場合　その買取りをする者の当該土地を買い取った旨を証する書類

ロ　法第34条の２第２項第23号に規定する生息地である土地が買い取られる場合　環境大臣の当該土地が施行令第22条の８第26項各号に掲げる鳥獣の生息地で国又は地方公共団体において保存をすることが緊急に必要なものとして同項の規定により指定したものである旨を証する書類及びその買取りをする者の当該土地を当該鳥獣の生息地として保存をするために買い取った旨を証する書類

二十八　法第34条の２第２項第24号の場合　地方公共団体の長の当該土地を買い取った旨及び当該土地が同号に規定する特別地域として指定された地域又は特別地区として指定された地区内のものである旨を証する書類並びに環境大臣の当該特別地域として指定された地域又は特別地

区として指定された地区内の行為に関する規制が自然公園法（昭和32年法律第161号）第２章第４節又は自然環境保全法（昭和47年法律第85号）第４章第２節の規定による規制と同等の規制が行われていると認定した旨の通知に係る文書の写し

二十九　法第34条の２第２項第25号の場合　市町村長の当該土地等が同号の農用地区域として定められている区域内にある同号に規定する農用地である旨及び当該土地等の買取りにつき同号の協議に係る農業経営基盤強化促進法第22条第２項の規定による通知をしたことを証する書類（その通知をした年月日の記載があるものに限る。)、当該土地等の買取りをする者の当該土地等を当該協議に基づき買い取った旨を証する書類並びに都道府県知事の当該土地等の買取りをする者が同号に規定する農地中間管理機構に該当する旨を証する書類

2　施行令第22条の８第４項の規定による国土交通大臣の認定は、その一団の宅地の造成に関する事業に係る宅地の造成及び宅地の分譲が法第34条の２第２項第３号イからハまでに掲げる要件を満たすものであることにつき、国土交通大臣の定めるところにより、当該一団の宅地の造成に関する事業を行う個人又は法人の申請に基づき行うものとする。

3　施行令第22条の８第６項に規定する財務省令で定める要件は、法第34条の２第２項第３号ハに規定する方法により分譲される一の住宅の建設の用に供される土地（建物の区分所有等に関する法律（昭和37年法律第69号）第２条第１項の区分所有権の目的となる建物の建設の用に供される土地を除く。）の面積が170平方メートル（地形の状況その他の特別の事情によりやむを得ない場合にあっては、150平方メートル）以上であることとする。

4　施行令第22条の８第８項第３号に規定する財務省令で定める建築物は、同項に規定する沿道地区計画に適合する建築物で、幹線道路の沿道の整備に関する法律施行規則（昭和55年建設省令第12号）第14条第１項第２号（同条第２項の規定により適用される場合を含む。）及び第３号に掲げる要件に該当するもの（遮音上の効用を有しないものを除く。）とする。

5　施行令第22条の８第９項第３号に規定する財務省令で定める建築物は、同項に規定する特定防災街区整備地区に関する都市計画法第４条第１項に規定する都市計画（密集市街地における防災街区の整備の促進に関する法律第31条第３項第３号に規定する間口率の最低限度が定められているものに限る。）に適合する建築物で建築基準法第２条第９号の２に規定する耐火建築物に該当するもの並びに施行令第22条の８第９項に規定する防災街区整備地区計画に適合する建築物で密集市街地における防災街区の整備の促進に関する法律施行規則（平成９年建設省令第15号）第134条第１号ロ及びハに掲げる要件に該当するものとする。

6　施行令第22条の８第16項第１号イ⑵に規定する財務省令で定める施設は、休憩所、集会場、駐車場、アーケードその他これらに類する施設（以下この条において「公共用施設」という。）とする。

7　施行令第22条の８第16項第１号イ⑶に規定する財務省令で定める区域は、同号イ⑷に規定する認定商店街活性化事業計画に基づく同号イに掲げる商店街活性化事業を行う商店街の活性化のための地域住民の需要に応じた事業活動の促進に関する法律（平成21年法律第80号）第５条第１項に規定する認定商店街活性化事業者である商店街振興組合等（同法第２条第２項に規定する商店街振興組合等をいう。）の組合員又は所属員で中小小売商業者等（同法第２条第１項第３号から第７号までに掲げる者をいう。）に該当するものの事業の用に供される店舗その他の施設（当該認定商店街活性化事業計画の区域内に存するものに限る。）及び当該認定商店街活性化事業計画に基づく当該商

店街活性化事業により新たに設置される公共用施設の用に供される土地の区域とする。

8　施行令第22条の８第16項第１号イ(5)に規定する財務省令で定める要件は、次に掲げる要件とする。

一　当該事業に参加する者の数が10以上であること。

二　当該事業により新たに設置される公共用施設及び店舗その他の施設の用に供される土地の面積とこれらの施設の床面積との合計面積（これらの施設の建築面積を除く。）に占める売場面積の割合が２分の１以下であること。

三　当該事業が、独立行政法人中小企業基盤整備機構法（平成14年法律第147号）第15条第１項第３号、第４号若しくは第12号に掲げる業務（同項第３号又は第４号に掲げる業務にあっては、同項第３号ロ又はハに掲げる事業又は業務に係るものに限る。）に係る資金（同項第12号に掲げる業務に係るものにあっては、土地、建物その他の施設を取得し、造成し、又は整備するのに必要な資金に限る。）の貸付け、株式会社日本政策金融公庫法（平成19年法律第57号）第11条第１項第１号の規定による同法別表第１第１号若しくは第14号の下欄に掲げる資金（土地、建物その他の施設を取得し、造成し、又は整備するのに必要な資金に限る。）の貸付け又は国若しくは地方公共団体の補助金（土地、建物その他の施設を取得し、造成し、又は整備するのに必要な補助金に限る。）の交付を受けて行われるものであること。

9　施行令第22条の８第16項第１号ロ(2)に規定する財務省令で定める施設は、研修施設（講義室を有する施設で、資料室を備えたものをいう。次項において同じ。）とする。

10　施行令第22条の８第16項第１号ロ(3)に規定する財務省令で定める区域は、同号ロ(4)に規定する認定商店街活性化支援事業計画に基づく同号ロに掲げる商店街活性化支援事業を行う施設として新たに設置される研修施設の用に供される土地の区域とする。

11　施行令第22条の８第16項第１号ロ(5)に規定する財務省令で定める要件は、第９項第３号に掲げる要件とする。

12　施行令第22条の８第16項第２号ロに規定する財務省令で定める区域は、次の各号に掲げる事業の区分に応じ当該各号に定める区域とする。

一　中心市街地活性化法第49条第２項に規定する認定特定民間中心市街地活性化事業計画（以下この項及び第14項において「認定特定民間中心市街地活性化事業計画」という。）に基づく中心市街地活性化法第７条第７項第１号に定める事業　当該事業を行う中心市街地活性化法第49条第１項に規定する認定特定民間中心市街地活性化事業者（第３号において「認定特定民間中心市街地活性化事業者」という。）である商店街振興組合等（施行令第22条の８第17項第２号イ(2)に規定する商店街振興組合等をいう。第３号において同じ。）の組合員又は所属員で中小小売商業者等（施行令第22条の８第17項第２号イ(2)に規定する中小小売商業者等をいう。第３号において同じ。）に該当するものの事業の用に供される店舗その他の施設（当該認定特定民間中心市街地活性化事業計画の区域内に存するものに限る。）及び当該認定特定民間中心市街地活性化事業計画に基づく事業により新たに設置される公共用施設の用に供される土地の区域

二　認定特定民間中心市街地活性化事業計画に基づく中心市街地活性化法第７条第７項第２号から第４号までに定める事業　これらの事業が施行される土地の区域

三　認定特定民間中心市街地活性化事業計画に基づく中心市街地活性化法第７条第７項第７号に定める事業　当該事業を行う認定特定民間中心市街地活性化事業者である法人に出資又は拠出をしている中小小売商業者等及び当該法人に出

資又は拠出をしている商店街振興組合等の組合員又は所属員である中小小売商業者等の事業の用に供される店舗その他の施設（当該認定特定民間中心市街地活性化事業計画の区域内に存するものに限る。第14項第３号において「特定民間中心市街地活性化対象区域内の施設」という。）並びに当該認定特定民間中心市街地活性化事業計画に基づく事業により新たに設置される共同店舗その他の施設及び公共用施設の用に供される土地の区域

13　施行令第22条の８第16項第２号ロに規定する財務省令で定めるものは、共同店舗とともに公共用施設を設置する事業又は共同店舗と併設される公共用施設を設置する事業とする。

14　施行令第22条の８第16項第２号ニに規定する財務省令で定める要件は、次に掲げる要件とする。

一　認定特定民間中心市街地活性化事業計画に基づく中心市街地活性化法第７条第７項第１号又は第２号に定める事業にあっては、これらの事業に参加する者の数が10以上であること。

二　認定特定民間中心市街地活性化事業計画に基づく中心市街地活性化法第７条第７項第２号から第４号まで又は第７号に定める事業にあっては、これらの事業により新たに設置される公共用施設及び店舗その他の施設の用に供される土地の面積とこれらの施設の床面積との合計面積（これらの施設の建築面積を除く。）に占める売場面積の割合が２分の１以下であること。

三　認定特定民間中心市街地活性化事業計画に基づく中心市街地活性化法第７条第７項第７号に定める事業にあっては、特定民間中心市街地活性化対象区域内の施設又は当該事業により新たに設置される店舗その他の施設をその者の営む事業の用に供する者の数が10（当該事業が前項に定めるものである場合には、５）以上であること。

15　法第34条の２第２項第13号に規定する財務省令で定めるところにより証明がされた事業は、次の各号に掲げる事業の区分に応じ当該各号に定める事業とする。

一　法第34条の２第２項第13号イに掲げる事業　当該事業が施行令第22条の８第16項第１号に定める要件を満たすものであることにつき書面により経済産業大臣の証明がされた事業

二　法第34条の２第２項第13号ロに掲げる事業　当該事業が施行令第22条の８第16項第２号に定める要件を満たすものであることにつき書面により経済産業大臣の証明がされた事業

16　法第34条の２第２項第15号に規定する財務省令で定めるところにより証明がされた事業は、同号に規定する特定法人が行う施行令第22条の８第21項に規定する事業が同項に定める要件を満たすものであることにつき書面により厚生労働大臣の証明がされた事業とする。

17　法第34条の２第２項第21号に規定する財務省令で定めるところにより証明がされた土地等は、その土地等の上に存する同号に規定する建物等（以下この項において「建物等」という。）が施行令第22条の８第23項各号に掲げる建築物又は構築物に該当していることにより法第34条の２第２項第21号に規定する換地を定めることが困難となる次に掲げる事情のいずれかに該当することにつき書面により国土交通大臣の証明がされた土地等とする。

一　当該土地等に係る換地処分が行われたとしたならば、建築基準法その他の法令の規定により、当該建物等を引き続き従前の用途と同一の用途に供すること又は換地処分により取得する土地等の上に建物等を建築して従前の用途と同一の用途に供することができなくなると認められること。

二　当該土地等に係る換地処分が行われ、当該建物等を引き続き従前の用途と同一の用途に供するとしたならば、当該建物等の構造、配置設計、

利用構成等を著しく変更する必要があると認められ、かつ、当該建物等における従前の生活又は業務の継続が著しく困難となると認められること。

18　施行令第22条の８第23項第５号に規定する財務省令で定める建築物等は、次に掲げる建築物又は構築物とする。

一　道路運送車両法施行規則の一部を改正する省令（昭和42年運輸省令第27号。以下この号において「昭和42年改正規則」という。）附則第２項又は道路運送車両法施行規則等の一部を改正する省令（昭和53年運輸省令第７号。以下この号において「昭和53年改正規則」という。）附則第２項の規定の適用に係る道路運送車両法第77条に規定する自動車特定整備事業を経営している者の当該事業の事業場の規模が昭和42年改正規則又は昭和53年改正規則の施行の際昭和42年改正規則による改正後の道路運送車両法施行規則第57条第１号及び別表第２号又は昭和53年改正規則による改正後の道路運送車両法施行規則別表第４の規定に適合しない場合の当該事業場に係る建築物又は構築物

二　風俗営業等の規制及び業務の適正化等に関する法律施行規則（昭和60年国家公安委員会規則第１号）附則第２項の規定の適用に係る風俗営業等の規制及び業務の適正化等に関する法律第２条第１項第１号又は第２号に掲げる営業に係る営業所の同法第４条第２項第１号に規定する構造又は設備の全部が同規則の施行の際同規則第７条に規定する技術上の基準（当該営業所に係る床面積の大きさの基準に限る。）に適合しない場合の当該営業所の用に供されている建築物

19　第15条第４項の規定は、法第34条の２第２項各号の買取りをする者について準用する。

**（農地保有の合理化等のために農地等を譲渡した場合の譲渡所得の特別控除）**

**第18条**　施行令第22条の９に規定する農地の保全又は利用上必要な施設で財務省令で定めるものは、同項に規定する農用地区域として定められている区域内にある同条に規定する農地を保全し、又は耕作（農地法第43条第１項の規定により耕作に該当するものとみなされる農作物の栽培を含む。）の用に供するために必要なかんがい排水施設、ため池、排水路又は当該農地の地すべり若しくは風害を防止するために直接必要な施設とする。

2　法第34条の３第３項に規定する財務省令で定める書類は、次の各号に掲げる場合の区分に応じ当該各号に定める書類とする。

一　法第34条の３第２項第１号に規定する勧告に係る協議により土地等の譲渡をした場合　市町村長の当該土地等の譲渡につき当該勧告をしたことを証する書類又は当該勧告に係る通知書の写し

二　法第34条の３第２項第１号に規定する調停により土地等の譲渡をした場合　都道府県知事の当該土地等の譲渡につき当該調停をしたことを証する書類又は当該土地等に係る農業振興地域の整備に関する法律第15条第４項の調停案の写し

三　法第34条の３第２項第１号に規定するあっせんにより土地等の譲渡をした場合　農業委員会の当該土地等の譲渡につき当該あっせんを行ったことを証する書類

四　施行令第22条の９の場合　同条に規定する農用地区域として定められている区域内にある同条に規定する農地若しくは採草放牧地（イにおいて「農用地区域内農地等」という。）、同条に規定する開発して農地とすることが適当な土地若しくは同条に規定する農業用施設の用に供することとされている土地又はこれらの土地の上に存する権利（以下この号において「農地等」

という。）の買入れをする者の当該農地等をその者の行う同条に規定する事業のため買い入れた旨を証する書類、当該農地等の次に掲げる区分に応じそれぞれ次に定める書類及び都道府県知事の当該農地等の買入れをする者が同条に規定する農地中間管理機構に該当する旨を証する書類

イ　農地等（農用地区域内農地等又は農用地区域内農地等の上に存する権利に限る。）　農業委員会の当該農地等に係る権利の移転につき農地法第３条第１項第13号の届出を受理した旨を証する書類又は福島県知事の当該農地等に係る権利の移転につき福島復興再生特別措置法（平成24年法律第25号）第17条の20の規定により公告をした旨及び当該公告の年月日を証する書類

ロ　農地等（施行令第22条の９に規定する開発して農地とすることが適当な土地若しくは農業用施設の用に供することとされている土地又はこれらの土地の上に存する権利に限る。）市町村長の当該農地等が同条に規定する農用地区域として定められている区域内にある旨及び当該農地等が同条の開発して農地とすることが適当な土地若しくは当該農地等に係る同条の農業上の用途区分が農業用施設の用に供することとされている土地又は前項に規定する施設の用に供することとされている土地（これらの土地の上に存する権利を含む。）に該当するものである旨を証する書類並びに当該農地等の買入れをする者に対し当該農地等の買入れを要請している地方公共団体の長の当該農地等の買入れにつき当該要請をしている旨を証する書類

五　法第34条の３第２項第２号の場合　市町村長の同号に規定する土地等が同号の農用地区域内にある旨を証する書類並びに当該土地等に係る権利の移転につき同号に規定する公告をした者の当該公告をした旨及び当該公告の年月日を証する書類又は当該権利の移転に係る登記事項証明書（当該権利の移転が同号に規定する農用地利用集積等促進計画によるものであることを明らかにする表示のあるものに限る。）

六　法第34条の３第２項第３号に規定する産業導入地区内の土地等を譲渡した場合　当該土地等の所在地を管轄する市町村長の当該土地等の所在地が当該産業導入地区内であること及び当該土地等が同号に規定する農用地等（当該農用地等の上に存する権利を含む。）であったことを証する書類並びに当該土地等の買取りをする者の当該土地等を同号に規定する実施計画に係る同号に規定する施設用地の用に供するため買い取ったことを証する書類

七　法第34条の３第２項第４号の場合　同号に規定する土地改良事業の施行者の当該土地改良事業に係る土地改良事業計画において土地改良法第８条第５項第２号若しくは第３号に掲げる要件を満たす同項の非農用地区域を定め、又は当該土地改良事業に係る換地計画において同法第53条の３の２第１項第１号に規定する農用地に供することを予定する土地を定めている旨及び法第34条の３第２項第４号に規定する清算金の支払をした旨を証する書類

八　法第34条の３第２項第５号の場合　森林組合又は森林組合連合会（以下この号において「森林組合等」という。）の当該土地の譲渡が当該森林組合等に委託して行われたものである旨及び当該土地の取得をした者の有する山林の全部につき法第30条の２第１項に規定する森林経営計画を作成し、同項に規定する認定を受けた、又は受けることが確実である旨を証する書類

九　法第34条の３第２項第６号の場合　同号に規定する事業の施行者の当該土地等が同号に規定する土地等である旨及び同号に規定する清算金の支払をした旨を証する書類

（編注）　最終改正：令和５年８月31日

# 租税特別措置法（山林所得・譲渡所得関係）の取扱いについて（法令解釈通達）

## 措置法第31条の２《優良住宅地の造成等のために土地等を譲渡した場合の長期譲渡所得の課税の特例》関係

**（地方道路公社等に対する土地等の譲渡）**

**31の２－１**　措置法第31条の２第２項第１号に規定する「その他これらに準ずる法人に対する土地等の譲渡」とは、措置法令第20条の２第１項第２号に掲げる法人（以下31の２－３までにおいて「特定法人」という。）に対する土地等の譲渡で、当該譲渡に係る土地等が当該特定法人が行う措置法第33条第１項第１号に規定する土地収用法等に基づく収用（同項第２号の買取り及び同条第４項第１号の使用を含む。以下31の２－３までにおいて同じ。）の対償に充てられるものをいうから、特定法人が収用に係る事業の施行者に代わり土地等を買い取った場合には、第31条の２第２項第１号の規定に該当しないことに留意する。

**（収用対償地の買取りに係る契約方式）**

**31の２－２**　次に掲げる方式による契約に基づき、措置法第33条第１項第１号に規定する土地収用法等に基づく収用の対償に充てられることとなる土地等（以下31の２－３までにおいて「代替地」という。）が特定法人に買い取られる場合は、措置法令第20条の２第１項第２号に規定する「収用の対償に充てられる土地等の譲渡」に該当するものとする。ただし、当該代替地の譲渡について措置法第34条の２の規定を適用する場合には、措置法第31条の２の規定は適用できないことに留意する。

⑴　特定法人、収用により譲渡する土地等（以下31の２－３までにおいて「事業用地」という。）の所有者及び代替地の所有者の三者が次に掲げる事項を約して契約を締結する方式

イ　代替地の所有者は、特定法人に代替地を譲渡すること。

ロ　事業用地の所有者は、特定法人に事業用地を譲渡すること。

ハ　特定法人は、代替地の所有者に対価を支払い、事業用地の所有者には代替地を譲渡するとともに事業用地の所有者に支払うべき補償金等（事業用地の譲渡に係る補償金又は対価に限る。以下この項において同じ。）の額から代替地の所有者に支払う対価の額を控除した残額を支払うこと。

（注）　上記契約方式における代替地の譲渡について措置法令第20条の２第１項第２号に規定する「収用の対償に充てられる土地等の譲渡」に該当するのは、当該代替地のうち事業用地の所有者に支払われるべき事業用地の譲渡に係る補償金又は対価に相当する部分に限られるので、例えば、上記契約方式に基づいて特定法人が取得する代替地であっても当該事業用地の上にある建物につき支払われるべき移転補償金に相当する部分には措置法第31条の２第１項の規定の適用がないことに留意する。

⑵　特定法人と事業用地の所有者が次に掲げる事項を約して契約を締結する方式

イ　事業用地の所有者は、特定法人に事業用地を譲渡し、代替地の取得を希望する旨の申出をすること。

ロ　特定法人は、事業用地の所有者に代替地の譲渡を約すとともに、事業用地の所有者に補償金等を支払うこと。ただし、当該補償金等の額のうち代替地の価額に相当する金額については特定法人に留保し、代替地の譲渡の際にその対価に充てること。

**（収用対償地が農地等である場合）**

**31の２－３**　特定法人が行う措置法第33条第１項第１号に規定する土地収用法等に基づく収用の対償に充てる土地等が農地又は採草放牧地（以下この項において「農地等」という。）であるため、特定法人、事業用地の所有者及び当該農地等の所有者の三者が、次に掲げる事項を内容とする契約を締結し、当該契約に基づき、農地等の所有者が当該農地等を譲渡した場合には、当該譲渡は、措置法令第20条の２第１項第２号に規定する「収用の対償に充てられる土地等の譲渡」に該当するものとする。ただし、当該代替地の譲渡について措置法第34条の２の規定を適用する場合には、措置法第31条の２の規定は適用できないことに留意する。

(1)　農地等の所有者は、当該収用の事業用地を譲渡した者に当該農地等を譲渡すること。

(2)　特定法人は、当該農地等の所有者に当該農地等の譲渡の対価を直接支払うこと。

（注）　上記契約方式における農地等の譲渡について措置法令第20条の２第１項第２号に規定する「収用の対償に充てられる土地等の譲渡」に該当するのは、当該農地等のうち事業用地の所有者に支払われるべき事業用地の譲渡に係る補償金又は対価のうち当該農地等の譲渡の対価として特定法人から当該農地等の所有者に直接支払われる金額に相当する部分に限られることに留意する。

**（独立行政法人都市再生機構等に対する土地等の譲渡）**

**31の２－４**　独立行政法人都市再生機構、土地開発公社又は措置法令第20条の２第２項に掲げる法人に対して土地等を譲渡した場合の措置法第31条の２第１項の規定の適用については、次による。

(1)　措置法第31条の２第２項第２号に規定する「当該譲渡に係る土地等が当該業務を行うために直接必要であると認められるもの」とは、独立行政法人都市再生機構、土地開発公社又は措置法令第20条の２第２項に掲げる法人に対する次の土地等の譲渡をいうのであるから、当該法人に対する土地等の譲渡であっても、例えば、当該法人が職員宿舎の敷地の用として取得する土地等は、これに該当しないことに留意する。

イ　宅地又は住宅の供給業務を行う法人により当該宅地又は住宅の用に供するために取得されるもの

ロ　土地の先行取得の業務を行う法人により当該先行取得の業務として取得されるもの

（注）　土地の先行取得の業務とは、国又は地方公共団体等が将来必要とする公共施設又は事業用地等を当該国又は地方公共団体等に代わって取得することを業務の範囲としている法人が行う当該業務をいう。例えば、土地開発公社にあっては、公有地の拡大の推進に関する法律第17条第１項第１号イからハ、ホ及び第３号（第１号ロ、ハ及びホの業務に附帯する業務に限る。）に掲げる業務をいうのであるから、公共施設用地等の取得に際してその対償地を取得することも先行取得の業務に該当する。

(2)　独立行政法人都市再生機構又は地方住宅供給公社が措置法第34条第２項第１号《特定土地区画整理事業等のために土地等を譲渡した場合の譲渡所得の特別控除》に規定する宅地の造成、

共同住宅の建設又は建築物及び建築敷地の整備に関する事業の用に供するために取得する土地等は、第31条の２第２項第２号に規定する「当該業務を行うために直接必要であると認められるもの」に該当するものとする。

**（収用交換等による譲渡）**

**31の２－５**　措置法第31条の２第２項第３号に規定する「土地等の譲渡で第33条の４第１項に規定する収用交換等によるもの」とは、当該譲渡が同法第33条第１項各号《収用等に伴い代替資産を取得した場合の課税の特例》又は第33条の２第１項各号《交換処分等に伴い資産を取得した場合の課税の特例》の規定に該当する場合をいうことに留意する。したがって、当該譲渡が措置法第33条の４第３項各号に掲げる場合に該当する場合であっても、当該譲渡は第31条の２第２項第３号に該当する。

（注）　当該譲渡について、措置法第33条、第33条の２又は第33条の４の規定を適用する場合には、措置法第31条の２の規定は適用できないことに留意する。

**31の２－６～31**　（省略）

**（優良住宅地等のための譲渡に関する証明書類等）**

**31の２－32**　措置法第31条の２第２項に規定する優良住宅地等のための譲渡及び同条第３項に規定する確定優良住宅地等予定地のための譲渡に関する証明書類等の内容を一覧表で示すと別表１のとおりである。

## 措置法第33条《収用等に伴い代替資産を取得した場合の課税の特例》関係

**（収用又は使用の範囲）**

**33－１**　措置法第33条又は第33条の２に規定する「収用」又は「使用」には、土地収用法第16条《事業の認定》に規定する当該事業（以下「本体事業」という。）の施行により必要を生じた同条に規定する関連事業のための収用又は使用が含まれるのであるから留意する。

**（関連事業に該当する場合）**

**33－２**　本体事業の施行により必要を生じた事業が関連事業としての土地収用法第３章《事業の認定等》の規定による事業の認定（以下この項において「関連事業としての事業認定」という。）を受けていない場合においても、その事業が次の要件の全てに該当するときは、措置法第２章第４節第４款の収用等の場合の課税の特例の適用上は、関連事業に該当するものとする。

(1)　土地収用法第３条各号《土地を収用し又は使用することができる事業》の一に該当するものに関する事業であること。

(2)　本体事業の施行によって撤去変改を被る既存の同条各号の一に掲げる施設（以下33－３において「既存の公的施設」という。）の機能復旧のため本体事業と併せて施行する必要がある事業であること。

(3)　本体事業の施行者が自ら施行することが収用経済等の公益上の要請に合致すると認められる事業であること。

(4)　その他四囲の状況から関連事業としての事業認定を受け得る条件を具備していると認められる事業であること。

（注）　措置法規則第14条第５項《収用等の証明書》の規定は、本体事業と関連事業とについてそれぞれ別個に適用されるのであるから留意する。

**（既存の公的施設の機能復旧に該当するための要件）**

**33－３**　本体事業の施行により必要を生じた事業が、

33－２の(2)の既存の公的施設の機能復旧のために施行されるものに該当するための要件については、次の点に留意する。

(1) その事業は、既存の公的施設の機能復旧の限度で行われるものであることを要し、従来当該施設が当該地域において果たしてきた機能がその事業の施行によって改良されることとなるものは、これに該当しないこと。ただし、当該施設の設置に関する最低基準が法令上具体的に規制されている場合における当該基準に達するまでの改良は、この限りでないものとすること。

(注) ただし書に該当する事例としては、車線の幅員を道路構造令第５条《車線等》に規定する幅員まで拡張する場合がある。

(2) その事業は、本体事業の起業地内に所在して撤去変改を被る既存の公的施設の移転（道路等にあっては、そのかさ上げを含む。）のために行われるものであることを要し、本体事業の施行に伴う当該地域の環境の変化に起因して行う移転、新設等の事業は、これに該当しないこと。ただし、既存の公的施設が当該起業地の内外にわたって所在する場合において、当該施設の全部を移転しなければ従来利用していた目的に供することが著しく困難となるときにおける当該起業地以外に所在する部分の移転は、この限りでないものとすること。

(3) 既存の公的施設の移転先として関連事業のための収用又は使用の対象となる場所は、当該施設の従来の機能を維持するために必要欠くべからざる場所であることを要し、他の場所をもって代替することができるような場所はこれに該当しないから、起業地と即地的一帯性を欠く場所は、その対象に含まれないこと。ただし、起業地の地形及び当該施設の立地条件に特殊な制約があって、起業地と即地的に一帯を成す場所から移転先を選定することが著しく困難な場合には、当該特殊な制約が解消することとなる至近の場所については、この限りでないものとすること。

**（関連事業の関連事業）**

**33－４** 関連事業に関連して施行する事業については、当該関連事業を本体事業とみなした場合に、その関連して施行する事業が33－２の要件に適合する限りにおいて、収用等の場合の課税の特例の適用上は、関連事業に該当するものとする。

**（棚卸資産等の収用交換等）**

**33－５** 棚卸資産等について収用等又は交換処分等があった場合には、当該資産のうち、補償金、対価又は清算金に対応する部分については、措置法第33条又は第33条の２第２項《交換処分等に伴い資産を取得した場合の課税の特例》の規定の適用はないが、当該資産のうち交換処分等により取得した資産に対応する部分については、同法第33条の２第１項の規定の適用があるのであるから留意する。

なお、不動産売買業を営む個人の有する土地又は建物であっても、当該個人が使用し、若しくは他に貸し付けているもの（販売の目的で所有しているもので、一時的に使用し、又は他に貸し付けているものを除く。）又は当該個人が使用することを予定して長期間にわたり所有していることが明らかなものは、棚卸資産等には該当しないのであるから留意する。

(注) この項及び33－８において、「棚卸資産等」とは、次に掲げる資産をいう。

(1) 所得税法第２条第１項第16号《定義》に規定する棚卸資産（所得税法施行令第81条各号《棚卸資産に準ずる資産》に掲げる資産を含む。）

(2) (1)に該当するもののほか、個人が当該収用等のあった日以前５年以内に取得した山林

**（権利変換差額等についての収用等の課税の特例）**

**33－6**　個人が、第一種市街地再開発事業若しくは第二種市街地再開発事業の施行に伴い取得した変換取得資産（措置法令第22条の3第4項第1号《換地処分等に伴い資産を取得した場合の課税の特例》に規定する変換取得資産をいう。以下35の2－10までにおいて同じ。）若しくは対償取得資産（同条第2項に規定する対償取得資産をいう。以下この項及び35の2－10までにおいて同じ。）又は防災街区整備事業の施行に伴い取得した防災変換取得資産（同条第7項に規定する防災変換取得資産をいう。以下35の2－10までにおいて同じ。）を有する個人から当該変換取得資産若しくは対償取得資産又は防災変換取得資産を所得税法第60条第1項第1号《贈与等により取得した資産の取得費等》に掲げる贈与、相続又は遺贈により取得した場合において、当該変換取得資産若しくは対償取得資産又は防災変換取得資産を取得した個人が都市再開発法第104条《清算》若しくは第118条の24《清算》又は密集市街地における防災街区の整備の促進に関する法律第248条《清算》に規定する差額に相当する金額の交付を受けることとなったときは、そのなった日において措置法第33条の3第2項に規定する旧資産又は同条第4項に規定する防災旧資産のうち措置法令第22条の3第4項又は第6項に規定する部分につき収用等による譲渡があったものとして措置法第33条の規定の適用があるものとする。

**（収用等又は換地処分等があった日）**

**33－7**　措置法第33条第1項に規定する収用等のあった日とは、所得税基本通達36－12《山林所得又は譲渡所得の総収入金額の収入すべき時期》に定める日によるのであるが、次に掲げる場合にはそれぞれ次による。

(1)　資産について土地収用法第48条第1項《権利取得裁決》若しくは第49条第1項《明渡裁決》に規定する裁決又は第50条第1項《和解》に規定する和解があった場合　当該裁決書又は和解調書に記載された権利取得の時期又は明渡しの期限として定められている日（その日前に引渡し又は明渡しがあった場合には、その引渡し又は明渡しがあった日）

(2)　資産について土地区画整理法第103条第1項《換地処分》（新都市基盤整備法第41条《換地処分等》及び大都市地域住宅等供給促進法第83条《土地区画整理法の準用》において準用する場合を含む。）、新都市基盤整備法第40条《一括換地》又は土地改良法第54条第1項《換地処分》の規定による換地処分があった場合　土地区画整理法第103条第4項（新都市基盤整備法第41条及び大都市地域住宅等供給促進法第83条において準用する場合を含む。）又は土地改良法第54条第4項の規定による換地処分の公告のあった日の翌日

(3)　資産について土地改良法、農業振興地域の整備に関する法律又は農住組合法による交換分合が行われた場合　土地改良法第98条第10項又は第99条第12項《土地改良区の交換分合計画の決定手続》（同法第100条第2項《農業協同組合等の交換分合計画の決定手続》及び第100条の2第2項《市町村の交換分合計画の決定手続》、農業振興地域の整備に関する法律第13条の5《土地改良法の準用》並びに農住組合法第11条《土地改良法の準用》において準用する場合を含む。）の規定により公告があった交換分合計画において所有権等が移転等をする日として定められている日

(4)　資産について都市再開発法第86条第2項《権利変換の処分》又は密集市街地における防災街区の整備の促進に関する法律第219条第2項《権利変換の処分》の規定による権利変換処分があった場合　権利変換計画に定められている権利変換期日

**(対価補償金とその他の補償金との区分)**

**33－8** 措置法第33条第1項又は第33条の2第1項に規定する補償金、対価又は清算金の額（第33条第4項の規定により、これらの補償金、対価又は清算金の額とみなされるものを含む。）とは、名義のいかんを問わず、収用等による譲渡（第33条第4項の規定により収用等による譲渡とみなされるものを含む。以下同じ。）の目的となった資産の収用等の対価たる金額（以下「対価補償金」という。）をいうのであるから、次の(1)から(4)までに掲げる補償金は、別に定める場合を除き、対価補償金に該当しないことに留意する。

(1) 事業（事業と称するに至らない不動産又は船舶の貸付けその他これに類する行為で相当の対価を得て継続的に行うものを含む。以下33－9までにおいて同じ。）について減少することとなる収益又は生ずることとなる損失の補塡に充てるものとして交付を受ける補償金（以下「収益補償金」という。）

(2) 休廃業等により生ずる事業上の費用の補塡又は収用等による譲渡の目的となった資産以外の資産（棚卸資産等を除く。）について実現した損失の補塡に充てるものとして交付を受ける補償金（以下「経費補償金」という。）

(3) 資産（棚卸資産等を含む。）の移転に要する費用の補塡に充てるものとして交付を受ける補償金（以下「移転補償金」という。）

(4) その他対価補償金たる実質を有しない補償金

**(補償金の課税上の取扱い)**

**33－9** 対価補償金等の課税上の取扱いは、次のとおりとなるのであるから留意する。

| 補償金の種類 | 課税上の取扱い |
|---|---|
| ①<br>対価補償金 | 譲渡所得の金額又は山林所得の金額の計算上、収用等の場合の課税の特例の適用がある。 |
| ②<br>収益補償金 | 当該補償金の交付の基因となった事業の態様に応じ、不動産所得の金額、事業所得の金額又は雑所得の金額の計算上、総収入金額に算入する。<br>ただし、33－11により収益補償金として交付を受ける補償金を対価補償金として取り扱うことができる場合がある。 |
| ③<br>経費補償金 | (イ) 休廃業等により生ずる事業上の費用の補塡に充てるものとして交付を受ける補償金は、当該補償金の交付の基因となった事業の態様に応じ、不動産所得の金額、事業所得の金額又は雑所得の金額の計算上、総収入金額に算入する。<br>(ロ) 収用等による譲渡の目的となった資産以外の資産（棚卸資産等を除く。）について実現した損失の補塡に充てるものとして交付を受ける補償金は、山林所得の金額又は譲渡所得の金額の計算上、総収入金額に算入する。<br>ただし、33－13により、経費補償金として交付を受ける補償金を対価補償金として取り扱うことができる場合がある。 |
| ④<br>移転補償金 | 補償金をその交付の目的に従って支出した場合には、当該支出した額については、所得税法第44条《移転等の支出に充てるための交付金の総収入金額不算入》の規定が適用される。<br>ただし、33－14又は33－15により、引き家補償の名義で交付を受ける補償金又は移設困難な機械装置の補償金を対価補償金として取り扱うことができる場合がある。<br>また、33－30により、借家人補償金は、対価補償金とみなして取り扱う。 |

| 補償金の種類 | 課　税　上　の　取　扱　い |
|---|---|
| ⑤<br>その他対価補償金の実質を有しない補償金 | その実態に応じ、各種所得の金額の計算上、総収入金額に算入する。<br>ただし、所得税法第９条第１項《非課税所得》の規定に該当するものは、非課税である。 |

（注）　移転補償金をその交付の目的に従って支出したかどうかの判定は、次による。

(1)　当該移転補償金をその交付の基因となった資産の移転若しくは移築又は除却若しくは取壊しのための支出に充てた場合　交付の目的に従って支出した場合に該当することになる。

(2)　当該移転補償金を資産の取得のための支出又は資産の改良その他の資本的支出に充てた場合　その交付の目的に従って支出した場合に該当しない。

**（２以上の資産について収用等が行われた場合の補償金）**

**33－10**　２以上の資産が同時に収用等をされた場合において、個々の資産ごとの対価補償金の額が明らかでないときは、当該収用等をされた個々の資産に係る対価補償金の額は、当該資産の収用等があった日における価額の比又は起業者が補償金等の算定の基礎とした当該資産の評価額の比その他適正な基準により区分する。

（注）　譲渡資産が同種のものである場合又は当該譲渡資産に係る代替資産につき措置法令第22条第５項若しくは第６項《代替資産の特例》の規定の適用を受ける場合には、譲渡所得の金額又は代替資産の取得価額は、その対価補償金の額の合計額を基礎として計算すればよいのであるから、強いて上記の区分をする必要はないことに留意する。

**（収益補償金名義で交付を受ける補償金を対価補償金として取り扱うことができる場合）**

**33－11**　建物の収用等に伴い収益補償金名義で補償金の交付を受けた場合において、当該建物の対価補償金として交付を受けた金額（建物の譲渡に要した費用の額を控除する前の額とし、特別措置等の名義で交付を受けた補償金で33－19により対価補償金として判定すべき金額があるときは、当該金額を含む額とする。）が当該収用等をされた建物の再取得価額に満たないときは、当分の間、納税者が、当該収益補償金の名義で交付を受けた補償金のうち当該満たない金額に相当する金額（当該金額が当該補償金の額を超えるときは、当該補償金の額）を、譲渡所得の計算上当該建物の対価補償金として計算したときは、これを認めるものとする。この場合における当該建物の再取得価額は、次による。

(1)　建物の買取り契約の場合は、起業者が買取り対価の算定基礎とした当該建物の再取得価額によるものとし、その額が明らかでないときは、当該建物について適正に算定した再取得価額による。

(2)　建物の取壊し契約の場合は、次による。

イ　起業者が補償金の算定基礎とした当該建物の再取得価額が明らかであるときは、その再取得価額による。

ロ　イ以外のときは、当該建物の対価補償金として交付を受けた金額（建物の譲渡に要した費用の額を控除する前の額とし、特別措置等の名義で交付を受けた補償金の額を含めない額とする。）に当該建物の構造が木造又は木骨モルタル造りであるときは65分の100を、その他の構造のものであるときは95分の100を、それぞれ乗じた金額による。

（注）１　再取得価額とは、収用等をされた建物と同一の建物を新築するものと仮定した場合の取得価額をいう。

2　収益補償金名義で交付を受ける補償金を借家人補償金に振り替えて計算することはできないことに留意する。

**（収益補償金名義で交付を受ける補償金を２以上の建物の対価補償金とする場合の計算）**

**33－12**　33－11の場合において、収用等をされた建物が２以上あり、かつ、収益補償金名義で交付を受けた金額及び建物の対価補償金として交付を受けた金額の合計額が当該建物の再取得価額の合計額に満たないときは、33－11により対価補償金と判定する金額をその個々の建物のいずれの対価補償金として計算するかは、個々の建物の再取得価額を限度として、納税者が計算したところによる。

**（事業廃止の場合の機械装置等の売却損の補償金）**

**33－13**　土地、建物、漁業権その他の資産の収用等に伴い、機械装置等の売却を要することとなった場合において、その売却による損失の補償として交付を受ける補償金は、経費補償金に該当する（33－８の(2)参照）のであるが、当該収用等に伴い事業の全てを廃止した場合又は従来営んできた業種の事業を廃止し、かつ、当該機械装置等を他に転用することができない場合に交付を受ける当該機械装置等の売却損の補償金は、対価補償金として取り扱う。この場合において、当該機械装置等の帳簿価額（譲渡所得の金額の計算上控除する取得費をいう。以下同じ。）のうち当該対価補償金に対応する部分の金額は、次の算式により計算した金額によるものとする。ただし、当該収用等をされた者が、当該機械装置等の帳簿価額のうち、その処分価額又は処分見込価額を超える部分の金額を当該対価補償金に対応する部分の帳簿価額として申告し又は経理している場合には、これを認めるものとする。

$$\text{当該機械装置等の帳簿価額} \times \frac{\text{当該対価補償金の額}}{\text{当該対価補償金の額} + \text{当該機械装置等の処分価額又は処分見込価額}}$$

（注）　機械装置等の売却損の補償金は、一般には、次のイからロを控除して計算される。

イ　当該機械装置等と同種の機械装置等の再取得価額から、当該再取得価額を基として計算した償却費の額の累計額に相当する金額を控除した残額

ロ　当該機械装置等を現実に売却し得る価額

**（引き家補償等の名義で交付を受ける補償金）**

**33－14**　土地等の収用等に伴い、起業者から当該土地等の上にある建物又は構築物を引き家し又は移築するために要する費用として交付を受ける補償金であっても、その交付を受ける者が実際に当該建物又は構築物を取り壊したときは、当該補償金（当該建物又は構築物の一部を構成していた資産で、そのもの自体としてそのまま又は修繕若しくは改良を加えた上他の建物又は構築物の一部を構成することができると認められるものに係る部分を除く。）は、当該建物又は構築物の対価補償金に当たるものとして取り扱うことができる。

**（移設困難な機械装置の補償金）**

**33－15**　土地等又は建物等の収用等に伴い、機械又は装置の移設を要することとなった場合において、その移設に要する経費の補償として交付を受ける補償金は、対価補償金には該当しないのであるが、機械装置の移設補償名義のものであっても、例えば、製錬設備の溶鉱炉、公衆浴場設備の浴槽のように、その物自体を移設することが著しく困難であると認められる資産について交付を受ける取壊し等の補償金は、対価補償金として取り扱う。

なお、これに該当しない場合であっても、機械装置の移設のための補償金の額が当該機械装置の新設のための補償金の額を超えること等の事情に

より、移設経費の補償に代えて当該機械装置の新設費の補償を受けた場合には、その事情が起業者の算定基礎等に照らして実質的に対価補償金の交付に代えてされたものであることが明確であるとともに、現にその補償の目的に適合した資産を取得し、かつ、旧資産の全部又は大部分を廃棄又はスクラップ化しているものであるときに限り、当該補償金は対価補償金に該当するものとして取り扱うことができる。

**（残地補償金）**

**33－16**　土地等の一部について収用等があった場合において、土地収用法第74条《残地補償》の規定によりその残地の損失について補償金の交付を受けたときは、当該補償金を当該収用等があった日の属する年分の当該収用等をされた土地等の対価補償金とみなして取り扱うことができる。この場合において、当該収用等をされた部分の土地等の取得価額は、次の算式により計算した金額による。

$$\text{当該土地の取得価額} \times \frac{\text{収用直前の当該土地の価額} - \text{収用等をされた後の残地の価額}}{\text{収用直前の当該土地の価額}}$$

**（残地買収の対価）**

**33－17**　土地の一部について収用等があったことに伴い、残地が従来利用されていた目的に供することが著しく困難となり、その残地について収用の請求をすれば収用されることとなる事情があるため（土地収用法第76条第１項《残地収用の請求権》参照）、残地を起業者に買い取られた場合には、その残地の買取りの対価は、当該収用等があった日の属する年分の対価補償金として取り扱うことができる。

**（残地保全経費の補償金）**

**33－18**　土地等の一部又は当該土地等の隣接地について収用等があったことにより、残地に通路、溝、垣、柵その他の工作物の新築、改築、増築若しくは修繕又は盛土若しくは切土（以下この項において「工作物の新築等」という。）をするためのものとして交付を受ける補償金は対価補償金には該当しないから、当該補償金については収用等の場合の課税の特例は適用されないが、当該工作物の新築等が残地の従来の機能を保全するために必要なものであると認められる場合に限り、当該工作物の新築等に要した金額のうち当該補償金の額に相当する金額までの金額については、所得税法第44条《移転等の支出に充てるための交付金の総収入金額不算入》に規定する移転等の費用に充てるための金額の交付を受けた場合に準じて取り扱って差し支えないものとする。

**（特別措置等の名義で交付を受ける補償金）**

**33－19**　交付を受けた補償金等のうち、特別措置等の名義のもので、その交付の目的が明らかでないものがある場合には、その者が交付を受ける他の補償金等の内容及びその算定の内訳、同一事業につき起業者が他の収用等をされた者に対してした補償の内容等を勘案して、それぞれ対価補償金、収益補償金、経費補償金、移転補償金又はその他の補償金のいずれかに属するかを判定するのであるが、その判定が困難なときは、課税上弊害がない限り、起業者が証明するところによることができるものとする。

（注）　収用等の補償実施状況によれば、建物の所有者に対して特別措置の名義で建物の対価補償金たる実質を有する補償金が交付され、借家人に対して同じ名義で借家人補償金たる実質を有する補償金が交付される実例があることに留意する。

**（減価補償金）**

**33－20**　措置法第33条第１項第３号及び第33条の３第１項に規定する「清算金」には、土地区画整理法第109条《減価補償金》に規定する減価補償金を含むものとする。

**（権利変換による補償金の範囲）**

**33−21**　措置法第33条第１項第３号の２又は第３号の３に規定する補償金には、都市再開発法第91条第１項《補償金等》又は密集市街地における防災街区の整備の促進に関する法律第226条第１項《補償金等》の規定により補償として支払われる利息相当額は含まれるが、都市再開発法第91条第２項又は密集市街地における防災街区の整備の促進に関する法律第226条第２項の規定により支払われる過怠金の額及び都市再開発法第118条の15第１項《譲受け希望の申出の撤回に伴う対償の支払等》の規定により支払われる利息相当額は含まれないことに留意する。

（注）　都市再開発法第91条第２項又は密集市街地における防災街区の整備の促進に関する法律第226条第２項の規定により支払われる過怠金の額及び都市再開発法第118条の15第１項の規定により支払われる利息相当額は雑所得の総収入金額に算入されることに留意する。

**（収用等に伴う課税の特例を受ける権利の範囲）**

**33−22**　措置法第33条第１項第５号の「当該資産に関して有する所有権以外の権利が消滅し、補償金又は対価を取得するとき」とは、例えば、土地等の収用等に伴い、当該土地にある鉱区について設定されていた租鉱権、当該土地について設定されていた借地権、採石権等が消滅した場合や建物の収用等に伴い、当該建物について設定されていた配偶者居住権が消滅した場合において、補償金の交付を受けるとき等をいうのであるから留意する。

**（権利変換により新たな権利に変換することがないものの意義）**

**33−23**　措置法第33条第１項第６号に規定する「都市再開発法に規定する権利変換により新たな権利に変換をすることのないもの」又は第６号の２に規定する「密集市街地における防災街区の整備の促進に関する法律に規定する権利変換により新たな権利に変換することのないもの」とは、例えば、地役権、工作物所有のための地上権又は賃借権をいうのであるから留意する。

**（公有水面の埋立又は土地収用事業の施行に伴う漁業権等の消滅）**

**33−24**　措置法第33条第１項第７号の規定は、次に掲げるような場合において、漁業権、入漁権その他水の利用に関する権利が消滅（価値の減少を含む。）し、補償金又は対価を取得するときにおいて適用があるのであるから留意する。この場合、当該権利には、漁業法第105条《組合員行使権》に規定する組合員行使権を含むことに取り扱う。

⑴　国又は地方公共団体（その出資金額又は拠出された金額の全額が地方公共団体により出資又は拠出をされている法人を含む。以下この項において同じ。）が公有水面埋立法第２条《免許》に規定する免許を受けて公有水面の埋立を行う場合

（注）　例えば、国又は地方公共団体が農地又は工業地の造成のため公有水面埋立法の規定に基づき海面の埋立又は水面の干拓を行う場合等である。

⑵　土地収用法第３条《土地を収用し又は使用することができる事業》に規定する事業（都市計画法第４条第15項《定義》に規定する都市計画事業を含む。以下この項において「土地収用事業」という。）の施行者（国又は地方公共団体を除く。）がその事業の用に供するため公有水面埋立法に規定する免許を受けて、公有水面の埋立を行う場合

（注）　例えば、電力会社が火力発電施設用地の取得のため、公有水面埋立法の規定に基づ

いて海面の埋立を行う場合等である。

(3) 土地収用事業の施行者がその収用事業を施行する場合（(2)に該当する場合を除く。）

（注） 例えば、国が水力発電施設としてダムを建設するため河川をせき止めたことにより、その下流にある漁業権等の全部又は一部が制限される場合等である。

**（公有水面の埋立に伴う権利の消滅の意義）**

**33－25** 措置法第33条第1項第7号に規定する「公有水面の埋立又は当該施行者が行う当該事業の施行に伴う……権利の消滅」とは、当該公有水面の埋立によりその埋立に係る区域に存する漁業権等が消滅すること又は土地収用事業に係る施設ができることによりその施設の存する区域（河川につき施設されたものである場合には、その施設により流水の状況その他の影響を受ける当該河川の流域を含む。）に存する漁業権等が消滅することをいうのであるから留意する。

**（土地等の使用に伴う損失の補償金を対価補償金とみなす場合）**

**33－26** 土地等が土地収用法等の規定により使用されたこと（土地等について使用の申出を拒むときは土地収用法等の規定に基づいて使用されることとなる場合を含む。）に伴い、当該使用に係る土地の上にある資産につき、土地収用法等の規定により収用をし又は取壊し若しくは除去をしなければならなくなった場合において交付を受ける当該資産の対価又は損失に対する補償金（措置法令第22条第22項に規定するものに限る。）は、当該土地等を使用させることが措置法第33条第4項第1号に規定する要件を満たさないときにおいても、対価補償金とみなして取り扱うことができるものとする。

**（逆収用の請求ができる場合に買い取られた資産の対価）**

**33－27** 措置法第33条第4項第2号の収用等をされた土地の上にある資産につき土地収用法等の規定に基づく収用をしなければならなくなった場合において、当該資産又は当該土地の上にある建物に係る配偶者居住権（当該配偶者居住権の目的となっている建物の敷地の用に供される土地等を当該配偶者居住権に基づき使用する権利を含む。以下この項から33－28の2まで及び33－31の2において同じ。）の対価で政令で定めるものを取得するときとは、収用等をされた土地の上にある資産が次の(1)又は(2)に掲げるようなものであるため、その所有者が収用の請求をすれば収用されることとなる場合（いわゆる逆収用の請求ができる場合）において、現実に収用の請求又は収用の裁決の手続を経ないで当該資産が買い取られ、又は当該土地の上にある建物が買い取られ当該建物に係る配偶者居住権が消滅し、その対価を取得するときをいうのであるから留意する。

(1) 移転が著しく困難であるか、又は移転によって従来利用していた目的に供することが著しく困難となる資産（土地収用法第78条参照）

(2) 公共用地の取得に関する特別措置法第2条各号《特定公共事業》に掲げる事業の用に供するために収用等をされた土地の上にある資産（同法第22条参照）

（注） これらの資産の存する土地等の収用等につき事業認定又は特定公共事業の認定があったかどうか、特定公共事業の起業者が緊急裁決の申立てをしたかどうかにかかわらないのであるから留意する。

**（取壊し又は除去をしなければならない資産の損失に対する補償金）**

**33－28** 措置法第33条第4項第2号の収用等をされた土地の上にある資産につき取壊し又は除去をし

なければならなくなった場合において、当該資産又は当該土地の上にある建物に係る配偶者居住権の損失に対する補償金で政令で定めるものを取得するときとは、収用等をされた土地の上にある資産につき、取壊し又は除去をしなければならなくなった場合において、当該資産又は当該土地の上にある建物に係る配偶者居住権自体について生ずる損失に対する補償金で措置法令第22条第22項第２号に掲げるものの交付を受けるときに限られることに留意する。

**（取壊し等による損失補償金の取扱い）**

**33－28の２**　土地等が措置法第33条の２第１項第１号《交換処分等に伴い資産を取得した場合の課税の特例》の規定に該当することとなったことに伴い、当該土地の上にある資産につき、土地収用法等の規定に基づく収用をし、又は取壊し若しくは除去をしなければならなくなった場合において、当該資産若しくは当該土地の上にある建物に係る配偶者居住権の対価又は損失に対する補償金（措置法令第22条第22項に規定するものに限る。）を取得するときは、措置法第33条第４項第２号の規定に準じ、同項の規定の適用があるものとして取り扱うことができるものとする。

**（発生資材等の売却代金）**

**33－29**　土地等の収用に伴い、当該土地の上にある建物、構築物、立竹木等を取壊し又は除去をしなければならないことになった場合において生じた発生資材（資産の取壊し又は除去に伴って生ずる資材をいう。）又は伐採立竹木の売却代金の額は、措置法令第22条第22項第２号に規定する補償金の額には該当しないのであるから留意する。

**（伐採立竹木の損失補償金と売却代金とがある場合の必要経費等の控除）**

**33－29の２**　措置法第33条第４項第２号に規定する補償金を取得して伐採した立竹木を他に売却した場合には、当該立竹木の譲渡に係る山林所得の金額又は譲渡所得の金額の計算上控除すべき必要経費又は取得費及び譲渡費用は、まず、当該立竹木の売却代金に係るこれらの所得の金額の計算上控除し、なお控除しきれない金額があるときは、当該補償金に係るこれらの所得の金額の計算上控除する。

**（借家人補償金）**

**33－30**　他人の建物を使用している個人が、当該建物が収用等をされたことに伴いその使用を継続することが困難となったため、転居先の建物の賃借に要する権利金に充てられるものとして交付を受ける補償金（従来の家賃と転居先の家賃との差額に充てられるものとして交付を受ける補償金を含む。以下「借家人補償金」という。）については、措置法第33条第４項第２号の場合の対価補償金とみなして取り扱う。この場合において、個人が借家人補償金に相当する金額をもって転居先の建物の賃借に要する権利金に充てたときは、当該権利金に充てた金額は、代替資産の取得に充てた金額とみなして取り扱うことができる。

（注）　借家人補償金をもって事業用固定資産の取得に充てた場合には、措置法令第22条第６項の規定による代替資産の特例の適用があるものについてはこれにより、また、その建物と同じ用途に供する土地又は建物を取得した場合には、当該土地又は建物を当該借家人補償金に係る代替資産に該当するものとして取り扱う。

**（借家権の範囲）**

**33－31**　措置法第33条第１項第３号の２及び第３号の３に規定する借家権には、配偶者居住権が含まれることに留意する。

なお、配偶者居住権に係る補償金がこれらの号に該当する場合における当該配偶者居住権の目的となっている建物の敷地の用に供される土地等を当該配偶者居住権に基づき使用する権利に係る補償金については、同条第４項第２号の補償金に該当するものとして取り扱う。

**（除却される資産の損失に対する補償金）**

**33－31の２**　措置法第33条第４項第３号に規定する「資産が土地区画整理法第77条の規定により除却される場合において、当該資産又はその土地の上にある建物に係る配偶者居住権の損失に対して、同法第78条第１項の規定による補償金を取得するとき」における当該補償金とは、同法第78条第１項《移転等に伴う損失補償》の規定に基づき施行者が支払う補償金のうち、当該除却される資産又は配偶者居住権自体について生ずる損失に対する補償金に限られることに留意する。

**（配偶者居住権の目的となっている建物の敷地の用に供される土地等を当該配偶者居住権に基づき使用する権利の価値の減少による損失補償金の取扱い）**

**33－31の３**　配偶者居住権の目的となっている建物の敷地の用に供される土地等が措置法第33条の２第１項第１号の規定に該当することとなったことに伴い当該土地等を当該配偶者居住権に基づき使用する権利の価値が減少した場合において、当該権利の対価又は損失に対する補償金（措置法令第22条第24項に規定するものに限る。）を取得するときは、措置法第33条第４項第４号の規定に準じ、同項の規定の適用があるものとして取り扱うことができるものとする。

**（借地人が交付を受けるべき借地権の対価補償金の代理受領とみなす場合）**

**33－31の４**　借地権その他土地の上に存する権利（以下この項において「借地権等」という。）の設定されている土地について収用等があった場合において、当該土地に係る対価補償金と当該借地権等に係る対価補償金とが一括して当該土地の所有者に交付され、その交付された金額の一部が当該土地の所有者から当該借地権等を有する者に借地権等に係る対価補償金に対応する金額として支払われたときは、その支払が立退料等の名義でされたものであっても、当該支払を受けた金額は、借地権等を有する者に交付されるべき借地権等の対価補償金が代理受領されたものとみなして、当該借地権等を有する者について措置法第33条から第33条の４までの規定を適用することができる。この場合において、当該借地権等を有する者が確定申告書等に添付する措置法規則第15条第２項に規定する書類は、当該土地の所有者から支払を受けた金額の計算に関する明細書及び収用等をされた土地に係る同項に規定する書類で当該土地の所有者が交付を受けるものの写しとする。

**（収益補償金の課税延期）**

**33－32**　収用等に伴い交付を受ける収益補償金のうち33－11によらない部分の金額については、その収用等があった日の属する年分の事業所得等の総収入金額に算入しないで、収用等をされた土地又は建物から立ち退くべき日として定められている日（その日前に立ち退いたときは、その立ち退いた日）の属する年分の事業所得等の総収入金額に算入したい旨を書面をもって申し出たときは、これを認めて差し支えない。収用等があった日の属する年の末日までに支払われないものについても、同様とする。

**（経費補償金等の課税延期）**

**33－33**　経費補償金若しくは移転補償金（33－13、33－14、33－15及び33－30により、対価補償金として取り扱うものを除く。）又は33－18に定める残地保全経費の補償金のうち、収用等のあった日の属する年の翌年１月１日から収用等のあった日以後２年（地下鉄工事のため一旦建物を取り壊し、工事完成後従前の場所に建築する場合等措置法令第22条第19項各号《代替資産の取得期限の特例》に掲げる場合に該当するときは、当該各号に掲げる期間）を経過する日までに交付の目的に従って支出することが確実と認められる部分の金額については、同日とその交付の目的に従って支出する日とのいずれか早い日の属する年分の各種所得の金額の計算上総収入金額に算入したい旨を当該収用等のあった日の属する年分の確定申告書を提出する際に、書面をもって申し出たときは、これを認めることに取り扱う。

**（収用等をされた資産の譲渡に要した費用の範囲）**

**33－34**　収用等をされた資産の譲渡に要した費用がある場合には、措置法第33条第１項の規定により、当該費用の額が当該費用に充てるべきものとして交付を受けた金額を超えるときのその超える金額（交付を受けた金額が明らかでないときは、当該費用の額）を、当該譲渡した資産に係る対価補償金の額から控除することとなるのであるが、この場合の譲渡に要した費用とは、例えば、次のようなものをいうのであるから留意する。

⑴　譲渡に要したあっせん手数料、謝礼

⑵　譲渡資産の借地人又は借家人等に対して支払った立退料（土地の取得価額とされる場合又は借地人が受けるべき借地権の対価補償金を代理受領し、これを支払ったものと認められる場合の立退料を除く。）

⑶　資産が取壊し又は除去を要するものであるときにおけるその取壊し又は除去の費用（発生資材の評価額又は処分価額に相当する金額を控除した金額とし、控除しきれない場合には、当該費用はないものとする。）

⑷　当該資産の譲渡に伴って支出しなければならないこととなった次に掲げる費用

イ　建物等の移転費用

ロ　動産の移転費用

ハ　仮住居の使用に要する費用

ニ　立木の伐採又は移植に要する費用

⑸　その他⑴から⑷までに掲げる費用に準ずるもの

**（譲渡費用の額の計算）**

**33－35**　措置法第33条第１項の規定により対価補償金の額から控除すべき譲渡資産の譲渡に要した費用の額を計算する場合において、同時に収用等をされた譲渡資産が２以上ある場合には、33－34の超える金額を個々の譲渡資産に係る譲渡に要した費用の金額の比によりあん分するのであるが、その計算が困難である場合には、当該超える金額をその収用等があった日の譲渡資産の価額又は対価補償金の額の比その他適正な基準により区分する。

（注）　この場合においても、個々の譲渡資産に係る金額の区分については、33－10の(注)と同様に、強いて区分する必要がないときがあることに留意する。

**（発生資材を自己使用した場合の取扱い）**

**33－36**　収用等に伴い、取壊し又は除去をした資産について生じた発生資材がある場合において、その全部又は一部を代替資産の製作、建築等に使用し又は使用する見込みであるときは、その使用し又は使用する見込みの発生資材の評価額は、33－34の⑶かっこ書の「発生資材の評価額」に含まれないものとする。この場合において、当該代替資産の取得価額の計算上、当該使用し又は使用する見込みの発生資材の価額はないものとする。

**（発生資材を譲渡した場合の取扱い）**

**33－37**　収用等に伴い、取壊し又は除去をした資産について生じた発生資材がある場合において、その全部又は一部を譲渡したときは、発生資材の譲渡に係る譲渡所得の金額の計算上控除する取得費は、その譲渡した発生資材の処分価額のうち、33－34の(3)により、資産の取壊し又は除去の費用から控除した金額に相当する金額となるのであるから留意する。

**（取壊し等が遅れる場合の計算の調整）**

**33－38** 収用等をされた資産の全部又は一部を当該収用等があった日の属する年の翌年以後において取壊し等をすることとしている場合における措置法第33条の規定の適用については、当該収用等があった日の属する年の12月31日における現況により、資産の譲渡に要する費用の額で対価補償金の額から控除すべき金額等の適正な見積額を基礎として計算する。この場合において、その確定額が見積額と異なることとなったときは、措置法第33条の5《代替資産を取得した場合の更正の請求、修正申告》の規定に準じて取り扱うものとする。

**（配偶者居住権等を有していた者の居住の用に供する建物）**

**33－38の2** 配偶者居住権又は当該配偶者居住権の目的となっている建物の敷地の用に供される土地等を当該配偶者居住権に基づき使用する権利の代替資産を取得する場合における措置法令第22条第4項第1号ロ若しくはハ又は第3号イ若しくはロに規定する「居住の用に供する建物」については、当該建物を居住の用と居住の用以外の用とに併せて供する場合においても、これらの号に規定する「居住の用に供する建物」に該当するものとして取り扱って差し支えない。

**（1組の資産を譲渡した場合の代替資産）**

**33－39** 措置法令第22条第5項《1組の資産についての代替資産の特例》の規定は、一の効用を有する1組の資産について収用等があった場合において、その収用等をされた資産と効用を同じくする他の資産を取得したときに適用があるものであり、当該他の資産が1組の資産となっていることを要しないのであるから留意する。

したがって、居住用の土地家屋につき収用等をされた者がその有する土地の上に居住用の家屋を取得した場合には、その家屋は代替資産に該当することとなる。

**（2以上の用に供されている資産）**

**33－40** 一の効用を有する1組の資産について収用等があった場合において、当該資産が措置法規則第14条第3項各号《効用の区分》の2以上の用途に供されていたとき、例えば、居住の用と店舗又は事務所の用に併せて供されていたときは、措置法令第22条第5項の規定の適用については、そのいずれの用にも供されていたものとして取り扱う。

代替資産を取得した場合において当該代替資産が措置法規則第14条第3項各号の2以上の用途に供されるときも、同様とする。

**（事業の用に供されていたもの）**

**33－41** 措置法令第22条第6項《事業用資産についての代替資産の特例》に規定する「事業の用に供されていたもの」であるかどうかの判定は、原則として、譲渡契約締結の時の現況により行うのであるが、事業の用に供されていた資産が土地収用法に規定する事業の認定があったこと、収用等に該当する買取り等の申出があったことなどにより譲渡を余儀なくされることが明らかになったため、譲渡契約締結時には事業の用に供されていない場合であっても、当該資産は同項に規定する「事業の用に供されていたもの」に該当するものとして取り扱う。

**（事業の用と事業以外の用とに併用されていた資産の取扱い）**

**33－42** 譲渡資産が事業の用と事業以外の用とに併

せ供されていた場合には、措置法令第22条第６項の規定の適用については、原則としてその事業の用に供されていた部分を「事業の用に供するもの」として取り扱う。ただし、その事業の用に供されていた部分がその資産全体のおおむね90％以上である場合には、その資産の全部を「事業の用に供されていたもの」として差し支えない。

なお、同項の規定により代替資産とすることができる資産についても同様に取り扱う。

(注)　事業用部分と非事業用部分は、原則として、面積の比により判定するものとする。

**（生計を一にする親族の事業の用に供している資産）**

**33－43**　措置法令第22条第６項の規定は、資産の所有者が同項に規定する事業の用に供していたものを譲渡し、かつ、その者が同項に規定する代替資産とすることができる資産を取得（製作及び建設を含む。次項において同じ。）する場合に適用があるのであるが、譲渡資産がその所有者と生計を一にする親族の同項に規定する事業の用に供されていた場合には、当該譲渡資産はその所有者にとっても事業の用に供されていたものに該当するものとして同項の規定を適用することができる。

同項に規定する代替資産とすることができる資産について同様の事情がある場合も、また同様とする。

**（代替資産とすることができる事業用固定資産の判定）**

**33－44**　措置法令第22条第６項の規定により、代替資産とすることができる資産が事業の用に供する資産であるかどうかは、その取得資産の改修その他の手入れの要否等の具体的事情に応じ、相当の期間内に事業の用に供したかどうかによって判定するのであるが、当該取得資産をその取得の日以後１年を経過した日（当該取得の日の属する年分の確定申告期限がこれより後に到来する場合には、当該期限）までにその事業の用に供しているときは、相当の期間内に事業の用に供したものとして取り扱う。

**（資本的支出）**

**33－44の２**　資産の収用等に伴い、その代替資産となるべき資産の改良、改造等をした場合には、その改良、改造等のための費用の支出は、措置法第33条第１項の規定の適用上、代替資産の取得に当たるものとして取り扱う。

**（相続人が代替資産を取得した場合）**

**33－45**　収用交換等により資産を譲渡した個人が、代替資産を取得しないで死亡した場合であっても、その死亡前に代替資産の取得に関する売買契約又は請負契約を締結しているなど代替資産が具体的に確定しており、かつ、その相続人が法定期間内にその代替資産を取得したときは、その死亡した者の当該譲渡につき措置法第33条の規定を適用することができる。

**（清算金等の相殺が行われた場合）**

**33－46**　土地区画整理法第111条《清算金等の相殺》（新都市基盤整備法第42条《清算》又は大都市地域住宅等供給促進法第83条《土地区画整理法の準用》において準用する場合を含む。）の規定により清算金の相殺が行われた場合であっても、措置法第33条の規定の適用については、それぞれの換地処分の目的となった土地ごとに計算を行うのであるから、交付されるべき清算金（その一部が相殺されたときは、その相殺前の金額）に相当する金額は、その交付されるべき清算金に係る土地等の換地処分による清算金の額に該当し、徴収されるべき清算金（その一部が相殺されたときは、その相殺前の金額）に相当する金額は、その徴収されるべき清算金に係る土地等の取得価額に算入されることに留意する。

**（仮換地の指定により交付を受ける仮清算金）**

**33－46の２**　土地区画整理法第102条《仮清算金》の規定により交付を受ける仮清算金の額は、換地処分があるまでは所得税法第36条に規定するその年において収入すべき金額に該当しないのであるから留意する。

**（代替資産の取得の時期）**

**33－47**　措置法第33条第２項に規定する「当該収用等により当該個人の有する資産の譲渡をすることとなることが明らかとなった日」とは、土地収用法第16条《事業の認定》の規定による事業認定又は起業者から買取り等の申出があったこと等によりその有する資産について収用等をされることが明らかとなった日をいい、措置法令第22条第17項に規定する「当該収用等により同項の個人の有する資産の譲渡をすることとなることが明らかとなった日」についても、また同様である。

**（長期先行取得が認められるやむを得ない事情）**

**33－47の２**　代替資産の取得につき措置法第33条第２項の規定を適用する場合における措置法令第22条第17項に定める「その他これに準ずる事情があるとき」には、譲渡資産について次に掲げるような事情があるためやむを得ずその譲渡が遅延した場合が含まれるものとする。

⑴　借地人又は借家人が容易に立退きに応じないため譲渡ができなかったこと。

⑵　災害等によりその譲渡に関する計画の変更を余儀なくされたこと。

⑶　⑴又は⑵に準ずる特別な事情があったこと。

**（特別償却等を実施した先行取得資産の取扱い）**

**33－47の３**　譲渡資産の譲渡をした日の属する年の前年以前に取得した資産につき措置法第19条第１項各号《特別償却等》に掲げる規定の適用を受けている場合には、当該資産が措置法第33条第２項の規定に該当するものであっても、同項の規定の適用はないものとする。

**（譲渡の日の属する年の前年以前において取得した資産の特例の適用）**

**33－47の４**　措置法第33条第２項の規定により譲渡資産の譲渡の日の属する年の前年以前に取得した資産を当該譲渡資産に係る代替資産とすることができる場合において、当該代替資産の取得価額が当該譲渡による収入金額を超えるときは、その超える金額に相当する部分の資産については、当該譲渡の日の属する年の翌年以後における同項の規定による代替資産とすることができるものとする。

**（短期保有資産と長期保有資産とがある場合等の買換差金の区分）**

**33－47の５**　措置法第33条第１項（同条第２項及び第３項並びに同法第33条の２第２項において準用する場合を含む。）の規定を適用する場合において、一の収用交換等により譲渡した資産のうちに分離短期譲渡所得の基因となる資産、分離長期譲渡所得の基因となる資産、総合短期譲渡所得の基因となる資産又は総合長期譲渡所得の基因となる資産のいずれか２以上があり、かつ、当該譲渡をした資産（以下この項において「譲渡資産」という。）に係る代替資産の取得に伴い買換差金（譲渡資産の収入金額が代替資産の取得価額を超える場合のその超過額をいう。）が生じたときは、当該買換差金の額をそれぞれの譲渡資産の譲渡の時の価額（それぞれの譲渡資産の譲渡による収入金額が明らかであり、かつ、その額が適正であると認められる場合には、そのそれぞれの収入金額）の比により按分して計算した金額をそれぞれの譲渡資産に係る買換差金とする。

（注）　二以上の収用交換等により資産を譲渡した

場合において、その取得した資産をいずれの収用交換等に係る譲渡資産の代替資産とするかは、納税者の選択したところによるのであるから留意する。

**（代替資産についての特別償却の不適用）**

**33－48**　措置法第33条の６第２項《代替資産等の取得価額》の規定により、代替資産については、たとえ当該代替資産の取得価額の一部が対価補償金以外の資金から成るときであっても、措置法に規定する特別償却をすることができないことに留意する。

**（代替資産の償却費の計算）**

**33－49**　措置法第33条の６に規定する代替資産等について減価償却費の額又は減価の額を計算する場合には、当該代替資産等につき同条及び措置法令第22条の６の規定により計算した金額を基とし、当該代替資産等について固定資産の耐用年数等に関する省令において定められた耐用年数により計算するものとする。

**（特定非常災害に基因するやむを得ない事情により取得指定期間を延長するための手続等）**

**33－49の２**　措置法第33条第８項に規定する所轄税務署長の承認を受けようとする場合には、措置法規則第14条第８項に規定する申請書を措置法第33条第８項に規定する非常災害が生じた日の翌日から同条第２項に規定する取得指定期間（以下この項において「取得指定期間」という。）の末日の属する年の翌年３月15日（同日が措置法第33条の５第１項に規定する提出期限後である場合は、当該提出期限）までの間に当該所轄税務署長に提出しなければならないことに留意する。

なお、措置法第33条第８項の規定の適用を受けた場合には、その後に同条第３項に規定する政令で定める場合に該当するとして取得指定期間の延長を行うことはできないことに留意する。

**（収用証明書の区分一覧表）**

**33－50**　措置法規則第14条第５項《収用証明書》に規定する書類の内容を一覧表で示すと別表２のとおりである。

**（代行買収の要件）**

**33－51**　措置法規則第14条第５項第２号から第４号の２まで又は第４号の５から第５号まで《収用証明書》の規定により、これらの規定に規定する事業の施行者に代わり当該事業の施行者以外の者でこれらの規定に規定するものの買い取った資産がこれらの規定に規定する資産に該当するかどうかは、次に掲げる要件の全てを満たしているかどうかにより判定するものとする。

⑴　買取りをした資産は、最終的に事業の施行者に帰属するものであること。

（注）　当該施行者への帰属は、それが有償で行われるかどうかを問わないのであるから留意する。

⑵　買取りをする者の買取りの申出を拒む者がある場合には、事業の施行者が収用するものであること。

⑶　資産の買取り契約書には、資産の買取りをする者が事業の施行者が施行する○○事業のために買取りをするものである旨が明記されているものであること。

⑷　上記⑴及び⑵の事項については、事業の施行者と資産の買取りをする者との間の契約書又は覚書により相互に明確に確認されているものであること。

**（事業施行者以外の者が支払う漁業補償等）**

**33－51の２**　措置法第33条第１項第７号に規定する事業の施行者でない地方公共団体又は地方公共団体が財産を提供して設立した団体の支払った補償

金又は対価が措置法規則第14条第５項第８号に規定する補償金又は対価に該当するかどうかは、次に掲げる要件の全てを満たしているかどうかにより判定するものとする。

(1) 同号に規定する権利の消滅（価値の減少を含む。以下この項において同じ。）に関する契約書には、補償金又は対価の支払いをする者が同号に規定する事業の施行者が施行する事業のために消滅する当該権利に関して支払うものである旨が明記されているものであること。

(2) 上記(1)の事項については、当該事業の施行者と補償金又は対価の支払いをする者との間の契約書又は覚書により相互に明確に確認されているものであること。

**（証明の対象となる資産の範囲）**

**33－52** 措置法規則第14条第５項第３号の規定を適用する場合において、買取りの対象となった資産が、同号イに規定する事業に必要なものとして収用又は使用することができる資産に該当するかどうかは、当該買取りの時において、当該事業の施行場所、施行内容等が具体的に確定し、当該資産について事業認定が行われ得る状況にあるかどうかによって判定するのであるから留意する。

また、同項第５号の規定を適用するに当たり、買取りの対象となった資産が土地収用法第３条各号の一に該当するものに関する事業に必要な資産であり、かつ、当該買取りについて措置法第33条第１項第２号に規定する事由があるかどうかを判定する場合も同様である。

**（関連事業に係る収用証明書の記載事項）**

**33－53** 収用等の場合の課税の特例は、収用等のあった日の属する年分の確定申告書に、当該収用等が、収用等を行うことについて正当な権限を有する者（以下この項において「収用権者」という。）によって行われたものであることを一覧的に示した収用証明書（措置法規則第14条第５項に規定する書類をいう。以下この項において同じ。）を添付することを要件として適用されるのであるから、収用等の基因となった事業が収用権者と当該事業に係る施設の管理者とを異にする場合、すなわち、関連事業に該当する場合には、当該関連事業に係る収用証明書には、当該事業が関連事業であることを表示されていることが要件となることに留意する。

## 措置法第33条の３《換地処分等に伴い資産を取得した場合の課税の特例》関係

**（借家権の範囲）**

**33の３－１** 措置法第33条の３第２項及び第４項に規定する借家権には、配偶者居住権及び当該配偶者居住権の目的となっている建物の敷地の用に供される土地等を当該配偶者居住権に基づき使用する権利が含まれることに留意する。

**（代替住宅等とともに取得する清算金）**

**33の３－２** 措置法第33条の３第９項に規定する代替住宅等とともに清算金を取得する場合には、当該清算金は土地区画整理法第90条《所有者の同意により換地を定めない場合》の規定によりその宅地の全部又は一部について換地を定められなかったことにより支払われるものに該当するので、同項に規定する換地処分により譲渡した土地等のうち当該清算金の額に対応する部分については、措置法第33条第１項又は第33条の４第１項の規定の適用はないことに留意する。

**（換地処分により譲渡した土地等に固定資産以外のものがある場合）**

**33の３－３** 措置法第33条の３第９項に規定する換地処分により譲渡した土地等の全部又は一部に棚

卸資産である土地等又は雑所得の基因となる資産である土地等がある場合において、当該換地処分により、土地等及びその土地等の上に建設された被災市街地復興特別措置法（平成7年法律第14号）第15条第1項《清算金に代わる住宅等の給付》に規定する住宅又は同条第2項に規定する住宅等を取得したときは、措置法第33条の3第13項の規定により、当該住宅又は当該住宅等（以下この項において「清算金に代えて取得をする住宅等」という。）のうち当該棚卸資産である土地等又は雑所得の基因となる資産である土地等に対応する部分は同条第1項に規定する清算金に、当該対応する部分の価額は同項に規定する清算金の額にそれぞれ該当するものとみなされて、当該対応する部分の価額は、事業所得又は雑所得の金額の計算上、総収入金額に算入することとなることに留意する。

なお、この場合における当該対応する部分の価額は、当該清算金に代えて取得をする住宅等の価額に、換地処分により譲渡した土地等の価額に占める当該棚卸資産である土地等又は雑所得の基因となる資産である土地等の価額の割合を乗じて計算した金額とする。

**（申告手続）**

**33の3－4**　措置法第33条の3第1項、第2項、第4項、第6項又は第8項の規定は、これらの項の規定の適用を受けるための確定申告書及び証明書類の提出をすることなく、適用することに留意する。

なお、同条第9項の規定は、同項の規定の適用を受けようとする年分の確定申告書に、同項の規定の適用を受けようとする旨の記載があり、かつ、被災市街地復興土地区画整理事業の施行者から交付を受けた措置法規則第14条の3に規定する書類の添付がある場合に限り、適用することに留意する。

## 措置法第33条の4《収用交換等の場合の譲渡所得等の特別控除》関係

**（5,000万円控除の特例と課税繰延べの特例の適用関係）**

**33の4－1**　収用交換等によりその年中に譲渡した資産のうちに、例えば最初に買取り等の申出のあった日から6か月を経過した日までに譲渡した資産と同日後に譲渡した資産とがあるなど、5,000万円控除の特例が受けられる資産と受けられない資産とがある場合において、その受けられる資産につき5,000万円控除の特例の適用を受けたときは、5,000万円控除の特例が受けられない資産については、措置法第33条《収用等に伴い代替資産を取得した場合の課税の特例》及び第33条の2《交換処分等に伴い資産を取得した場合の課税の特例》の規定は適用されないのであるから留意する。

**（受益者等課税信託の信託財産に属する資産について収用交換等があった場合の「買取り等の申出のあった日」等）**

**33の4－1の2**　受益者等課税信託の信託財産に属する資産について収用交換等があった場合における措置法第33条の4の規定の適用に関しては次の点に留意する。

(1)　同条第3項第1号に規定する「最初に当該申出のあった日」とは、受益者等課税信託の受託者が、同号に規定する公共事業施行者から当該受益者等課税信託の信託財産に属する資産につき、最初に買取り等の申出を受けた日をいう。

(2)　同項第2号に規定する「一の収用交換等に係る事業につき第1項に規定する資産の収用交換等による譲渡が二以上あった場合」に該当するかどうかは、受益者等が有する受益者等課税信託の信託財産に属する資産の譲渡とそれ以外の資産の譲渡とを通じて判定する。

(3)　収用交換等による譲渡の時における受益者等

課税信託の信託財産に属する資産の譲渡をした受益者等が、当該受益者等課税信託の信託財産に属する資産につき最初に買取り等の申出を受けた時における当該受益者等課税信託の受益者等以外の者（当該申出を受けた時における受益者等の死亡によりその者から当該受益者等課税信託の受益者等としての権利を取得した者を除く。）である場合には、同項第３号の規定に該当することとなる。

**（仲裁の申請等があった場合の留意事項）**

**33の４－２**　措置法第33条の４第１項の規定は、原則として、最初に買取り等の申出のあった日から６か月を経過した日までに当該申出に係る資産を譲渡しなかった場合には適用がないのであるが、最初に買取り等の申出があった日から６か月を経過した日までに当該申出に係る資産につき次に掲げる申請等が行われている場合には、当該申請等に係る資産の譲渡については、当該譲渡が最初に買取り等の申出があった日から６か月を経過した日後に行われた場合であっても、同項の規定の適用があるのであるから留意する。

⑴　土地収用法第15条の７第１項の規定による仲裁の申請（同法第15条の11第１項に規定する仲裁判断があった場合に限る。）

⑵　土地収用法第46条の２第１項《補償金の支払請求》の規定による補償金の支払の請求

⑶　農地法第３条第１項又は第５条第１項の規定による許可の申請

⑷　農地法第５条第１項第６号の規定による届出。ただし、同法第18条第１項《農地又は採草放牧地の賃貸借の解約等の制限》の規定による許可を受けた後同法第５条第１項第６号の規定による届出をする場合には、当該許可の申請

**（「許可を要しないこととなった場合」等の意義）**

**33の４－２の２**　措置法令第22条の４第２項第３号に規定する「当該申請をした日後に当該許可を要しないこととなった場合」とは、農地又は採草放牧地（以下この項において「農地等」という。）の譲渡につき農地法第５条第１項の規定による許可の申請をした日後において、次に掲げるような事由が生じたため、許可を要しないこととなった場合をいい、同号に規定する「その要しないこととなった日」とは、次に掲げる区分に応じ、それぞれ次に掲げる日をいうのであるから留意する。

⑴　当該許可前に、当該農地等の所在する地域が都市計画法第７条第１項《区域区分》に規定する市街化区域に該当することとなったことに伴い、農地法第５条第１項第６号の規定による届出をし、当該届出が受理されたこと　当該受理の日

⑵　農地法施行規則第53条第12号《許可の例外》に掲げる都道府県以外の地方公共団体、独立行政法人都市再生機構、地方住宅供給公社、土地開発公社、独立行政法人中小企業基盤整備機構又は同規則第29条第14号の規定により農林水産大臣が指定する法人（以下この項において「指定法人」という。）が当該農地等を買い取る場合において、当該許可前に当該農地等の所在する地域が都市計画法第７条第１項に規定する市街化区域（指定法人にあっては同号に規定する指定計画に係る市街化区域）に該当することとなったこと　当該市街化区域に関する都市計画の決定に係る告示があった日

**（許可申請の取下げがあった場合）**

**33の４－２の３**　農地法第５条第１項の規定による許可の申請をした日後に、当該許可を要しないこととなったため又は当該申請に代えて同項第６号の規定による届出をするため、当該申請を取り下げた場合には、措置法令第22条の４第２項第３号の規定の適用については、同号に規定する「当該許可の申請をした日」は、当該取下げに係る申請

をした日として取り扱う。

**（仲裁判断等があった場合の証明書類）**

**33の４－２の４**　措置法施行規則第15条第２項第２号に規定する「当該買取り等につき施行令第22条の４第２項各号に掲げる場合のいずれかに該当する場合には、その旨を証する書類」とは、次の書類をいうのであるが、同規則第15条第２項第２号の「公共事業施行者の買取り等の年月日及び当該買取り等に係る資産の明細を記載した買取り等があったことを証する書類」に措置法第33条の４第３項第１号に規定する公共事業施行者（以下33の４－７までにおいて「公共事業施行者」という。）が⑴から⑷に掲げる日を記載している場合には、それぞれ⑴から⑷に掲げる書類の提出を省略しても差し支えないものとする。

⑴　仲裁判断があった場合　仲裁の申請をした日及び仲裁判断のあった日の記載のある仲裁判断書の写し

⑵　補償金の支払請求があった場合　補償金の支払の請求をした日の記載のある収用裁決書の写し

⑶　農地法の許可を受ける場合　申請をした日及び許可があった日の記載のある許可申請書の写し

⑷　農地法の届出をする場合　届出書を提出した日及び受理した日の記載のある受理通知書の写し

**（補償金の支払請求があった土地の上にある建物等の譲渡期間の取扱い）**

**33の４－３**　土地収用法の規定により補償金の支払の請求ができる資産は土地及び土地に関する所有権以外の権利に限られているが、これらの資産につき最初に買取り等の申出があった日から６か月を経過した日までに補償金の支払の請求があった場合には、これらの資産の上にある建物等の資産の譲渡についても法第33条の４第３項第１号かっこ内に規定する「土地収用法第46条の２第１項の規定による補償金の支払の請求があった場合」に準じて取り扱う。

**（漁業権等の消滅により取得する補償金等の譲渡期間の取扱い）**

**33の４－３の２**　漁業権又は入漁権（以下この項において「漁業権等」という。）の消滅（価値の減少を含む。以下この項において同じ。）により漁業協同組合等の組合員が補償金又は対価（以下この項において「補償金等」という。）を取得する場合における措置法第33条の４第３項第１号の規定の適用については、漁業権等につき公共事業施行者から漁業協同組合等に対して最初に買取り等の申出があった日から６か月を経過した日後において当該組合員の漁業法第105条に規定する組合員行使権（当該買取り等の申出の対象となった漁業権等に係るものに限る。以下この項において同じ。）の消滅に伴う補償金等の額が確定した場合であっても、当該公共事業施行者と当該漁業協同組合等の間で締結された当該漁業権等の消滅に関する契約の効力が最初に買取り等の申出があった日から６か月を経過した日までに生じているときは、当該組合員行使権の収用交換等による譲渡は、最初に買取り等の申出のあった日から６か月を経過した日までにされているものとして取り扱う。

（注）　漁業協同組合等が有する漁業権等の消滅により、当該漁業協同組合等の組合員がその組合員行使権の消滅に伴って取得する補償金等を譲渡所得の総収入金額に算入すべき時期は、当該組合員ごとの補償金等の額が確定した日により判定することに留意する。

**（関連事業）**

**33の４－３の３**　土地収用法第16条《事業の認定》に規定する関連事業は、本体事業から独立した別個の事業ではなく、本体事業に付随する事業として、本体事業とともに、措置法第33条の４第３項第２号に規定する「一の収用交換等に係る事業」に該当するのであるから留意する。

**（事業計画の変更等があった場合の一の収用交換等に係る事業）**

**33の４－４**　一の収用交換等に係る事業が次に掲げる場合に該当することとなった場合において、その事業の施行につき合理的と認められる事情があるときは、次に掲げる地域ごとにそれぞれ別個の事業として取り扱い、措置法第33条の４第３項第２号の規定を適用する。

⑴　事業の施行地について計画変更があり、当該変更に伴い拡張された部分の地域について事業を施行する場合　当該変更前の地域と当該変更に伴い拡張された部分の地域

（注）　この取扱いは、一の収用交換等に係る事業の施行地の変更前において当該変更前の地域にある資産を当該事業のために譲渡した者が、当該変更後において当該変更に伴い拡張された部分の地域にある資産を当該事業のために譲渡する場合に限って適用があることに留意する。

⑵　事業を施行する営業所、事務所その他の事業場が２以上あり、当該事業場ごとに地域を区分して事業を施行する場合　当該区分された地域

⑶　事業が１期工事、２期工事等と地域を区分して計画されており、当該計画に従って当該地域ごとに時期を異にして事業を施行する場合　当該区分された地域

**（一の収用交換等に係る事業につき譲渡した資産のうちに権利取得裁決による譲渡資産と明渡裁決による譲渡資産とがある場合の取扱い）**

**33の４－５**　一の収用交換等に係る事業につき譲渡した資産のうちに土地（土地に関する所有権以外の権利を含む。以下この項において同じ。）とその土地の上にある建物等があり、その土地の譲渡は権利取得裁決により、その建物等の譲渡は明渡裁決により行われたため、これらの譲渡が２以上の年にわたった場合において、その建物等につき権利取得裁決前に明渡裁決の申立てをしており、かつ、その土地の譲渡があった年にその建物等の譲渡があったものとして申告したときは、建物等はその年において収用等による譲渡があったものとして取り扱う。

**（死亡により資産を取得した者の範囲）**

**33の４－６**　措置法第33条の４第３項第３号かっこ内に規定する「当該申出を受けた者の死亡によりその者から当該資産を取得した者」とは、当該申出を受けた者から相続又は遺贈（死因贈与を含む。）により当該資産を取得した者をいうのであるから留意する。

**（買取り等の申出証明書の発行者）**

**33の４－７**　公共事業施行者の買取り等の申出に関する事務に従事した者が、その公共事業施行者の本店又は主たる事務所以外の営業所、事務所その他の事業場に勤務する者であるときは、確定申告書等に添付する「買取り等の申出があったことを証する書類」は、当該事業場の長が発行したものによることができるものとする。

**（代行買収における証明書の発行者）**

**33の４－８**　措置法規則第14条第５項第２号から第４号の２まで、第４号の５から第５号まで、第５号の12、第５号の13、第８号、第11号又は第12号《収用証明書》の規定により、事業の施行者に代わり、事業の施行者以外の者（以下この項において「代行買収者」という。）が資産の買取り等をする場合には、措置法規則第15条第２項第１号又

は第２号《買取り等の申出証明書等》に規定する「買取り等の申出があったことを証する書類」又は「買取り等があったことを証する書類」は、当該資産の買取り等の申出又は買取り等をした代行買収者が発行するのであるが、措置法規則第14条第５項第２号から第４号の２まで、第４号の５から第５号まで、第５号の12、第５号の13、第８号、第11号又は第12号に掲げる証明書は、これらの規定に規定する者で代行買収者以外の者が発行することに留意する。

### 措置法第33条の５《収用交換等に伴い代替資産を取得した場合の更正の請求、修正申告等》関係

**（代替資産を取得した場合の修正申告書の提出期限等）**

**33の５－１**　措置法第33条第３項において準用する同条第１項（措置法第33条の２第２項において準用する場合を含む。）の規定の適用を受けた者が措置法第33条第３項に規定する取得指定期間内に代替資産を取得した場合において、当該資産の取得価額が同項に規定する取得価額の見積額（以下この項において「見積額」という。）に満たないときは、当該資産を取得した日から４か月以内に当該満たない額に対応する所得税についての修正申告書を提出しなければならないのであるが、この場合の当該資産を取得した日とは、同項に規定する取得指定期間を経過する日をいうものとして取り扱うこととする。

また、同項に規定する取得指定期間内に代替資産を取得した場合において、当該資産の取得価額が見積額を超えるときは、当該資産を取得した日から４か月以内に当該超える額に対応する所得税についての更正の請求をすることができるのであるが、当該取得をした日が２以上ある場合の更正の請求をすることができる期間は、そのいずれか遅い日から４か月を経過する日までの間とする。

### 措置法第33条の６《収用交換等により取得した代替資産等の取得価額の計算》関係

**（代替資産等の取得価額の計算）**

**33の６－１**　措置法第31条の４第１項の規定は、昭和27年12月31日以前から引き続き所有していた土地建物等の譲渡所得の金額の計算につき適用されるのであるが、同法第33条の６第１項に規定する「譲渡資産の取得価額並びに設備費及び改良費の額の合計額」についても、同法第31条の４第１項の規定に準じて計算して差し支えないものとする。

### 措置法第34条《特定土地区画整理事業等のために土地等を譲渡した場合の譲渡所得の特別控除》関係

**（特定土地区画整理事業の施行者と買取りをする者の関係）**

**34－１**　措置法第34条第２項第１号の規定については、次の点に留意する。

⑴　同号に規定する事業の施行者は、国、地方公共団体、独立行政法人都市再生機構又は地方住宅供給公社に限られ、地方公共団体の設立に係る団体（地方住宅供給公社を除く。）は含まれないこと。

⑵　同号に規定する事業の用に供される土地等の買取りをする者には、国、地方公共団体、独立行政法人都市再生機構又は地方住宅供給公社のほか、地方公共団体の設立に係る団体（地方住宅供給公社を除く。）で措置法令第22条の７《地方公共団体の設立に係る団体の範囲》に規定するものが含まれること。

⑶　同号に規定する事業の施行者が⑴に掲げる者に該当し、かつ、当該事業の用に供される土地

等の買取りをする者が(2)に掲げる者に該当する場合には、当該事業の施行者と当該買取りをする者が異なっても同号の適用があること。

**（宅地の造成を主たる目的とするものかどうかの判定）**

**34－1の2**　措置法令第22条の7に規定する地方公共団体が財産を提供して設立した団体（当該地方公共団体とともに国、地方公共団体及び独立行政法人都市再生機構以外の者が財産を提供して設立した団体を除く。）で、都市計画その他市街地の整備の計画に従って宅地の造成を行うことを主たる目的とするものに該当するかどうかは、当該宅地の造成を行うことがその団体の定款に定められている目的及び業務の範囲内であるかどうかにより判定する。

この場合において、当該宅地の造成を行うことがその団体の主たる業務に附帯する業務にすぎないときは、その団体は同条に規定する団体に該当しないことに留意する。

**（代行買収の要件）**

**34－2**　措置法第34条第2項第1号に規定する事業の施行者と同号に規定する土地等の買取りをする者が異なる場合におけるその買い取った土地等が当該事業の用に供するため買い取った土地等に該当するかどうかは、次に掲げる要件の全てを満たしているかどうかにより判定するものとする。

(1)　買取りをした土地等に相当する換地処分又は権利変換後の換地取得資産（措置法令第22条の3第1項《換地処分等に伴い資産を取得した場合の課税の特例》に規定する換地取得資産をいう。35の2－10までにおいて同じ。）又は変換取得資産若しくは防災変換取得資産は、最終的に同号に掲げる事業の施行者に帰属するものであること。

(2)　当該土地等の買取り契約書には、当該土地等の買取りをする者が、同号に規定する事業の施行者が行う当該事業の用に供するために買取りをするものである旨が明記されているものであること。

(3)　上記(1)に掲げる事項については、当該事業の施行者と当該土地等の買取りをする者との間の契約書又は覚書により相互に明確に確認されているものであること。

**（借地権の設定の対価についての不適用）**

**34－3**　措置法第34条第1項、第34条の2第1項又は第34条の3第1項の規定は、借地権の設定の対価については、たとえ当該借地権の設定が所得税法施行令第79条《資産の譲渡とみなされる行為》の規定により資産の譲渡とみなされる場合であっても、適用がないことに留意する。

**（一の事業の判定）**

**34－4**　措置法第34条第3項に規定する「一の事業」に該当するかどうかの判定等については、33の4－4に準じて取り扱う。

**（受益者等課税信託の信託財産に属する土地等が特定土地区画整理事業等のために買い取られた場合）**

**34－4の2**　受益者等課税信託の信託財産に属する土地等が特定土地区画整理事業等のために買い取られた場合において、措置法第34条第3項に規定する「一の事業で前項各号の買取りに係るものの用に供するために、これらの規定の買取りが二以上行われた場合」に該当するかどうかは、受益者等が有する受益者等課税信託の信託財産に属する土地等の譲渡とそれ以外の土地等の譲渡とを通じて判定することに留意する。

**（特定土地区画整理事業等の証明書の区分一覧表）**

**34－5**　措置法規則第17条第1項《特定土地区画整

理事業等の証明書》に規定する書類の内容を一覧表で示すと別表３のとおりである。

### 措置法第34条の２《特定住宅地造成事業等のために土地等を譲渡した場合の譲渡所得の特別控除》関係

**(「宅地」の範囲)**

**34の２－１**　措置法第34条の２第２項第１号に規定する「宅地」とは、建物の敷地及びその維持又は効用を果たすために必要な土地をいうのであるが、ガスタンク又は石油タンクの敷地である土地もこれに含まれるものとして取り扱う。

**(地方公共団体等が行う宅地造成事業の施行者と買取りをする者の関係)**

**34の２－２**　措置法第34条の２第２項第１号に規定する住宅の建設又は宅地の造成を行う者が同号に掲げる者に該当し、かつ、当該住宅の建設又は宅地の造成のために土地等の買取りをする者が同号に掲げる者に該当する場合には、当該住宅の建設又は宅地の造成の事業施行者と当該買取りをする者とが異なっていても、同号の規定の適用があることに留意する。

**(代行買収の要件)**

**34の２－３**　措置法第34条の２第２項第１号に規定する住宅の建設又は宅地の造成の事業施行者と同号に規定する土地等の買取りをする者が異なる場合におけるその買い取った土地等が当該住宅の建設又は宅地の造成のため買い取った土地等に該当するかどうかは、次に掲げる要件の全てを満たしているかどうかにより判定するものとする。

⑴　買取りをした土地等は、最終的に同号に掲げる事業の施行者に帰属するものであること。

⑵　当該土地等の買取り契約書には、当該土地等の買取りをする者が同号に規定する事業の施行者が行う当該住宅の建設又は宅地の造成のために買取りをするものである旨が明記されているものであること。

⑶　上記⑴に掲げる事項については、当該事業の施行者と当該土地等の買取りをする者との間の契約書又は覚書により相互に明確に確認されているものであること。

**(収用対償用地が農地等である場合)**

**34の２－４**　農地法の規定により、措置法第34条の２第２項第２号に規定する収用を行う者（措置法令第22条の８第２項に規定する者を含む。以下この項において「公共事業施行者」という。）が当該収用の対償に充てるための農地又は採草放牧地（以下この項において「農地等」という。）を直接取得することができないため、当該公共事業施行者、当該収用により資産を譲渡した者及び当該農地等の所有者の三者が、次に掲げる事項を内容とする契約を締結し、当該契約に基づき、農地等の所有者が当該農地等を譲渡した場合には、当該譲渡は、同法第34条の２第２項第２号に規定する「収用の対償に充てるため買い取られる場合」に該当するものとして、同条第１項の規定を適用することができるものとする。

⑴　農地等の所有者は、当該収用により資産を譲渡した者に対し当該農地等を譲渡すること。

⑵　公共事業施行者は、当該農地等の所有者に対し当該農地等の譲渡の対価を直接支払うこと。

(注)　上記契約方式における農地等の譲渡について措置法第34条の２第２項第２号に規定する「当該収用の対償に充てるため買い取られる場合」に該当するのは、当該農地等のうち事業用地の所有者に支払われるべき事業用地の譲渡に係る補償金又は対価のうち当該農地等の譲渡の対価として公共事業施行者から当該農地等の所有者に直接支払われる金額に相当する部分に限られる。

**（収用対償地の買取りに係る契約方式）**

**34の２－５**　次に掲げる方式による契約に基づき、収用の対償に充てられることとなる土地等（以下この項及び34の２－23において「代替地」という。）が公共事業施行者（措置法第33条第１項第１号に規定する土地収用法等に基づく収用（同項第２号の買取り及び同条第４項第１号の使用を含む。以下この項及び34の２－23において同じ。）を行う者をいう。以下この項及び34の２－23において同じ。）に買い取られる場合は、措置法第34条の２第２項第２号に規定する「収用の対償に充てるため買い取られる場合」に該当するものとする。

(1)　公共事業施行者、収用により譲渡する土地等（以下この項及び34の２－23において「事業用地」という。）の所有者及び代替地の所有者の三者が次に掲げる事項を約して契約を締結する方式

イ　代替地の所有者は公共事業施行者に代替地を譲渡すること。

ロ　事業用地の所有者は公共事業施行者に事業用地を譲渡すること。

ハ　公共事業施行者は代替地の所有者に対価を支払い、事業用地の所有者には代替地を譲渡するとともに事業用地の所有者に支払うべき補償金等（事業用地の譲渡に係る補償金又は対価に限る。以下この項において同じ。）の額から代替地の所有者に支払う対価の額を控除した残額を支払うこと。

（注）　上記契約方式における代替地の譲渡について措置法第34条の２第２項第２号に規定する「当該収用の対償に充てるため買い取られる場合」に該当するのは、当該代替地のうち事業用地の所有者に支払われるべき事業用地の譲渡に係る補償金又は対価に相当する部分に限られるので、例えば、上記契約方式に基づいて公共事業施行者が取得する代替地であっても当該事業用地の上にある建物につき支払われるべき移転補償金に相当する部分には措置法第34条の２第１項の規定の適用がないことに留意する。

(2)　公共事業施行者と事業用地の所有者が次に掲げる事項を約して契約を締結する方式

イ　事業用地の所有者は公共事業施行者に事業用地を譲渡し、代替地取得を希望する旨の申出をすること。

ロ　公共事業施行者は事業用地の所有者に代替地の譲渡を約すとともに、事業用地の所有者に補償金等を支払うこと。ただし、当該補償金等の額のうち代替地の価額に相当する金額については公共事業施行者に留保し、代替地の譲渡の際にその対価に充てること。

**（一団地の公営住宅の買取りが行われた場合の措置法第33条等との適用関係）**

**34の２－６**　公営住宅法第２条第４号に規定する「公営住宅の買取り」が、一団地の住宅経営に係る事業として行われる場合において、当該一団地の住宅経営に係る事業が50戸未満の事業であるときは、措置法第34条の２第２項第２号に該当するのであるが、当該一団地の住宅経営に係る事業が50戸以上の事業であるときは、措置法第33条《収用等に伴い代替資産を取得した場合の課税の特例》、第33条の２《交換処分等に伴い資産を取得した場合の特例》又は第33条の４《収用交換等の場合の譲渡所得等の特別控除》の規定の適用がある場合があるのであるから留意する。

**（公営住宅の買取りが行われた場合における特例の適用対象となる土地等の範囲）**

**34の２－７**　土地等が措置法第34条の２第２項第２号に規定する公営住宅の買取りにより地方公共団体に買い取られる場合における同条第１項の規定

の適用については、次の点に留意する。

⑴　措置法第34条の２第１項の規定の適用対象となる土地等は、固定資産である土地等に限られること。したがって、例えば、土地所有者が建物を建設し、その建物と敷地である土地が買い取られる場合において、当該土地の譲渡による所得が所基通33－５《極めて長期間保有していた土地に区画形質の変更等を加えて譲渡した場合の所得》の取扱いにより事業所得、雑所得又は譲渡所得に区分されるときには、譲渡所得となる部分のみに同項の規定の適用があること。

⑵　措置法第34条の２第２項第２号に規定する公営住宅の買取りにおける土地等の買取りとは、地方公共団体が公営住宅法第２条第４号の規定により公営住宅として建物（同号に規定する附帯施設を含む。以下この項において同じ。）を買い取るために必要な土地の所有権、地上権又は賃借権を取得することをいい、当該建物の買取りに付随しない土地等の買取りは、これには該当しないことから、例えば、地方公共団体が公営住宅として建物とその敷地である借地権等を買い取り、当該借地権等の設定されていた土地の所有者と当該土地等に係る賃貸借契約を締結した場合において、その後に当該土地の所有者から底地を買い取った場合には、当該底地の譲渡については措置法第34条の２第１項の規定の適用はないこと。

（注）１　公営住宅法第２条第４号に規定する「附帯施設」とは、給水施設、排水施設、電気施設等のほか自転車置場、物置等の施設をいい、公営住宅法第２条第９号に規定する児童遊園、共同浴場、集会場等の「共同施設」は、同条第４号の公営住宅の買取りには含まれていないのであるから留意する。

２　公営住宅の買取りに伴い借地権等が設定される場合の措置法第34条の２第１項の規定の適用関係については、34－３による。

⑶　借地権等を有する者が、当該借地権等に係る底地を取得した後、公営住宅として買い取られる建物に付随して旧借地権等部分と旧底地部分が買い取られる場合には、そのいずれの部分についても、措置法第34条の２第１項の適用があること。

**34の２－８**　削除

**（土地区画整理事業として行われる宅地造成事業）**

**34の２－９**　一団の宅地の造成に関する事業（以下34の２－16までにおいて「宅地造成事業という。」）が措置法第34条の２第２項第３号ロに規定する要件に該当するかどうかの判定については、次の点に留意する。

⑴　土地区画整理事業の施行地区内において土地等の買取りをする個人又は法人が２以上あるときは、同号ロに定める面積要件は全体として判定するのではなく、それぞれ土地等の買取りをする個人又は法人ごとに判定すること。

⑵　措置法第34条の２第２項第３号ロに規定する「土地等の買取りをする個人又は法人の有する……一団の土地」とは、同号ロに規定する土地等の買取りをする個人又は法人が土地区画整理事業の施行地区内において既に有する土地と買取りに係る土地とを併せて、これらの土地が一団の土地となっているものをいうこと。

⑶　宅地造成事業により造成した一の住宅の建設の用に供される宅地は、建物の区分所有等に関する法律第２条第１項の区分所有権の目的となる建物の建設の用に供される土地を除き、その全部が措置法令第22条の８第６項に規定する面積要件に該当するものでなければならないこと。

**34の２－10**　削除

34の２－11　削除

34の２－12　削除

**（土地区画整理事業として行う宅地造成事業のための土地等の買取り時期）**

34の２－13　一団の宅地の造成が措置法第34条の２第２項第３号イに規定する土地区画整理事業として行われるものである場合には、当該事業に係る土地区画整理法第４条第１項《施行の認可》、第14条第１項若しくは第３項《設立の認可》又は第51条の２第１項《施行の認可》に規定する認可の申請があった日の属する年の１月１日以後（当該事業の同法第２条第４項《定義》に規定する施行地区内の土地等につき措置法令第22条の８第５項に規定する仮換地の指定が行われた場合には、同日以後その最初に行われた当該指定の効力発生の日の前日までの間）に土地等が買い取られる場合に限り措置法第34条の２第１項の規定の適用があるのであるが、当該事業の施行地区内の土地等につき当該仮換地の指定が行われないで土地区画整理法第103条《換地処分》の規定による換地処分が行われる場合には、同条第４項の規定による換地処分の公告があった日以後に行われた土地等の買取りについては措置法第34条の２第２項第３号の規定に該当しないものとする。

**（公募要件）**

34の２－14　措置法第34条の２第２項第３号ハに規定する「公募の方法により行われるもの」とは、宅地造成事業により造成された宅地（公共施設（道路、公園、下水道、緑地、広場、河川、運河、水路及び消防の用に供する貯水施設をいう。）又は公益的施設（教育施設、医療施設、官公庁施設、購買施設その他の施設で、居住者の共同の福祉又は利便のために必要なものをいう。）の敷地の用に供される部分の土地を除く。以下34の２－16までにおいて同じ。）の全部が公募の方法により分譲される事業をいうことに留意する。したがって、宅地造成事業であっても、次に掲げるようなものはこれに該当しない。

(1)　造成された宅地の全部又は一部の賃貸を目的とする事業

(2)　造成された宅地の全部又は一部を、従業員、子会社その他特定の者に譲渡することを約して行う事業

**（公募手続開始前の譲渡）**

34の２－15　宅地造成事業により造成された宅地を公募手続開始前に譲渡するときは、たとえその譲渡が一般需要者に対するものであり、かつ、公募後の譲渡と同一条件により行われたものであっても、公募の方法による譲渡には該当しないものとする。

**（会員を対象とする土地等の譲渡）**

34の２－16　いわゆるハウジングメイト等会員を対象として宅地造成事業により造成された宅地の譲受人を募集するものであっても、その会員の募集が公募の方法により行われるときは、当該会員を対象とする譲受人の募集は、公募の方法に該当するものとする。

（注）「会員の募集が公募により行われるとき」には、一団の宅地の造成分譲を目的として、その分譲を希望する組合員、出資者等を募集する場合を含むものとするが、会員等となるに当たって縁故関係を必要とすること、入会資格に強い制約のある社交団体の会員資格を必要とすること等の場合は、これに含まれないものとする。

**（措置法第31条の２との適用関係）**

34の２－17　その年中に措置法第34条の２第２項に

規定する特定住宅地造成事業等のために買い取られる場合に該当することとなった土地等の譲渡につき同条第１項の規定を適用する場合には、措置法第31条の２第１項《優良住宅地の造成等のために土地等を譲渡した場合の長期譲渡所得の課税の特例》（同条第３項において準用する場合を含む。以下同じ。）の規定の適用はないことに留意する。

**34の２－18**　削除

**（２以上の年に譲渡している場合の措置法第34条との適用関係）**

**34の２－19**　措置法第34条の２第２項第１号、第６号から第11号までの規定に該当する買取りが行われた場合において当該買取りが同法第34条第２項第１号に掲げる場合にも該当する場合、同法第34条の２第２項第４号の規定に該当する買取りが行われた場合において当該買取りが同法第34条第２項各号に掲げる場合にも該当する場合及び同法第34条の２第２項第23号の規定に該当する買取りが行われた場合において当該買取りが同法第34条第２項第４号に掲げる場合にも該当する場合には、これらの買取りについては同条第１項の規定が適用され、同法第34条の２第１項の規定の適用はないこととされていることから、これらに該当する買取りが一の事業のために２以上の年にわたって行われた場合においては、最初の年の譲渡以外の譲渡については、同法第34条第１項のみならず同法第34条の２第１項の規定の適用もないことに留意する。

**（「公共用施設」の範囲）**

**34の２－20**　措置法規則第17条の２第６項に規定する「公共用施設」とは、休憩所、集会場、駐車場、小公園、カラー舗装、街路灯などのように顧客その他の地域住民の利便の増進を図るための施設をいうのであるから、商店街振興組合等の組合事務所及び組合員が共同で使用する店舗、倉庫などのような施設は公共用施設には含まれないことに留意する。

**（事業の区域の面積判定）**

**34の２－21**　措置法規則第17条の２第７項又は第10項に定める事業の区域の面積が1,000㎡又は300㎡以上であるかどうかは、例えば、店舗併用住宅などのように同条第７項又は第10項に規定するものの事業の用に供される部分と当該事業の用以外の用に供される部分とからなる建物の用に供される土地がある場合には、その土地の全部が当該事業の区域の面積に該当するものとして判定することとする。

**（一の事業の判定）**

**34の２－22**　措置法第34条の２第４項に規定する「一の事業」に該当するかどうかの判定等については、33の４－４に準じて取り扱う。

**（受益者等課税信託の信託財産に属する土地等が特定住宅地造成事業等のために買い取られた場合）**

**34の２－22の２**　受益者等課税信託の信託財産に属する土地等が特定住宅地造成事業等のために買い取られた場合において、措置法第34条の２第４項に規定する「一の事業で第２項第１号から第３号まで、第６号から第16号まで、第19号、第22号又は第22号の２の買取りに係るものの用に供するために、これらの規定の買取りが二以上行われた場合」に該当するかどうかは、受益者等が有する受益者等課税信託の信託財産に属する土地等の譲渡とそれ以外の土地等の譲渡とを通じて判定することに留意する。

**（収用対償地の事業概念）**

**34の２－23**　代替地の買取りそのものは、措置法第34条の２第４項に規定する「事業」には当たらないので、公共事業施行者が当該買取りに係る代替地について区画形質の変更を加え若しくは水道その他の施設を設け又は建物を建設した上で事業用地の所有者に譲渡するような場合を除き、代替地の買取りについては同項の規定の適用はないことに留意する。

(注) 代替地の買取りについて措置法第34条の2第4項の規定が適用される場合であっても、代替地の買取りが同項に規定する一の事業の用に供するための買取りに該当するかどうかは、当該代替地の買取りのみに基づいて判定するのであって、当該買取りの起因となった収用等の事業が同一事業であるかどうかとは関係がないことに留意する。

**(特定住宅地造成事業等の証明書の区分一覧表)**

**34の2－24** 措置法規則第17条の2第1項《特定住宅地造成事業等の証明書》に規定する書類の内容を一覧表で示すと別表4のとおりである。

## 措置法第34条の3《農地保有の合理化等のために農地等を譲渡した場合の譲渡所得の特別控除》関係

**(農地保有の合理化等の証明書の区分一覧表)**

**34の3－1** 措置法規則第18条第2項《農地保有の合理化等の証明書》に規定する書類の内容を一覧表で示すと別表5のとおりである。

（編注）最終改正：令和５年８月31日

別表１

# 優良住宅地等のための譲渡に関する証明書類等の区分一覧表

１　優良住宅地等のための譲渡（措置法第31条の２第２項関係）

| 譲渡の区分 | 添付すべき証明書類 | 発行者 | 根拠条項 | 備考 |
|---|---|---|---|---|
| ①　国又は地方公共団体に対する土地等の譲渡 | 当該土地等を買い取った旨を証する書類 | 土地等の買取りをする者 | 措置法31条の２ ２項１号<br>措置法令20条の２ １項１号<br>措置法規則13条の３　１項１号イ | |
| ①の２　地方道路公社、独立行政法人鉄道建設・運輸施設整備支援機構、独立行政法人水資源機構、成田国際空港株式会社、東日本高速道路株式会社、首都高速道路株式会社、中日本高速道路株式会社、西日本高速道路株式会社、阪神高速道路株式会社又は本州四国連絡高速道路株式会社に対する土地等の譲渡で、当該譲渡に係る土地等がこれらの法人の行う措置法第33条第１項第１号に規定する土地収用法等に基づく収用（※）の対償に充てられるもの | 当該土地等を収用の対償に充てるために買い取った旨を証する書類 | 土地等の買取りをする者 | 措置法31条の２ ２項１号<br>措置法令20条の２ １項２号<br>措置法規則13条の３　１項１号ロ | ※「収用」には、措置法第33条第１項第２号の買取り及び同条第４項第１号の使用が含まれる。 |
| ②　独立行政法人都市再生機構、土地開発公社その他これらに準ずる法人（※）に対する土地等の譲渡で、当該譲渡に係る土地等が宅地若しくは住宅の供給又は土地の先行取得の業務を行うために直接必要であると認められるもの（土地開発公社に対する譲渡である場合には、公有地の拡大の推進に関する法律第17条第１項第１号ニに掲げる土地の譲渡に該当するものを除く。） | 当該土地等を宅地若しくは住宅の供給又は土地の先行取得の業務の用に直接供するために買い取った旨（※の(3)、(4)、(5)又は(6)の法人が買取りをする場合には、当該土地等の買取りをする者が沿道整備推進機構、防災街区整備推進機構、中心市街地整備推進機構又は | 土地等の買取りをする者（※の(2)の法人が買取りをする場合には、その法人に係る※の(2)の地方公共団体の長、※の(3)、(4)、(5)又は(6)の法人が買取りをする場合は市町村長又は特別区の区長） | 措置法31条の２ ２項２号<br>措置法令20条の２ ２項<br>措置法規則13条の３　１項２号 | ※「その他これらに準ずる法人」とは次の法人をいう。<br>(1)　成田国際空港株式会社、独立行政法人中小企業基盤整備機構、地方住宅供給公社及び日本勤労者住宅協会<br>(2)　公益社団法人（その社員総会における議決権の全部が地方公共団体により保有されているものに限る。） |

| 譲渡の区分 | 添付すべき証明書類 | 発行者 | 根拠条項 | 備考 |
| --- | --- | --- | --- | --- |
| | 都市再生推進法人である旨を含む。）を証する書類 | | | 又は公益財団法人（その拠出をされた金額の全額が地方公共団体により拠出をされているものに限る。）のうち次に掲げる要件を満たすもの<br>イ　宅地若しくは住宅の供給又は土地の先行取得の業務を主たる目的とすること。<br>ロ　当該地方公共団体の管理の下にイに規定する業務を行っていること。<br>(3)　幹線道路の沿道の整備に関する法律（昭和55年法律第34号）第13条の3第3号に掲げる業務を行う同法第13条の2第1項に規定する沿道整備推進機構（公益社団法人（その社員総会における議決権の総数の2分の1以上の数が地方公共団体により保有されているものに限る。）又は公益財団法人（その設立当初において拠出をされた金額の2分の1以上の金額が地方公共団体により拠出をされているものに限 |

| 譲渡の区分 | 添付すべき証明書類 | 発行者 | 根拠条項 | 備考 |
|---|---|---|---|---|
| | | | | る。）であって、その定款において、その法人が解散した場合にその残余財産が地方公共団体又は当該法人と類似の目的をもつ他の公益を目的とする事業を行う法人に帰属する旨の定めがあるものに限る。）<br>(4) 密集市街地における防災街区の整備の促進に関する法律第301条第３号に掲げる業務を行う同法第300条第１項に規定する防災街区整備推進機構（公益社団法人（その社員総会における議決権の総数の２分の１以上の数が地方公共団体により保有されているものに限る。）又は公益財団法人（その設立当初において拠出をされた金額の２分の１以上の金額が地方公共団体により拠出をされているものに限る。）であって、その定款において、その法人が解散した場合にその残余財産が地方公共団体又は当該法人と類似の目的をもつ他の |

| 譲渡の区分 | 添付すべき証明書類 | 発行者 | 根拠条項 | 備考 |
|---|---|---|---|---|
| | | | | 公益を目的とする事業を行う法人に帰属する旨の定めがあるものに限る。）<br>⑸　中心市街地の活性化に関する法律第62条第３号に掲げる業務を行う同法第61条第１項に規定する中心市街地整備推進機構（公益社団法人（その社員総会における議決権の総数の２分の１以上の数が地方公共団体により保有されているものに限る。）又は公益財団法人（その設立当初において拠出をされた金額の２分の１以上の金額が地方公共団体により拠出をされているものに限る。）であって、その定款において、その法人が解散した場合にその残余財産が地方公共団体又は当該法人と類似の目的をもつ他の公益を目的とする事業を行う法人に帰属する旨の定めがあるものに限る。）<br>⑹　都市再生特別措置法第119条第４号に掲げる業務を行う同法第118条 |

| 譲渡の区分 | 添付すべき証明書類 | 発行者 | 根拠条項 | 備考 |
| --- | --- | --- | --- | --- |
| | | | | 第1項に規定する都市再生推進法人（公益社団法人（その社員総会における議決権の総数の2分の1以上の数が地方公共団体により保有されているものに限る。）又は公益財団法人（その設立当初において拠出をされた金額の2分の1以上の金額が地方公共団体により拠出をされているものに限る。）であって、その定款において、その法人が解散した場合にその残余財産が地方公共団体又は当該法人と類似の目的をもつ他の公益を目的とする事業を行う法人に帰属する旨の定めがあるものに限る。） |
| (2の2) 土地開発公社に対する土地等（※1）の譲渡で、当該譲渡に係る土地等が独立行政法人都市再生機構が施行する事業（※2）の用に供されるもの | 当該土地等を※1の(1)又は(2)に掲げる土地等の区分に応じそれぞれ※2に定める事業の用に供するために買い取った旨を証する書類（当該土地等の所在地の記載があるものに限る。） | 土地等の買取りをする土地開発公社 | 措置法31条の2　2項2号の2<br>措置法規則13条の3　1項2号の2 | ※1 「土地等」とは、次に掲げる土地等をいう。<br>(1) 被災市街地復興特別措置法第5条第1項の規定により都市計画に定められた被災市街地復興推進地域内にある土地等<br>(2) 被災市街地復興特別措置法第21条に規定する住宅被災市町村の区域内 |

| 譲渡の区分 | 添付すべき証明書類 | 発行者 | 根拠条項 | 備考 |
|---|---|---|---|---|
| | | | | にある土地等<br>※2 「独立行政法人都市再生機構が施行する事業」とは、当該譲渡に係る土地等が、※1の(1)に掲げるものである場合には、被災市街地復興特別措置法による被災市街地復興土地区画整理事業をいい、※1の(2)に掲げるものである場合には、都市再開発法による第二種市街地再開発事業をいう。 |
| ③ 収用交換等による土地等の譲渡（上記①～(2の2)に掲げる譲渡又は都市再開発法による市街地再開発事業の施行者である同法第50条の2第3項に規定する再開発会社に対する当該再開発会社の株主又は社員である個人の有する土地等の譲渡に該当するものを除く。） | 措置法規則第14条第5項各号の区分に応じ当該各号に定める書類（具体的には「別表2　収用証明書の区分一覧表」の内容欄参照） | 「別表2　収用証明書の区分一覧表」の発行者欄参照 | 措置法31条の2　2項3号<br>措置法規則13条の3　1項3号 | |
| ④ 都市再開発法による第一種市街地再開発事業の施行者に対する土地等の譲渡で、当該譲渡に係る土地等が当該事業の用に供されるもの（上記①～③に掲げる譲渡又は都市再開発法による市街地再開発事業の施行者である同法第50条の2第3項に規定する再開発会社に対する当該再開発会社の株主又は社員である個人の有する土地等の譲渡に該当するものを除く。） | 第一種市街地再開発事業の用に供するために買い取った旨を証する書類 | 土地等の買取りをする第一種市街地再開発事業の施行者 | 措置法31条の2　2項4号<br>措置法規則13条の3　1項4号 | |

| 譲渡の区分 | 添付すべき証明書類 | 発行者 | 根拠条項 | 備考 |
|---|---|---|---|---|
| ⑤　密集市街地における防災街区の整備の促進に関する法律による防災街区整備事業の施行者に対する土地等の譲渡で、当該譲渡に係る土地等が当該事業の用に供されるもの（①～③に掲げる土地等の譲渡又は密集市街地における防災街区の整備の促進に関する法律による防災街区整備事業の施行者である同法第165条第３項に規定する事業会社に対する当該事業会社の株主又は社員である個人の有する土地等の譲渡に該当するものを除く。） | 防災街区整備事業の用に供するために買い取った旨を証する書類 | 土地等の買取りをする防災街区整備事業の施行者 | 措置法31条の２　２項５号<br>措置法令20条の２　４項<br>措置法規則13条の３　１項５号 | |
| ⑥　密集市街地における防災街区の整備の促進に関する法律第３条第１項第１号に規定する防災再開発促進地区の区域内における同法第８条に規定する認定建替計画（※）に係る建築物の建替えを行う事業の同法第７条第１項に規定する認定事業者に対する土地等の譲渡で、当該譲渡に係る土地等が当該事業の用に供されるもの（②～⑤までに掲げる譲渡又は密集市街地における防災街区の整備の促進に関する法律第７条第１項に規定する認定事業者である法人に対する当該法人の株主又は社員である個人の有する土地等の譲渡を除く。） | (イ)　認定建替計画が※の要件を満たすものである旨を証する書類の写し<br>(ロ)　認定建替計画に係る建築物の建替えを行う事業の用に供するために買い取った旨を証する書類 | 所管行政庁（建築主事を置く市町村の区域については市町村長をいい、その他の市町村の区域については都道府県知事をいう。）<br>土地等の買取りをする者 | 措置法31条の２　２項６号<br>措置法令20条の２　５項、６項<br>措置法規則13条の３　１項６号 | ※　特例の対象となる「認定建替計画」は、次の(1)及び(2)（密集市街地における防災街区の整備の促進に関する法律第８条に規定する認定建替計画（以下この項において「認定建替計画」という。）に定められた同法第４条第４項第１号に規定する建替事業区域（(2)において「建替事業区域」という。）の周辺の区域からの避難に利用可能な通路を確保する場合にあっては(1)及び(3)）に掲げる要件を満たすものに限る。<br>(1)　認定建替計画に定められた新築する建築物の敷地面積がそれ |

| 譲渡の区分 | 添付すべき証明書類 | 発行者 | 根拠条項 | 備考 |
| --- | --- | --- | --- | --- |
| | | | | ぞれ100㎡以上であり、かつ、当該敷地面積の合計が500㎡以上であること。<br>(2) 認定建替計画に定められた建替事業区域内に密集市街地における防災街区の整備の促進に関する法律第2条第10号に規定する公共施設（道路、公園、緑地、広場その他の公共空地（公園を除く。）並びに下水道、河川、運河、水路及び消防の用に供する貯水施設）が確保されていること。<br>(3) その確保する通路が次に掲げる要件を満たすこと。<br>イ　密集市街地における防災街区の整備の促進に関する法律第289条第4項の認可を受けた同条第1項に規定する避難経路協定（その避難経路協定を締結した同項に規定する土地所有者等に地方公共団体が |

| 譲渡の区分 | 添付すべき証明書類 | 発行者 | 根拠条項 | 備考 |
| --- | --- | --- | --- | --- |
| | | | | 含まれているものに限る。）において同項に規定する避難経路として定められていること。<br>ロ　幅員４ｍ以上のものであること。 |
| ⑦　都市再生特別措置法第25条に規定する認定計画に係る同条に規定する都市再生事業（※）の同法第23条に規定する認定事業者（当該認定計画に定めるところにより当該認定事業者と当該区域内の土地等の取得に関する協定を締結した独立行政法人都市再生機構を含む。）に対する土地等の譲渡で、当該譲渡に係る土地等が当該都市再生事業の用に供されるもの（②～⑥に掲げる譲渡に該当するものを除く。） | (イ)　都市再生事業が都市再生特別措置法（平成14年法律第22号）第25条に規定する認定事業である旨を証する書類の写し<br>(ロ)　都市再生事業が※(1)～(3)に掲げる要件を満たすものである旨を証する書類の写し<br>(ハ)　都市再生事業の用に供するために買い取った旨を証する書類（土地等の買取りをする者が独立行政法人都市再生機構である場合には、当該書類及び協定に基づき買い取った旨を証する書類） | 国土交通大臣<br>国土交通大臣<br>土地等の買取りをする者 | 措置法31条の２　２項７号<br>措置法令20条の２　７項<br>措置法規則13条の３　１項７号・３項 | ※　特例の対象となる「都市再生事業」は、次に掲げる要件を満たすものに限る。<br>(1)　その事業に係る認定計画において、建築面積が1,500㎡以上である建築物の建築をすることが定められていること。<br>(2)　その事業の施行される土地の区域の面積が１ha（当該区域が含まれる都市再生特別措置法第２条第３項に規定する都市再生緊急整備地域内において当該区域に隣接し、又は近接してこれと一体的に他の同条第１項に規定する都市開発事業（当該都市再生緊急整備地域に係る同法第15条第１項に規定する地域整備方針に定められた都市機能の増進を主たる目的とするものに限る。）が施行され、又は施行されるこ |

| 譲渡の区分 | 添付すべき証明書類 | 発行者 | 根拠条項 | 備考 |
|---|---|---|---|---|
| | | | | とが確実であると見込まれ、かつ、当該区域及び当該他の都市開発事業の施行される土地の区域の面積の合計が1ha以上となる場合には、0.5ha）以上であること。<br>(3) 都市再生特別措置法第2条第2項に規定する公共施設（道路、公園、広場、下水道、緑地、河川、運河及び水路並びに防水、防砂又は防潮の施設並びに港湾における水域施設、外郭施設及び係留施設）の整備がされること。 |
| ⑧ 国家戦略特別区域法（平成25年法律第107号）第11条第1項に規定する認定区域計画に定められている同法第2条第2項に規定する特定事業又は当該特定事業の実施に伴い必要となる施設を整備する事業（※）を行う者に対する土地等の譲渡で、当該譲渡に係る土地等がこれらの事業の用に供されるもの（②～⑦に掲げる譲渡に該当するものを除く。） | (イ) 特定事業が国家戦略特別区域法第11条第1項に規定する認定区域計画に定められている旨を証する書類の写し<br>(ロ) 特定事業又は当該特定事業の実施に伴い必要となる施設を整備する事業が国家戦略特別区域法施行規則（平成26年内閣府令第20号）第12条各号に掲げる要件の全てを満たすものである旨を証する書類の写し<br>(ハ) 特定事業又は | 国家戦略特別区域担当大臣<br><br>国家戦略特別区域担当大臣<br><br>土地等の買取 | 措置法31条の2 2項8号<br>措置法規則13条の3 1項8号・4項 | ※ 特例の対象となる「特定事業又は当該特定事業の実施に伴い必要となる施設を整備する事業」は、産業の国際競争力の強化又は国際的な経済活動の拠点の形成に特に資するものとして国家戦略特別区域法施行規則第12条各号に掲げる要件の全てを満たす事業に限る。 |

| 譲渡の区分 | 添付すべき証明書類 | 発行者 | 根拠条項 | 備考 |
|---|---|---|---|---|
| | 当該特定事業の実施に伴い必要となる施設を整備する事業の用に供するために買い取った旨を証する書類 | りをする者都 | | |
| ⑨　所有者不明土地の利用の円滑化等に関する特別措置法（以下「所有者不明土地法」という。）（平成30年法律第49号）第13条第１項の規定により行われた裁定（※１）に係る所有者不明土地法第10条第２項の裁定申請書に記載された同項第２号の事業を行う当該裁定申請書に記載された同項第１号の事業者に対する次に掲げる土地等の譲渡（当該裁定後に行われるものに限る。）で、当該譲渡に係る土地等が当該事業の用に供されるもの（※２）<br>(イ)　当該裁定申請書に記載された特定所有者不明土地（※３）又は当該特定所有者不明土地の上に存する権利<br>(ロ)　当該裁定申請書に添付された所有者不明土地法第10条第３項第１号に掲げる事業計画書の同号ハに掲げる計画に当該事業者が取得するものとして記載がされた特定所有者不明土地以外の土地又は当該土地の上に存する権利（当該裁定申請書に記載された当該事業が当該特定所有者不明土地以外の土地を上記(イ)に掲げる特定所有者不明土地と一体として使用する必要性が高い事業と認められな | (イ)　当該裁定をした旨を所有者不明土地法第14条の規定により通知した文書の写し<br>(ロ)　次に掲げる場合の区分に応じそれぞれ次に定める書類<br>A　当該土地等が左の(イ)に掲げる土地等である場合<br>(A)　所有者不明土地法第10条第２項の規定による提出をした当該裁定申請書（当該事業者及び当該事業並びに当該特定所有者不明土地の記載がされたものに限る。）の写し<br>(B)　当該土地等を当該事業の用に供するために買い取った旨を証する書類<br>B　当該土地等 | 道府県知事<br><br><br><br><br><br><br><br><br><br><br><br><br><br>土地等の買取りをする者<br><br><br><br><br><br><br><br><br><br><br><br><br><br>同　上 | 措置法31条の２ ２項９号<br>措置法令20条の２ ８項<br>措置法規則13条の３　１項９号 | ※１　所有者不明土地法第10条第１項第１号に掲げる権利に係るものに限るものとし、所有者不明土地法第18条の規定により失効したものを除く。<br>※２　①から(2の2)まで又は④から⑧までに掲げる譲渡に該当するものを除く。<br>※３「特定所有者不明土地」とは、所有者不明土地法第10条第２項第５号に規定する特定所有者不明土地をいう。<br>※４「一定の事業」とは、当該裁定申請書に記載された所有者不明土地法第10条第２項第２号の事業に係る同条第１項に規定する事業区域の面積が500㎡以上であり、かつ、当該裁定申請書に記載された特定所有者不明土地の面積の当該事業区域の面積に対する割合が４分の１未満である事業をいう。 |

| 譲渡の区分 | 添付すべき証明書類 | 発行者 | 根拠条項 | 備考 |
|---|---|---|---|---|
| い一定の事業（※4）に該当する場合における当該記載がされたものを除く。） | が左の(ロ)に掲げる土地等である場合<br>(A) 所有者不明土地法第10条第2項の規定による提出をした当該裁定申請書（当該事業者及び当該事業（※4の事業を除く。）の記載がされたものに限る。）の写し | 土地等の買取りをする者 | | |
| | (B) 当該裁定申請書に添付された事業計画書（当該計画に当該事業者が当該土地等を取得するものとして記載がされたものに限る。）の写し | 同　上 | | |
| | (C) 当該土地等を当該事業の用に供するために買い取った旨を証する書類 | 同　上 | | |
| ⑩　マンションの建替え等の円滑化に関する法律（以下「マンション建替法」という。）（平成14年法律第78号）第15条第1項若しくは第64条第1項若しくは第3項の | 当該マンション建替事業に係る施行再建マンション（※2）が措置法令第20条の2第9項に規定する国土 | 土地等の買取りをするマンション建替事業の施行者 | 措置法31条の2 2項10号<br>措置法令20条の2 9項<br>措置法規則13条の3　1項10号　イ | ※1 「マンション建替事業」とは、マンション建替法第2条第1項第4号に規定するマンション建替法で定めるところに |

| 譲渡の区分 | 添付すべき証明書類 | 発行者 | 根拠条項 | 備考 |
|---|---|---|---|---|
| 請求若しくはマンション建替法第56条第１項の申出に基づくマンション建替事業（※１）のマンション建替法第２条第１項第５号に規定する施行者に対する土地等の譲渡で、当該譲渡に係る土地等が当該事業の用に供されるもの（⑥～⑨に掲げる譲渡に該当するものを除く。） | 交通大臣が財務大臣と協議して定める基準に適合することにつき都道府県知事（市の区域内にあっては、当該市の長）の証明を受けた旨及び当該土地等を当該請求又は申出に基づき当該マンション建替事業の用に供するために買い取った旨を証する書類 | | | 従って行われるマンションの建替えに関する事業及びこれに附帯する事業のうち、良好な居住環境の確保に資するものとして、当該事業に係る施行再建マンションの住戸の規模及び構造が国土交通大臣が財務大臣と協議して定める基準に適合する場合に限られる。<br>※２「施行再建マンション」とは、マンション建替事業の施行により建築された再建マンションをいう。 |
| ⑩の２　施行マンション（※１）が一定の建築物（※２）に該当し、かつ、施行再建マンション（※３）の延べ面積が当該施行マンションの延べ面積以上であるマンション建替事業（※４）の施行者に対する土地等（※５）の譲渡で、当該譲渡に係る土地等が当該事業の用に供されるもの（⑥～⑨に掲げる譲渡に該当するものを除く。） | (イ)　一定の建築物（※２）に該当すること及びマンション建替事業（※４）に係る施行再建マンション（※３）が措置法令第20条の２第９項に規定する国土交通大臣が財務大臣と協議して定める基準に適合し、かつ、その延べ面積が当該施行マンションの延べ面積以上であることにつき都道府県知事（市の区域内にあっては、当該市の長）の証明を受けた旨を証する書類<br>(ロ)　当該隣接施行敷地に係る土地等を当該マンシ | 土地等の買取りをするマンション建替事業の施行者<br><br>土地等の買取りをするマンション建替事 | 措置法31条の２<br>２項10号<br>措置法令20条の２<br>９項・10項<br>措置法規則13条の３　１項10号　ロ | ※１「施行マンション」とは、マンション建替事業を施行する現に存するマンションをいう。<br>※２「一定の建築物」とは、建築基準法第３条第２項（同法第86条の９第１項において準用する場合を含む。）の規定により同法第３章（第３節及び第５節を除く。）の規定又はこれに基づく命令若しくは条例の規定の適用を受けない建築物（いわゆる既存不適格建築物）をいう。<br>※３「施行再建マンション」とは、上記⑩の※２と同様である。<br>※４「マンション建替事業」とは、上記⑩の※１と同様であ |

| 譲渡の区分 | 添付すべき証明書類 | 発行者 | 根拠条項 | 備考 |
|---|---|---|---|---|
| | ョン建替事業に係る当該施行再建マンションの敷地とするために買い取った旨を証する書類 | 業の施行者 | | る。<br>※５　「土地等」とは、マンション建替法第11条第１項に規定する隣接施行敷地に係るものに限る。 |
| ⑪　マンション建替法第124条第１項の請求に基づくマンション敷地売却事業(※)を実施する者に対する土地等の譲渡で、当該譲渡に係る土地等が当該事業の用に供されるもの | (イ)　当該マンション敷地売却事業に係るマンション建替法第113条に規定する認定買受計画に※に掲げる事項のうち（認定買受計画に風俗営業等の規制及び業務の適正化等に関する法律第２条第１項に規定する風俗営業又は同条第５項に規定する性風俗関連特殊営業の用に供する施設に関する事項と併せて記載がされたものを除く。）いずれかの事項の記載があること及び当該記載がされた※の(1)のマンションが新たに建築されること又は当該記載がされた※の(2)若しくは(3)の施設が整備されることにつき都道府県知事（市の区域内にあっては、当該市の長）の証明を受けた旨を証する書類<br>(ロ)　当該土地等を | 土地等の買取りをするマンション敷地売却事業を実施する者<br><br>土地等の買取 | 措置法31条の２２項11号<br>措置法令20条の２11項<br>措置法規則13条の３　１項11号・５項 | ※　「マンション敷地売却事業」とは、マンション建替法第２条第１項第９号に規定するマンション建替法で定めるところに従って行われるマンション敷地売却に関する事業のうち、当該事業に係るマンション建替法第113条に規定する認定買受計画に、次に掲げる事項のうちいずれかの事項（認定買受計画に風俗営業等の規制及び業務の適正化等に関する法律第２条第１項に規定する風俗営業又は同条第５項に規定する性風俗関連特殊営業の用に供する施設に関する事項と併せて記載がされたものを除く。）の記載があるものに限る。<br>(1)　マンション建替法第109条第１項に規定する決議特定要除却認定マンションを除却した後の土地（以下この項において「除却後の土地」という。）に新たに建築されるマンション建替法第２条第１項第１号に規定 |

| 譲渡の区分 | 添付すべき証明書類 | 発行者 | 根拠条項 | 備考 |
|---|---|---|---|---|
| | マンション建替法第124条第1項の請求に基づき当該マンション敷地売却事業の用に供するために買い取った旨を証する書類 | りをするマンション敷地売却事業を実施する者 | | するマンション（良好な居住環境を備えたものとして、その住戸の規模及び構造が国土交通大臣が財務大臣と協議して定める基準に適合する場合に限る。）に関する事項<br>(2) 除却後の土地において整備される道路、公園、広場、下水道、緑地、防水若しくは防砂の施設又は消防の用に供する貯水施設に関する事項<br>(3) 除却後の土地において整備される公営住宅法（昭和26年法律第193号）第36条第3号ただし書の社会福祉施設若しくは公共賃貸住宅又は地域における多様な需要に応じた公的賃貸住宅等の整備等に関する特別措置法（平成17年法律第79号）第6条第6項に規定する公共公益施設、特定優良賃貸住宅若しくは登録サービス付き高齢者向け住宅に関する事項 |
| ⑪の2 マンション敷地売却事業（※1）に係るマンション建替法第141条第1項の認可を受けた同項に規定する分配金取得計画（※2）に基づく、当該マンション敷地売却事業を実施す | (イ) 当該マンション敷地売却事業に係るマンション建替法第113条に規定する認定買受計画に上記⑪の※に掲げ | 土地等の買取りをするマンション敷地売却事業を実施する者 | 措置法31条の2 2項11号<br>措置法令20条の2 11項<br>措置法規則13条の3 1項11号・5項 | ※1 「マンション敷地売却事業」とは、上記⑪の※と同様である。<br>※2 「分配金取得計画」が、マンション建替法第145条にお |

――別表1　優良住宅地等のための譲渡に関する証明書類等の区分一覧表――

| 譲渡の区分 | 添付すべき証明書類 | 発行者 | 根拠条項 | 備考 |
| --- | --- | --- | --- | --- |
| る者に対する土地等の譲渡で、当該譲渡に係る土地等が当該事業の用に供されるもの | る事項のうちいずれかの事項（認定買受計画に風俗営業等の規制及び業務の適正化等に関する法律第2条第1項に規定する風俗営業又は同条第5項に規定する性風俗関連特殊営業の用に供する施設に関する事項と併せて記載がされたものを除く。）の記載があること及び当該記載がされた上記⑪の※の(1)のマンションが新たに建築されること又は当該記載がされた上記⑪の※の(2)若しくは(3)の施設が整備されることにつき都道府県知事（市の区域内にあっては、当該市の長）の証明を受けた旨を証する書類 | | | いて準用するマンション建替法第141条第1項の規定により当該分配金取得計画の変更に係る認可を受けた場合には、その変更後のものをいう。 |
| | (ロ)　当該土地等をマンション建替法第141条第1項の認可を受けた同項に規定する分配金取得計画に基づき当該マンション敷地売却事業の用に供するために買い取った旨を証する書類 | 土地等の買取りをするマンション敷地売却事業を実施する者 | | |

――別表１　優良住宅地等のための譲渡に関する証明書類等の区分一覧表――

| 譲渡の区分 | 添付すべき証明書類 | 発行者 | 根拠条項 | 備考 |
|---|---|---|---|---|
| ⑫　建築面積が150㎡以上の建築物の建築をする事業であり、かつ、優良な建築物の建築をする事業（※１）を行う者に対する市街化区域等内（※２）の土地等の譲渡で、当該譲渡に係る土地等が当該事業の用に供されるもの（上記⑥～⑩の２、下記⑬～⑯に掲げる譲渡に該当するものを除く。） | (イ)　当該建築物が建築面積要件に該当するものである旨及び優良な建築物の建築をする事業としての要件を満たすものである旨を証する書類の写し<br>(ロ)　当該土地等が市街化区域等内に所在し、かつ、当該土地等を当該事業の用に供する旨を証する書類 | 国土交通大臣<br><br>土地等の買取りをする者 | 措置法31条の２２項12号<br>措置法令20条の２12項～14項<br>措置法規則13条の３１項12号・６項 | ※１「優良な建築物の建築をする事業」とは、当該事業の施行地区の面積が500㎡以上で、次に掲げる要件のいずれかを満たすものをいう。<br>(1)　その事業の施行地区内において都市施設の用に供される土地が確保されていること。<br>(2)　当該建築物に係る建築面積の敷地面積に対する割合が、建築基準法第53条第１項各号に掲げる建築物の区分に応じ同項に定める数値から10分の１を減じた数値以下であること。<br>(3)　その事業の施行地区内の土地（借地権の設定されている土地を除く。）につき所有権を有する者又は当該施行地区内の土地につき借地権を有する者（区画された一の土地に係る所有権又は借地権が２以上の者により共有されている場合には、当該所有権を有する２以上の者又は当該借地権を有する２以上の者をそれぞれ一の者とみなしたときにおける当該所有権を有する者又は当該借地権を有する者）の数が２ |

——別表1　優良住宅地等のための譲渡に関する証明書類等の区分一覧表——

| 譲渡の区分 | 添付すべき証明書類 | 発行者 | 根拠条項 | 備考 |
|---|---|---|---|---|
| | | | | 以上であること。<br>※2 「市街化区域等内」とは、都市計画法第7条第1項の市街化区域と定められた区域又は区域区分に関する同法第4条第1項に規定する都市計画が定められていない同条第2項に規定する都市計画区域（以下「非線引都市計画区域」という。）のうち同法第8条第1項第1号に規定する用途地域が定められている区域をいう。 |
| ⑬ 都市計画法第29条第1項の許可（同法第4条第2項に規定する都市計画区域のうち一定の区域（※1）内において行われる同条第12項に規定する開発行為に係るものに限る。以下「開発許可」という。）を受けて次の要件を満たす住宅建設の用に供される一団の宅地の造成を行う個人又は法人（※2）に対する土地等の譲渡で、当該譲渡に係る土地等が当該一団の宅地の用に供されるもの（上記⑥～⑨に掲げる譲渡に該当するものを除く。）<br>(イ) 当該一団の宅地の面積が1,000㎡（開発許可を要する面積が1,000㎡未満である区域内の当該一団の宅地の面積については、都市計画法施行令第19条第2項の規定により読み替えて適用される同条第1項本文の規定の適用がある場合には500㎡とし、同項ただし書（同条第2 | (イ) 当該一団の宅地の造成に係る都市計画法第30条第1項に規定する申請書の写し（当該造成に関する事業概要書及び設計説明書並びに当該一団の宅地の位置及び区域等を明らかにする地形図の添付のあるものに限る。）<br>(ロ) 都市計画法第35条第2項の通知の文書の写し<br>(ハ) 当該譲渡に係る土地等が上記(ロ)の通知に係る都市計画法第4条第13項に規定する開発区域内に所在し、かつ、※1の(1)～(3)に掲げる区域内に所在する旨及び当該土地等を当 | 土地等の買取りをする一団の宅地の造成を行う者<br><br>都道府県知事<br><br>土地等の買取りをする一団の宅地の造成を行う者 | 措置法31条の2 2項13号<br>措置法令20条の2 15項・16項<br>措置法規則13条の3 1項13号 | ※1 「一定の区域」とは、次に掲げる区域をいう。<br>(1) 都市計画法第7条第1項の市街化区域と定められた区域<br>(2) 都市計画法第7条第1項の市街化調整区域と定められた区域<br>(3) 非線引都市計画区域のうち都市計画法第8条第1項第1号に規定する用途地域が定められている区域<br>※2 「個人又は法人」について、都市計画法第44条又は第45条に規定する開発許可に基づく地位の承継があった場合には、当該「個人又は法人」は、当該承継に係る被承継人である個人若しくは法人又は当該地位を承継し |

| 譲渡の区分 | 添付すべき証明書類 | 発行者 | 根拠条項 | 備考 |
|---|---|---|---|---|
| 項の規定により読み替えて適用する場合を含む。）の規定により都道府県が条例を定めている場合には、当該条例で定める規模に相当する面積）以上のものであること。<br>(ロ)　当該一団の宅地の造成が当該開発許可の内容に適合して行われると認められるものであること。 | 該一団の宅地の用に供する旨を証する書類 | | | た個人若しくは法人とされる。 |
| ⑭　宅地の造成につき都市計画法第29条第１項の許可を要しない場合において次に掲げる要件を満たす住宅建設の用に供される一団の宅地の造成を行う個人（※１）又は法人（※２）に対する土地等の譲渡で、当該譲渡に係る土地等が当該一団の宅地の用に供されるもの（上記⑥～⑨に掲げる譲渡又は土地区画整理法による土地区画整理事業の施行者である同法第51条の９第５項に規定する区画整理会社に対する当該区画整理会社の株主又は社員である個人の有する土地等の譲渡に該当するものを除き、一団の宅地の造成が土地区画整理法による土地区画整理事業として行われる場合には、下記⑭の２を参照のこと。）<br>(イ)　当該一団の宅地の面積が1,000㎡（都市計画法施行令第19条第２項の規定の適用を受ける区域にあっては、500㎡）以上のものであること。<br>(ロ)　都市計画法第４条第２項に規定する都市計画区域内において造成されるものであること。 | (イ)　優良宅地認定申請書の写し（当該造成に関する事業概要書及び設計説明書並びに当該一団の宅地の位置及び区域等を明らかにする地形図の添付のあるものに限る。）<br>(ロ)　優良宅地認定申請書に基づき認定をしたことを証する書類の写し<br>(ハ)　当該譲渡に係る土地等が都市計画法第４条第２項に規定する都市計画区域内に所在し、かつ、当該土地等を当該一団の宅地の用に供する旨を証する書類<br>(ニ)　当該一団の宅地の造成が当該優良宅地認定の内容に適合している旨を証する書類の写し（※４） | 土地等の買取りをする一団の宅地の造成を行う者<br>都道府県知事<br>土地等の買取りをする一団の宅地の造成を行う者<br>都道府県知事 | 措置法31条の２ ２項14号<br>措置法令20条の２ 17項～19項<br>措置法規則13条の３ １項14号・２項 | ※１　当該造成を行う個人の死亡により当該造成に関する事業を承継した当該個人の相続人又は包括受遺者が当該造成を行う場合には、当該「個人」は、その死亡した個人又は当該相続人若しくは包括受遺者とされる。<br>※２　当該造成を行う法人の合併による消滅により当該造成に関する事業を引き継いだ当該合併に係る法人税法第２条第12号に規定する合併法人が当該造成を行う場合には、当該「法人」は、当該合併により消滅した法人又は当該合併法人とし、当該造成を行う法人の分割により当該造成に関する事業を引き継いだ当該分割に係る同条第12号の３に規定する分割承継法人が当該造成を行う場合には、当該「法人」は、当該分割をした法人又は当該分割承継法人とす |

| 譲渡の区分 | 添付すべき証明書類 | 発行者 | 根拠条項 | 備考 |
|---|---|---|---|---|
| (ハ)　当該一団の宅地の造成が、都道府県知事の優良宅地認定（※３）を受けて行われ、かつ、当該認定の内容に適合して行われると認められるものであること。 | | | | る。<br>※３　都道府県知事の優良宅地認定は、住宅建設の用に供される一団の宅地の造成を行う個人又は法人の申請に基づき、当該一団の宅地の造成の内容が次に掲げる事項について国土交通大臣の定める基準（昭和54年３月31日付建設省告示第767号参照）に適合している場合に行われる。<br>(1)　宅地の用途に関する事項<br>(2)　宅地としての安全性に関する事項<br>(3)　給水施設、排水施設その他住宅建設の用に供される宅地に必要な施設に関する事項<br>(4)　その他住宅建設の用に供される優良な宅地の供給に関し必要な事項<br>※４「都道府県知事の認定の内容に適合している旨を証する書類の写し」は、土地等の買取りをする者から、一団の宅地の造成を優良宅地認定申請書の内容に適合して行う旨及び当該申請書に基づく都道府県知事の認定の内容に適合している旨を証する書類の交付を受けたときは遅滞なく当該書類の写しを提出する旨を約する書類が当該造成 |

| 譲渡の区分 | 添付すべき証明書類 | 発行者 | 根拠条項 | 備考 |
|---|---|---|---|---|
| | | | | に関する事業に係る事務所、事業所等の所在地の所轄税務署長に提出されている場合には、当該提出された書類の写しとすることができる。 |
| ⑭の2　上記⑭の住宅建設の用に供される一団の宅地の造成が土地区画整理法による土地区画整理事業として行われる場合の同法第2条第3項に規定する施行者又は同法第25条第1項に規定する組合員である個人又は法人に対する土地等の譲渡で、当該譲渡に係る土地等が当該一団の宅地の用に供されるもののうち次に掲げる要件を満たすもの<br>(イ)　当該一団の宅地が当該土地区画整理事業の土地区画整理法第2条第4項に規定する施行地区内に所在すること。<br>(ロ)　当該譲渡に係る土地等が当該土地等の買取りをする者の有する当該施行地区内にある土地と併せて一団の土地に該当すること。 | (イ)　上記⑭の(イ)の書類<br>(ロ)　上記⑭の(ロ)の書類<br>(ハ)　上記⑭の(ハ)の内容に加えて、当該一団の宅地が当該土地区画整理事業の土地区画整理法第2条第4項に規定する施行地区内に所在し、かつ、当該譲渡に係る土地等が当該土地等の買取りをする者の有する当該施行地区内にある土地と併せて一団の土地に該当することとなる旨を証する書類<br>(ニ)　土地区画整理法第4条第1項、第14条第1項若しくは第3項又は第51条の2第1項の規定による認可をしたことを証する書類の写し | 土地等の買取りをする一団の宅地の造成を行う者<br>都道府県知事<br>土地等の買取りをする一団の宅地の造成を行う者<br>都道府県知事 | 措置法31条の2　2項14号<br>措置法令20条の2　17項～19項<br>措置法規則13条の3　1項14号 | |
| ⑮　次に掲げる要件を満たす一団の住宅又は中高層の耐火共同住宅の建設を行う個 | (イ)　優良住宅認定申請書の写し（当該建設に関 | 土地等の買取りをする一団の住宅又は中 | 措置法31条の2　2項15号<br>措置法令20条の2 | ※1　当該建設を行う個人の死亡により当該建設に関する事業 |

——別表１　優良住宅地等のための譲渡に関する証明書類等の区分一覧表——

| 譲渡の区分 | 添付すべき証明書類 | 発行者 | 根拠条項 | 備考 |
|---|---|---|---|---|
| 人（※１）又は法人（※２）に対する土地等の譲渡で、当該譲渡に係る土地等が当該一団の住宅又は中高層の耐火共同住宅の用に供されるもの（上記⑥～(10の２)又は⑬～(14の２)に掲げる譲渡に該当するものを除く。）<br>(イ)　一団の住宅<br>建設される住宅の戸数が25戸以上のものであること。<br>(ロ)　中高層の耐火共同住宅<br>Ａ　住宅の用途に供する独立部分が15以上のものであること又は床面積が1,000㎡以上のものであること。<br>Ｂ　耐火建築物又は準耐火建築物に該当するものであること。<br>Ｃ　地上階数３以上の建築物であること。<br>Ｄ　当該建築物の床面積の４分の３以上に相当する部分が専ら居住の用（当該居住の用に供される部分に係る廊下、階段その他その共用に供されるべき部分を含む。）に供されるものであること。<br>Ｅ　住居の用途に供する独立部分の床面積が200㎡以下で、かつ、50㎡以上（寄宿舎にあっては18㎡以上）であること。<br>(ハ)　都市計画法第４条第２項に規定する都市計画区域内において建設されるものであること。<br>(ニ)　都道府県知事（当該中高層の耐火共同住宅の用に供される土地の面積が | する事業概要書（中高層の耐火共同住宅にあっては、当該事業概要書及び各階平面図）並びに当該建設を行う場所及び区域等を明らかにする地形図の添付のあるものに限る。）<br>(ロ)　優良住宅認定をしたことを証する書類の写し<br>(ハ)　当該譲渡に係る土地等が都市計画法第４条第２項に規定する都市計画区域内に所在し、かつ、当該土地等を当該一団の住宅又は中高層の耐火共同住宅の用に供する旨を証する書類<br>(ニ)　当該一団の住宅又は中高層の耐火共同住宅に係る建築基準法第７条第５項に規定する検査済証の写し（※４） | 高層の耐火共同住宅の建設を行う者<br>都道府県知事又は市町村長<br>土地等の買取りをする一団の住宅又は中高層の耐火共同住宅の建設を行う者<br>建築主事等 | 20項・21項<br>措置法規則13条の３　１項15号・２項・７項 | を承継した当該個人の相続人又は包括受遺者が当該建設を行う場合には、当該「個人」は、その死亡した個人又は当該相続人若しくは包括受遺者とされる。<br>※２　当該建設を行う法人の合併による消滅により当該建設に関する事業を引き継いだ当該合併に係る法人税法第２条第12号に規定する合併法人が当該建設を行う場合には、当該「法人」は、当該合併により消滅した法人又は当該合併法人とし、当該建設を行う法人の分割により当該建設に関する事業を引き継いだ当該分割に係る同条第12号の３に規定する分割承継法人が当該建設を行う場合には、当該「法人」は、当該分割をした法人又は当該分割承継法人とする。<br>※３　都道府県知事等の優良住宅認定は、一団の住宅又は中高層の耐火共同住宅の建設を行う個人又は法人の申請に基づいて、当該一団の住宅又は中高層の耐火共同住宅が次に掲げる事項について国土交通大臣の定める基準（昭和54年３月31日付建設省告示第768 |

| 譲渡の区分 | 添付すべき証明書類 | 発行者 | 根拠条項 | 備考 |
|---|---|---|---|---|
| 1,000㎡未満のものにあっては、市町村長）の優良住宅認定（※3）を受けたものであること。 | | | | 号参照）に適合している場合に行われる。<br>⑴　建築基準法その他住宅の建築に関する法令の遵守に関する事項<br>⑵　住宅の床面積に関する事項<br>⑶　その他優良な住宅の供給に関し必要な事項<br>※4「検査済証の写し」は、土地等の買取りをする者から、一団の住宅又は中高層の耐火共同住宅の建設を優良住宅認定申請書の内容に適合して行う旨及び当該検査済証の交付を受けたときは遅滞なく当該検査済証の写しを提出する旨を約する書類が当該建設に関する事業に係る事務所、事業所等の所在地の所轄税務署長に提出されている場合には、当該提出された書類の写しとすることができる。 |
| ⑯　次に掲げる要件を満たす住宅又は中高層の耐火共同住宅の建設を行う個人又は法人（※）に対する土地等（土地区画整理法第98条第1項の規定による仮換地の指定（仮に使用又は収益をすることができる権利の目的となるべき土地又はその部分の指定を含む。以下同じ。）がされたものに限る。）の譲渡のうち、その譲渡が当該指定の効力発生の日（同法第99条第2項の規定 | (イ)　当該住宅又は中高層の耐火共同住宅の建設に係る建築基準法第6条第1項に規定する確認の申請書の写し（当該建設に関する事業概要書及び当該建設を行う場所及び区域等を明らかにする地形図の添付のあるものに | 土地等の買取りをする住宅又は中高層の耐火共同住宅の建設を行う者 | 措置法31条の2　2項16号<br>措置法令20条の2　22項<br>措置法規則13条の3　1項16号 | ※「個人」又は「法人」は、上記⑮の※1又は※2と同様である。 |

| 譲渡の区分 | 添付すべき証明書類 | 発行者 | 根拠条項 | 備考 |
|---|---|---|---|---|
| により使用又は収益を開始することができる日が定められている場合には、その日）から3年を経過する日の属する年の12月31日までの間に行われるもので、当該譲渡をした土地等につき仮換地の指定がされた土地等が当該住宅又は中高層の耐火共同住宅の用に供されるもの（上記⑥～⑩の2又は⑬～⑮に掲げる譲渡に該当するものを除く。）<br>(イ) 住宅<br>A　その建設される一の住宅の床面積が200㎡以下で、かつ、50㎡以上のものであること。<br>B　その建設される一の住宅の用に供される土地等の面積が500㎡以下で、かつ、100㎡以上のものであること。<br>(ロ) 中高層の耐火共同住宅<br>A　床面積が500㎡以上のものであること。<br>B　上記⑮の(ロ)のB～Eの要件を満たすものであること。<br>(ハ) 住宅又は中高層の耐火共同住宅が建築基準法その他住宅の建築に関する法令に適合するものであると認められること。 | 限る。）<br>(ロ) 当該譲渡に係る土地等につき仮換地が指定された土地等を当該住宅又は中高層の耐火共同住宅の用に供する旨を証する書類<br>(ハ) 当該住宅又は中高層の耐火共同住宅に係る建築基準法第7条第5項に規定する検査済証の写し<br>(ニ) 当該譲渡に係る土地等につき土地区画整理法第98条第5項又は第6項の規定により通知（同法第99条第2項の規定による通知を含む。）を受けた文書の写し | <br>同　上<br><br>建築主事等<br><br>土地区画整理事業の施行者 | | |

２　確定優良住宅地等予定地のための譲渡（措置法第31条の２第３項関係）

⑴　確定優良住宅地等予定地の対象となる譲渡

| 区　　　分 | 添 付 す べ き 証 明 書 類 | 発　行　者 | 備　　　考 |
|---|---|---|---|
| ①　特例期間（譲渡の日から２年を経過する日の属する年の12月31日までの期間をいう。以下同じ。）内に表の１の⑬、⑭又は⑮に掲げる譲渡に該当することとなることが確実と認められるもの | ⑴　次に掲げる場合の区分に応じそれぞれ次に定める書類<br>A　国土利用計画法第14条第１項の規定による許可を受けて当該土地等が買い取られる場合　当該許可に係る通知の文書の写し<br>B　国土利用計画法第27条の４第１項（同法第27条の７第１項において準用する場合を含む。）の規定による届出をして当該土地等が買い取られる場合　当該届出につき国土利用計画法第27条の５第１項又は第27条の８第１項の勧告をしなかった旨を証する書類の写し<br>⑵　上記⑴に掲げる場合以外の場合　次に掲げる事項を認定したことを証する書類の写し<br>A　土地等の買取りをする者の資力、信用、過去の事業実績等からみて当該土地等の買取りをする者の行う一団の宅地の造成又は一団の住宅若しくは中高層の耐火共同住宅の建設が完成すると認められること。<br>B　一団の宅地の造成又は一団の住宅若しくは中高層の耐火共同住宅の建設が表の１の⑬若しくは⑭の造成又は⑮の建設に該当することとなると見込まれること。<br>⑶　一団の宅地の造成又は一団の住宅若しくは中高層の耐火共同住宅の建設に関する事業概要書及び当該土地等の所在地を明らかにする地形図<br>⑷　当該買い取った土地等を特例期間内に、表の１の⑬若しくは⑭の一団の宅地又は⑮の一団の住宅若しくは中高層の耐火共同住宅の用に供することを約する書類（既に所轄税務署長の承認を受けて所轄税務署長が認定した日の通知を受けている場合（下記②及び③において「認定日の通知を受けている場合」という。）には、当該通知に係る文書の写し（下記②及び③において「通知書の写し」という。）） | <br><br>都道府県知事<br><br><br>都道府県知事（指定都市にあっては、その長）<br><br><br><br><br>国土交通大臣<br><br><br><br><br><br><br><br><br><br><br>土地等の買取りをする者<br><br><br>同　上 | |
| ②　特例期間内に表の１の⑭の２に掲げる譲渡に該当することとなることが確実と認められるもの | ⑴　次に掲げる場合の区分に応じそれぞれ次に定める書類<br>A　国土利用計画法第14条第１項の規定による許可を受けて当該土地等が買い取られる場合　当該許可に係る通知の文書の写し<br>B　国土利用計画法第27条の４第１項（同法第27条の７第１項において準用する場合を含む。）の規定による届出をして当該土地等が買い取られる場合　当該届出につき国土利用計画法第27条の５第１項又は第27条の８第１項の勧告をしなかった旨を証する書類の写し<br>⑵　次に掲げる事項を認定したことを証する書 | <br><br>都道府県知事<br><br><br>都道府県知事（指定都市にあっては、その長）<br><br><br><br><br>国土交通大臣 | ※「土地等の買取りをする者」には、土地区画整理事業の施行認可や土地区画整理組合の設立認可前において土地区画整理法第２条第３項に規定する施行者又は同法第25条第１項に規定する組合員となる |

| 区　　分 | 添付すべき証明書類 | 発行者 | 備　考 |
| --- | --- | --- | --- |
| | 類の写し<br>A　土地等の買取りをする者の資力、信用、過去の事業実績等からみて当該土地等の買取りをする者の行う一団の宅地の造成が完成すると認められること。<br>B　一団の宅地の造成が表の1の⑭の2の造成に該当することとなると見込まれること。<br>(ハ)　一団の宅地の造成に関する事業概要書及び当該土地等の所在地を明らかにする地形図<br>(ニ)　当該買い取った土地等を特例期間内に、表の1の⑭の2の一団の宅地の用に供することを約する書類（認定日の通知を受けている場合には、通知書の写し） | <br><br><br><br><br><br><br>土地等の買取りをする者（※）<br>同　上 | ことが確実と認められる者が含まれる。 |
| ③　特例期間内に表の1の⑯に掲げる譲渡に該当することとなることが確実と認められるもの | (イ)　住宅又は中高層の耐火共同住宅の建設に関する事業概要書及び当該土地等の所在地を明らかにする地形図<br>(ロ)　当該買い取った土地等を特例期間内に、表の1の⑯の住宅又は中高層の耐火共同住宅の用に供することを約する書類（認定日の通知を受けている場合には、通知書の写し）<br>(ハ)　当該譲渡に係る土地等につき土地区画整理法第98条第5項又は第6項の規定により通知（同法第99条第2項の規定による通知を含む。）を受けた文書の写し | 土地等の買取りをする者<br><br>同　上<br><br><br><br>土地区画整理事業の施行者 | |

(2)　特例期間の延長が認められる場合

| 区　　分 | | 特例期間の延長が認められる事情 | 特例期間の延長期間 | 延長承認の手続 |
| --- | --- | --- | --- | --- |
| 表の1の⑬の譲渡に該当することが確実と認められるもの | ①　表の1の⑬の造成に関する事業のうち、当該造成に係る住宅建設の用に供される一団の宅地の面積が1ヘクタール以上のもの<br>（※　当該事業のうち一団の宅地の面積が5ヘクタール以上のものは、「大規模住宅地開発事業」に該当する。） | 当該事業に係る都市計画法第32条第1項に規定する同意を得、同条第2項に規定する協議をするために要する期間が通常2年を超えると見込まれることにより、特例期間内に開発許可を受けることが困難であると認められるとして所轄税務署長の承認を受けた事情 | 特例期間の末日から2年（大規模住宅地開発事業（※）のうち、一団の宅地の面積が10ヘクタール以上であるものにあっては、4年）を経過する日までの期間内の日で当該事業につき開発許可を受けることができると見込まれる日として所轄税務署長が認定した日の属する年の12月31日 | 当該事業を行う者が、所轄税務署長の承認を受けようとする場合には、譲渡の日から2年を経過する日の属する年の12月31日（②欄に掲げる事業にあっては、同欄の税務署長が認定した日の属する年の12月31日）の翌日から15日を経過する日までに、次の申請書を提出しなければならない。<br>(イ)　申請書記載事項<br>A　申請者の氏名等<br>B　特例期間の延長が認められる事由がある旨及び当該事由の詳細（②欄に掲げる事業の場合は、当初の延長期間に係る税務署長が認定した日を併せて記載 |
| | ②　上記①に掲げる事業で、同欄の所轄税務署長 | 当該事業につき災害等の事情が生じたこと又は当該事業が大規模住宅地開発事業であること | 上記①の延長期間の末日から2年を経過する日までの期間内の日 | |

| 区　　　分 | 特例期間の延長が認められる事情 | 特例期間の延長期間 | 延長承認の手続 |
|---|---|---|---|
| の承認（当該事業に係る最初の承認に限る。）を受けた事情があるもの | から、上記①に係る延長期間までに開発許可を受けることが困難になったと見込まれることにより所轄税務署長の承認を受けた事情 | で当該事業につき開発許可を受けることができると見込まれる日として所轄税務署長が認定した日の属する年の12月31日 | する。）<br>C　当該事業の着工予定年月日及び完成予定年月日<br>D　開発許可を受けることができると見込まれる日及び税務署長の認定を受けようとする日<br>(ロ)　申請書に添付すべき書類<br>A　都市計画法第30条第１項に規定する申請書に準じて作成した書類<br>B　当該造成に関する事業概要書及び設計説明書並びに当該一団の宅地の位置及び区域等を明らかにする地形図 |
| ③　表の１の⑬の造成に関する事業で、上記②に掲げる事業以外の事業 | 当該事業につき災害等の事情が生じたため開発許可を受けるために要する期間が通常２年を超えることになると見込まれることにより特例期間内に開発許可を受けることが困難であると認められるとして所轄税務署長の承認を受けた事情 | 特例期間の末日から２年を経過する日までの期間内の日で当該事業につき開発許可を受けることができると見込まれる日として所轄税務署長が認定した日の属する年の12月31日 | |
| ④　表の１の⑬の造成に関する事業で、特定非常災害に基因するやむを得ない事情があるもの（上記①～③により特例期間の延長が認められている場合を含む。） | 当該事業につき特定非常災害により、特例期間（上記①～③により特例期間の延長が認められている場合には、当該延長後の特例期間。以下この項において同じ。）内に開発許可を受けることが困難であると認められるとして所轄税務署長の承認を受けた事情 | 特例期間の末日から２年を経過する日までの期間内の日で当該事業につき開発許可を受けることができると見込まれる日として所轄税務署長が認定した日の属する年の12月31日 | 当該事業を行う者が、所轄税務署長の承認を受けようとする場合には、特例期間の末日の属する年の翌年１月15日までに、次の申請書を提出しなければならない。<br>(イ)　申請書記載事項<br>A　申請者の氏名等<br>B　当該事業について、特定非常災害により特例期間内に開発許可を受けることが困難となった事情の詳細<br>C　当該事業の完成予定年月日<br>D　開発許可を受けることができると見込まれる日<br>E　既に所轄税務署長の承認を受けたことがある場合には、その承認に係る所轄税務署長が認定した日<br>(ロ)　申請書に添付すべき書類<br>A　都市計画法第30条第１項に規定する申請書 |

——別表1　優良住宅地等のための譲渡に関する証明書類等の区分一覧表——

| 区分 | | 特例期間の延長が認められる事情 | 特例期間の延長期間 | 延長承認の手続 |
|---|---|---|---|---|
| | | | | に準じて作成した書類<br>B　当該造成に関する事業概要書及び設計説明書並びに当該一団の宅地の面積、位置及び区域等を明らかにする地形図 |
| 表の1の⑭の譲渡に該当することが確実と認められるもの | ⑤　表の1の⑭の造成に関する事業 | 当該事業につき災害等の事情が生じたため優良宅地認定を受けるために要する期間が通常2年を超えることになると見込まれることにより特例期間内に優良宅地認定を受けることが困難であると認められるとして所轄税務署長の承認を受けた事情 | 特例期間の末日から2年を経過する日までの期間内の日で当該事業につき優良宅地認定を受けることができると見込まれる日として所轄税務署長が認定した日の属する年の12月31日 | 当該事業を行う者が、所轄税務署長の承認を受けようとする場合には、譲渡の日から2年を経過する日の属する年の12月31日の翌日から15日を経過する日までに、次の申請書を提出しなければならない。<br>(イ)　申請書記載事項<br>A　申請者の氏名等<br>B　特例期間の延長が認められる事由がある旨及び当該事由の詳細<br>C　当該事業の着工予定年月日及び完成予定年月日<br>D　優良宅地認定を受けることができると見込まれる日及び税務署長の認定を受けようとする日<br>(ロ)　申請書に添付すべき書類<br>A　優良宅地認定申請書に準じて作成した書類<br>B　当該造成に関する事業概要書及び設計説明書並びに当該一団の宅地の位置及び区域等を明らかにする地形図 |
| | ⑥　上記⑤に掲げる事業で、特定非常災害に基因するやむを得ない事情があるもの（上記⑤により特例期間の延長が認められている場合を含 | 当該事業につき特定非常災害により、特例期間（上記⑤により特例期間の延長が認められている場合には、当該延長後の特例期間。以下この項において同じ。）内に優良宅地認定を受けることが困難であると認められるとして所轄税務署長の承認を受けた事情 | 特例期間の末日から2年を経過する日までの期間内の日で当該事業につき優良宅地認定を受けることができると見込まれる日として所轄税務署長が認定した日の属する年の12月31日 | 当該事業を行う者が、所轄税務署長の承認を受けようとする場合には、特例期間の末日の属する年の翌年1月15日までに、次の申請書を提出しなければならない。<br>(イ)　申請書記載事項<br>A　申請者の氏名等 |

| 区分 | | 特例期間の延長が認められる事情 | 特例期間の延長期間 | 延長承認の手続 |
|---|---|---|---|---|
| | む。） | | | B　当該事業について、特定非常災害により特例期間内に優良宅地認定を受けることが困難となった事情の詳細<br>C　当該事業の完成予定年月日<br>D　優良宅地認定を受けることができると見込まれる日<br>E　既に所轄税務署長の承認を受けたことがある場合には、その承認に係る所轄税務署長が認定した日<br>(ロ)　申請書に添付すべき書類<br>A　優良宅地認定申請書に準じて作成した書類<br>B　当該造成に関する事業概要書及び設計説明書並びに当該一団の宅地の面積、位置及び区域等を明らかにする地形図 |
| 表の1の(14の2)の譲渡に該当することが確実と認められるもの | ⑦　表の1の(14の2)の造成に関する事業のうち、当該造成に係る住宅建設の用に供される一団の宅地の面積が1ヘクタール以上のもの<br>（※　当該事業のうち一団の宅地の面積が5ヘクタール以上のものは、「大規模住宅地開発事業」に該当する。） | 当該事業に係る土地区画整理法第4条第1項、第14条第1項若しくは第3項又は第51条の2第1項の規定による認可を受けるために要する期間又は当該土地区画整理事業の施行に要する期間が通常2年を超えると見込まれることにより、特例期間内に優良宅地認定を受けることが困難であると認められるとして所轄税務署長の承認を受けた事情 | 特例期間の末日から2年（大規模住宅地開発事業（※）のうち、一団の宅地の面積が10ヘクタール以上であるものにあっては、4年）を経過する日までの期間内の日で当該事業につき優良宅地認定を受けることができると見込まれる日として所轄税務署長が認定した日の属する年の12月31日 | 当該事業を行う者が、所轄税務署長の承認を受けようとする場合には、譲渡の日から2年を経過する日の属する年の12月31日（⑧欄に掲げる事業にあっては、同欄の税務署長が認定した日の属する年の12月31日）の翌日から15日を経過する日までに、次の申請書を提出しなければならない。<br>(イ)　申請書記載事項<br>A　申請者の氏名等<br>B　特例期間の延長が認められる事由がある旨及び当該事由の詳細（⑧欄に掲げる事業の場合は、当初の延長期間に係る税務署長が認定した日を併せて記載する。） |
| | ⑧　上記⑦に掲げる事業で、同欄の所轄税務署長の承認（当該事 | 当該事業につき災害等の事情が生じたこと又は当該事業が大規模住宅地開発事業であることから、上記⑦に係る延長期間ま | 上記⑦の延長期間の末日から2年を経過する日までの期間内の日で当該事業につき優良 | |

| 区　　　　分 | 特例期間の延長が認められる事情 | 特例期間の延長期間 | 延長承認の手続 |
| --- | --- | --- | --- |
| 業に係る最初の承認に限る。）を受けた事情があるもの | でに優良宅地認定を受けることが困難になったと見込まれることにより所轄税務署長の承認を受けた事情 | 宅地認定を受けることができると見込まれる日として所轄税務署長が認定した日の属する年の12月31日 | C　当該事業の着工予定年月日及び完成予定年月日<br>D　優良宅地認定を受けることができると見込まれる日及び税務署長の認定を受けようとする日<br>(ロ)　申請書に添付すべき書類<br>A　優良宅地認定申請書に準じて作成した書類<br>B　当該造成に関する事業概要書及び設計説明書並びに当該一団の宅地の位置及び区域等を明らかにする地形図 |
| ⑨　表の1の(14の2)の造成に関する事業で、上記⑧に掲げる事業以外の事業 | 当該事業につき災害等の事情が生じたため優良宅地認定を受けるために要する期間が通常2年を超えることになると見込まれることにより特例期間内に優良宅地認定を受けることが困難であると認められるとして所轄税務署長の承認を受けた事情 | 特例期間の末日から2年を経過する日までの期間内の日で当該事業につき優良宅地認定を受けることができると見込まれる日として所轄税務署長が認定した日の属する年の12月31日 | |
| ⑩　表の1の(14の2)の造成に関する事業で、特定非常災害に基因するやむを得ない事情があるもの（上記⑦～⑨により特例期間の延長が認められている場合を含む。） | 当該事業につき特定非常災害により、特例期間（上記⑦～⑨により特例期間の延長が認められている場合には、当該延長後の特例期間。以下この項において同じ。）内に優良宅地認定を受けることが困難であると認められるとして所轄税務署長の承認を受けた事情 | 特例期間の末日から2年を経過する日までの期間内の日で当該事業につき優良宅地認定を受けることができると見込まれる日として所轄税務署長が認定した日の属する年の12月31日 | 当該事業を行う者が、所轄税務署長の承認を受けようとする場合には、特例期間の末日の属する年の翌年1月15日までに、次の申請書を提出しなければならない。<br>(イ)　申請書記載事項<br>A　申請者の氏名等<br>B　当該事業について、特定非常災害により特例期間内に優良宅地認定を受けることが困難となった事情の詳細<br>C　当該事業の完成予定年月日<br>D　優良宅地認定を受けることができると見込まれる日<br>E　既に所轄税務署長の承認を受けたことがある場合には、その承認に係る所轄税務署長が認定した日<br>(ロ)　申請書に添付すべき書類<br>A　優良宅地認定申請書に準じて作成した書類<br>B　当該造成に関する事業概要書及び設計説明 |

<table>
<tr><th colspan="2">区　　分</th><th>特例期間の延長が認められる事情</th><th>特例期間の延長期間</th><th>延長承認の手続</th></tr>
<tr><td></td><td></td><td></td><td></td><td>書並びに当該一団の宅地の位置及び区域等を明らかにする地形図</td></tr>
<tr><td rowspan="4">表の１の⑮の譲渡に該当することが確実と認められるもの</td><td>⑪　表の１の⑮の建設に関する事業のうち、その建設される一団の住宅の戸数又は中高層の耐火共同住宅の住居の用途に供する独立部分が50以上のもの</td><td>当該事業に係る一団の住宅又は中高層の耐火共同住宅の建設に要する期間が通常２年を超えると見込まれることにより、特例期間内に優良住宅認定を受けることが困難であると認められるとして所轄税務署長の承認を受けた事情</td><td>特例期間の末日から２年を経過する日までの期間内の日で当該事業につき優良住宅認定を受けることができると見込まれる日として所轄税務署長が認定した日の属する年の12月31日</td><td rowspan="3">当該事業を行う者が、所轄税務署長の承認を受けようとする場合には、譲渡の日から２年を経過する日の属する年の12月31日（⑫欄に掲げる事業にあっては、同欄の税務署長が認定した日の属する年の12月31日）の翌日から15日を経過する日までに、次の申請書を提出しなければならない。<br>(イ)　申請書記載事項<br>A　申請者の氏名等<br>B　特例期間の延長が認められる事由がある旨及び当該事由の詳細（⑫欄に掲げる事業の場合は、当初の延長期間に係る税務署長が認定した日を併せて記載する。）<br>C　当該事業の着工予定年月日及び完成予定年月日<br>D　優良住宅認定を受けることができると見込まれる日及び税務署長の認定を受けようとする日<br>(ロ)　申請書に添付すべき書類<br>A　優良住宅認定申請書に準じて作成した書類<br>B　当該建設に関する事業概要書並びに当該建設を行う場所及び区域等を明らかにする地形図（中高層の耐火共同住宅については、各階の平面図を含む。）</td></tr>
<tr><td>⑫　上記⑪に掲げる事業で、同欄の所轄税務署長の承認（当該事業に係る最初の承認に限る。）を受けた事情があるもの</td><td>当該事業につき災害等の事情が生じたことから、上記⑪に係る延長期間までに優良住宅認定を受けることが困難になったと見込まれることにより所轄税務署長の承認を受けた事情</td><td>上記⑪の延長期間の末日から２年を経過する日までの期間内の日で当該事業につき優良住宅認定を受けることができると見込まれる日として所轄税務署長が認定した日の属する年の12月31日</td></tr>
<tr><td>⑬　表の１の⑮の建設に関する事業で、上記⑫に掲げる事業以外の事業</td><td>当該事業につき災害等の事情が生じたため優良宅地認定を受けるために要する期間が通常２年を超えることになると見込まれることにより特例期間内に優良住宅認定を受けることが困難であると認められるとして所轄税務署長の承認を受けた事情</td><td>特例期間の末日から２年を経過する日までの期間内の日で当該事業につき優良住宅認定を受けることができると見込まれる日として所轄税務署長が認定した日の属する年の12月31日</td></tr>
<tr><td>⑭　表の１の⑮の建設に関する事業で、特定非常</td><td>当該事業につき特定非常災害により、特例期間（上記⑪～⑬により特例期間の延長が認めら</td><td>特例期間の末日から２年を経過する日までの期間内の日で当該事</td><td>当該事業を行う者が、所轄税務署長の承認を受けようとする場合には、特例期</td></tr>
</table>

――別表1　優良住宅地等のための譲渡に関する証明書類等の区分一覧表――

| 区　　　分 | | 特例期間の延長が認められる事情 | 特例期間の延長期間 | 延長承認の手続 |
|---|---|---|---|---|
| | 災害に基因するやむを得ない事情があるもの(上記⑪～⑬により特例期間の延長が認められている場合を含む。) | れている場合には、当該延長後の特例期間。以下この項において同じ。）内に優良住宅認定を受けることが困難であると認められるとして所轄税務署長の承認を受けた事情 | 業につき優良住宅認定を受けることができると見込まれる日として所轄税務署長が認定した日の属する年の12月31日 | 間の末日の属する年の翌年1月15日までに、次の申請書を提出しなければならない。<br>(イ)　申請書記載事項<br>A　申請者の氏名等<br>B　当該事業について、特定非常災害により特例期間内に優良住宅認定を受けることが困難となった事情の詳細<br>C　当該事業の完成予定年月日<br>D　優良住宅認定を受けることができると見込まれる日<br>E　既に所轄税務署長の承認を受けたことがある場合には、その承認に係る所轄税務署長が認定した日<br>(ロ)　申請書に添付すべき書類<br>A　優良住宅認定申請書に準じて作成した書類<br>B　当該建設に関する事業概要書並びに当該建設を行う場所及び区域等を明らかにする地形図（中高層の耐火共同住宅については、各階の平面図を含む。） |
| 表の1の⑯の譲渡に該当することが確実と | ⑮　表の1の⑯の建設に関する事業 | 当該事業につき災害等の事情が生じたため建築基準法第7条第5項に規定する検査済証の交付を受けるために要する期間が通常2年を超えることになると見込まれることにより特例期間内に検査済証の交付を受けることが困難であると認められるとして所轄税務署長の承認を受けた事情 | 特例期間の末日から2年を経過する日までの期間内の日で当該事業につき検査済証の交付を受けることができると見込まれる日として所轄税務署長が認定した日の属する年の12月31日 | 当該事業を行う者が、所轄税務署長の承認を受けようとする場合には、譲渡の日から2年を経過する日の属する年の12月31日の翌日から15日を経過する日までに、次の申請書を提出しなければならない。<br>(イ)　申請書記載事項<br>A　申請者の氏名等<br>B　特例期間の延長が認められる事由がある旨及び当該事由の詳細<br>C　当該事業の着工予定 |

| 区分 | | 特例期間の延長が認められる事情 | 特例期間の延長期間 | 延長承認の手続 |
|---|---|---|---|---|
| 認められるもの | | | | 年月日及び完成予定年月日<br>D　検査済証の交付を受けることができると見込まれる日及び税務署長の認定を受けようとする日<br>(ロ)　申請書に添付すべき書類<br>A　建築基準法第６条第１項に規定する確認の申請書に準じて作成した書類<br>B　当該建設に関する事業概要書及び当該建設を行う場所及び区域等を明らかにする地形図 |
| | ⑯　上記⑮に掲げる事業で、特定非常災害に基因するやむを得ない事情があるもの（上記⑮により特例期間の延長が認められている場合を含む。） | 当該事業につき特定非常災害により、特例期間（上記⑮により特例期間の延長が認められている場合には、当該延長後の特例期間。以下この項において同じ。）内に検査済証の交付を受けることが困難であると認められるとして所轄税務署長の承認を受けた事情 | 特例期間の末日から２年を経過する日までの期間内の日で当該事業につき検査済証の交付を受けることができると見込まれる日として所轄税務署長が認定した日の属する年の12月31日 | 当該事業を行う者が、所轄税務署長の承認を受けようとする場合には、特例期間の末日の属する年の翌年１月15日までに、次の申請書を提出しなければならない。<br>(イ)　申請書記載事項<br>A　申請者の氏名等<br>B　当該事業について、特定非常災害により特例期間内に検査済証の交付を受けることが困難となった事情の詳細<br>C　当該事業の完成予定年月日<br>D　検査済証の交付を受けることができると見込まれる日<br>E　既に所轄税務署長の承認を受けたことがある場合には、その承認に係る所轄税務署長が認定した日<br>(ロ)　申請書に添付すべき書類<br>A　建築基準法第６条第１項に規定する確認の申請書に準じて作成した書類 |

――別表1　優良住宅地等のための譲渡に関する証明書類等の区分一覧表――

| 区　　　　分 | | 特例期間の延長が認められる事情 | 特例期間の延長期間 | 延長承認の手続 |
|---|---|---|---|---|
| | | | | B　当該建設に関する事業概要書及び当該建設を行う場所及び区域等を明らかにする地形図 |

**別表２（法人税等に係る収用証明書については、併せて措通64⑷－１（「次表」）参照してください。）**

# 収 用 証 明 書 の 区 分 一 覧 表

| 区　　分 | 内　　容 | 発 行 者 | 根拠条項 | 備　　考 |
|---|---|---|---|---|
| ①　土地収用法の規定に基づいて収用された場合（※１） | 収用の裁決書の写し（※２） | 収用委員会 | 措置法33条１項１号、33条の２　１項１号<br>措置法規則14条５項１号 | ※１　都市再開発法による第二種市街地再開発事業（その施行者が同法第50条の２に規定する再開発会社であるものに限る。）の施行に伴い、同法第50条の２第３項に規定する再開発会社の株主若しくは社員である者の有する資産又は当該資産に関して有する所有権以外の権利が収用され、買い取られ、又は消滅し、補償金又は対価を取得する場合を除く。<br>事業の内容を問わない。③から㊵まで及び㊻から(48の３)までに該当するものであっても、①又は②が優先的に適用される。<br>※２　収用の裁決書の写し又は和解調書の写しは、その資産を買い取られた者が作成して差し支えない。 |
| ②　土地収用法に規定された収用委員会の勧告に基づく和解により買い取られた場合（※１） | 和解調書の写し（※２） | 同　　上 | 同　　上 | |
| ③　土地収用法第３条に規定する事業の用に供するため収用することができる資産を買い取られた場合（※１） | 当該事業が事業認定を受けたものである旨の証明（代行買収（※２）の場合にあっては、当該代行買収を行う者の名称及び所在地の記載があるもの） | 当該資産の買取りをする者（代行買収の場合にあっては、事業施行者） | 措置法33条１項２号、33条の２　１項１号<br>措置法規則14条５項２号 | ※１　⑤から㊵まで及び㊹から(48の３)までに該当するものとして証明を受けたものを除く。<br>※２「代行買収」とは、次に掲げる買取りをいう。<br>⑴　資産の買取りを必要とする事業の施行者が国、地方公共団体又は独立行政法人都市再生機構である場合に |

| 区　　　分 | | 内　　容 | 発行者 | 根拠条項 | 備　　考 |
|---|---|---|---|---|---|
| 事業認定又は都市計画事業の認可若しくは承認を受けなければ特例の適用がないもの | | | | | おいて、当該事業の施行者に代わり、地方公共団体又は地方公共団体が財産を提供して設立した団体（地方公共団体以外の者が財産を提供して設立した団体を除く。次の(3)において同じ。）が行う当該資産の買取り<br>(2)　資産の買取りを必要とする事業の施行者が国又は地方公共団体であり、かつ、当該事業が一団地の面積において10ヘクタール以上（当該事業が拡張に関する事業である場合には、その拡張後の一団地の面積が10ヘクタール以上）のものである場合において、当該事業の施行者に代わり、独立行政法人都市再生機構が行う当該資産の買取り<br>(3)　資産の買取りを必要とする事業が全国新幹線鉄道整備法第２条に規定する新幹線鉄道（同法附則第６項に規定する新幹線鉄道規格新線等を含む。）の建設に係る事業又は地方公共団体が当該事業に関連して施行する道路法による道路に関する事業である場合において、 |

| 区　　　　　　分 | | 内　　　容 | 発 行 者 | 根拠条項 | 備　　　考 |
|---|---|---|---|---|---|
| 事業認定又は都市計画事業の認可若しくは承認を受けなければ特例の適用がないもの | | | | | これらの事業の施行者に代わり、地方公共団体、地方公共団体が財産を提供して設立した団体又は独立行政法人鉄道建設・運輸施設整備支援機構が行う当該資産の買取り<br>(4) 資産の買取りを必要とする事業が大都市地域における宅地開発及び鉄道整備の一体的推進に関する特別措置法第9条第2項に規定する同意特定鉄道の整備に係る事業に関連して施行される土地収用法第3条第7号の規定に該当する事業である場合において、当該事業の施行者に代わり、地方公共団体が行う当該資産の買取り |
| | ④　都市計画法その他の法律（※）の規定により都市計画施設の整備に関する事業又は市街地開発事業の用に供するため収用することができる資産を買い取られた場合 | 当該事業が都市計画事業の認可又は承認を受けたものである旨の証明（代行買収（③の「備考」欄の※2参照）の場合にあっては、当該代行買収を行う者の名称及び所在地の記載があるもの） | 当該資産の買取りをする者（代行買収の場合にあっては、事業施行者） | 措置法33条1項2号、33条の2　1項1号<br>措置法規則14条5項2号 | ※　その他の法律には次のものがある。<br>(1) 新住宅市街地開発法<br>(2) 首都圏の近郊整備地帯及び都市開発区域の整備に関する法律<br>(3) 近畿圏の近郊整備区域及び都市開発区域の整備及び開発に関する法律<br>(4) 新都市基盤整備法<br>(5) 流通業務市街地の整備に関する法律 |

| 区 | | 分 | 内　容 | 発行者 | 根拠条項 | 備　考 |
|---|---|---|---|---|---|---|
| 事業認定を受けない場合でも特例の適用があるもの | 土地収用法第三条各号に掲げる施設のうち右に掲げるものに関する事業に必要なものとして収用することができる資産を買い取られた場合 | ⑤　道路法による道路（※１）又は道路運送法による一般自動車道（※２）（第１号の一部） | 当該資産が左に掲げる資産に関する事業に必要なものとして収用することができる資産に該当する旨の証明（代行買収（③の「備考」欄の※２参照）の場合にあっては、当該代行買収を行う者の名称及び所在地の記載があるもの） | 当該資産の買取りをする者（代行買収の場合にあっては、事業施行者） | 措置法33条１項２号、33条の２　１項１号<br>措置法規則14条５項３号イ | ※１　「道路法による道路」とは、道路法第３条に規定する高速自動車国道、一般国道、都道府県道及び市町村道をいい、私道、林道等はこれに含まれない。<br>※２　「道路運送法による一般自動車道」には、同法第２条第８項に規定する専用自動車道（同項に規定する自動車運送業者が、専らその事業用自動車の交通の用に供することを目的として設けた道をいう。）は含まれない。 |
| | | ⑥　河川法が適用若しくは準用される河川その他公共の利害に関係のある河川又はこれらの河川に治水若しくは利水の目的をもって設置する堤防、護岸、ダム、水路、貯水池その他の施設（第２号） | 同　上 | 同　上 | 同　上 | |
| | | ⑦　砂防法による砂防設備又は同法が準用される砂防のための施設（第３号） | 同　上 | 同　上 | 同　上 | |
| | | ⑧　国又は都道府県が設置する地すべり等防止法による地すべり防止施設又はぼた山崩壊防止施設（第３号の２） | 同　上 | 同　上 | 同　上 | |
| | | ⑨　国又は都道府県が設置する急傾斜地の崩壊による災害の防止に関する法律による急傾斜地崩壊防止施設（第３号の３） | 同　上 | 同　上 | 同　上 | |
| | | ⑩　運河法による運河の用に供する施設（第４号） | 同　上 | 同　上 | 同　上 | |
| | | ⑪　国、地方公共団体、土地改良区（土地改良 | 同　上 | 同　上 | 同　上 | |

| 区 | | 分 | 内　　容 | 発 行 者 | 根 拠 条 項 | 備　　考 |
|---|---|---|---|---|---|---|
| 事業認定を受けない場合でも特例の適用があるもの | 土地収用法第三条各号に掲げる施設のうち右に掲げるものに関する事業に必要なものとして収用することができる資産を買い取られた場合 | 区連合を含む。）又は独立行政法人石油天然ガス・金属鉱物資源機構が設置する農業用道路、用水路、排水路、海岸堤防、かんがい用若しくは農作物の災害防止用のため池又は防風林その他これに準ずる施設（第５号） | | | | |
| | | ⑫　国、都道府県又は土地改良区（土地改良区連合を含む。）が土地改良法によって行う客土事業又は土地改良事業の施行に伴い設置する用排水機若しくは地下水源の利用に関する設備（第６号） | 同　　上 | 同　　上 | 同　　上 | |
| | | ⑬　鉄道事業法による鉄道事業者の鉄道事業の用、独立行政法人鉄道建設・運輸施設整備支援機構が設置する鉄道の用又は軌道の用に供する施設のうち線路（※１）及び停車場（※２）に係る部分（第７号から第８号までの一部） | 同　　上 | 同　　上 | 同　　上 | ※１　「線路」には、専用側線及び専用索道（事業者等が自己の製品、原料等を貨車等により搬出することを目的として敷設するもの）は含まれない。<br>鉄道電化のため又は鉄道線路防護のため線路に隣接して設置する変電所用地又は鉄道林用地は、「線路に係る部分」に含まれる。<br>※２　「停車場」とは、駅、信号場及び操車場をいう（鉄道に関する技術上の基準を定める省令第２条）。 |
| | | ⑭　港湾法による港湾施設又は漁港及び漁場の整備等に関する法律による漁港施設（第10号） | 同　　上 | 同　　上 | 同　　上 | |
| | | ⑮　海岸法による海岸保全施設（第10号の２） | 同　　上 | 同　　上 | 同　　上 | |
| | | ⑯　航路標識法による航路標識又は水路業務法による水路測量標（第11号） | 同　　上 | 同　　上 | 同　　上 | |

| 区 | | 分 | 内　容 | 発行者 | 根拠条項 | 備　考 |
|---|---|---|---|---|---|---|
| 事業認定を受けない場合でも特例の適用があるもの | 土地収用法第三条各号に掲げる施設のうち右に掲げるものに関する事業に必要なものとして収用することができる資産を買い取られた場合 | ⑰　航空法による飛行場又は航空保安施設で公共の用に供するもの（第12号） | 同　上 | 同　上 | 同　上 | |
| | | ⑱　気象、海象、地象又は洪水その他これに類する現象の観測の用に供する施設（※）（第13号の一部） | 同　上 | 同　上 | 同　上 | ※　土地収用法第３条第13号に掲げる施設のうち通報の用に供する施設は含まれない。 |
| | | ⑱の２　日本郵便株式会社が設置する郵便物の集配又は運送事務に必要な仕分けその他の作業の用に供する施設で既成市街地（※）内のもの及び高速自動車国道と一般国道との連結位置の隣接地内のもの（第13号の２の一部） | 同　上 | 同　上 | 同　上 | ※「既成市街地」とは、産業又は人口が相当程度集中し、公共施設の整備及び土地の高度利用等の市街地としての開発が既に行われている地域をいう。 |
| | | ⑲　海上保安庁が設置する電気通信設備（第15号の一部） | 同　上 | 同　上 | 同　上 | |
| | | ⑳　電気通信事業法第120条第１項に規定する認定電気通信事業者（※１）が設置する同法第９条第１号に規定する電気通信回線設備（※２）の用に供する施設（当該施設が市外通信幹線路の中継施設以外の施設である場合には、既成市街地（※３）内にあるものに限る。）（第15号の２の一部） | 同　上 | 同　上 | 同　上 | ※１「認定電気通信事業者」とは、電気通信回線設備を設置して電気通信役務を提供する事業を行う者で電気通信事業法第117条第１項に規定する総務大臣の認定を受けた者をいう。<br>※２「電気通信回線設備」とは、送信の場所と受信の場所との間を接続する伝送路設備及びこれと一体として設置される交換設備並びにこれらの附属設備をいう（電気通信事業法第９条第１号）。<br>※３「既成市街地」については、⑱の２の「備考」欄参照 |
| | | ㉑　電気事業法（昭和39年法律第170号）による一般送配電事業、送電事業、配電事業、特定送配電事業又は発電 | 同　上 | 同　上 | 同　上 | ※１　離島とは、次に掲げる島をいう。<br>(1)　離島振興法（昭和28年法律第72号）第２条第１項 |

| 区 | | 分 | 内　　容 | 発　行　者 | 根拠条項 | 備　　考 |
|---|---|---|---|---|---|---|
| 事業認定を受けない場合でも特例の適用があるもの | 土地収用法第三条各号に掲げる施設のうち右に掲げるものに関する事業に必要なものとして収用することができる資産を買い取られた場合 | 事業の用に供する電気工作物のうち水力による発電施設、最大出力10万キロワット以上の汽力若しくは原子力による発電施設、最大出力5,000キロワット以上の内燃力若しくはガスタービンによる発電施設（離島（※１）において設置されるものに限る。）又は送電施設（※２）若しくは使用電圧５万ボルト以上の変電施設（※２）（第17号の一部） | | | | 《指定》の規定により指定された同項の離島振興対策実施地域に含まれる島<br>⑵　沖縄振興特別措置法（平成14年法律第14号）第３条第３号《定義》に規定する離島<br>⑶　奄美群島振興開発特別措置法（昭和29年法律第189号）第１条《目的》に規定する奄美群島の区域に含まれる島<br>⑷　小笠原諸島振興開発特別措置法（昭和44年法律第79号）第４条第１項《定義》に規定する小笠原諸島<br>※２　電気事業法第２条第１項第８号に規定する一般送配電事業、同項第10号に規定する送電事業又は同項第11号の２に規定する配電事業の用に供するために設置される送電施設又は変電施設に限る。 |
| | | ㉒　ガス事業法によるガス工作物のうち高圧導管又は中圧導管（※）及びこれらと接続する整圧器（第17号の２の一部） | 同　　上 | 同　　上 | 同　　上 | ※「高圧導管」又は「中圧導管」とは、ガス事業法（昭和29年法律第51号）第２条第13項の規定によるガス工作物たる「導管」（いわゆるガス管）のうち高圧導管（１メガパスカル以上の圧力を有するガスを通ずる導管）又は中圧導管（0.1メガパスカル以上１メガパスカル未満の圧力を有するガスを通ずる導管）をいい、ガス工作物のうちガス発生設備、ガスホ |

| 区分 | | | 内容 | 発行者 | 根拠条項 | 備考 |
|---|---|---|---|---|---|---|
| 事業認定を受けない場合でも特例の適用があるもの | 土地収用法第三条各号に掲げる施設のうち右に掲げるものに関する事業に必要なものとして収用することができる資産を買い取られた場合 | | | | | ルダー（いわゆるガスタンク）、ガス精製設備等は含まれない。 |
| | | ㉓　水道法による水道事業若しくは水道用水供給事業、工業用水道事業法による工業用水道事業又は下水道法による公共下水道、流域下水道若しくは都市下水路の用に供する施設（第18号） | 同　上 | 同　上 | 同　上 | |
| | | ㉔　市町村が消防法によって設置する消防の用に供する施設（第19号） | 同　上 | 同　上 | 同　上 | |
| | | ㉕　都道府県又は水防法による水防管理団体が水防の用に供する施設（第20号） | 同　上 | 同　上 | 同　上 | |
| | | ㉖　次に掲げるもののための施設（第21号の一部）<br>(イ)　地方公共団体の設置に係る小学校、中学校、高等学校、特別支援学校及び幼稚園<br>(ロ)　国の設置に係る特別支援学校<br>(ハ)　私立学校法第３条に規定する学校法人の設置に係る高等学校及び幼稚園（※）<br>(ニ)　国又は地方公共団体の設置に係る看護師養成所及び准看護師養成所 | 同　上 | 同　上 | 同　上 | ※　学校法人の設置に係る高等学校及び幼稚園のための施設の買取りについては、既に設立されている学校法人が行うものに限り適用され、学校法人を設立するために行う買取りについては適用がない。 |
| | | ㉗　次に掲げるもののための施設(第23号の一部)<br>(イ)　国、地方公共団体又は社会福祉法人の設置に係る社会福祉法第２条第３項第４号に規定する老人デイサービスセンター及び老人短期入所施設並びに同項第４号の２に規定する障害福祉サービス事業の | 同　上 | 同　上 | 同　上 | ※１　社会福祉法第２条第３項第４号の２に規定する「障害福祉サービス事業の用に供する施設」とは、次に掲げる事業の用に供するものに限られる。<br>(1)　障害者の日常生活及び社会生活を総合的に支援するための法律（平成 |

| 区 | | 分 | 内　容 | 発 行 者 | 根拠条項 | 備　考 |
|---|---|---|---|---|---|---|
| 事業認定を受けない場合でも特例の適用があるもの | 土地収用法第三条各号に掲げる施設のうち右に掲げるものに関する事業に必要なものとして収用することができる資産を買い取られた場合 | 用に供する施設（※１）、地域活動支援センター及び福祉ホーム並びに同法第62条第１項に規定する社会福祉施設（※２）並びに児童福祉法第43条に規定する児童発達支援センター<br>(ロ)　地方公共団体又は社会福祉法人の設置に係る幼保連携型認定こども園（就学前の子どもに関する教育、保育等の総合的な提供の推進に関する法律（平成18年法律第77号）第２条第７項に規定する幼保連携型認定こども園をいう。次の(ホ)において同じ。）<br>(ハ)　地方公共団体又は社会福祉法人の設置に係る児童福祉法第39条第１項に規定する保育所<br>(ニ)　地方公共団体又は社会福祉法人の設置に係る児童福祉法第６条の３第10項に規定する小規模保育事業の用に供する同項第１号に規定する施設のうち利用定員が10人以上であるもの<br>(ホ)　学校法人の設置に係る幼保連携型認定こども園 | | | | 17年法律第123号）第５条第６項に規定する療養介護<br>(2)　同条第７項に規定する生活介護<br>(3)　同条第12項に規定する自立訓練<br>(4)　同条第13項に規定する就労移行支援<br>(5)　同条第14項に規定する就労継続支援<br>(6)　同条第17項に規定する共同生活援助<br>※２　社会福祉法第62条第１項に規定する「社会福祉施設」とは、第１種社会福祉事業（同法第２条第２項）に係る施設に限られ、第２種社会福祉事業（同法第２条第３項）に係る施設は含まれない。 |
| | | ㉘　地方公共団体の設置に係る火葬場（第25号の一部） | 同　上 | 同　上 | 同　上 | |
| | | ㉙　地方公共団体の設置に係ると畜場法（昭和28年法律第114号）によると畜場又は化製場等に関する法律（昭和23年法律第140号）による化製場若しくは死亡獣畜取扱場（第26号 | 同　上 | 同　上 | 同　上 | |

| 区 | | 分 | 内　　容 | 発　行　者 | 根拠条項 | 備　　考 |
|---|---|---|---|---|---|---|
| 事業認定を受けない場合でも特例の適用があるもの | 土地収用法第三条各号に掲げる施設のうち右に掲げるものに関する事業に必要なものとして収用することができる資産を買い取られた場合 | の一部） | | | | |
| | | ㉚　地方公共団体が設置する廃棄物の処理及び清掃に関する法律（昭和45年法律第137号）による一般廃棄物処理施設、産業廃棄物処理施設その他の廃棄物の処理施設（廃棄物の処分（再生を含む。）に係るものに限る。）（※）（第27号の一部） | 同　　上 | 同　　上 | 同　　上 | ※　廃棄物の処理及び清掃に関する法律第15条の５第１項に規定する廃棄物処理センターが設置する施設及び地方公共団体が設置する公衆便所は含まれない。 |
| | | ㉚の２　国が設置する中間貯蔵施設（※１）及び指定廃棄物の最終処分場（※２）として環境大臣が指定するもの（第27号の２の一部） | 同　　上 | 同　　上 | 同　　上 | ※１「中間貯蔵施設」とは、福島県の区域内において汚染廃棄物等（平成二十三年三月十一日に発生した東北地方太平洋沖地震に伴う原子力発電所の事故により放出された放射性物質による環境の汚染への対処に関する特別措置法（平成23年法律第110号）第46条に規定する汚染廃棄物等をいう。）の処理を行うために設置される一群の施設であって、汚染廃棄物等の貯蔵施設及び汚染廃棄物等の受入施設、分別施設又は減量施設から構成されるもの（これらと一体的に設置される常時監視施設、試験研究及び研究開発施設、展示施設、緑化施設その他の施設を含む。）をいう。<br>※２「指定廃棄物の最終処分場」とは、宮城県、茨城県、栃木県、群馬県又は千葉県の区域内において同法第19条に規定する指定廃棄物の埋立処分の用に供される場所をいう。 |

| 区 | | 分 | 内　　容 | 発 行 者 | 根拠条項 | 備　　考 |
|---|---|---|---|---|---|---|
| 事業認定を受けない場合でも特例の適用があるもの | 土地収用法第三条各号に掲げる施設のうち右に掲げるものに関する事業に必要なものとして収用することができる資産を買い取られた場合 | ㉛　国が設置する通信施設並びに都道府県が設置する警察署、派出所又は駐在所に係る庁舎、警察職員の待機宿舎、交通機動隊の庁舎及び自動車検問のための施設並びに運転免許センター（第31号の一部） | 同　　上 | 同　　上 | 同　　上 | |
| | | ㉜　都市公園法第２条第１項に規定する都市公園（※）（第32号の一部） | 同　　上 | 同　　上 | 同　　上 | ※　都市公園とは、①都市計画施設である公園若しくは緑地で地方公共団体が設置するもの、②都市計画法により指定された都市計画区域内において地方公共団体が設置する公園若しくは緑地又は③都市計画施設である公園若しくは緑地で国が設置するものをいい、これらの地方公共団体又は国が当該公園又は緑地に設ける公園施設を含む。 |
| | | ㉝　独立行政法人水資源機構法第２条第２項に規定する水資源開発施設（※）で１日につき10万立方メートル以上の原水を供給する能力を有するもの（第34号の一部） | 同　　上 | 同　　上 | 同　　上 | ※「水資源開発施設」とは、水資源開発基本計画に基づいて新築又は改築として行う次に掲げる施設（当該施設のうち発電に係る部分を除く。）及び水資源開発公団から承継した同施設をいう。<br>⑴　ダム、河口ぜき、湖沼水位調節施設、多目的用水路、専用用水路その他の水資源の開発又は利用のための施設<br>⑵　⑴に掲げる施設と密接な関連を有する施設 |
| | | ㉞　⑤から㉝までに掲げるものに関する事業のために欠くことができない通路、橋、鉄道、 | 同　　上 | 同　　上 | 同　　上 | |

| 区　　　分 | | 内　　容 | 発 行 者 | 根拠条項 | 備　　考 |
|---|---|---|---|---|---|
| 事業認定を受けない場合でも特例の適用があるもの | 軌道、索道、電線路、水路、池井、土石の捨場、材料の置場、職務上常駐を必要とする職員の詰所又は宿舎その他の施設（第35号） | | | | |
| | ㉟　土地収用法第３条各号のいずれかに該当するもの（当該いずれかに該当するものと他の当該各号のいずれかに該当するものとが一組の施設として一の効用を有する場合には、当該一組の施設とし、⑤から㉞までに該当するものを除く。）に関する事業で一団地の面積において10ヘクタール以上のもの（拡張に関する事業にあっては、その買い取った土地を含めた拡張後の一団地の面積が10ヘクタール以上のもの）に必要な土地で当該事業の用に供されるもの及び当該土地の上に存する資産を買い取られた場合 | その買い取った資産が買取りをする者の当該事業の用に供される土地及び当該土地の上に存する資産である旨並びにこれらの資産につき買取りの申出を拒むときは収用されることとなる事由があると認められる旨の証明（代行買収（③の「備考」欄の※２参照）の場合にあっては、当該代行買収を行う者の名称及び所在地の記載があるもの） | 当該資産の買取りをする者（代行買収の場合にあっては、事業施行者） | 措置法33条１項２号、33条の２　１項１号<br>措置法規則14条５項５号 | |
| | ㊱　河川法第22条第１項《洪水時等における緊急措置》の規定に基づいて収用することができる資産を買い取られた場合 | 当該資産が左に掲げる資産に該当する旨の証明（代行買収（③の「備考」欄の※２参照）の場合にあっては、当該代行買収を行う者の名称及び所在地の記載があるもの） | 当該資産の買取りをする者（代行買収の場合にあっては、事業施行者） | 措置法33条１項２号、33条の２　１項１号<br>措置法規則14条５項３号ロ | |
| | ㊲　水防法第28条《公用負担》の規定に基づいて収用することができる資産を買い取られた場合 | 同　　上 | 同　　上 | 同　　上 | |
| | ㊳　土地改良法第119条《障害物の移転等》又は第120条《急迫の際の使用等》の規定に基づいて収用することができる資産を買い取られた場合 | 同　　上 | 同　　上 | 同　　上 | |
| | ㊴　道路法第68条《非常災害時における土地の一時使用等》の規定に基づいて収用 | 同　　上 | 同　　上 | 同　　上 | |

| 区　分 | | 内　容 | 発行者 | 根拠条項 | 備　考 |
|---|---|---|---|---|---|
| 事業認定を受けない場合でも特例の適用があるもの | することができる資産を買い取られた場合 | | | | |
| | ㊵　住宅地区改良法の規定に基づいて収用することができる資産を買い取られた場合 | 同　上 | 同　上 | 同　上 | |
| | ㊶　測量法の規定に基づいて収用することができる資産が買い取られた場合 | 当該資産が測量法の規定に基づいて収用することができる資産である旨及び当該資産の所存する地域につき同法第14条第１項の規定による通知に係る同条第３項の公示があった旨の証明 | 国土地理院の長 | 措置法33条１項２号、33条の２　１項１号<br>措置法規則14条５項５号の４ | |
| | ㊷　鉱業法又は採石法の規定に基づいて収用することができる資産が買い取られた場合 | 当該資産の収用に関して鉱業法第106条第１項又は採石法第36条第１項の許可をした旨の証明 | 経済産業大臣又は当該資産の所在する地域を管轄する経済産業局長 | 措置法33条１項２号、33条の２　１項１号<br>措置法規則14条５項５号の５ | |
| | ㊸　日本国とアメリカ合衆国との間の相互協力及び安全保障条約第６条に基づく施設及び区域並びに日本国における合衆国軍隊の地位に関する協定の実施に伴う土地等の使用等に関する特別措置法の規定に基づいて収用することができる資産が買い取られた場合 | これに該当する資産である旨の証明 | 当該資産の所在する地域を管轄する地方防衛局長（当該資産の所在する地域が東海防衛支局の管轄区域内である場合には、東海防衛支局長） | 措置法33条１項２号、33条の２　１項１号<br>措置法規則14条５項５号の６ | |
| 都市計画事業の認可又は承認を受けない場合でも特例の適用があるもの | ㊹　都市計画法第４条第15項《定義》に規定する都市計画事業に準ずる事業として行う一団地の住宅施設（一団地における50戸以上の集団住宅及びこれらに附帯する通路その他の施設をいう。）のために土地その他の資産を買い取られた場合（52に該当する場合を除く。）（※１） | 次に掲げる場合に応じ、それぞれ次に掲げる証明（代行買収（※２）の場合にあっては、当該代行買収を行う者の名称及び所在地の記載があるもの）<br>(ｲ)　当該事業が国土交通大臣の定める都市計画事業として行う一団地の住宅施設 | 国、都道府県、独立行政法人都市再生機構又は地方住宅供給公社（市 | 措置法33条１項２号、33条の２　１項１号<br>措置法規則14条５項４号 | ※１　施行者（(ｲ)の場合）は、国、都道府県、市町村（特別区を含む。）、独立行政法人都市再生機構、地方住宅供給公社等又は都市計画法第59条第４項《都市計画事業の施行者》の認可を受けることができる者（地方公共団体の全額拠出により設立された住宅協会又は住宅公社等）で |

| 区　　分 | | 内　容 | 発行者 | 根拠条項 | 備　考 |
|---|---|---|---|---|---|
| 都市計画事業の認可又は承認を受けない場合でも特例の適用があるもの | | （一団地における50戸以上の集団住宅及びこれらに附帯する通路その他の施設をいう。）に係る基準に該当するこれに準ずる事業である場合　当該事業に該当する旨の証明<br>(ロ)　当該土地その他の資産が当該一団地の住宅施設の整備に関する都市計画事業に係る市街地開発事業等予定区域に関する都市計画において定められた区域内にある場合　当該区域内にある土地その他の資産である旨の証明 | のみが設立したものを除く。）の行う事業にあっては、国土交通大臣、その他の者の行う事業にあっては、都道府県知事<br><br>当該市街地開発事業等予定区域に関する都市計画を決定した者が、国土交通大臣である場合には、国土交通大臣、都道府県知事である場合には、都道府県知事 | | あるが、施行予定者((ロ)の場合）は、国又は地方公共団体に限られる。<br>※２「代行買収」とは、事業の施行者（市街地開発事業等予定区域に関する都市計画が定められている場合には、当該都市計画に定められた施行予定者）が国又は地方公共団体である場合において、当該事業の施行者に代わり、地方公共団体又は地方公共団体が財産を提供して設立した団体（地方公共団体以外の者が財産を提供して設立した団体を除く。）が行う当該事業のための資産の買取りをいう。 |
| | ㊺　次に掲げる事業の用に供するため土地及び土地の上に存する資産が買い取られる場合（※１）<br>(イ)　新住宅市街地開発法第２条第１項《定義》に規定する新住宅市街地開発事業に準ずる事業（新住宅市街地開発事業に係る市街地開発事業等予定区域に関する都市計画が定められているものを除く。）として国土交通大臣が指定した事業<br>(ロ)　新住宅市街地開発事業に係る市街地開発事業等予定区域に関する都市計画が定められている新住宅市街地開発事業に準ずる事業 | (イ)　当該事業が新住宅市街地開発事業として行う宅地の造成及び公共施設の整備に関する事業に係る基準に準じて国土交通大臣の定める基準に該当する事業として指定したものである旨、又は当該土地及び資産が新住宅市街地開発事業に係る市街地開発事業等予定区域に関する都市計画において定められた区域内にある土地及び当該土地の上に存する資産である旨の証明<br>(ロ)　当該土地及び | 国土交通大臣<br><br>事業の施行者 | 措置法33条１項２号、33条の２　１項１号<br>措置法規則14条５項４号の２ | ※１　施行者（又は施行予定者）は、地方公共団体、独立行政法人都市再生機構又は地方住宅供給公社である。<br>※２「代行買収」とは、事業の施行者（又は施行予定者）が独立行政法人都市再生機構である場合において、当該独立行政法人都市再生機構に代わり、地方公共団体又は地方公共団体が財産を提供して設立した団体（地方公共団体以外の者が財産を提供して設立した団体を除く。）が行う当該事業のための土地及び土地の上に存する資産の買取りをいう。 |

| 区分 | | 内容 | 発行者 | 根拠条項 | 備考 |
|---|---|---|---|---|---|
| 都市計画事業の認可又は承認を受けない場合でも特例の適用があるもの | | 当該土地の上に存する資産を当該事業の用に供するために買い取った旨の証明（代行買収（※２）の場合にあっては当該代行買収を行う者の名称及び所在地の記載があるもの） | （市街地開発事業等予定区域に関する都市計画が定められている場合には、当該都市計画に定められた施行予定者） | | |
| | ㊻　次に掲げる事業に該当することとなる事業（一団地の面積において10ヘクタール以上のものに限る。）に必要な土地で、当該事業の用に供されるもの及び当該土地の上に存する資産を買い取られた場合（※）<br>(ｲ)　首都圏の近郊整備地帯及び都市開発区域の整備に関する法律第２条第５項《定義》に規定する工業団地造成事業<br>(ﾛ)　近畿圏の近郊整備区域及び都市開発区域の整備及び開発に関する法律第２条第４項《定義》に規定する工業団地造成事業 | (ｲ)　当該土地及び資産が一団地の面積において10ヘクタール以上の造成事業の用に供される土地及び当該土地の上に存する資産である旨の証明<br>(ﾛ)　当該事業の施行される区域が次に掲げる場合に応じ、それぞれ次に掲げる区域であり、かつ、当該事業につき都市計画法第18条第１項（同法第22条第１項後段の規定により読み替えて適用する場合を含む。以下㊽までにおいて同じ。）の決定をすることが確実であると認められる旨、当該土地及び資産が当該工業団地造成事業について同法第12条第２項の規定により都市計画に定められた施行区域内にある土地及び当該土地の上に存する資産である旨又は当該土地及び資 | 国土交通大臣 | 措置法33条１項２号、33条の２　１項１号<br>措置法規則14条５項４号の３ | ※　施行者（又は施行予定者）は、地方公共団体である。 |

| 区　分 | | 内　容 | 発行者 | 根拠条項 | 備　考 |
|---|---|---|---|---|---|
| 都市計画事業の認可又は承認を受けない場合でも特例の適用があるもの | | 産が当該工業団地造成事業に係る市街地開発事業等予定区域に関する都市計画において定められた区域内にある土地及び当該土地の上に存する資産である旨の証明<br>A　左欄の(イ)の場合　首都圏の近郊整備地帯及び都市開発区域の整備に関する法律第３条の２第１項第１号から第３号までに掲げる条件に該当する区域<br>B　左欄の(ロ)の場合　近畿圏の近郊整備区域及び都市開発区域の整備及び開発に関する法律第５条の２第１項第１号から第３号まで及び第６条第１項第２号に掲げる条件に該当する区域 | | | |
| | (46の２)　都市再開発法第２条第１号《定義》に規定する第二種市街地再開発事業に該当することとなる事業に必要な土地で当該事業の用に供されるもの及び当該土地の上に存する資産が買い取られた場合 | (イ)　当該土地及び資産が当該事業の用に供される土地及び当該土地の上に存する資産である旨の証明<br>(ロ)　当該事業の施行される区域が同法第３条第２号から第４号まで及び第３条の２第２号に掲げる条件に該当す | 国土交通大臣 | 措置法33条１項２号、33条の２　１項１号<br>措置法規則14条５項４号の４ | |

| 区 | 分 | 内　　容 | 発 行 者 | 根拠条項 | 備　　考 |
|---|---|---|---|---|---|
| 都市計画事業の認可又は承認を受けない場合でも特例の適用があるもの | | る区域であり、かつ、当該事業につき都市計画法第18条第１項の決定をすることが確実であると認められる旨又は当該土地及び資産が当該第二種市街地再開発事業について同法第12条第２項の規定により都市計画に定められた施行区域内にある土地及び当該土地の上に存する資産である旨の証明 | | | |
| | ㊼　新都市基盤整備法第２条第１項《定義》に規定する新都市基盤整備事業に該当することとなる事業に必要な土地で当該事業の用に供されるもの及び当該土地の上に存する資産が買い取られた場合（※１） | (イ)　当該土地及び資産が当該事業の用に供される土地及び当該土地の上に存する資産である旨の証明<br>(ロ)　当該事業の施行される区域が同法第２条の２第１号から第３号まで及び第３条第２号に掲げる条件に該当する区域であり、かつ、当該事業につき都市計画法第18条第１項の決定をすることが確実であると認められる旨、当該土地及び資産が当該新都市基盤整備事業について同法第12条第２項の規定により都市計画に定められた施行区域内にある土地及び当該土地の上に存する資産である旨又 | 国土交通大臣 | 措置法33条１項２号、33条の２　１項１号<br>措置法規則14条５項４号の５ | ※１　施行者（又は施行予定者）は、地方公共団体である。<br>※２「代行買収」とは、事業の施行者（市街地開発事業等予定区域に関する都市計画が定められている場合には、当該都市計画に定められた施行予定者）に代わり、地方公共団体又は地方公共団体が財産を提供して設立した団体（地方公共団体以外の者が財産を提供して設立した団体を除く。）が行う当該土地及び土地の上に存する資産の買取りをいう。 |

| 区　　分 | | 内　　容 | 発行者 | 根拠条項 | 備　　考 |
|---|---|---|---|---|---|
| 都市計画事業の認可又は承認を受けない場合でも特例の適用があるもの | | は当該土地及び資産が当該新都市基盤整備事業に係る市街地開発事業等予定区域に関する都市計画において定められた区域内にある土地及び当該土地の上に存する資産である旨の証明（代行買収（※２）の場合にあっては、当該代行買収を行う者の名称及び所在地の記載があるもの） | | | |
| | ㊽　流通業務市街地の整備に関する法律第２条第２項《定義》に規定する流通業務団地造成事業に該当することとなる事業（当該事業の施行される区域の面積が30ヘクタール以上であるものに限る。）に必要な土地で当該事業の用に供されるもの及び当該土地の上に存する資産が買い取られた場合 | (イ)　当該土地及び資産が当該事業（当該事業の施行される区域の面積が30ヘクタール以上であるものに限る。）の用に供される土地及び当該土地の上に存する資産である旨の証明<br>(ロ)　当該事業の施行される区域が同法第６条の２各号及び第７条第１項第２号に掲げる条件に該当する区域であり、かつ、当該事業につき都市計画法第18条第１項の決定をすることが確実であると認められる旨、当該土地及び資産が当該流通業務団地造成事業に係る同法第11条第１項第11号に掲げる流通業務団地に | 国土交通大臣 | 措置法33条１項２号、33条の２　１項１号<br>措置法規則14条５項４号の６ | |

| 区　　分 | | 内　　容 | 発　行　者 | 根拠条項 | 備　　考 |
|---|---|---|---|---|---|
| 都市計画事業の認可又は承認を受けない場合でも特例の適用があるもの | | ついて同条第２項の規定により都市計画に定められた区域内にある土地及び当該土地の上に存する資産である旨又は当該土地及び資産が当該流通業務団地造成事業に係る市街地開発事業等予定区域に関する都市計画において定められた区域内にある土地及び当該土地の上に存する資産である旨の証明（代行買収（㊼の「備考」欄の※２参照）の場合にあっては、当該代行買収を行う者の名称及び所在地の記載があるもの） | | | |
| | 48の2　東日本大震災復興特別区域法（平成23年法律第122号）第４条第１項に規定する政令で定める区域（※１）内において行う都市計画法第11条第１項第12号《都市施設》に掲げる一団地の津波防災拠点市街地形成施設の整備に関する事業に必要な土地で当該事業の用に供されるもの及び当該土地の上に存する資産が買い取られた場合（※２） | (イ)　当該土地及び資産が当該事業の用に供される土地及び当該土地の上に存する資産である旨の証明<br>(ロ)　当該土地及び資産が当該事業に係る一団地の津波防災拠点市街地形成施設について同条第２項の規定により都市計画に定められた区域内にある土地及び当該土地の上に存する資産である旨の証明（代行買収（※３）の場合にあっては、当該代行買収を行う者の名称及 | 国土交通大臣（当該事業の施行者が市町村である場合には、道県知事） | 措置法33条１項２号、33条の２　１項１号<br>措置法規則14条５項４号の７ | ※１　「東日本大震災復興特別区域法第４条第１項に規定する政令で定める区域」とは、東日本大震災復興特別区域法施行令（平成23年政令第409号）第２条各号に掲げる区域をいう。<br>※２　施行者は、国又は地方公共団体である。<br>※３　「代行買収」とは、事業の施行者に代わり、地方公共団体又は地方公共団体が財産を提供して設立した団体（地方公共団体以外の者が財産を提供して設立した団体を除く。）が行う当該土地及び土地の上に存する資産の買取りをいう。 |

| 区　分 | | 内　容 | 発行者 | 根拠条項 | 備　考 |
| --- | --- | --- | --- | --- | --- |
| 都市計画事業の認可又は承認を受けない場合でも特例の適用があるもの | | び所在地の記載があるもの） | | | |
| | (48の3)　都市計画法第11条第１項第13号《都市施設》に掲げる一団地の復興再生拠点市街地形成施設の整備に関する事業に必要な土地で当該事業の用に供されるもの及び当該土地の上に存する資産が買い取られた場合（※） | (イ)　当該土地及び資産が当該事業の用に供される土地及び当該土地の上に存する資産である旨の証明<br>(ロ)　当該土地及び資産が当該事業に係る一団地の復興再生拠点市街地形成施設について都市計画法第11条第２項の規定により都市計画に定められた区域内にある土地及び当該土地の上に存する資産である旨の証明（代行買収（(48の2)の「備考」欄の※３参照）の場合にあっては、当該代行買収を行う者の名称及び所在地の記載があるもの） | 国土交通大臣（当該事業の施行者が市町村である場合には、福島県知事） | 措置法33条１項２号、33条の２　１項１号<br>措置法規則14条５項４号の８ | ※　施行者は、地方公共団体である。 |
| ㊾　森林法の規定に基づいて収用することができる資産で、同法第51条《裁定の申請》（同法第55条第２項《収用の請求》において準用する場合を含む。）の裁定又は同法第57条《協議がととのった場合》の届出があった場合において、当該資産が収用され又は買い取られたとき | | これらの裁定又は届出があった旨の証明 | 当該資産の所在する地域を管轄する都道府県知事 | 措置法33条１項１号・２号、33条の２　１項１号<br>措置法規則14条５項５号の２ | |
| (49の2)　所有者不明土地法の規定に基づいて収用することができる資産で、同法第32条第１項《裁定》の裁定があった場合において、当該資産が収用されたとき | | 当該裁定をした旨の証明 | 当該資産の所在する地域を管轄する都道府県知事 | 措置法33条１項１号、33条の２　１項１号<br>措置法規則14条５項５号の３ | |

| 区　分 | 内　容 | 発行者 | 根拠条項 | 備　考 |
|---|---|---|---|---|
| ㊿　都市再開発法による市街地再開発事業の施行に伴い資産の権利変換又は買取り若しくは収用があった場合において、その権利変換又は買取り若しくは収用に係る資産が次に掲げる資産であるとき<br>(イ)　都市再開発法第79条第３項《床面積が過小となる施設建築物の一部の処理》の規定により施設建築物の一部等若しくは施設建築物の一部についての借家権が与えられないように定められた資産又は同法第111条《特則》の規定により読み替えられた同項の規定により建築施設の部分若しくは施設建築物の一部についての借家権が与えられないように定められた資産<br>(ロ)　都市再開発法第71条第１項又は第３項《権利変換を希望しない旨の申出等》の申出に基づき同法第87条《権利変換期日における権利の変換》又は第88条第１項、第２項若しくは第５項の規定による権利変換を受けなかった資産<br>(ハ)　都市再開発法第104条第１項《清算》（同法第110条の２第６項又は第111条の規定により読み替えて適用される場合を含む。）又は第118条の24《清算》（同法第118条の25の３第３項の規定により読み替えて適用される場合を含む。）に規定する差額に相当する金額の交付を受けることとなった資産 | (イ)及び(ハ)に掲げる資産の場合にあっては、これに該当する資産である旨の証明<br>(ロ)に掲げる資産の場合にあっては、措置法令第22条第11項各号に掲げる場合のいずれか（都市再開発法第71条第１項又は第３項の申出をした者が同法第70条の２第１項の申出をすることができる場合には、措置法令第22条第11項第１号に掲げる場合に限る。）に該当する旨及び同項に規定する審査委員の同意又は市街地再開発審査会の議決のあった旨の証明 | 市街地再開発事業の施行者 | 措置法33条１項３号の２、33条の３　３項<br>措置法規則14条５項５号の７ | |
| 50の２　密集市街地における防災街区の整備の促進に関する法律による防災街区整備事業の施行に伴い資産の権利変換があった場合において、その権利変換に係る資産が次に掲げる資産であるとき<br>(イ)　密集市街地における防災街区の整備の促進に関する法律第212条第３項の規定により防災施設建築物の一部等若し | (イ)及び(ハ)に掲げる資産の場合にあっては、これに該当する資産である旨の証明<br>(ロ)に掲げる資産の場合にあっては、措置法令第22条第14項各号に掲げる場合のいずれか | 防災街区整備事業の施行者 | 措置法33条１項３号の３<br>措置法規則14条５項５号の８ | |

| 区　　　　　分 | 内　　　容 | 発　行　者 | 根 拠 条 項 | 備　　　考 |
|---|---|---|---|---|
| くは防災施設建築物の一部についての借家権が与えられないように定められた資産又は密集市街地における防災街区の整備の促進に関する法律施行令第43条の規定により読み替えられた同項の規定により防災建築施設の部分若しくは防災施設建築物の一部についての借家権が与えられないように定められた資産<br>(ロ)　密集市街地における防災街区の整備の促進に関する法律第203条第１項又は第３項の申出に基づき同法第221条又は第222条第１項、第２項若しくは第５項の規定による権利の変換を受けなかった資産<br>(ハ)　密集市街地における防災街区の整備の促進に関する法律第248条第１項（密集市街地における防災街区の整備の促進に関する法律施行令第43条又は第45条の規定により読み替えて適用される場合を含む。）の規定により同項に規定する差額に相当する金額の交付を受けることとなった資産 | （密集市街地における防災街区の整備の促進に関する法律第203条第１項又は第３項の申出をした者が同法第202条第１項の申出をすることができる場合には、措置法令第22条第14項第１号に掲げる場合に限る。）に該当する旨及び同項に規定する審査委員の同意又は防災街区整備審査会の議決のあった旨の証明 | | | |
| 50の3　都市計画法第52条の４第１項《土地の買取請求》（同法第57条の５《土地の買取請求》及び密集市街地における防災街区の整備の促進に関する法律第285条において準用する場合を含む。）の規定に基づいて土地又は土地の上に存する権利（以下52までにおいて「土地等」という。）が買い取られた場合 | 当該土地等を都市計画法第52条の４第１項、同法第57条の５又は密集市街地における防災街区の整備の促進に関する法律第285条の規定により買い取った旨の証明 | 都市計画において定められた施行予定者 | 措置法33条１項３号の４<br>措置法規則14条５項５号の９ | |
| 51　都市計画法第56条第１項《土地の買取り》の規定に基づいて土地等が買い取られた場合 | (イ)　当該土地等につき都市計画法第55条第１項本文の規定により同法第53条第１項の許可をしなかった旨の証明<br>(ロ)　当該土地等を同法第56条第１項の規定により買取りをした旨の証明 | 当該許可をしなかった都市計画法第55条第１項に規定する都道府県知事等（※）<br><br>当該土地等の買取りをする者 | 措置法33条１項３号の４<br>措置法規則14条５項５号の10 | ※「都道府県知事等」とは、都道府県知事（市の区域内にあっては、当該市の長）をいう（都市計画法第26条第１項）。 |

| 区　　　　　　分 | 内　　　容 | 発　行　者 | 根拠条項 | 備　　　考 |
|---|---|---|---|---|
| 51の2　土地区画整理法による土地区画整理事業で同法第109条第１項に規定する減価補償金を交付すべきこととなるものに係る公共施設の用地に充てるために土地等が買い取られた場合 | (イ)　当該事業が減価補償金を交付すべきこととなる土地区画整理事業である旨の証明<br>(ロ)　当該事業に係る公共施設の用地に充てるための土地等の買取りにつき国土交通大臣（当該事業の施行者が市町村である場合には、都道府県知事）の承認を受けて当該事業の施行区域（土地区画整理法第２条第８項に規定する施行区域をいう。）内にある当該土地等を買い取ったものであり、かつ、当該土地等を当該公共施設の用地として登記した旨の証明 | 国土交通大臣（当該事業の施行者が市町村である場合は、都道府県知事）<br>当該事業の施行者 | 措置法33条１項３号の５<br>措置法規則14条５項５号の11 | |
| 51の3　地方公共団体又は独立行政法人都市再生機構が被災市街地復興特別措置法第５条第１項の規定により都市計画に定められた被災市街地復興推進地域において施行する被災市街地復興土地区画整理事業で土地区画整理法第109条第１項に規定する減価補償金を交付すべきこととなるものの施行区域内にある土地等について、これらの者が当該被災市街地復興土地区画整理事業として行う公共施設の整備改善に関する事業の用に供するためにこれらの者（土地開発公社を含む。）に買い取られた場合 | (イ)　当該被災市街地復興土地区画整理事業が減価補償金を交付すべきこととなる土地区画整理法による土地区画整理事業となることが確実であると認められる旨の証明<br>(ロ)　当該被災市街地復興土地区画整理事業に係る公共施設の整備改善に関する事業の用地に充てるための土地等の買取りにつき国土交通大臣（当該被災市街 | 国土交通大臣（当該被災市街地復興土地区画整理事業の施行者が市町村である場合は、都道府県知事）<br>当該被災市街地復興土地区画整理事業の施行者 | 措置法33条１項３号の６<br>措置法規則14条５項５号の12 | ※「代行買収」とは、事業の施行者に代わり、都道府県、市町村その他政令（被災市街地復興特別措置法施行令（平成７年政令第36号）第５条）で定める者（独立行政法人都市再生機構、独立行政法人中小企業基盤整備機構、地方住宅供給公社及び土地開発公社）が行う当該土地及び土地の上に存する資産の買取りをいう（被災市街地復興特別措置法第８条）。 |

| 区　　　分 | 内　　容 | 発 行 者 | 根拠条項 | 備　　考 |
|---|---|---|---|---|
| | 地復興土地区画整理事業の施行者が市町村である場合は、都道府県知事）の承認を受けて当該被災市街地復興土地区画整理事業の施行区域（土地区画整理法第２条第８項に規定する施行区域をいう。）内にある当該土地等を買い取った旨の証明（当該土地等の所在地及び面積並びに当該土地等の買取りの年月日及び買取りの対価の額の記載があるものに限るものとし、代行買収（※）の場合にあっては、当該代行買収を行う者の名称及び所在地の記載があるものに限る。） | | | |
| (51の４)　地方公共団体又は独立行政法人都市再生機構が被災市街地復興特別措置法第21条に規定する住宅被災市町村の区域において施行する都市再開発法による第二種市街地再開発事業の施行区域（都市計画法第12条第２項の規定により第二種市街地再開発事業について都市計画に定められた施行区域をいう。）内にある土地等について、当該第二種市街地再開発事業の用に供するためにこれらの者（土地開発公社を含む。）に買い取られた場合 | 次に掲げる証明（当該土地等の所在地及び面積並びに当該土地等の買取りの年月日及び買取りの対価の額並びに当該第二種市街地再開発事業の施行者の名称及び所在地（代行買収（※）の場合にあっては、当該施行者の名称及び所在地並びに当該代行買収を行う者の名称及び所在地）の記載があるものに限る。）<br>(イ)　当該土地等が | 国土交通大臣 | 措置法33条１項３号の７<br>措置法規則14条５項５号の13 | ※「代行買収」については、(51の３)の「備考」欄の※参照 |

| 区　　　分 | 内　　容 | 発 行 者 | 根 拠 条 項 | 備　　考 |
|---|---|---|---|---|
| | 当該第二種市街地再開発事業の施行区域内の土地等であり、かつ、当該事業の用に供されることが確実であると認められる旨の証明<br>(ロ) 当該第二種市街地再開発事業につき都市再開発法第51条第１項又は第58条第１項の規定による認可があることが確実であると認められる旨の証明 | | | |
| ㉜ 国、地方公共団体、独立行政法人都市再生機構又は地方住宅供給公社の行う50戸以上の一団地の住宅経営に係る事業の用に供するために土地等が買い取られた場合 | 当該事業が自ら居住するため住宅を必要とする者に対して賃貸し、又は譲渡する目的で行う50戸以上の一団地の住宅経営に係る事業である旨及び当該土地等を当該事業の用に供するために買い取った旨の証明 | 当該事業の施行者 | 措置法33条１項４号、33条の２　１項１号<br>措置法規則14条５項６号 | |
| ㉝ 国若しくは地方公共団体（地方公共団体が設立した特定の法人（※１）を含む。）が行い、若しくは土地収用法第３条に規定する事業の施行者がその事業の用に供するために行う公有水面埋立法の規定に基づく公有水面の埋立て又は当該施行者が行う当該事業の施行に伴う漁業権、入漁権その他水の利用に関する権利又は鉱業権（租鉱権及び採石権その他土石を採掘し、又は採取する権利を含む。）の消滅（これらの権利の価値の減少を含む。）があった場合 | これらに該当する権利である旨の証明（代行買収（※２）の場合にあっては、当該代行買収を行う者の名称及び所在地の記載があるもの） | 当該事業の施行に関する主務大臣又は当該事業の施行に係る地域を管轄する都道府県知事 | 措置法33条１項７号<br>措置法規則14条５項８号 | ※１「地方公共団体が設立した特定の法人」とは、その出資金額又は拠出された金額の全額が地方公共団体により出資又は拠出をされている法人をいう。<br>※２「代行買収」とは、事業の施行者が国又は地方公共団体である場合において、当該事業の施行者に代わり、地方公共団体又は地方公共団体が財産を提供して設立した団体（地方公共団体以外の者が財 |

| 区　　　　　　　　　分 | 内　　　容 | 発　行　者 | 根拠条項 | 備　　　考 |
|---|---|---|---|---|
| | | | | 産を提供して設立した団体を除く。）が行う「区分」欄に掲げる権利の消滅に係る補償金又は対価の支払をいう。 |
| ㊹　建築基準法第11条第１項《第３章の規定に適合しない建築物に対する措置》の規定による命令又は港湾法（昭和25年法律第218号）第41条第１項《有害構築物の改築等》の規定による命令に基づく処分により資産が買い取られた場合 | これらに該当する資産である旨の証明 | これらの命令をした建築基準法第11条第１項に規定する特定行政庁又は港湾法第41条第１項に規定する港湾管理者 | 措置法33条１項８号<br>措置法規則14条５項９号イ | |
| ㊺　漁業法第93条第１項《公益上の必要による漁業権の取消し等》、海岸法第22条第１項《漁業権の取消等及び損失補償》又は電気通信事業法第141条第５項《水底線路の保護》の規定による処分により漁業権が消滅（価値の減少を含む。）をした場合 | これらに該当する漁業権である旨の証明 | 当該処分をした都道府県知事又は農林水産大臣 | 措置法33条１項８号<br>措置法規則14条５項９号ロ | |
| ㊻　鉱業法第53条《取消等の処分》（同法第87条《準用》において準用する場合を含む。）の規定による処分により鉱業権（租鉱権を含む。）が消滅（価値の減少を含む。）をした場合 | これに該当する鉱業権（租鉱権を含む。）である旨の証明 | 当該処分をした経済産業大臣又は経済産業局長 | 措置法33条１項８号<br>措置法規則14条５項９号ハ | |
| ㊼　水道法第42条第１項《地方公共団体による買収》の規定により資産が買収される場合 | これに該当する資産である旨の証明 | 厚生労働大臣 | 措置法33条１項８号<br>措置法規則14条５項９号ニ | |
| ㊽　土地区画整理法、大都市地域住宅等供給促進法、新都市基盤整備法、土地改良法又は農業振興地域の整備に関する法律の規定に基づく換地処分又は交換により資産を譲渡した場合 | これらに該当する資産である旨の証明 | 土地区画整理事業、住宅街区整備事業、新都市基盤整備事業、土地改良事業又は農業振興地域の整備に関する法律第13条の２第１項の事業の施行者 | 措置法33条１項３号、33条の２　１項２号、33条の３　１項<br>措置法規則14条５項10号 | |

<table>
<tr><th colspan="2">区　　　　　分</th><th>内　　　容</th><th>発　行　者</th><th>根拠条項</th><th>備　　　考</th></tr>
<tr><td rowspan="3">土地等を使用された場合（※）</td><td>(59)　土地等が土地収用法の規定に基づいて使用された場合</td><td colspan="3">①に同じ。</td><td rowspan="3">※　土地等が使用された場合において特例が適用されることとなるのは、当該使用が所得税法施行令第79条の要件に適合する場合である。</td></tr>
<tr><td>(60)　土地等が土地収用法に規定する収用委員会の勧告に基づく和解により使用された場合</td><td colspan="3">②に同じ。</td></tr>
<tr><td>(61)　土地等について使用の申出を拒むときは土地収用法等の規定に基づいて使用されることとなる場合において、当該土地等が契約により使用されたとき</td><td colspan="3">(イ)　当該使用が土地収用法第３条の規定する事業（⑤から㉞までに該当するものを除く。）の用に供するためのものである場合は、③に同じ。<br>(ロ)　当該使用が都市計画法その他の法律の規定により都市計画施設の整備に関する事業又は市街地再開発事業の用に供するためのものである場合は、④に同じ。<br>(ハ)　当該使用が(イ)及び(ロ)以外のものである場合は、⑤から㉞まで、㊱から㊸まで及び㊾に同じ。</td></tr>
<tr><td>収用若しくは使用又は換地処分等をされた土地の上にある資産について買取り、取壊し、除去があった場合等</td><td>(62)<br>イ　土地等が①から(50の2)まで又は(58)から(61)までに該当したことに伴い、その土地の上にある資産につき土地収用法等の規定に基づく収用をし、又は取壊し若しくは除去をしなければならなくなった場合<br>ロ　(54)から(57)までの規定又は大深度地下の公共的使用に関する特別措置法第11条の規定に基づき行う国又は地方公共団体の処分に伴い、その土地の上にある資産の取壊し又は除去をしなければならなくなった場合</td><td>これらの土地の上にある資産又はその土地の上にある建物に係る配偶者居住権（当該配偶者居住権の目的となっている建物の敷地の用に供される土地等を当該配偶者居住権に基づき使用する権利を含む。）（以下「対象資産」という。）である旨及び当該対象資産に係る対価又は補償金である旨の証明（代行買収（※）の場合にあっては、当該代行買収を行う者の名称及び所在地の記載があるもの）並びに当該対価又は補償金に関する明細</td><td>これらの土地の収用若しくは使用をすることができる者、これらの土地に係る土地区画整理事業、住宅街区整備事業、新都市基盤整備事業若しくは土地改良事業の施行者、第一種市街地再開発事業の施行者、防災街区整備事業の施行者又は措置法第33条第１項第８号に規定する処分を行う者（代行買収の場合における当該対価又は補償金に関する明細については、当該支払をする者）</td><td>措置法33条４項２号<br>措置法規則14条５項11号</td><td>※「代行買収」とは、「発行者」欄に掲げる者が、国、地方公共団体又は独立行政法人都市再生機構であり、かつ、当該対象資産に係る土地又は土地の上に存する権利につき③から㊵まで、㊹、㊺又は㊼から(48の3)までに該当するものである場合において、これらの者に代わり、地方公共団体又は地方公共団体が財産を提供して設立した団体（地方公共団体以外の者が財産を提供して設立した団体を除く。）が行う当該対価又は補償金の支払をいう。</td></tr>
</table>

| 区 | 分 | 内　容 | 発行者 | 根拠条項 | 備　考 |
|---|---|---|---|---|---|
| 収用若しくは使用又は換地処分等をされた土地の上にある資産について買取り、取壊し、除去があった場合等 | ㊸<br>イ 配偶者居住権の目的となっている建物の敷地の用に供される土地等が①から(50の２)まで又は㊾から㊶までに該当したことに伴い、当該土地等を当該配偶者居住権に基づき使用する権利の価値が減少した場合<br>ロ 配偶者居住権の目的となっている建物が①から(49の２)まで又は㊹に該当したことに伴い、当該建物の敷地の用に供される土地等を当該配偶者居住権に基づき使用する権利が消滅した場合 | 当該権利に係る対価又は補償金である旨の証明（代行買収（※）の場合にあっては、当該代行買収を行う者の名称及び所在地の記載があるもの）並びに当該対価又は補償金に関する明細 | 当該権利に係る配偶者居住権の目的となっている建物若しくは当該建物の敷地の用に供される土地等の収用若しくは使用をすることができる者又は当該建物若しくは当該土地等に係る第一種市街地再開発事業の施行者若しくは防災街区整備事業の施行者（代行買収の場合における当該対価又は補償金に関する明細については、当該支払をする者） | 措置法33条４項４号<br>措置法規則14条５項12号 | ※「代行買収」とは、「発行者」欄に掲げる者が、国、地方公共団体又は独立行政法人都市再生機構であり、かつ、当該権利に係る当該建物若しくは当該土地等につき③から㊵まで、㊹、㊺又は㊼から(48の３)までに該当するものである場合において、これらの者に代わり、地方公共団体又は地方公共団体が財産を提供して設立した団体（地方公共団体以外の者が財産を提供して設立した団体を除く。）が行う当該対価又は補償金の支払をいう。 |
| 所有権以外の権利が消滅した場合 | ㊹ 資産が土地収用法等の規定により収用された場合（②から㊾までに該当する買取りがあった場合を含む。）において、当該資産に関して有する所有権以外の権利が消滅したとき | 当該権利の存する資産について定められているところに同じ。 | | 措置法33条１項５号<br>措置法規則14条５項 | |
| | ㊺ 都市再開発法による第一種市街地再開発事業の施行に伴う権利変換により新たな権利に変換することのない権利が消滅した場合 | これに該当する権利である旨の証明 | 第一種市街地再開発事業の施行者 | 措置法33条１項６号<br>措置法規則14条５項７号 | |
| | ㊻ 密集市街地における防災街区の整備の促進に関する法律による防災街区整備事業の施行に伴う権利変換により新たな権利に変換することのない権利が消滅した場合 | これに該当する権利である旨の証明 | 防災街区整備事業の施行者 | 措置法33条１項６号の２<br>措置法規則14条５項７号の２ | |

**別表３（法人税等に係る証明書については、措通65の３－４参照）**

## 特定土地区画整理事業等に関する証明書の区分一覧表

| 区　分 | 内　容 | 発行者 | 根拠条項 | 備　考 |
|---|---|---|---|---|
| ①　国、地方公共団体、独立行政法人都市再生機構又は地方住宅供給公社が次に掲げる事業の用に供するためこれらの者（地方公共団体が財産を提供して設立した特定の団体（※１）を含む。）に買い取られる場合（※２）<br>(イ)　土地区画整理法による土地区画整理事業として行う公共施設の整備改善又は宅地の造成に関する事業<br>(ロ)　大都市地域住宅等供給促進法による住宅街区整備事業、都市再開発法による第一種市街地再開発事業又は密集市街地における防災街区の整備の促進に関する法律による防災街区整備事業として行う公共施設の整備改善、共同住宅の建設又は建築物及び建築敷地の整備に関する事業 | (イ)　左欄の事業のために土地等を買い取った旨を証する書類（当該事業の施行者に代わり、国、地方公共団体（地方公共団体が財産を提供して設立した特定の団体を含む。）、独立行政法人都市再生機構又は地方住宅供給公社で当該事業の施行者でないものが買取りをする場合には、当該証する書類で当該買取りをする者の名称及び所在地の記載があるもの）及び<br>(ロ)　次に掲げる区分に応じそれぞれ次に掲げる書類<br>A　左の(イ)の事業の用に供するために買い取られる場合　当該土地等が土地区画整理法第２条第８項《定義》に規定する施行区域内の土地等であるか又は当該事業の施行される区域の面積が30ヘクタール以上（当該事業の施行が大都市地域住宅等供給促進法第４条第１項第２号の地区内で行われる場合にあっては15ヘクタール以上）であり、かつ、当該土地等が当該事業の施行者により当該事業の用に供されることが確実であると認められる旨を証する書類<br>B　左の(ロ)の事業の用に供するために買い取られる場合　当該土地等 | 当該事業の施行者<br><br>国土交通大臣（当該事業の施行者が市町村である場合及び市のみが設立した地方住宅供給公社である場合には、都道府県知事）<br><br>国土交通大臣（当該事業の施行者が市町 | 措置法34条２項１号<br>措置法規則17条１項１号 | ※１「地方公共団体が財産を提供して設立した特定の団体」とは、地方公共団体が財産を提供して設立した団体（当該地方公共団体とともに国、地方公共団体及び独立行政法人都市再生機構以外の者が財産を提供して設立した団体を除く。）で、都市計画その他市街地の整備の計画に従って宅地の造成を行うことを主たる目的とするものをいう。<br>※２　上記※１の「地方公共団体が財産を提供して設立した特定の団体」は、事業施行者にはなり得ない。 |

| 区　　　分 | 内　　　容 | 発　行　者 | 根拠条項 | 備　　　考 |
|---|---|---|---|---|
| | が大都市地域住宅等供給促進法第28条第３号《定義》に規定する施行区域内の土地等、都市再開発法第６条第１項《都市計画事業として施行する市街地再開発事業》に規定する施行区域内若しくは都市計画法第４条第１項《定義》に規定する都市計画（以下「都市計画」という。）に都市再開発法第２条の３第１項第２号に掲げる地区若しくは同条第２項に規定する地区《都市再開発方針》として定められた地区内の土地等又は密集市街地における防災街区の整備の促進に関する法律第117条第３号に規定する施行区域内若しくは都市計画に同法第３条第１項第１号に規定する防災再開発促進地区として定められた地区内の土地等であり、かつ、当該土地等が当該事業の施行者により当該事業の用に供されることが確実であると認められる旨を証する書類 | 村である場合及び市のみが設立した地方住宅供給公社である場合には、都道府県知事） | | |
| ②　都市再開発法による第一種市街地再開発事業の都市計画法第56条第１項に規定する事業予定地内の土地等が、同項の規定に基づいて、当該第一種市街地再開発事業を行う都市再開発法第11条第２項の認可を受けて設立された市街地再開発組合に買い取られる場合 | (イ)　都市計画法第55条第１項本文の規定により同法第53条第１項の許可をしなかった旨を証する書類<br><br>(ロ)　都市計画法第56条第１項の規定により買い取った旨を証する書類 | 都市計画法第55条第１項に規定する都道府県知事等（※）<br><br>当該土地の買取りをする者 | 措置法34条２項２号<br>措置法規則17条１項２号 | ※「都道府県知事等」とは、都道府県知事（市の区域内にあっては、当該市の長）をいう（都市計画法第26条第１項）。 |

| 区　　　分 | 内　　　容 | 発　行　者 | 根 拠 条 項 | 備　　　考 |
|---|---|---|---|---|
| (2の2) 密集市街地における防災街区の整備の促進に関する法律による防災街区整備事業の都市計画法第56条第１項に規定する事業予定地内の土地等が、同項の規定に基づいて、当該防災街区整備事業を行う密集市街地における防災街区の整備の促進に関する法律第136条第２項の認可を受けて設立された防災街区整備事業組合に買い取られる場合 | 同　　上 | 同　　上 | 措置法34条２項２号の２<br>措置法規則17条１項２号 | |
| ③　古都における歴史的風土の保存に関する特別措置法第11条第１項《土地の買入れ》の規定により買い取られる場合 | 左欄の規定により土地等を買い取った旨を証する書類 | 府県知事（指定都市にあっては､その長） | 措置法34条２項３号<br>措置法規則17条１項３号イ | |
| (3の2) 都市緑地法第17条第１項又は第３項《土地の買入れ》の規定により買い取られる場合 | 次に掲げる場合の区分に応じそれぞれ次に定める書類<br>(イ)　土地等が地方公共団体に買い取られる場合　左欄の規定により当該土地等を買い取った旨を証する書類<br>(ロ)　土地等が緑地保全・緑化推進法人（※）に買い取られる場合　都市緑地法第17条第３項の規定により当該土地等を買い取った旨、当該土地等の買取りをする者が当該緑地保全・緑化推進法人に該当する旨及び当該土地等の買取りが措置法令第22条の７第２項各号に掲げる要件を満たすものである旨を証する書類 | <br><br><br>地方公共団体の長<br><br><br><br>当該緑地保全・緑化推進法人を都市緑地法第17条第２項の規定により買入れの相手方として定めた地方公共団体の長 | 措置法34条２項３号<br>措置法規則17条１項３号ロ | ※「緑地保全・緑化推進法人」とは、都市緑地法第17条第２項に規定する緑地保全・緑化推進法人（公益社団法人（その社員総会における議決権の総数の２分の１以上の数が地方公共団体により保有されているものに限る。）又は公益財団法人（その設立当初において拠出をされた金額の２分の１以上の金額が地方公共団体により拠出をされているものに限る。）であって、その定款において、その法人が解散した場合にその残余財産が地方公共団体又は当該法人と |

| 区　分 | 内　容 | 発行者 | 根拠条項 | 備　考 |
|---|---|---|---|---|
| | | | | 類似の目的をもつ他の公益を目的とする事業を行う法人に帰属する旨の定めがあるものに限る。）をいう。 |
| (3の3)　特定空港周辺航空機騒音対策特別措置法第８条第１項《土地の買入れ》の規定により買い取られる場合 | 左欄の規定により土地を買い取った旨を証する書類 | 特定空港の設置者 | 措置法34条２項３号<br>措置法規則17条１項３号ハ | |
| (3の4)　航空法第49条第４項《物件の制限等》（同法第55条の２第３項《国土交通大臣の行う空港等又は航空保安施設の設置又は管理》において準用する場合を含む。）の規定により買い取られる場合 | 左欄の規定により土地等を買い取った旨を証する書類 | 空港の設置者 | 措置法34条２項３号<br>措置法規則17条１項３号ニ | |
| (3の5)　防衛施設周辺の生活環境の整備等に関する法律第５条第２項《移転の補償等》の規定により買い取られる場合 | 左欄の規定により土地等を買い取った旨を証する書類 | 当該土地等の所在する地域を管轄する地方防衛局長（当該土地等の所在する地域が東海防衛支局の管轄区域内である場合には、東海防衛支局長） | 措置法34条２項３号<br>措置法規則17条１項３号ホ | |
| (3の6)　公共用飛行場周辺における航空機騒音による障害の防止等に関する法律第９条第２項《移転の補償等》の規定により買い取られる場合 | 左欄の規定により土地等を買い取った旨を証する書類 | 特定飛行場の設置者 | 措置法34条２項３号<br>措置法規則17条１項３号ヘ | |
| ④　文化財保護法第27条第１項《指定》の規定により重要文化財として指定された土地、同法第109条第１項《指定》の規定により史跡、名勝若しくは天然記念物として指定された土地、自然公園法第20条 第１項《特別地 | 次に掲げる場合の区分に応じそれぞれ次に定める書類<br>(イ)　左欄に掲げる土地が文化財保存活用支援団体に買い取られる場合　当該土地の買取りをする者が措置法令第22条の７第４項に規定する文化財保存 | <br><br><br>当該文化財保存活用支援団体の指定をした市町村の教育委員会が置かれている当 | 措置法34条２項４号<br>措置法規則17条１項４号 | ※１　「地方公共団体が財産を提供して設立した特定の団体」とは、地方公共団体が財産を提供して設立した団体（当該地方公共団体とともに国、地方公共団体及び |

| 区　　　分 | 内　　　容 | 発　行　者 | 根拠条項 | 備　　　考 |
|---|---|---|---|---|
| 域》の規定により特別地域として指定された区域内の土地又は自然環境保全法第25条第１項《特別地区》の規定により特別地区として指定された区域内の土地が、国又は地方公共団体（地方公共団体が財産を提供して設立した特定の団体（※１）を含む。）に買い取られる場合（当該重要文化財として指定された土地又は当該史跡、名勝若しくは天然記念物として指定された土地が独立行政法人国立文化財機構、独立行政法人国立科学博物館、地方独立行政法人（※２）又は文化財保護法第192条の２第１項《文化財保存活用支援団体の指定》に規定する文化財保存活用支援団体（※３）に買い取られる場合（当該文化財保存活用支援団体に買い取られる場合には一定の場合（※４）に限る。）を含むものとし、措置法第33条第１項第２号の規定の適用がある場合を除く。） | 活用支援団体に該当する旨及び当該土地の買取りが同条第５項各号に掲げる要件を満たすものである旨を証する書類<br>(ロ)　上記(イ)に掲げる場合以外の場合　当該土地を買い取った旨を証する書類 | 該市町村の長<br><br><br><br><br>当該土地の買取りをする者 | | 独立行政法人都市再生機構以外の者が財産を提供して設立した団体を除く。）で都市計画その他市街地の整備の計画に従って宅地の造成を行うことを主たる目的とするものをいう。<br>※２　地方独立行政法人は、地方独立行政法人法施行令（平成15年政令第486号）第６条第３号に掲げる博物館又は植物園のうち博物館法（昭和26年法律第285号）第２条第２項に規定する公立博物館又は同法第31条第２項に規定する指定施設に該当するものに係る地方独立行政法人法（平成15年法律第118号）第21条第６号に掲げる業務を主たる目的とするものに限る。<br>※３　文化財保存活用支援団体は、公益社団法人（その社員総会における議決権の総数の２分の１以上の数が地方公共団体により保有されているものに限る。）又は公益財団法人（その設立当初において拠出をされた金額の２分の１以上の金額が地方公共団体により拠出をされているも |

| 区　　　　分 | 内　　　　容 | 発　行　者 | 根 拠 条 項 | 備　　　　考 |
|---|---|---|---|---|
| | | | | のに限る。）であって、その定款において、その法人が解散した場合にその残余財産が地方公共団体又は当該法人と類似の目的をもつ他の公益を目的とする事業を行う法人に帰属する旨の定めがあるものに限る。<br>※４「一定の場合」とは、次に掲げる要件を満たす場合をいう。<br>(イ) 当該文化財保存活用支援団体と地方公共団体との間で、その買い取った土地の売買の予約又はその買い取った土地の第三者への転売を禁止する条項を含む協定に対する違反を停止条件とする停止条件付売買契約のいずれかを締結し、その旨の仮登記を行うこと。<br>(ロ) その買い取った土地が、文化財保護法第192条の２第１項《文化財保存活用支援団体の指定》の規定により当該文化財保存活用支援団体の指定をした同項の市町村の教育委員会が置かれている当該市町村の区域内に |

| 区　　　分 | 内　　　容 | 発　行　者 | 根拠条項 | 備　　　考 |
|---|---|---|---|---|
| | | | | ある土地であること。<br>(ハ)　文化財保護法第183条 の５第１項《認定市町村の教育委員会による文化財の登録の提案》に規定する認定文化財保存活用地域計画に記載された土地の保存及び活用に関する事業（地方公共団体の管理の下に行われるものに限る。）の用に供するためにその土地が買い取られるものであること。 |
| ⑤　森林法第25条若しくは第25条の２《指定》の規定により保安林として指定された区域内の土地又は同法第41条《指定》の規定により指定された保安施設地区内の土地が同条第３項に規定する保安施設事業のために国又は地方公共団体に買い取られる場合 | (イ)　当該土地が森林法により保安林又は保安施設地区として指定された区域内の土地である旨を証する書類<br>(ロ)　当該土地を森林法による保安施設事業の用に供するために買い取った旨を証する書類 | 農林水産大臣又は都道府県知事<br><br>当該土地の買取りをする者 | 措置法34条２項５号<br>措置法規則17条１項５号 | |
| ⑥　防災のための集団移転促進事業に係る国の財政上の特別措置等に関する法律第３条第１項《集団移転促進事業計画の策定等》の同意を得た同項に規定する集団移転促進事業計画に定められた同法第２条第１項《定義》に規定する移転促進区域内にある同法第３条第２項第６号に規定する農地等が当該集団移転促進事業計画に基づき地方公共団 | 当該農地等が移転促進区域内に所在すること及び当該農地等を集団移転促進事業計画に基づき買い取った旨を証する書類 | 地方公共団体の長 | 措置法34条２項６号<br>措置法規則17条１項６号 | |

| 区　　　分 | 内　　　容 | 発　行　者 | 根拠条項 | 備　　　考 |
|---|---|---|---|---|
| 体に買い取られる場合 | | | | |
| ⑦　農業経営基盤強化促進法第4条第1項第1号《定義》に規定する農用地で同法第22条の4第1項《地域農業経営基盤強化促進計画の特例に係る区域における利用権の設定等の制限》に規定する区域内にあるものが、同条第6項の申出に基づき、同項の農地中間管理機構（※）に買い取られる場合 | (イ)　当該土地等が農地経営基盤強化促進法第22条の4第1項に規定する改善事業の実施区域内にある農用地である旨を証する書類<br>(ロ)　当該土地等を農業経営基盤強化促進法第22条の4第2項の申出に基づき買い取った旨を証する書類<br>(ハ)　当該土地等の買取りをする者が左欄農地中間管理機構に該当する旨を証する書類 | 市町村長<br><br>当該土地等の買取りをする者<br><br>都道府県知事 | 措置法34条2項7号<br>措置法規則17条1項7号 | ※　農地中間管理機構は、公益社団法人（その社員総会における議決権の総数の2分の1以上の数が地方公共団体により保有されているものに限る。）又は公益財団法人（その設立当初において拠出をされた金額の2分の1以上の金額が地方公共団体により拠出をされているものに限る。）であって、その定款において、その法人が解散した場合にその残余財産が地方公共団体又は当該法人と類似の目的をもつ他の公益を目的とする事業を行う法人に帰属する旨の定めがあるものに限る。 |

**別表4（法人税等に係る証明書については、措通65の4－17参照）**

## 特定住宅地造成事業等に関する証明書の区分一覧表

| 区　　分 | 内　　容 | 発行者 | 根拠条項 | 備　　考 |
|---|---|---|---|---|
| ①　地方公共団体（地方公共団体が財産を提供して設立した特定の団体（※1）を含む。）、独立行政法人中小企業基盤整備機構、独立行政法人都市再生機構、成田国際空港株式会社、地方住宅供給公社又は日本勤労者住宅協会が行う住宅の建設又は宅地の造成を目的とする事業（土地開発公社が行う公有地の拡大の推進に関する法律第17条第1項第1号ニ《業務の範囲》に掲げる土地の取得に係る事業を除く。）の用に供するためにこれらの者に買い取られる場合 | 左欄に該当する住宅の建設又は宅地造成のために土地等を買い取った旨を証する書類（当該住宅の建設又は宅地造成の施行者に代わり、地方公共団体（地方公共団体が財産を提供して設立した特定の団体を含む。）、独立行政法人中小企業基盤整備機構、独立行政法人都市再生機構、成田国際空港株式会社、地方住宅供給公社又は日本勤労者住宅協会で当該施行者でないものが買い取りをする場合には、当該証する書類で当該買い取りをする者の名称及び所在地の記載があるもの） | 住宅の建設又は宅地造成の施行者 | 措置法34条の2　2項1号<br>措置法規則17条の2　1項1号 | ※1「地方公共団体が財産を提供して設立した特定の団体」とは、地方公共団体が財産を提供して設立した団体（当該地方公共団体とともに国、地方公共団体及び独立行政法人都市再生機構以外の者が財産を提供して設立した団体を除く。）で、都市計画その他市街地の整備の計画に従って宅地造成を行うことを主たる目的とするものをいう。<br>※2　上記※1の「地方公共団体が財産を提供して設立した特定の団体」は、事業施行者になり得る。 |
| ②　措置法第33条第1項第1号《収用等に伴い代替資産を取得した場合の課税の特例》に規定する土地収用法等に基づく収用（同項第2号の買取り及び同条第4項第1号の使用を含む。）を行う者によって当該収用の対償に充てるため買い取られる場合 | 当該収用の対償に充てるために土地等を買い取った旨を証する書類 | 当該土地等の買取りをする者 | 措置法34条の2　2項2号<br>措置法規則17条の2　1項2号イ | |
| ②の②　地方公共団体若しくは地方公共団体が財産を提供して設立した団体（当該地方公共団体とともに国、地方公共団体及び独立行政法人都市再生 | 左欄の契約に基づき当該収用の対償に充てるために土地等を買い取った旨を証する書類及びその契約書の写し | 当該土地等の買取りをする者 | 措置法34条の2　2項2号<br>措置法規則17条の2　1項2号ロ | |

| 区　　　　分 | 内　　　　容 | 発　行　者 | 根拠条項 | 備　　　　考 |
|---|---|---|---|---|
| 機構以外の者が財産を提供して設立した団体を除く。）又は独立行政法人都市再生機構で、措置法第33条第１項第１号《収用等に伴い代替資産を取得した場合の課税の特例》に規定する土地収用法等に基づく収用（同項第２号の買取り及び同条第４項第１号の使用を含む。）を行う者と当該収用に係る事業につきその者に代わって当該収用の対償に充てられる土地等を買い取るべき旨の契約を締結したものによって当該収用の対償に充てるため買い取られる場合 | | | | |
| ②の３　住宅地区改良法第２条第６項《定義》に規定する改良住宅を同条第３項に規定する改良地区の区域外に建設するために買い取られる場合 | (イ)　当該住宅地区改良事業のために土地等を買い取った旨を証する書類<br>(ロ)　当該土地等の所在地が住宅地区改良法第６条第３項第１号《事業計画》に掲げる住宅地区改良事業を施行する土地の区域（当該改良地区の区域を除く。）内である旨を証する書類 | 当該土地等の買取りをする者<br>国土交通大臣 | 措置法34条の２　２項２号<br>措置法規則17条の２　１項２号ハ | |
| ②の４　公営住宅法第２条第４号《用語の定義》に規定する公営住宅の買取りにより地方公共団体に買い取られる場合 | 当該公営住宅の買取りにより土地等を買い取った旨を証する書類 | 当該土地等の買取りをする地方公共団体の長 | 措置法34条の２　２項２号<br>措置法規則17条の２　１項２号ニ | |
| ③　土地区画整理事業として行われる一団の宅地造成事業で次に掲げる要件を満たすものの用に供するために、平成６年１月１日から令和５年12月31日までの間に、買い取られる場合（※）<br>(イ)　当該土地区画整理事業の土地区画整理法第 | (イ)　当該土地等を一団の宅地の造成事業の用に供するために買い取った旨、当該土地等の買取りをした年の前年以前の年において当該土地等が買い取られた者から当該事業の用に供するために土地等を買い取ったことがない旨及び当該土地等が当該 | 当該土地等の買取りをする者 | 措置法34条の２　２項３号<br>措置法規則17条の２　１項３号 | ※　土地区画整理法による土地区画整理事業に係る同法第４条第１項、第14条第１項若しくは第３項又は第51条の２第１項に規定する認可の申請があった日の属する年の１月１日以 |

| 区　　　分 | 内　　　容 | 発　行　者 | 根拠条項 | 備　　　考 |
|---|---|---|---|---|
| ２条第４項《定義》に規定する施行地区の全部が都市計画法第７条第１項《区域区分》の市街化区域と定められた区域に含まれるものであること。<br>(ロ)　当該造成に係る一団の土地（当該土地区画整理事業の施行地区内において当該土地等の買取りをする個人又は法人の有する当該施行地区内にある一団の土地に限る。）の面積が５ヘクタール以上のものであること。<br>(ハ)　公募の方法により分譲される一の住宅の建設の用に供される土地（建物の区分所有等に関する法律第２条第１項《定義》の区分所有権の目的となる建物の建設の用に供される土地を除く。）の面積が170㎡（地形の状況その他の特別の事情によりやむを得ない場合にあっては、150㎡）以上であること。<br>(ニ)　当該造成される宅地の分譲が公募の方法により行われるものであること。 | 買取りをする者の有する土地と併せて一団の土地に該当することとなる旨を証する書類<br>(ロ)　土地区画整理法第98条第１項《仮換地の指定》の規定による仮換地の指定がない旨又は最初に行われた当該指定の効力発生の日の年月日を証する書類<br>(ハ)　当該一団の宅地の造成事業に係る宅地の造成及び宅地の分譲が左欄に掲げる要件を満たすものであることにつき認定をした旨を証する書類（当該土地区画整理事業に係る土地区画整理法第４条第１項《施行の認可》、第14条第１項若しくは第３項《設立の認可》又は第51条の２第１項《施行の認可》に規定する認可の申請書の受理年月日の記載のあるものに限る。）の写し | <br><br>土地区画整理事業を施行する者<br><br>国土交通大臣 | | 後（当該土地区画整理事業の施行地区内の土地等につき同法第98条第１項の規定による仮換地の指定（仮に使用又は収益をすることができる権利の目的となるべき土地又はその部分の指定を含む。）が行われた場合には、同日以後その最初に行われた当該指定の効力発生の日の前日までの間）に買い取られる場合（当該土地等が区分欄の(ロ)の個人又は法人の有する当該施行地区内にある土地と併せて一団の土地に該当することとなる場合に限るものとし、当該土地区画整理事業（その施行者が同法第51条の９第５項に規定する区画整理会社であるものに限る。）の施行に伴い、当該区画整理会社の株主又は社員である者の有する土地等が当該区画整理会社に買い取られる場合を除く。）に限り、この特例の適用がある。 |
| ④　公有地の拡大の推進に関する法律第６条第１項《土地の買取りの協議》の協議に基づき地方公共団体、土地開発公社、港務局、地方住宅供給公社、 | 公有地の拡大の推進に関する法律第６条第１項の協議に基づき当該土地を買い取った旨を証する書類 | 買取りをする者 | 措置法34条の２　２項４号<br>措置法規則17条の２　１項４号 | |

| 区　分 | 内　容 | 発行者 | 根拠条項 | 備　考 |
|---|---|---|---|---|
| 地方道路公社又は独立行政法人都市再生機構に買い取られる場合 | | | | |
| ⑤　特定空港周辺航空機騒音対策特別措置法第４条第１項《航空機騒音障害防止地区及び航空機騒音障害防止特別地区》に規定する航空機騒音障害防止特別地区内にある土地が同法第９条第２項《移転の補償等》の規定により買い取られる場合 | 特定空港周辺航空機騒音対策特別措置法第９条第２項の規定により当該土地を買い取った旨を証する書類 | 特定空港の設置者 | 措置法34条の２　２項５号<br>措置法規則17条の２　１項５号 | |
| ⑥　地方公共団体又は幹線道路の沿道の整備に関する法律第13条の２第１項に規定する沿道整備推進機構（※１）が同法第２条第２号に掲げる沿道整備道路の沿道の整備のために行う公共施設若しくは公用施設の整備、宅地の造成又は建築物及び建築敷地の整備に関する事業で次に掲げるものの用に供するために、都市計画法第12条の４第１項第４号に掲げる沿道地区計画の区域内にある土地等が、これらの者に買い取られる場合（※２）<br>(イ)　道路、公園、緑地その他の公共施設又は公用施設の整備に関する事業<br>(ロ)　都市計画法第４条第７項に規定する市街地開発事業、住宅地区改良法第２条第１項に規定する住宅地区改良事業又は流通業務市街地の整備に関する法律第２条第２項に規定する流通業務団地造成事業<br>(ハ)　緩衝建築物（※３）の整備に関する事業で、 | (イ)　当該事業が左欄の(イ)から(ハ)に掲げる事業である旨を証する書類<br>(ロ)　次に掲げる場合の区分に応じそれぞれ次に掲げる書類<br>Ａ　当該土地等の買取りをする者が地方公共団体である場合<br>当該土地等を当該事業の用に供するために買い取った旨を証する書類<br>Ｂ　当該土地等の買取りをする者が幹線道路の沿道の整備に関する法律第13条の２第１項に規定する沿道整備推進機構である場合<br>当該土地等を当該事業の用に供するために買い取った旨及び当該土地等の買取りをする者が当該沿道整備推進機構である旨を証する書類 | 地方公共団体の長<br><br>当該地方公共団体の長<br><br>当該沿道整備推進機構を幹線道路の沿道の整備に関する法律第13条の２第１項の規定により指定した市町村長又は特別区の区長 | 措置法34条の２　２項６号<br>措置法規則17条の２　１項６号 | ※１　沿道整備推進機構は、公益社団法人（その社員総会における議決権の総数の２分の１以上の数が地方公共団体により保有されているものに限る。）又は公益財団法人（その設立当初において拠出をされた金額の２分の１以上の金額が地方公共団体により拠出をされているものに限る。）であって、その定款において、その法人が解散した場合にその残余財産が地方公共団体又は当該法人と類似の目的をもつ他の公益を目的とする事業を行う法人に帰属する旨の定めがあるものに限る。<br>※２　当該事業が沿道整備推進機構により行われるものである場合には、地方公共団体の管理の下に行われる |

| 区　　　　分 | 内　　　　容 | 発　行　者 | 根拠条項 | 備　　　　考 |
|---|---|---|---|---|
| 次に掲げる要件を満たすもの<br>A　その事業の施行される土地の区域の面積が500㎡以上であること<br>B　当該緩衝建築物の建築面積が150㎡以上であること<br>C　当該緩衝建築物の敷地のうち日常一般に開放された空地の部分の面積の当該敷地の面積に対する割合が100分の20以上であること | | | | ものに限る。<br>※3　緩衝建築物とは、遮音上有効な機能を有する建築物で幹線道路の沿道の整備に関する法律施行規則第14条第1項第2号（同条第2項の規定により適用される場合を含む。）及び第3号に掲げる要件に該当するもの（遮音上の効用を有しないものを除く。）をいう。 |
| ⑦　地方公共団体又は密集市街地における防災街区の整備の促進に関する法律第300条第1項に規定する防災街区整備推進機構（※1）が同法第2条第2号に掲げる防災街区としての整備のために行う公共施設若しくは公用施設の整備、宅地の造成又は建築物及び建築敷地の整備に関する事業で次に掲げるものの用に供するために、都市計画法第8条第1項第5号の2に掲げる特定防災街区整備地区又は同法第12条の4第1項第2号に掲げる防災街区整備地区計画の区域内にある土地等が、これらの者に買い取られる場合（※2）<br>(イ)　道路、公園、緑地その他の公共施設又は公用施設の整備に関する事業<br>(ロ)　都市計画法第4条第7項に規定する市街地開発事業又は住宅地区改良法第2条第1項に | (イ)　当該事業が左欄の(イ)から(ハ)までに掲げる事業である旨を証する書類<br>(ロ)　次に掲げる場合の区分に応じそれぞれ次に掲げる書類<br>A　当該土地等の買取りをする者が地方公共団体である場合<br>当該土地等を当該事業の用に供するために買い取った旨を証する書類<br>B　当該土地等の買取りをする者が密集市街地における防災街区の整備の促進に関する法律第300条第1項に規定する防災街区整備推進機構である場合<br>当該土地等を当該事業の用に買い取った旨及び当該土地等の買取りをする者が当該防災街区整備推進機構である旨を証する書類 | 地方公共団体の長<br><br><br><br>当該地方公共団体の長<br><br><br><br><br>当該防災街区整備推進機構を密集市街地における防災街区の整備の促進に関する法律第300条第1項の規定により指定した市町村長又は特別区の区長 | 措置法34条の2　2項7号<br>措置法規則17条の2　1項7号 | ※1　防災街区整備推進機構は、公益社団法人（その社員総会における議決権の総数の2分の1以上の数が地方公共団体により保有されているものに限る。）又は公益財団法人（その設立当初において拠出をされた金額の2分の1以上の金額が地方公共団体により拠出をされているものに限る。）であって、その定款において、その法人が解散した場合にその残余財産が地方公共団体又は当該法人と類似の目的をもつ他の公益を目的とする事業を行う法人に帰属する旨の定めがあるものに限る。<br>※2　当該事業が防災街区整備推進機 |

| 区　　　分 | 内　　　容 | 発　行　者 | 根拠条項 | 備　　　考 |
| --- | --- | --- | --- | --- |
| 規定する住宅地区改良事業<br>(ハ)　延焼防止建築物（※3）の整備に関する事業で、次に掲げる要件を満たすもの<br>A　その事業の施行される土地の区域の面積が300㎡以上であること。<br>B　当該延焼防止建築物の建築面積が150㎡以上であること。 | | | | 構により行われるものである場合には、地方公共団体の管理の下に行われるものに限る。<br>※3　「延焼防止建築物」とは、特定防災街区整備地区に関する都市計画法第４条第１項に規定する都市計画（密集市街地における防災街区の整備の促進に関する法律第31条第３項第３号に規定する間口率の最低限度が定められているものに限る。）に適合する建築物で建築基準法第２条第９号の２に規定する耐火建築物に該当するもの並びに防災街区整備地区計画に適合する建築物で密集市街地における防災街区の整備の促進に関する法律施行規則第134条第１号ロ及びハに掲げる要件に該当するものをいう。 |
| ⑧　地方公共団体又は中心市街地の活性化に関する法律第61条第１項に規定する中心市街地整備推進機構（※１）が同法第16条第１項に規定する認定中心市街地の整備のために同法第12条第１項に規定する認定基本計画の内容に即して行う公共施設若しくは公用施設の整備、宅地の造成又は建築物及 | (イ)　当該事業が左欄の(イ)から(ハ)に掲げる事業である旨を証する書類<br>(ロ)　次に掲げる場合の区分に応じそれぞれ次に掲げる書類<br>A　当該土地等の買取りをする者が地方公共団体である場合<br>当該土地等を当該事業の用に供するために買い取った旨を証する | 地方公共団体の長<br><br><br><br>当該地方公共団体の長 | 措置法34条の２　２項８号<br>措置法規則17条の２　１項８号 | ※１　中心市街地整備推進機構は、公益社団法人（その社員総会における議決権の総数の２分の１以上の数が地方公共団体により保有されているものに限る。）又は公益財団法人（その設立当初において拠出をされ |

| 区　分 | 内　容 | 発 行 者 | 根 拠 条 項 | 備　考 |
|---|---|---|---|---|
| び建築敷地の整備に関する事業で次に掲げるものの用に供するために、認定中心市街地の区域内にある土地等が、これらの者に買い取られる場合（※２）<br>(イ)　道路、公園、緑地その他の公共施設又は公用施設の整備に関する事業<br>(ロ)　都市計画法第４条第７項に規定する市街地開発事業<br>(ハ)　都市再開発法第129条の６に規定する認定再開発事業計画に基づいて行われる同法第129条の２第１項に規定する再開発事業 | 書類<br>B　当該土地等の買取りをする者が中心市街地の活性化に関する法律第61条第１項に規定する中心市街地整備推進機構である場合<br>　当該土地等を当該事業の用に供するために買い取った旨及び当該土地等の買取りをする者が当該中心市街地整備推進機構である旨を証する書類 | <br>当該中心市街地整備推進機構を中心市街地の活性化に関する法律第61条第１項の規定により指定した市町村長又は特別区の区長 | | た金額の２分の１以上の金額が地方公共団体により拠出をされているものに限る。）であって、その定款において、その法人が解散した場合にその残余財産が地方公共団体又は当該法人と類似の目的をもつ他の公益を目的とする事業を行う法人に帰属する旨の定めがあるものに限る。<br>※２　当該事業が中心市街地整備推進機構により行われるものである場合には、地方公共団体の管理の下に行われるものに限る。 |
| ⑨　地方公共団体又は景観法第92条第１項に規定する景観整備機構（※１）が同法第８条第１項に規定する景観計画に定められた同条第２項第４号ロに規定する景観重要公共施設の整備に関する事業の用に供するために、当該景観計画の区域内にある土地等が、これらの者に買い取られる場合（※２） | (イ)　当該事業が左欄に掲げる事業である旨を証する書類<br>(ロ)　次に掲げる場合の区分に応じそれぞれ次に掲げる書類<br>A　当該土地等の買取りをする者が地方公共団体である場合　当該土地等を当該事業の用に供するために買い取った旨を証する書類<br>B　当該土地等の買取りをする者が景観法第92条第１項に規定する景観整備機構である場合<br>　当該土地等を当該事業の用に供するため買い取った旨及び当該土地等の買取りをする者が当該景観整備機構である旨を証する書類 | 地方公共団体の長<br><br>当該地方公共団体の長<br><br>当該景観整備機構を景観法第92条第１項の規定により指定した景観行政団体の長 | 措置法34条の２　２項９号<br>措置法令22条の８　11項<br>措置法規則17条の２　１項９号 | ※１　景観整備機構は、公益社団法人（その社員総会における議決権の総数の２分の１以上の数が地方公共団体により保有されているものに限る。）又は公益財団法人（その設立当初において拠出をされた金額の２分の１以上の金額が地方公共団体により拠出をされているものに限る。）であって、その定款において、その法人が解散した場合にその残余財産が地方公共団体又は当該法人と類似の目的をもつ他の公益 |

| 区　　　　分 | 内　　　　容 | 発 行 者 | 根 拠 条 項 | 備　　　　考 |
|---|---|---|---|---|
| | | | | を目的とする事業を行う法人に帰属する旨の定めがあるものに限る。<br>※2　当該事業が景観整備機構により行われるものである場合には、地方公共団体の管理の下に行われるものに限る。 |
| ⑩　地方公共団体又は都市再生特別措置法第118条第1項に規定する都市再生推進法人（※1）が同法第46条第1項に規定する都市再生整備計画又は同法第81条第1項に規定する立地適正化計画に記載された公共施設の整備に関する事業の用に供するために、当該都市再生整備計画又は立地適正化計画の区域内にある土地等が、これらの者に買い取られる場合（※2） | (イ)　当該事業が左欄に掲げる事業である旨を証する書類<br>(ロ)　次に掲げる場合の区分に応じそれぞれ次に掲げる書類<br>A　当該土地等の買取りをする者が地方公共団体である場合　当該土地等を当該事業の用に供するために買い取った旨を証する書類<br>B　当該土地等の買取りをする者が、都市再生特別措置法第118条第1項に規定する都市再生推進法人である場合　当該土地等を当該事業の用に供するために買い取った旨及び当該土地等の買取りをする者が当該都市再生推進法人である旨を証する書類 | 地方公共団体の長<br><br>当該地方公共団体の長<br><br>当該都市再生推進法人を都市再生特別措置法第118条第1項の規定により指定した市町村長又は特別区の区長 | 措置法34条の2　2項10号<br>措置法規則17条の2　1項10号 | ※1　都市再生推進法人は、公益社団法人（その社員総会における議決権の総数の2分の1以上の数が地方公共団体により保有されているものに限る。）又は公益財団法人（その設立当初において拠出をされた金額の2分の1以上の金額が地方公共団体により拠出をされているものに限る。）であって、その定款において、その法人が解散した場合にその残余財産が地方公共団体又は当該法人と類似の目的をもつ他の公益を目的とする事業を行う法人に帰属する旨の定めがあるものに限る。<br>※2　当該事業が都市再生推進法人により行われるものである場合には、地方公共団体の管理の下に行われるものに限る。 |

| 区　　　分 | 内　　　容 | 発　行　者 | 根拠条項 | 備　　　考 |
|---|---|---|---|---|
| ⑪　地方公共団体又は地域における歴史的風致の維持及び向上に関する法律第34条第１項に規定する歴史的風致維持向上支援法人（※１）が同法第12条第１項に規定する認定重点区域における同法第８条に規定する認定歴史的風致維持向上計画に記載された公共施設又は公用施設の整備に関する事業の用に供するために、当該認定重点区域内にある土地等が、これらの者に買い取られる場合（※２） | (イ)　当該事業が左欄に掲げる事業である旨を証する書類<br>(ロ)　次に掲げる場合の区分に応じそれぞれ次に掲げる書類<br>Ａ　当該土地等の買取りをする者が地方公共団体である場合　当該土地等を当該事業の用に供するために買い取った旨を証する書類<br>Ｂ　当該土地等の買取りをする者が歴史的風致維持向上支援法人である場合　当該土地等を当該事業の用に供するために買い取った旨及び当該土地等の買取りをする者が当該歴史的風致維持向上支援法人である旨を証する書類 | 地方公共団体の長<br><br><br>当該地方公共団体の長<br><br>当該歴史的風致維持向上支援法人を地域における歴史的風致の維持及び向上に関する法律第34条第１項の規定により指定した市町村長又は特別区の区長 | 措置法34条の２　２項11号<br>措置法規則17条の２　１項11号 | ※１　歴史的風致維持向上支援法人は、公益社団法人（その社員総会における議決権の総数の２分の１以上の数が地方公共団体により保有されているものに限る。）又は公益財団法人（その設立当初において拠出をされた金額の２分の１以上の金額が地方公共団体により拠出をされているものに限る。）であって、その定款において、その法人が解散した場合にその残余財産が地方公共団体又は当該法人と類似の目的をもつ他の公益を目的とする事業を行う法人に帰属する旨の定めがあるものに限る。<br>※２　当該事業が当該歴史的風致維持向上支援法人により行われるものである場合には、地方公共団体の管理の下に行われるものに限る。 |
| ⑫　次に掲げる計画に基づき、主として工場、住宅又は流通業務施設の用に供する目的で行われる一団の土地の造成に関する事業で、一定の要件（※１）に該当するものとして都道府県知事が指定したものの用に供するために地方公共団体（地方公 | (イ)　当該事業が一定の要件（※１）に該当する一団の土地の造成に関する事業として指定をした事業である旨を証する書類<br>(ロ)　次に掲げる場合の区分に応じ、それぞれ次に掲げる書類<br>Ａ　当該土地等の買取りをする者が地方公共団 | 都道府県知事<br><br><br>当該地方公共団体の長 | 措置法34条の２　２項12号<br>措置法規則17条の２　１項12号 | ※１「一定の要件」とは、次に掲げる要件をいう。<br>(1)　当該計画に係る区域の面積が300ヘクタール以上であり、かつ、当該事業の施行区域の面積が30ヘクタール |

| 区　　分 | 内　　容 | 発行者 | 根拠条項 | 備　　考 |
|---|---|---|---|---|
| 共団体が財産を提供して設立した特定の団体（※２）を含む。）又は国若しくは特定の法人（※３）に買い取られる場合<br>(イ)　国土交通省の作成した苫小牧地区及び石狩新港地区の開発に関する計画<br>(ロ)　青森県の作成したむつ小川原地区の開発に関する計画 | 体である場合　当該事業の用に供するために当該土地等を買い取った旨を証する書類<br>B　当該土地等の買取りをする者が地方公共団体が財産を提供して設立した特定の団体（※２）である場合　当該事業の用に供するために当該土地等を買い取った旨を証する書類<br>C　当該土地等の買取りをする者が特定の法人（※３）である場合　次に掲げる書類<br>(A)　当該事業の用に供するために当該土地等を買い取った旨を証する書類<br>(B)　当該土地等の買取りをする者が特定の法人（※３）に該当する旨を証する書類 | <br><br><br><br>当該特定の団体を所轄する都道府県知事<br><br><br><br><br><br><br>当該特定の法人<br><br><br>都道府県知事 | | 以上であること。<br>(2)　当該事業の施行区域内の公共用の空地の面積が当該施行区域内に造成される土地の用途区分に応じて適正に確保されるものであること。<br>※２　「地方公共団体が財産を提供して設立した特定の団体」とは、地方公共団体が財産を提供して設立した団体（当該地方公共団体とともに国、地方公共団体及び独立行政法人都市再生機構以外の者が財産を提供して設立した団体を除く。）で、都市計画その他市街地の整備の計画に従って宅地の造成を行うことを主たる目的とするものをいう。<br>※３　「特定の法人」とは、その発行済株式の総数又は出資金額の1/2以上が国（国の全額出資に係る法人を含む。）又は地方公共団体により所有され又は出資をされている法人をいう。 |
| ⑬　商店街の活性化のための地域住民の需要に応じた事業活動の促進に関する法律（以下この項において「商店街活性化法」 | (イ)　買取りをする者が特定法人に該当する旨を証する書類及び当該事業が左欄の(イ)又は(ロ)の要件を満たすものであることにつ | 経済産業大臣 | 措置法34条の２　２項13号イ<br>措置法規則17条の２　１項 | ※　「特定法人」とは、次に掲げる事業の区分に応じそれぞれ次の法人をいう。 |

| 区　　分 | 内　　容 | 発 行 者 | 根拠条項 | 備　　考 |
|---|---|---|---|---|
| という。）第5条第3項に規定する認定商店街活性化事業計画に基づく商店街活性化法第2条第2項に規定する商店街活性化事業又は商店街活性化法第7条第3項に規定する認定商店街活性化支援事業計画に基づく商店街活性化法第2条第3項に規定する商店街活性化支援事業でそれぞれ次の要件を満たすものの用に供するために特定法人(※)に買い取られる場合<br>(イ) 商店街活性化法第2条第2項に規定する商店街活性化事業<br>A 当該事業が都市計画その他の土地利用に関する国又は地方公共団体の計画に適合して行われるものであること。<br>B 当該事業により顧客その他の地域住民の利便の増進を図るための公共用施設（休憩所、集会場、駐車場、アーケードその他これらに類する施設をいう。以下この項において同じ。）が設置されること。<br>C 当該事業に係る商店街活性化法第5条第3項に規定する認定商店街活性化事業計画に基づく商店街活性化法第2条第2項に規定する商店街活性化事業を行う商店街活性化法第5条第1項に規定する認定商店街活性化事業 | き証明した書面<br>(ロ) 当該土地等を当該事業の用に供するために買い取った旨を証する書類 | <br>当該土地等の買取りをする者 | 13号 | (1) 商店街活性化法第2条第2項に規定する商店街活性化事業<br>商店街活性化法第5条第3項に規定する認定商店街活性化事業計画（当該商店街活性化事業に係るものに限る。）に係る同条第1項に規定する認定商店街活性化事業者である法人で、中小企業等協同組合法第9条の2第7項に規定する特定共済組合及び同法第9条の9第4項に規定する特定共済組合連合会以外のもの<br>(2) 商店街活性化法第2条第3項に規定する認定商店街活性化支援事業<br>商店街活性化法第7条第3項に規定する認定商店街活性化支援事業計画（当該商店街活性化支援事業に係るものに限る。）に係る同条第1項に規定する認定商店街活性化支援事業者である法人（商店街活性化法第6条第1項に規定する一般社団法人 |

| 区　　分 | 内　　容 | 発 行 者 | 根拠条項 | 備　　考 |
|---|---|---|---|---|
| 者である商店街振興組合等（商店街活性化法第２条第２項に規定する商店街振興組合等をいう。）の組合員又は所属員で中小小売商業者等（商店街活性化法第２条第１項第３号から第７号までに掲げる者をいう。）に該当するものの事業の用に供される店舗その他の施設（当該認定商店街活性化事業計画の区域内に存するものに限る。）及び当該認定商店街活性化事業計画に基づく当該商店街活性化事業により新たに設置される公共用施設の用に供される土地の区域の面積が1,000㎡以上であること。<br>D　当該事業に係る商店街活性化法第５条第３項に規定する認定商店街活性化事業計画が経済産業大臣が財務大臣と協議して定める基準に適合するものであり、当該認定商店街活性化事業計画に従って当該事業が実施されていること。<br>E　その他以下に掲げる要件<br>(A)　当該事業に参加する者の数が10以上であること。<br>(B)　当該事業により新たに設置される公共用施設及び店舗その他の施設の | | | | 又は一般財団法人であって、その定款において、その法人が解散した場合にその残余財産が地方公共団体又は当該法人と類似の目的をもつ他の公益を目的とする事業を行う法人に帰属する旨の定めがあるもののうち、次に掲げる要件のいずれかを満たすものに限る。）<br>イ　その社員総会における議決権の総数の３分の１を超える数が地方公共団体により保有されている公益社団法人であること。<br>ロ　その社員総会における議決権の総数の４分の１以上の数が一の地方公共団体により保有されている公益社団法人であること。<br>ハ　その拠出をされた金額の３分の１を超える金額が地方公共団体により拠出をされている公益財団法人であること。 |

| 区　　　　分 | 内　　　　容 | 発　行　者 | 根拠条項 | 備　　　　考 |
|---|---|---|---|---|
| 用に供される土地の面積とこれらの施設の床面積との合計面積（これらの施設の建築面積を除く。）に占める売場面積の割合が２分の１以下であること。<br>(C)　当該事業が、独立行政法人中小企業基盤整備機構法第15条第１項第３号、第４号若しくは第11号に掲げる業務（同項第３号又は第４号に掲げる業務にあっては、同項第３号ロ又はハに掲げる事業又は業務に係るものに限る。）に係る資金（同項第11号に掲げる業務に係るものにあっては、土地、建物その他の施設を取得し、造成し、又は整備するのに必要な資金に限る。）の貸付け、株式会社日本政策金融公庫法第11条第１項第１号の規定による同法別表第１第１号若しくは第14号の下欄に掲げる資金（土地、建物その他の施設を取得し、造成し、又は整備するのに必要な資金に限る。）の貸付け又は国若しくは地方公共団体の補助金（土地、建物その他の施設を | | | | ニ　その拠出をされた金額の４分の１以上の金額が一の地方公共団体により拠出をされている公益財団法人であること。 |

| 区　　　分 | 内　　　容 | 発 行 者 | 根拠条項 | 備　　　考 |
|---|---|---|---|---|
| 取得し、造成し、又は整備するのに必要な補助金に限る。）の交付を受けて行われるものであること。<br>(ロ)　商店街活性化法第２条第３項に規定する商店街活性化支援事業<br>Ａ　当該事業が都市計画その他の土地利用に関する国又は地方公共団体の計画に適合して行われるものであること。<br>Ｂ　当該事業を行う施設として研修施設（講義室を有する施設で、資料室を備えたものをいう。以下この項において同じ。）で、その建築面積が150㎡以上であるものが設置されること。<br>Ｃ　当該事業に係る商店街活性化法第７条第３項に規定する認定商店街活性化支援事業計画に基づく商店街活性化法第２条第３項に規定する商店街活性化支援事業を行う施設として新たに設置される研修施設の用に供される土地の区域の面積が300㎡以上であること。<br>Ｄ　当該事業に係る商店街活性化法第７条第３項に規定する認定商店街活性化支援事業計画が経済産業大臣が財務大臣と協議して定める基準に | | | | |

| 区　分 | 内　容 | 発行者 | 根拠条項 | 備　考 |
|---|---|---|---|---|
| 適合するものであり、当該認定商店街活性化支援事業計画に従って当該事業が実施されていること。<br>Ｅ　当該事業が、独立行政法人中小企業基盤整備機構法第15条第１項第３号、第４号若しくは第11号に掲げる業務（同項第３号又は第４号に掲げる業務にあっては、同項第３号ロ又はハに掲げる事業又は業務に係るものに限る。）に係る資金（同項第11号に掲げる業務に係るものにあっては、土地、建物その他の施設を取得し、造成し、又は整備するのに必要な資金に限る。）の貸付け、株式会社日本政策金融公庫法第11条第１項第１号の規定による同法別表第１第１号若しくは第14号の下欄に掲げる資金（土地、建物その他の施設を取得し、造成し、又は整備するのに必要な資金に限る。）の貸付け又は国若しくは地方公共団体の補助金（土地、建物その他の施設を取得し、造成し、又は整備するのに必要な補助金に限る。）の交付を受けて行われるものであること。 | | | | |
| ⑬の２　中心市街地の活性化に関する法律（以下この項において「中心市街 | (ｲ)　買取りをする者が特定法人に該当する旨を証する書類及び当該事業が左 | 経済産業大臣 | 措置法34条の２　２項13号ロ | ※１　「特定法人」とは、認定特定民間中心市街地活性 |

| 区　　　　分 | 内　　　　容 | 発　行　者 | 根拠条項 | 備　　　　考 |
|---|---|---|---|---|
| 地活性化法」という。）第49条第２項に規定する認定特定民間中心市街地活性化事業計画に基づく同法第７条第７項に規定する中小小売商業高度化事業（同項第１号から第４号まで又は第７号に掲げるものに限る。）で次の要件を満たすものの用に供するために特定法人（※１）に買い取られる場合<br>(イ)　当該事業が都市計画その他の土地利用に関する国又は地方公共団体の計画に適合して行われるものであること。<br>(ロ)　当該事業により顧客その他の地域住民の利便の増進を図るための公共用施設（休憩所、集会所、駐車場、アーケードその他これらに類する施設をいう。以下この項において同じ。）が設置されること。<br>(ハ)　当該事業の区域として次の事業の区分に応じそれぞれ次に掲げる区域の面積が1,000㎡（当該事業が中心市街地活性化法第７条第７項第３号若しくは第４号に定める事業又は同項第７号に定める事業（同項第３号又は第４号に定める事業に類するもので一定のもの（※２）に限る。）である場合には、500㎡）以上であること。<br>A　中心市街地活性化法第49条第２項に規定する認定特定民間 | 欄の(イ)から(ホ)までの要件を満たすものであることにつき証明した書面<br>(ロ)　当該土地等を当該事業の用（当該事業が中心市街地活性化法第７条第７項第１号に定める事業である場合には、当該事業により設置される公共用施設の用に限る。）に供するために買い取った旨を証する書類 | 当該土地等の買取りをする者 | 措置法規則17条の２　１項14号 | 化事業計画（当該事業に係るものに限る。）に係る中心市街地活性化法第49条第１項に規定する認定特定民間中心市街地活性化事業者である法人（同法第７条第７項第７号に定める事業にあっては、商工会、商工会議所及び次に掲げる法人に限る。）をいう。<br>(1)　地方公共団体の出資に係る中心市街地活性化法第７条第７項第７号に掲げる特定会社のうち、次に掲げる要件を満たすもの<br>イ　当該法人の発行済株式の総数又は出資金額の３分の２以上が地方公共団体又は独立行政法人中小企業基盤整備機構により所有され又は出資をされていること。<br>ロ　当該法人の株主又は出資者の３分の２以上が中小小売商業者等又は商店街振興組合等であること。<br>ハ　その有する当該法人の株式の総数又は |

| 区　　　分 | 内　　　容 | 発　行　者 | 根拠条項 | 備　　　考 |
| --- | --- | --- | --- | --- |
| 中心市街地活性化事業計画に基づく中心市街地活性化法第７条第７項第１号に定める事業<br>当該事業を行う中心市街地活性化法第49条第１項に規定する認定特定民間中心市街地活性化事業者である商店街振興組合等の組合員又は所属員で中小小売商業者等に該当するものの事業の用に供される店舗その他の施設（当該認定特定民間中心市街地活性化事業計画の区域内に存するものに限る。）及び当該認定特定民間中心市街地活性化事業計画に基づく事業により新たに設置される公共用施設の用に供される土地の区域<br>Ｂ　認定特定民間中心市街地活性化事業計画に基づく中心市街地活性化法第７条第７項第２号から第４号に定める事業<br>これらの事業が施行される土地の区域<br>Ｃ　認定特定民間中心市街地活性化事業計画に基づく中心市街地活性化法第７条第７項第７号に定める事業<br>当該事業を行う認定特定民間中心市街地活性化事業者である法人に出資又は拠出をしている中小小 | | | | 出資の金額の合計額の最も多い株主等が地方公共団体、独立行政法人中小企業基盤整備機構、中小小売商業者等又は商店街振興組合等のいずれかであること。<br>⑵　中心市街地活性化法第７条第７項第７号に掲げる一般社団法人等であって、その定款において、その法人が解散した場合にその残余財産が地方公共団体又は当該法人と類似の目的をもつ他の公益を目的とする事業を行う法人に帰属する旨の定めがあるもののうち、次に掲げる要件のいずれかを満たすもの<br>イ　その社員総会における議決権の総数の３分の１を超える数が地方公共団体により保有されている公益社団法人であること。<br>ロ　その社員総会における議決権の総数の |

| 区　　　分 | 内　　　容 | 発　行　者 | 根拠条項 | 備　　　考 |
|---|---|---|---|---|
| 売商業者等及び当該法人に出資又は拠出をしている商店街振興組合等の組合員又は所属員である中小小売商業者等の事業の用に供される店舗その他の施設（当該認定特定民間中心市街地活性化事業計画の区域内に存するものに限る。）並びに当該認定特定民間中心市街地活性化事業計画に基づく事業により新たに設置される共同店舗その他の施設及び公共用施設の用に供される土地の区域<br>㈡　当該事業が独立行政法人中小企業基盤整備機構法第15条第１項第３号又は第４号に掲げる業務（同項第３号ロ又はハに掲げる事業又は業務に係るものに限る。）に係る資金（「連携集積活性化事業資金」という。）の貸付けを受けて行われるものであること。<br>㈭　その他の要件（※３） | | | | ４分の１以上の数が一の地方公共団体により保有されている公益社団法人であること。<br>ハ　その拠出をされた金額の３分の１を超える金額が地方公共団体により拠出をされている公益財団法人であること。<br>ニ　その拠出をされた金額の４分の１以上の金額が一の地方公共団体により拠出をされている公益財団法人であること。<br>※２　同項第３号又は第４号に定める事業に類するもので一定のものとは、共同店舗とともに公共用施設を設置する事業又は共同店舗と併設される公共用施設を設置する事業をいう。<br>※３　その他の要件は次のとおりである。<br>⑴　認定特定民間中心市街地活性化事業計画に基づく中心市街地活性化法第７条第７項第１号又は第２号に定める事業にあって |

| 区　　分 | 内　　容 | 発 行 者 | 根拠条項 | 備　　考 |
|---|---|---|---|---|
| | | | | は、これらの事業に参加する者の数が10以上であること。<br>(2) 認定特定民間中心市街地活性化事業計画に基づく中心市街地活性化法第7条第7項第2号から第4号まで又は第7号に定める事業にあっては、これらの事業により新たに設置される公共用施設及び店舗その他の施設の用に供される土地の面積とこれらの施設の床面積との合計面積（これらの施設の建築面積を除く。）に占める売場面積の割合が2分の1以下であること。<br>(3) 認定特定民間中心市街地活性化事業計画に基づく中心市街地活性化法第7条第7項第7号に定める事業にあっては、特定民間中心市街地活性化対象区域内の施設又は当該事業により新たに設置される店舗その他の施設をその者の営む事業の用に供する者の数が10（当該事業が共 |

| 区　　　分 | 内　　　容 | 発　行　者 | 根拠条項 | 備　　　考 |
|---|---|---|---|---|
| | | | | 同店舗とともに公共用施設を設置する事業又は共同店舗と併設される公共用施設を設置する事業である場合には、５）以上であること。 |
| ⑭　次に掲げる事業の用に供する土地の造成に関する事業で、一定の要件（※）に該当するものとして都道府県知事が指定したものの用に供するために買い取られる場合<br>(イ)　農業協同組合法第11条の48第１項《宅地等供給事業実施規程》に規定する宅地等供給事業のうち同法第10条第５項第３号《事業》に掲げるもの<br>(ロ)　独立行政法人中小企業基盤整備機構法第15条第１項第３号ロに規定する他の事業者との事業の共同化若しくは中小企業の集積の活性化に寄与する事業 | (イ)　当該事業が左欄の指定をした事業である旨を証する書類<br>(ロ)　当該土地等を左欄の事業の用に供するために買い取った旨を証する書類 | 都道府県知事<br><br>買取りをする者 | 措置法34条の２　２項14号<br>措置法規則17条の２　１項15号 | ※「一定の要件」とは、次に掲げる要件をいう。<br>(1)　区分欄の(イ)の場合<br>当該事業が都市計画その他土地利用に関する国又は地方公共団体の計画に適合した計画に従って行われるものであること並びに当該事業により造成される土地の処分予定価額が当該事業の施行区域内の土地の取得及び造成に要する費用の額、分譲に要する費用の額、当該事業に要する一般管理費の額並びにこれらの費用に充てるための借入金の利子の額の見積額の合計額以下であること。<br>(2)　区分欄の(ロ)の場合<br>上記(1)の要件に該当すること及び当該事業が独立行政法人中小企業基盤整備 |

| 区　　　分 | 内　　　容 | 発行者 | 根拠条項 | 備　　　考 |
|---|---|---|---|---|
| | | | | 機構法第15条第１項第３号又は第４号の規定による資金の貸付けを受けて行われるものであること。 |
| ⑭の２　総合特別区域法第２条第２項第５号イ又は第３項第５号イに規定する共同して又は一の団地若しくは主として一の建物に集合して行う事業の用に供する土地の造成に関する事業で、都市計画その他の土地利用に関する国又は地方公共団体の計画に適合した計画に従って行われるものであることその他の一定の要件（※）に該当するものとして市町村長又は特別区の区長が指定したものの用に供するために買い取られる場合 | (イ)　当該事業が左欄の指定をした事業である旨を証する書類<br>(ロ)　当該土地等を左欄の事業の用に供するために買い取った旨を証する書類 | 市町村長又は特別区の区長<br><br>買取りをする者 | 措置法34条の２　２項14号の２<br>措置法規則17条の２　１項16号 | ※「一定の要件」とは、次に掲げる要件をいう。<br>(1)　当該事業が都市計画その他土地利用に関する国又は地方公共団体の計画に適合した計画に従って行われるものであること並びに当該事業により造成される土地の処分予定価額が当該事業の施行区域内の土地の取得及び造成に要する費用の額、分譲に要する費用の額、当該事業に要する一般管理費の額並びにこれらの費用に充てるための借入金の利子の額の見積額の合計額以下であること。<br>(2)　総合特別区域法第30条又は第58条の規定による資金の貸付けを受けて行われるものであること。 |
| ⑮　特定法人（※）が行う産業廃棄物の処理に係る特定施設の整備の促進に関する法律第２条第２項 | (イ)　当該土地等の買取りをする者が地方公共団体又は特定法人に該当する旨を証する書類及び特定法 | 厚生労働大臣 | 措置法34条の２　２項15号<br>措置法規則17条の２　１項 | ※「特定法人」とは、次に掲げる法人をいう。<br>(1)　地方公共団体 |

| 区　分 | 内　容 | 発行者 | 根拠条項 | 備　考 |
|---|---|---|---|---|
| 《定義》に規定する特定施設（同項第１号に規定する建設廃棄物処理施設を含むものを除く。）の整備の事業（当該事業が、同法第４条第１項《整備計画の認定等》の規定による認定を受けた同項の整備計画（次に掲げる事項の定めがあるものに限る。）に基づいて行われるものに限る。）の用に供するために、土地等が地方公共団体又は当該特定法人に買い取られる場合<br>(イ)　特定法人が当該特定施設を運営すること。<br>(ロ)　当該特定施設の利用者を限定しないこと。 | 人が行う特定施設の整備の事業が左欄の(イ)及び(ロ)の要件を満たすものであることにつき証明した書面<br>(ロ)　当該土地等を当該特定施設の整備の事業の用に供するために買い取った旨を証する書類 | <br><br><br><br><br>当該土地等の買取りをする者 | 17号 | の出資に係る法人のうち、その発行済株式の総数又は出資金額の２分の１以上が一の地方公共団体により所有され又は出資されているもの<br>(2)　公益社団法人又は公益財団法人であって、その定款において、その法人が解散した場合にその残余財産が地方公共団体又は当該法人と類似の目的をもつ他の公益を目的とする事業を行う法人に帰属する旨の定めがあるもののうち、次に掲げる要件のいずれかを満たすもの<br>イ　その社員総会における議決権の総数の２分の１以上の数が地方公共団体により保有されている公益社団法人であること。<br>ロ　その社員総会における議決権の総数の４分の１以上の数が一の地方公共団体により保有されている公益社団法人であること。 |

| 区　　分 | 内　　容 | 発 行 者 | 根拠条項 | 備　　考 |
|---|---|---|---|---|
| | | | | ハ　その拠出をされた金額の２分の１以上の金額が地方公共団体により拠出をされている公益財団法人であること。<br>ニ　その拠出をされた金額の４分の１以上の金額が一の地方公共団体により拠出をされている公益財団法人であること。 |
| ⑯　広域臨海環境整備センター法第20条第３項《基本計画》の規定による認可を受けた同項の基本計画に基づいて行われる廃棄物の搬入施設の整備の事業の用に供するために、広域臨海環境整備センターに買い取られる場合 | (イ)　当該事業が左欄の基本計画に基づいて行われる広域臨海環境整備センター法第２条第１項第４号《定義等》に掲げる廃棄物の搬入施設の整備の事業である旨を証する書類<br>(ロ)　当該土地等を当該事業の用に供するために買い取った旨を証する書類 | 厚生労働大臣<br><br><br><br><br><br>土地等の買取りをする者 | 措置法34条の２　２項16号<br>措置法規則17条の２　１項18号 | |
| ⑰　生産緑地法第６条第１項《標識の設置等》に規定する生産緑地地区内にある土地が、同法の規定に基づき、地方公共団体、土地開発公社、港務局、地方住宅供給公社、地方道路公社又は独立行政法人都市再生機構に買い取られる場合 | 当該土地を生産緑地法第11条第１項《生産緑地の買取り等》、第12条 第２項《生産緑地の買取りの通知等》又は第15条第２項《生産緑地の買取り希望の申出》の規定に基づき買い取った旨を証する書類 | 当該土地の買取りをする者 | 措置法34条の２　２項17号<br>措置法規則17条の２　１項19号 | |
| ⑱　国土利用計画法第12条第１項《規制区域の指定》の規定により規制区域として指定された区域内の土地等が同法第19条第２項《買取り請求》の規定により買い取られる | 当該土地等を国土利用計画法第19条第２項の規定に基づき買い取った旨を証する書類 | 都道府県知事（指定都市にあっては、その長） | 措置法34条の２　２項18号<br>措置法規則17条の２　１項20号 | |

| 区　　　分 | 内　　　容 | 発　行　者 | 根拠条項 | 備　　　考 |
|---|---|---|---|---|
| 場合 | | | | |
| ⑲　国、地方公共団体、独立行政法人中小企業基盤整備機構、独立行政法人都市再生機構その他法人税法別表第１に掲げる法人で地域の開発、保全又は整備に関する事業を行うものが作成した地域の開発、保全又は整備に関する事業に係る計画で、国土利用計画法第９条第３項《土地利用基本計画》に規定する土地利用の調整等に関する事項として土地利用基本計画に定められたもののうち特定の計画に基づき、当該事業の用に供するために土地等が国又は地方公共団体（地方公共団体が財産を提供して設立した特定の団体（※）を含む。）に買い取られる場合 | (イ)　地域の開発、保全又は整備に関する事業に係る計画が、国、地方公共団体、独立行政法人中小企業基盤整備機構、独立行政法人都市再生機構その他法人税法別表第１に掲げる法人で地域の開発、保全又は整備に関する事業を行うものの作成に係るもので、国土利用計画法第９条第３項に規定する土地利用の調整等に関する事項として土地利用基本計画に定められたもののうち、当該事業の施行区域が定められ、その面積が20ヘクタール以上である旨を証する書類<br>(ロ)　当該土地等を当該計画に基づく事業の用に供するため買い取った旨を証する書類（当該買取りをする者が当該事業の施行者でない場合には、当該書類で当該事業の施行者の名称及び所在地の記載があるもの） | 都道府県知事<br><br>買取りをする者 | 措置法34条の２　２項19号<br>措置法規則17条の２　１項21号 | ※「地方公共団体が財産を提供して設立した特定の団体」とは、地方公共団体が財産を提供して設立した団体（当該地方公共団体とともに国、地方公共団体及び独立行政法人都市再生機構以外の者が財産を提供して設立した団体を除く。）で、都市計画その他市街地の整備の計画に従って宅地造成を行うことを主たる目的とするものをいう。 |
| ⑳　都市再開発法第７条の６第３項《土地の買取り》、大都市地域住宅等供給促進法第８条第３項《土地の買取り》（同法第27条《土地の買取り等》において準用する場合を含む。）、地方拠点都市地域の整備及び産業業務施設の再配置の促進に関する法律（以下この項において「地方拠点都市地域整備等促進法」という。）第22条第３項《土地の買取り等》又は被災市街地復興特別措置法第８条第３項《土地の買取り等》の規定により土地等が買 | 当該土地等を都市再開発法第７条の６第３項、大都市地域住宅等供給促進法第８条第３項（同法第27条において準用する場合を含む。）、地方拠点都市地域整備等促進法第22条第３項又は被災市街地復興特別措置法第８条第３項の規定により買い取った旨を証する書類 | 建築許可権者（※１）、都府県知事（※２）又は都道府県知事等（※３）（都市再開発法第７条の６第２項、大都市地域住宅等供給促進法第８条第２項（同法第27条において準用する場合を含む。）、地方拠点都市地域整備等促進法第22条第２項 | 措置法34条の２　２項20号<br>措置法規則17条の２　１項22号 | ※１「建築許可権者」とは、都道府県知事（市の区域内にあっては、当該市の長）をいう（都市再開発法第７条の４第１項）。<br>※２「都府県知事」とは、都府県知事（市の区域内にあっては、当該市の長）をいう（大都市地域住宅等供給促進法第７条第１項）。<br>※３「都道府県知事等」とは、都道府県知事（市の区 |

| 区　分 | 内　容 | 発行者 | 根拠条項 | 備　考 |
|---|---|---|---|---|
| い取られる場合 | | 又は被災市街地復興特別措置法第８条第２項の規定により、土地の買取りの申出の相手方として公告された者があるときは、その者） | | 域内にあっては、当該市の長）をいう（地方拠点都市地域整備等促進法第21条第１項又は被災市街地復興特別措置法第７条第１項）。 |
| ㉑　土地区画整理法による土地区画整理事業（同法第３条第１項《土地区画整理事業の施行》の規定によるものを除く。）が施行された場合において土地等の上に存する建物又は構築物が建築基準法第３条第２項《適用除外》に規定する建築物その他の次に掲げる建物又は構築物に該当していることにより換地（当該土地の上に存する権利の目的となるべき土地を含む。）を定めることが困難であることにつき、国土交通大臣の証明がされた当該土地等について土地区画整理法第90条《所有者の同意により換地を定めない場合》の規定により換地が定められなかったことに伴い、同法第94条《清算金》の規定による清算金を取得するとき<br>(イ)　建築基準法第３条第２項に規定する建築物<br>(ロ)　次の建築物又は構築物<br>A　風俗営業の営業所（※１）が風俗営業等の規制及び業務の適正化等に関する法律第４条第２項第２号《許可の基準》の規定に基づく条例の規定 | (イ)　当該土地等の上に存する建物等が左欄の(イ)から(ヘ)までに掲げる建築物又は構築物に該当していることにより換地を定めることが困難となる次に掲げる事情のいずれかに該当する旨を証する書類<br>A　当該土地等に係る換地処分が行われたとしたならば、建築基準法その他の法令の規定により、当該建物等を引き続き従前の用途と同一の用途に供することは換地処分により取得する土地等の上に建物等を建築して従前の用途と同一の用途に供することができなくなると認められること<br>B　当該土地等に係る換地処分が行われ、当該建物等を引き続き従前の用途と同一の用途に供するとしたならば、当該建物等の構造、配置設計、利用構成等を著しく変更する必要があると認められ、かつ、当該建物等における従前の生活又は業務の継続が著しく困難となると認められること<br>(ロ)　換地が定められなかったことに伴い土地区画整理法第94条の規定による | 国土交通大臣<br><br><br><br><br><br><br><br><br><br><br><br>土地区画整理事業を施行する者 | 措置法34条の２　２項21号<br>措置法規則17条の２　１項23号 | ※１「風俗営業の営業所」とは、風俗営業等の規制及び業務の適正化等に関する法律第２条第１項《用語の意義》に規定する風俗営業の営業所で、風俗営業等取締法の一部を改正する法律（昭和59年法律第76号）附則第２条第２項《新たに風俗営業に該当することとなる営業に関する経過措置》又は第３条第１項《従前の風俗営業に関する経過措置》の規定の適用に係るものをいう。<br>※２「店舗型性風俗特殊営業」とは、風俗営業等の規制及び業務の適正化等に関する法律第28条第３項に規定する店舗型性風俗特殊営業をいい、風俗営業等取締法の一部を改正する法律（昭和59年法律第76号）附則第４条第２項又は風俗営業等の規制及び業務の適正化等 |

| 区　分 | 内　容 | 発行者 | 根拠条項 | 備　考 |
|---|---|---|---|---|
| の施行又は適用の際当該条例の規定に適合しない場合の当該風俗営業の営業所の用に供されている建築物又は構築物<br>Ｂ　店舗型性風俗特殊営業（※２）が同法第28条第１項《店舗型性風俗特殊営業の禁止区域等》の規定の施行又は適用の際同項の規定に適合しない場合の当該店舗型性風俗特殊営業の営業所の用に供されている建築物又は構築物<br>Ｃ　店舗型性風俗特殊営業が同条第２項の規定に基づく条例の規定の施行又は適用の際当該条例の規定に適合しない場合の当該店舗型性風俗特殊営業の営業所の用に供されている建築物又は構築物<br>Ｄ　店舗型電話異性紹介営業（※３）が同法第31条の13第１項《店舗型電話異性紹介営業の禁止区域等》の規定若しくは同項において準用する同法第28条第２項の規定に基づく条例の規定の施行若しくは適用の際同法31条の13第１項において準用する同法第28条第１項の規定若しくは当該条例の規定に適合しない場合の当該店舗型電話異性紹介営業の営業所の用 | 清算金の支払をした旨を証する書類 | | | に関する法律の一部を改正する法律（平成10年法律第55号）附則第４条第２項《店舗型性風俗特殊営業に関する経過措置》の規定の適用に係るものを含む。<br>※３　「店舗型電話異性紹介営業」とは、風俗営業等の規制及び業務の適正化等に関する法律第31条の13第１項に規定する店舗型電話異性紹介営業をいい、風俗営業等の規制及び業務の適正化等に関する法律の一部を改正する法律（平成13年法律第52号）附則第２条第２項《店舗型電話異性紹介営業等の届出に関する経過措置》の規定の適用に係るものを含む。<br>※４　「屋外タンク貯蔵所」とは、危険物の規制に関する政令の一部を改正する政令（昭和51年政令第153号）附則第２項に規定する屋外タンク貯蔵所をいう。<br>※５　昭和42年改正規則附則第２項又は昭和53年改正規則附則第２項の規定の適用に係るものに限る。<br>※６　「昭和42年改 |

| 区　　　　分 | 内　　　　容 | 発　行　者 | 根拠条項 | 備　　　　考 |
|---|---|---|---|---|
| に供されている建築物又は構築物<br>Ｅ　同法第33条第５項《深夜における酒類提供飲食店営業の届出等》に規定する営業が同条第４項の規定に基づく条例の規定の施行又は適用の際当該条例の規定に適合しない場合の当該営業の営業所の用に供されている建築物又は構築物<br>(ハ)　屋外タンク貯蔵所（※４）で危険物の規制に関する政令第11条第１項第１号の２の表の第２号《屋外タンク貯蔵所の基準》の上欄に掲げる屋外貯蔵タンクの存するもの<br>(ニ)　都市計画法第８条第１項第１号《地域地区》に規定する用途地域が変更され、又は変更されることとなることにより、引き続き従前の用途と同一の用途に供することができなくなる建築物若しくは構築物又は換地処分により取得する土地等の上に、建築して従前と同一の用途に供することができなくなる建築物若しくは構築物<br>(ホ)　道路運送車両法第77条《自動車特定整備事業の種類》に規定する自動車特定整備事業（※５）を経営している者の当該事業の事業場の規模が昭和42年改正規則又は昭和53年改正規則（※６）の施行 | | | | 正規則」とは、道路運送車両法施行規則の一部を改正する省令（昭和42年運輸省令第27号）をいい、「昭和53年改正規則」とは、同規則の一部を改正する省令（昭和53年運輸省令第７号）をいう。<br>※７　風俗営業等の規制及び業務の適正化等に関する法律施行規則（昭和60年国家公安委員会規則第１号）附則第２項《経過措置》の規定の適用に係るものに限る。<br>※８　施行日は、昭和60年２月13日である。 |

| 区　　　分 | 内　　　容 | 発 行 者 | 根拠条項 | 備　　　考 |
|---|---|---|---|---|
| の際昭和42年改正規則による改正後の道路運送車両法施行規則第57条第1号《認証基準》及び別表第2号又は昭和53年改正規則による改正後の道路運送車両法施行規則別表第4の規定に適合しない場合の当該事業場に係る建築物又は構築物<br>(ヘ)　風俗営業等の規制及び業務の適正化等に関する法律第2条第1項第1号又は第2号に掲げる営業に係る営業所（※7）の同法第4条第2項第1号に規定する構造又は設備の全部が風俗営業等の規制及び業務の適正化等に関する法律施行規則の施行（※8）の際同規則第7条《構造及び設備の技術上の基準》に規定する技術上の基準（当該営業所に係る床面積の大きさの基準に限る。）に適合しない場合の当該営業所の用に供されている建築物 | | | | |
| 21の2　土地等につき被災市街地復興土地区画整理事業が施行された場合において、被災市街地復興特別措置法第17条第1項の規定により保留地が定められたことに伴い当該土地等に係る換地処分により当該土地等のうち当該保留地の対価の額に対応する部分の譲渡があったとき | 当該土地等に係る換地処分により当該土地等のうち保留地の対価の額に対応する部分の譲渡があった旨を証する書類（当該対価の額の記載があるものに限る。） | 被災市街地復興土地区画整理事業の施行者 | 措置法34条の2　2項21号の2<br>措置法規則17条の2　1項24号 | |
| ㉒　土地等につきマンション建替え等の円滑化に関する法律（以下「マンシ | (イ)　当該土地等に係る権利変換によりマンション建替法第75条の規定による | マンション建替事業の施行者 | 措置法34条の2　2項22号<br>措置法規則17 | ※「やむを得ない事情により申出をしたと認められる |

| 区　　　分 | 内　　　容 | 発　行　者 | 根拠条項 | 備　　　考 |
|---|---|---|---|---|
| ョン建替法」という。）第２条第１項第４号に規定するマンション建替事業が施行された場合において、当該土地等に係るマンション建替法の権利変換によりマンション建替法第75条《補償金》の規定による補償金（当該個人（同条第１号に掲げる者に限る。）がやむを得ない事情によりマンション建替法第56条第１項《権利変換を希望しない旨の申出等》の申出をしたと認められる場合(※)における当該申出に基づき支払われるものに限る。）を取得するとき、又は当該土地等がマンション建替法第15条第１項《区分所有権及び敷地利用権の売渡し請求》若しくは第64条第１項若しくは第３項《権利変換計画に関する総会の議決に賛成しなかった組合員に対する売渡し請求等》の請求（当該個人にやむを得ない事情があったと認められる場合（※）にされたものに限る。）により買い取られたとき | 補償金を当該個人がやむを得ない事情によりマンション建替法第56条第１項の申出をしたと認められる場合における当該申出に基づき支払ったものである旨又は当該土地等をマンション建替法第15条第１項若しくは第64条第１項又は第３項の請求により買い取った旨を証する書類<br>(ロ)　次に掲げる場合のいずれかに該当する旨及びマンション建替事業の施行者がその該当することにつきマンション建替法第37条第１項又は第53条第１項の審査委員の過半数の確認があった旨を証する書類<br>Ａ　マンション建替法第56条第１項の申出をした者又はマンション建替法第15条第１項若しくは第64条第１項の請求をされた者又は同条第３項の請求をした者（以下この項において「申出人等」という。）の有するマンション建替法第２条第１項第６号に規定する施行マンションが都市計画法第８条第１項第１号から第２号の２までの地域地区による用途の制限につき建築基準法第３条第２項の規定の適用を受けるものである場合<br>Ｂ　Ａの施行マンションにおいて住居を有し若しくは事業を営む申出人等又はその者と住居及び生計を一にしてい | <br>マンション建替事業の施行者 | 条の２　１項25号 | 場合」及び「やむを得ない事情があったと認められる場合」とは、次に掲げる場合のいずれかに該当する場合で、措置法第34条の２第２項第22号のマンション建替事業の施行者がその該当することにつきマンション建替法第37条第１項又は第53条第１項の審査委員の過半数の確認を得た場合とする。<br>(1)　申出人等の有するマンション建替法第２条第１項第６号に規定する施行マンションが都市計画法第８条第１項第１号から第２号の２までの地域地区による用途の制限につき建築基準法第３条第２項の規定の適用を受けるものである場合<br>(2)　(1)の施行マンションにおいて住居を有し若しくは事業を営む申出人等又はその者と住居及び生計を一にしている者が老齢又は身体上の障害のためマンション建替法第２条第１項第７号に規定する施行再 |

| 区　　　分 | 内　　　容 | 発　行　者 | 根拠条項 | 備　　　考 |
| --- | --- | --- | --- | --- |
| | る者が老齢又は身体上の障害のためマンション建替法第２条第１項第７号に規定する施行再建マンションにおいて生活すること又は事業を営むことが困難となる場合 | | | 建マンションにおいて生活すること又は事業を営むことが困難となる場合 |
| ㉒の２　通行障害既存耐震不適格建築物（※１）に該当する決議特定要除却認定マンション（※２）の敷地の用に供されている土地等につきマンション敷地売却事業（※３）が実施された場合において、当該土地等に係るマンション建替法第141条第１項の認可を受けた同項に規定する分配金取得計画（※４）に基づきマンション建替法第151条の規定によるマンション建替法第142条第１項第３号の分配金を取得するとき、又は当該土地等がマンション建替法第124条第１項の請求により買い取られたとき | (イ)　当該マンション敷地売却事業に係る決議特定要除却認定マンションが通行障害既存耐震不適格建築物に該当すること、当該マンション敷地売却事業に係るマンション建替法第113条に規定する認定買受計画に、決議特定要除却認定マンションを除却した後の土地に新たに建築されるマンション建替法第２条第１項第１号に規定するマンションに関する事項の記載があること及び当該記載がされた当該マンションが新たに建築されることにつき都道府県知事（市の区域内にあっては、当該市の長）の証明を受けた旨を証する書類<br>(ロ)　マンション建替法第151条の規定によるマンション建替法第142条第１項第３号の分配金が当該土地等に係るマンション建替法第141条第１項の認可を受けた同項に規定する分配金取得計画に基づき支払ったものである旨又は当該土地等をマンション建替法第124条第１項の請求により買い取った旨を証する書類 | マンション敷地売却事業を実施する者<br>マンション敷地売却事業を実施する者 | 措置法34条の２　２項22号の２<br>措置法規則17条の２　１項26号 | ※１　「通行障害既存耐震不適格建築物」とは、建築物の耐震改修の促進に関する法律第５条第３項第２号に規定する通行障害既存耐震不適格建築物のうち、同法第７条第２号又は第３号に掲げる建築物であるものに限る。<br>※２　「決議特定要除却認定マンション」とは、マンション建替法第109条第１項に規定する決議特定要除却認定マンションをいう。以下この項において同じ。<br>※３　「マンション敷地売却事業」とは、マンション建替法第２条第１項第９号に規定するマンション建替法で定めるところに従って行われるマンション敷地売却に関する事業のうち、当該事業に係るマンション建替法第113条に規定する認定買受計画に、決議特定要除却認定マンションを除却した後の土 |

| 区　　分 | 内　　容 | 発行者 | 根拠条項 | 備　　考 |
|---|---|---|---|---|
| | | | | 地に新たに建築されるマンション建替法第２条第１項第１号に規定するマンションに関する事項の記載があるものに限る。<br>※４「分配金取得計画」が、マンション建替法第145条において準用するマンション建替法第141条第１項の規定により当該分配金取得計画の変更に係る認可を受けた場合には、その変更後のものをいう。 |
| ㉓　絶滅のおそれのある野生動植物の種の保存に関する法律第37条第１項《管理地区》の規定により管理地区として指定された区域内の土地が国若しくは地方公共団体に買い取られる場合又は鳥獣の保護及び管理並びに狩猟の適正化に関する法律（平成14年法律第88号）第29条第１項《特別保護地区》の規定により環境大臣が特別保護地区として指定した区域内の土地のうち一定の要件（※）に該当するものとして環境大臣が指定したものが国若しくは地方公共団体に買い取られる場合 | 次に掲げる場合の区分に応じ、それぞれ次に掲げる書類<br>(イ)　絶滅のおそれのある野生動植物の種の保存に関する法律第37条第１項の規定により管理地区として指定された区域内の土地が買い取られる場合<br>当該土地を買い取った旨を証する書類<br>(ロ)　鳥獣の保護及び管理並びに狩猟の適正化に関する法律第29条第１項の規定により環境大臣が特別保護地区として指定した土地のうち一定の要件（※）に該当するものとして環境大臣が指定したものが買い取られる場合<br>Ａ　当該土地が措置法令第22条の８第26項各号に掲げる鳥獣の生息地で国又は地方公共団体において保存することが緊急に必要なものとして同項の規定により | 当該土地の買取りをする者<br><br>環境大臣 | 措置法34条の２　２項23号<br>措置法規則17条の２　１項27号 | ※　一定の要件とは、国又は地方公共団体において保存をすることが緊急に必要な次に掲げる土地をいう。<br>(1)　文化財保護法第109条第１項《指定》の規定により天然記念物として指定された鳥獣の生息地<br>(2)　日本国が締結した渡り鳥及び絶滅のおそれのある鳥類並びにその環境の保護に関する条約においてその保護をすべきものとされた鳥類の生息地 |

| 区　　　　分 | 内　　　　容 | 発　行　者 | 根拠条項 | 備　　　　考 |
|---|---|---|---|---|
| | 指定したものである旨を証する書類<br>B　当該土地を当該鳥獣の生息地として保存をするために買い取った旨を証する書類 | <br><br>当該土地の買取りをする者 | | |
| ㉔　自然公園法第72条《指定》に規定する都道府県立自然公園の区域内のうち同法第73条第１項《保護及び利用》に規定する条例の定めるところにより特別地域として指定された地域で、当該地域内における行為につき同法第20条第１項《特別地域》に規定する特別地域内における行為に関する同法第２章第４節《保護及び利用》の規定による規制と同等の規制が行われている地域として環境大臣が認定した地域内の土地又は自然環境保全法第45条第１項《都道府県自然環境保全地域の指定》に規定する都道府県自然環境保全地域のうち同法第46条第１項《保全》に規定する条例の定めるところにより特別地区として指定された地区で、当該地区内における行為につき同法第25条第１項《特別地区》に規定する特別地区内における行為に関する同法第４章第２節《保全》の規定による規制と同等の規制が行われている地区として環境大臣が認定した地区内の土地が地方公共団体に買い取られる場合 | (イ)　当該土地を買い取った旨及び当該土地が特別地域として指定された地域又は特別地区として指定された地区内のものである旨を証する書類<br>(ロ)　当該特別地域として指定された地域又は特別地区として指定された地区内の行為に関する規制が自然公園法第２章第４節又は自然環境保全法第４章第２節の規定による規制と同等の規制が行われていると認定した旨の通知に係る文書の写し | 地方公共団体の長<br><br><br><br><br><br>環境大臣 | 措置法34条の２　２項24号<br>措置法規則17条の２　１項28号 | |
| ㉕　農業経営基盤強化促進法第４条第１項第１号に規定する農用地（※１） | (イ)　当該土地等が左欄の農用地区域として定められている区域内にある農用 | 市町村長 | 措置法34条の２　２項25号<br>措置法令22条 | ※１　農地（耕作（農地法第43条第１項《農作物栽培高度 |

| 区　　　　　分 | 内　　　　　容 | 発　行　者 | 根拠条項 | 備　　　　　考 |
|---|---|---|---|---|
| で農業振興地域の整備に関する法律第８条第２項第１号《市町村の定める農業振興地域整備計画》に規定する農用地区域内にあるものが、農業経営基盤強化促進法第22条第２項の協議に基づき、同項の農地中間管理機構（※２）に買い取られる場合 | 地である旨及び当該土地等の買取りにつき左欄の協議に係る農業経営基盤強化促進法第22条第２項の規定による通知をしたことを証する書類（※３）<br>(ロ)　当該土地等を当該協議に基づき買い取った旨を証する書類<br>(ハ)　当該土地等の買取りをする者が左欄の農地中間管理機構に該当する旨を証する書類 | <br><br><br><br><br><br><br>土地等の買取りをする者<br><br>都道府県知事 | の８　27項<br>措置法規則17条の２　１項29号 | 化施設に関する特例》の規定により耕作に該当するものとみなされる農作物の栽培を含む。以下この項において同じ。）の目的に供される土地をいう。以下この項において同じ。）又は農地以外の土地で主として耕作若しくは養畜の事業のための採草若しくは家畜の放牧の目的に供される土地をいう。<br>※２　農地中間管理機構は、公益社団法人（その社員総会における議決権の総数の２分の１以上の数が地方公共団体により保有されているものに限る。）又は公益財団法人（その設立当初において拠出をされた金額の２分の１以上の金額が地方公共団体により拠出をされているものに限る。）であって、その定款において、その法人が解散した場合にその残余財産が地方公共団体又は当該法人と類似の目的をもつ他の公益を目的とする事業を行う法人に帰属する旨の定めがあるものに限る。<br>※３「通知をした |

——別表4　特定住宅地造成事業等に関する証明書の区分一覧表——

| 区　　　　　分 | 内　　　　　容 | 発　行　者 | 根拠条項 | 備　　　　　考 |
|---|---|---|---|---|
| | | | | ことを証する書類」は、その通知をした年月日の記載があるものに限る。 |

**別表５（法人税等に係る証明書については、措法65の５－１参照）**

## 農地保有の合理化等に関する証明書の区分一覧表

| 区　　分 | 内　　容 | 発行者 | 根拠条項 | 備　　考 |
|---|---|---|---|---|
| ①　農業振興地域の整備に関する法律第14条第２項《土地利用についての勧告》に規定する市町村長の勧告に係る協議により土地等を譲渡した場合 | 当該土地等の譲渡につき当該勧告をしたことを証する書類又は当該勧告に係る通知書の写し（※） | 市町村長 | 措置法34条の３　２項１号<br>措置法規則18条２項１号 | ※　通知書の写しは、当該土地等の譲渡者が作成して差し支えない。 |
| ②　農業振興地域の整備に関する法律第15条第１項《都道府県知事の調停》に規定する都道府県知事の調停により土地等を譲渡した場合 | 当該土地等の譲渡につき当該調停をしたことを証する書類又は当該土地等に係る農業振興地域の整備に関する法律第15条第４項の調停案の写し | 都道府県知事 | 措置法34条の３　２項１号<br>措置法規則18条２項２号 | |
| ③　農業振興地域の整備に関する法律第18条《農地等についての権利の取得のあっせん》に規定する農業委員会のあっせんにより土地等を譲渡した場合 | 当該土地等の譲渡につき当該あっせんを行ったことを証する書類 | 農業委員会 | 措置法34条の３　２項１号<br>措置法規則18条２項３号 | |
| ④　農業経営基盤強化促進法第５条第３項《農業経営基盤強化促進基本方針》に規定する農地中間管理機構（※１）に対し、当該農地中間管理機構が行う事業（※２）のために農地法第２条第１項《定義》に規定する農地（同法第43条第１項《農作物栽培高度化施設に関する特例》の規定により農作物の栽培を耕作に該当するものとみなして適用する同法第２条第１項に規定する農地を含む。以下この項において同じ。）若しくは採草放牧地で農業振興地域の整備に関する法律第８条第２項第１号《市町村の定める農業振興地域整備計画》に規定する農用地区域として定められている区域内にあるもの、当該 | (イ)　当該事業のために当該農地等を買い入れた旨を証する書類<br>(ロ)　次に掲げる区分に応じそれぞれ次に定める書類<br>Ａ　左の農用地区域として定められている区域内にある農地若しくは採草放牧地又はこれらの土地の上に存する権利…次のいずれかの書類<br>(A)　これらの資産に係る権利の移転につき農地法第３条第１項第13号《農地又は採草放牧地の権利移動の制限》の届出を受理した旨を証する書類<br>(B)　これらの資産に係る権利の移転につき福島復興再生特別措置法（平成24年法律第25号）第17条の26 | 農地等の買入れをする者<br><br><br><br><br><br>農業委員会<br><br><br><br><br>福島県知事 | 措置法34条の３　２項１号<br>措置法令22条の９<br>措置法規則18条２項４号 | ※１　農地中間管理機構は、公益社団法人（その社員総会における議決権の総数の２分の１以上の数が地方公共団体により保有されているものに限る。）又は公益財団法人（その設立当初において拠出をされた金額の２分の１以上の金額が地方公共団体により拠出をされているものに限る。）であって、その定款において、その法人が解散した場合にその残余財産が地方公共団体又は当該法人と類似の目的をもつ他の公益を目的とする事業を行う法 |

| 区　　　分 | 内　　　容 | 発　行　者 | 根拠条項 | 備　　　考 |
|---|---|---|---|---|
| 区域内にある土地で開発して農地とすることが適当なもの若しくは当該区域内にある土地で同号に規定する農業上の用途区分が同法第3条第4号《定義》に規定する農業用施設の用に供することとされているもの（農地の保全又は利用上必要な施設で一定のもの（※3）の用に供する土地を含む。）又はこれらの土地の上に存する権利（以下この項において「農地等」という。）を譲渡した場合（⑤に掲げる場合に該当する場合を除く。） | 《農用地利用集積等促進計画の公告》の規定により公告をした旨及び当該公告の年月日を証する書類<br>B　左の開発して農地とすることが適当な土地若しくは農業用施設の用に供することとされている土地又はこれらの土地の上に存する権利…次の書類<br>(A)　これらの資産が左の農用地区域として定められている区域内にある旨及びこれらの資産が左の開発して農地とすることが適当な土地若しくは農業上の用途区分が農業用施設の用に供することとされている土地又は農地の保全又は利用上必要な施設で一定のもの（※3）の用に供することとされている土地（これらの土地の上に存する権利を含む。）に該当するものである旨を証する書類<br>(B)　これらの資産の買入れをする者に対しこれらの資産の買入れを要請している旨を証する書類<br>(ハ)　当該農地等の買入れをする者が左の農地中間管理機構に該当する旨を証する書類 | 市町村長<br>当該資産の買入れをする者に対し当該資産の買入れを要請している地方公共団体の長<br>都道府県知事 | | 人に帰属する旨の定めがあるものに限る。<br>※2　「当該農地中間管理機構が行う事業」とは、農業経営基盤強化促進法第7条《農地中間管理機構の事業の特例》の規定により行われる事業で、同条第1号に掲げるものをいう。<br>※3　農地の保全又は利用上必要な施設で一定のものとは、農用地区域として定められている区域内にある農地を保全し、又は耕作（農地法第43条第1項の規定により耕作に該当するものとみなされる農作物の栽培を含む。）の用に供するために必要なかんがい排水施設、ため池、排水路又は当該農地の地すべり若しくは風害を防止するために直接必要な施設をいう。 |
| ⑤　農業振興地域の整備に関する法律第8条第2項第1号に規定する農用地区域内にある土地等を農 | (イ)　当該土地等が農用地区域内にある旨を証する書類<br>(ロ)　次のいずれかの書類 | 市町村長 | 措置法34条の3　2項2号<br>措置法規則18条2項5号 | |

| 区　　分 | 内　　容 | 発行者 | 根拠条項 | 備　　考 |
|---|---|---|---|---|
| 地中間管理事業の推進に関する法律（平成25年法律第101号）第18条第７項《農用地利用集積等促進計画》の規定による公告があった同条第１項の農用地利用集積等促進計画の定めるところにより譲渡した場合 | A　当該土地等に係る権利の移転につき当該公告をした旨及び当該公告の年月日を証する書類<br>B　当該権利の移転に係る登記事項証明書（当該権利の移転が農地中間管理事業の推進に関する法律第18条第７項の規定による公告があった同条第１項の農用地利用集積等促進計画によるものであることを明らかにする表示のあるものに限る。） | 公告をした者 | | |
| ⑥　農村地域への産業の導入の促進等に関する法律（昭和46年法律第112号）第５条第２項《実施計画》の規定により同条第１項に規定する実施計画において定められた同条第２項第１号に規定する産業導入地区内の土地等（農業振興地域の整備に関する法律第３条《定義》に規定する農用地等（※）及び当該農用地等の上に存する権利に限る。）を当該実施計画に係る農村地域への産業の導入の促進等に関する法律第４条第２項第４号《基本計画》に規定する施設用地の用に供するために譲渡した場合 | (イ)　当該土地等の所在地が当該産業導入地区内であること及び当該土地等が農用地等（当該農用地等の上に存する権利を含む。）であったことを証する書類<br>(ロ)　農村地域への産業の導入の促進等に関する法律第５条第１項に規定する実施計画に係る同法第４条第２項第４号に規定する施設用地の用に供するために当該土地等を買い取ったことを証する書類 | 当該土地等の所在地を管轄する市町村長<br><br>当該土地等の買取りをする者 | 措置法34条の３　２項３号<br>措置法規則18条２項６号 | ※「農用地等」とは、次に掲げるものをいう。<br>(1)　耕作の目的又は主として耕作若しくは養畜の業務のための採草若しくは家畜の放牧の目的に供される土地<br>(2)　木竹の生育に供され、併せて耕作又は養畜の業務のための採草又は家畜の放牧の目的に供される土地で(1)以外のもの<br>(3)　(1)又は(2)の土地の保全又は利用上必要な施設の用に供される土地<br>(4)　耕作又は養畜の業務のために必要な農業用施設（(3)の施設を除く。）で農林水産省令で定めるものの用に供される土地 |

| 区　　　分 | 内　　　容 | 発　行　者 | 根拠条項 | 備　　　考 |
|---|---|---|---|---|
| ⑦　土地等（土地改良法第2条第1項《定義》に規定する農用地（※）及び当該農用地の上に存する権利に限る。）につき同条第2項第1号から第3号までに掲げる土地改良事業が施行された場合において、当該土地等に係る換地処分により同法第54条の2第4項《換地処分の効果及び清算金》（同法第89条の2第10項《国又は都道府県の行う換地処分等》、第96条《土地改良区に関する規定の準用》及び第96条の4第1項《準用規定》において準用する場合を含む。）に規定する清算金（当該土地等について、同法第8条第5項第2号《審査及び公告等》に規定する施設の用若しくは同項第3号に規定する農用地以外の用途に供する土地又は同法第53条の3の2第1項第1号に規定する農用地に供することを予定する土地に充てるため同法第53条の2の2第1項《換地を定めない場合等の特例》（同法第89条の2第3項、第96条及び第96条の4第1項において準用する場合を含む。）の規定により地積を特に減じて換地若しくは当該権利の目的となるべき土地若しくはその部分を定めたこと又は換地若しくは当該権利の目的となるべき土地若しくはその部分が定められなかったことにより支払われるものに限る。）を取得するとき | 当該土地改良事業に係る土地改良事業計画において土地改良法第8条第5項第2号若しくは第3号に掲げる要件を満たす同項の非農用地区域を定め、又は当該土地改良事業に係る換地計画において同法第53条の3の2第1項第1号に規定する農用地に供することを予定する土地を定めている旨及び清算金の支払をした旨を証する書類 | 土地改良事業の施行者 | 措置法34条の3　2項4号<br>措置法規則18条2項7号 | ※「農用地」とは、耕作（農地法第43条第1項《農作物栽培高度化施設に関する特例》の規定により耕作に該当するものとみなされる農作物の栽培を含む。）の目的又は主として家畜の放牧の目的若しくは養畜の業務のための採草の目的に供される土地をいう。 |

| 区　分 | 内　容 | 発行者 | 根拠条項 | 備　考 |
|---|---|---|---|---|
| ⑧　林業経営の規模の拡大、林地の集団化その他林地保有の合理化に資するため、森林組合法第９条第２項第７号《事業の種類》又は第101条第１項第９号《事業の種類》の事業を行う森林組合又は森林組合連合会に委託して森林法第５条第１項《地域森林計画》の規定による地域森林計画の対象とされた山林に係る土地を譲渡した場合 | 当該土地の譲渡が森林組合又は森林組合連合会に委託して行われたものである旨及び当該土地の取得をした者がその有する山林の全部につき措置法第30条の２第１項に規定する森林経営計画を作成し、当該森林経営計画につき市町村の長（※）の認定を受けた、又は受けることが確実である旨を証する書類 | 森林組合又は森林組合連合会 | 措置法34条の３　２項５号<br>措置法規則18条２項８号 | ※　森林法第19条の規定の適用がある場合においては、当該森林計画の対象とする森林の全部が一の都道府県の区域内にある場合は当該都道府県知事、それ以外の場合は農林水産大臣となる。 |
| ⑨　土地等（農業振興地域の整備に関する法律第３条《定義》に規定する農用地等及び同法第８条第２項第３号《市町村の定める農業振興地域整備計画》に規定する農用地等とすることが適当な土地並びにこれらの土地の上の存する権利に限る。）につき同法第13条の２第１項又は第２項《交換分合》の事業が施行された場合において、同法第13条の３《交換分合計画》の規定による清算金を取得するとき | 当該土地等が左の土地等に該当する旨及び左の清算金の支払をした旨を証する書類 | 事業の施行者 | 措置法34条の３　２項６号<br>措置法規則18条２項９号 | |

## 〔参考〕 個人と法人の根拠条項の対比

個人の場合と法人の場合との根拠条項を対比すると次表のとおりとなります。

### (表１) 優良住宅地等のための譲渡に関する証明書類等の区分一覧表

1　優良住宅地等のための譲渡

| 区分 | 個人の場合の根拠条項 | 法人の場合の根拠条項 | 区分 | 個人の場合の根拠条項 | 法人の場合の根拠条項 |
|---|---|---|---|---|---|
| ① | 措置法31条の2　2項1号<br>措置法令20条の2　1項1号<br>措置法規則13条の3　1項1号イ | 措置法62条の3　4項1号<br>措置法令38条の4　11項1号<br>措置法規則21条の19　2項1号イ | ③ | 措置法31条の2　2項3号<br><br>措置法規則13条の3　1項3号 | 措置法62条の3　4項3号<br><br>措置法規則21条の19　2項3号 |
| 1の2 | 措置法31条の2　2項1号<br>措置法令20条の2　1項2号<br>措置法規則13条の3　1項1号ロ | 措置法62条の3　4項1号<br>措置法令38条の4　11項2号<br>措置法規則21条の19　2項1号ロ | ④ | 措置法31条の2　2項4号<br><br>措置法規則13条の3　1項4号 | 措置法62条の3　4項4号<br><br>措置法規則21条の19　2項4号 |
| ② | 措置法31条の2　2項2号<br>措置法令20条の2　2項<br>措置法規則13条の3　1項2号 | 措置法62条の3　4項2号<br>措置法令38条の4　12項<br>措置法規則21条の19　2項2号 | ⑦ | 措置法31条の2　2項7号<br>措置法令20条の2　7項<br>措置法規則13条の3　1項7号、3項 | 措置法62条の3　4項7号<br>措置法令38条の4　17項<br>措置法規則21条の19　2項7号 |
| 2の2 | 措置法31条の2　2項2号の2<br>措置法規則13条の3　1項2号の2 | 措置法62条の3　4項2号の2<br>措置法規則21条の19　2項2号の2 | ⑤⑥、⑧～⑯ | (省略) | |

2　確定優良住宅地等予定地のための譲渡

(1)　確定優良住宅地等予定地の対象となる譲渡　(省略)

(2)　特例期間の延長が認められる場合　(省略)

## （表２）　収用証明書の区分一覧表

| 区分 | 個人の場合の根拠条項 | 法人の場合の根拠条項 | 区分 | 個人の場合の根拠条項 | 法人の場合の根拠条項 |
|---|---|---|---|---|---|
| ①、② | 措置法33条1項1号<br>措置法33条の2　1項1号<br>措置法規則14条5項1号 | 措置法64条1項1号<br>措置法65条1項1号<br>措置法規則14条5項1号 | [46の2] | 措置法33条1項2号<br>措置法33条の2　1項1号<br>措置法規則14条5項4号の4 | 措置法64条1項2号<br>措置法65条1項1号<br>措置法規則14条5項4号の4 |
| ③、④ | 措置法33条1項2号<br>措置法33条の2　1項1号<br>措置法規則14条5項2号 | 措置法64条1項2号<br>措置法65条1項1号<br>措置法規則14条5項2号 | ㊼ | 措置法33条1項2号<br>措置法33条の2　1項1号<br>措置法規則14条5項4号の5 | 措置法64条1項2号<br>措置法65条1項1号<br>措置法規則14条5項4号の5 |
| ⑤～㉞ | 措置法33条1項2号<br>措置法33条の2　1項1号<br>措置法規則14条5項3号イ | 措置法64条1項2号<br>措置法65条1項1号<br>措置法規則14条5項3号イ | ㊽ | 措置法33条1項2号<br>措置法33条の2　1項1号<br>措置法規則14条5項4号の6 | 措置法64条1項2号<br>措置法65条1項1号<br>措置法規則14条5項4号の6 |
| ㉟ | 措置法33条1項2号<br>措置法33条の2　1項1号<br>措置法規則14条5項5号 | 措置法64条1項2号<br>措置法65条1項1号<br>措置法規則14条5項5号 | [48の2] | 措置法33条1項2号<br>措置法33条の2　1項1号<br>措置法規則14条5項4号の7 | 措置法64条1項2号<br>措置法65条1項1号<br>措置法規則14条5項4号の7 |
| ㊱～㊵ | 措置法33条1項2号<br>措置法33条の2　1項1号<br>措置法規則14条5項3号ロ | 措置法64条1項2号<br>措置法65条1項1号<br>措置法規則14条5項3号ロ | [48の3] | 措置法33条1項2号<br>措置法33条の2　1項1号<br>措置法規則14条5項4号の8 | 措置法64条1項2号<br>措置法65条1項1号<br>措置法規則14条5項4号の8 |
| ㊶ | 措置法33条1項2号<br>措置法33条の2　1項1号<br>措置法規則14条5項5号の4 | 措置法64条1項2号<br>措置法65条1項1号<br>措置法規則14条5項5号の4 | ㊾ | 措置法33条1項1号・2号<br>措置法33条の2　1項1号<br>措置法規則14条5項5号の2 | 措置法64条1項1号・2号<br>措置法65条1項1号<br>措置法規則14条5項5号の2 |
| ㊷ | 措置法33条1項2号<br>措置法33条の2　1項1号<br>措置法規則14条5項5号の5 | 措置法64条1項2号<br>措置法65条1項1号<br>措置法規則14条5項5号の5 | [49の2] | 措置法33条1項1号<br>措置法33条の2　1項1号<br>措置法規則14条5項5号の3 | 措置法64条1項1号<br>措置法65条1項1号<br>措置法規則14条5項5号の3 |
| ㊸ | 措置法33条1項2号<br>措置法33条の2　1項1号<br>措置法規則14条5項5号の6 | 措置法64条1項2号<br>措置法65条1項1号<br>措置法規則14条5項5号の6 | ㊿ | 措置法33条1項3号の2<br>措置法33条の3　3項<br>措置法規則14条5項5号の7 | 措置法64条1項3号の2<br>措置法65条1項4号、7項<br>措置法規則22条の2　4項2号 |
| ㊹ | 措置法33条1項2号<br>措置法33条の2　1項1号<br>措置法規則14条5項4号 | 措置法64条1項2号<br>措置法65条1項1号<br>措置法規則14条5項4号 | [50の2] | 措置法33条1項3号の3<br>措置法規則14条5項5号の8 | 措置法64条1項3号の3<br>措置法65条1項5号、8項<br>措置法規則22条の2　4項3号 |
| ㊺ | 措置法33条1項2号<br>措置法33条の2　1項1号<br>措置法規則14条5項4号の2 | 措置法64条1項2号<br>措置法65条1項1号<br>措置法規則14条5項4号の2 | [50の3] | 措置法33条1項3号の4<br>措置法規則14条5項5号の9 | 措置法64条1項3号の4<br>措置法規則14条5項5号の9 |
| ㊻ | 措置法33条1項2号<br>措置法33条の2　1項1号<br>措置法規則14条5項4号の3 | 措置法64条1項2号<br>措置法65条1項1号<br>措置法規則14条5項4号の3 | (51) | 措置法33条1項3号の4<br>措置法規則14条5項5号の10 | 措置法64条1項3号の4<br>措置法規則14条5項5号の10 |

| 区分 | 個人の場合の根拠条項 | 法人の場合の根拠条項 | 区分 | 個人の場合の根拠条項 | 法人の場合の根拠条項 |
|---|---|---|---|---|---|
| 51の２ | 措置法33条１項３号の５<br>措置法規則14条５項５号の11 | 措置法64条１項３号の５<br>措置法規則14条５項５号の11 | 57 | 措置法33条１項８号<br>措置法規則14条５項９号ニ | 措置法64条１項８号<br>措置法規則14条５項９号ニ |
| 51の３ | 措置法33条１項３号の６<br>措置法規則14条５項５号の12 | 措置法64条１項３号の６<br>措置法規則14条５項５号の12 | | 措置法33条１項８号<br>措置法規則14条５項９号ホ | 措置法64条１項８号<br>措置法規則14条５項９号ホ |
| 51の４ | 措置法33条１項３号の７<br>措置法規則14条５項５号の13 | 措置法64条１項３号の７<br>措置法規則14条５項５号の13 | 58 | 措置法33条１項３号<br>措置法33条の２　１項２号<br>措置法33条の３　１項<br>措置法規則14条５項10号 | 措置法64条１項３号<br>措置法65条１項２号、３号<br>措置法規則14条５項10号 |
| 52 | 措置法33条１項４号<br>措置法33条の２　１項１号<br>措置法規則14条５項６号 | 措置法64条１項４号<br>措置法65条１項１号<br>措置法規則14条５項６号 | 62 | 措置法33条４項２号<br>措置法規則14条５項11号 | 措置法64条２項２号<br>措置法規則14条５項11号 |
| 53 | 措置法33条１項７号<br>措置法規則14条５項８号 | 措置法64条１項７号<br>措置法規則14条５項８号 | 63 | 措置法33条４項４号<br>措置法規則14条５項12号 | — |
| 54 | 措置法33条１項８号<br>措置法規則14条５項９号イ | 措置法64条１項８号<br>措置法規則14条５項９号イ | 64 | 措置法33条１項５号<br>措置法規則14条５項 | 措置法64条１項５号<br>措置法規則14条５項 |
| 55 | 措置法33条１項８号<br>措置法規則14条５項９号ロ | 措置法64条１項８号<br>措置法規則14条５項９号ロ | 65 | 措置法33条１項６号<br>措置法規則14条５項７号 | 措置法64条１項６号<br>措置法規則14条５項７号 |
| 56 | 措置法33条１項８号<br>措置法規則14条５項９号ハ | 措置法64条１項８号<br>措置法規則14条５項９号ハ | 66 | 措置法33条１項６号の２<br>措置法規則14条５項７号の２ | 措置法64条１項６号の２<br>措置法規則14条５項７号の２ |

**(表３)　特定土地区画整理事業等に関する証明書の区分一覧表**

| 区分 | 個人の場合の根拠条項 | 法人の場合の根拠条項 | 区分 | 個人の場合の根拠条項 | 法人の場合の根拠条項 |
|---|---|---|---|---|---|
| ① | 措置法34条２項１号<br>措置法規則17条１項１号 | 措置法65条の３　１項１号<br>措置法規則22条の４　１項１号 | 3の5 | 措置法34条２項３号<br>措置法規則17条１項３号ホ | 措置法65条の３　１項３号<br>措置法規則22条の４　１項３号ホ |
| ② | 措置法34条２項２号<br>措置法規則17条１項２号 | 措置法65条の３　１項２号<br>措置法規則22条の４　１項２号 | 3の6 | 措置法34条２項３号<br>措置法規則17条１項３号ヘ | 措置法65条の３　１項３号<br>措置法規則22条の４　１項３号ヘ |
| 2の2 | 措置法34条２項２号の２<br>措置法規則17条１項２号 | 措置法65条の３　１項２号の２<br>措置法規則22条の４　１項２号 | ④ | 措置法34条２項４号<br>措置法規則17条１項４号イ | 措置法65条の３　１項４号<br>措置法規則22条の４　１項４号イ |
| ③ | 措置法34条２項３号<br>措置法規則17条１項３号イ | 措置法65条の３　１項３号<br>措置法規則22条の４　１項３号イ | | 措置法34条２項４号<br>措置法規則17条１項４号ロ | 措置法65条の３　１項４号<br>措置法規則22条の４　１項４号ロ |
| 3の2 | 措置法34条２項３号<br>措置法規則17条１項３号ロ | 措置法65条の３　１項３号<br>措置法規則22条の４　１項３号ロ | ⑤ | 措置法34条２項５号<br>措置法規則17条１項５号 | 措置法65条の３　１項５号<br>措置法規則22条の４　１項５号 |
| 3の3 | 措置法34条２項３号<br>措置法規則17条１項３号ハ | 措置法65条の３　１項３号<br>措置法規則22条の４　１項３号ハ | ⑥ | 措置法34条２項６号<br>措置法規則17条１項６号 | 措置法65条の３　１項６号<br>措置法規則22条の４　１項６号 |
| 3の4 | 措置法34条２項３号<br>措置法規則17条１項３号ニ | 措置法65条の３　１項３号<br>措置法規則22条の４　１項３号ニ | ⑦ | 措置法34条２項７号<br>措置法規則17条１項７号 | 措置法65条の３　１項７号<br>措置法規則22条の４　１項７号 |

| | | |
|---|---|---|
| | 措置法34条２項３号の２<br>措置法規則17条１項３号の２ | 措置法65条の３　１項３号の２<br>措置法規則22条の４　１項３号の２ |
| | 措置法34条２項３号の３<br>措置法規則17条１項３号の３ | 措置法65条の３　１項３号の３<br>措置法規則22条の４　１項３号の３ |

※　措置法規則第17条及び第22条の４は、都市緑地法等の一部を改正する法律の施行日後は、上記の表が追加されます。

## （表４）　特定住宅地造成事業等に関する証明書の区分一覧表

| 区分 | 個人の場合の根拠条項 | 法人の場合の根拠条項 | 区分 | 個人の場合の根拠条項 | 法人の場合の根拠条項 |
|---|---|---|---|---|---|
| ① | 措置法34条の2　2項1号<br>措置法規則17条の2　1項1号 | 措置法65条の4　1項1号<br>措置法規則22条の5　1項1号 | 13の2 | 措置法34条の2　2項13号ロ<br>措置法規則17条の2　1項14号 | 措置法65条の4　1項13号ロ<br>措置法規則22条の5　1項14号 |
| ② | 措置法34条の2　2項2号<br>措置法規則17条の2　1項2号イ | 措置法65条の4　1項2号<br>措置法規則22条の5　1項2号イ | ⑭ | 措置法34条の2　2項14号<br>措置法規則17条の2　1項15号 | 措置法65条の4　1項14号<br>措置法規則22条の5　1項15号 |
| 2の2 | 措置法34条の2　2項2号<br>措置法規則17条の2　1項2号ロ | 措置法65条の4　1項2号<br>措置法規則22条の5　1項2号ロ | 14の2 | 措置法34条の2　2項14号の2<br>措置法規則17条の2　1項16号 | 措置法65条の4　1項14号の2<br>措置法規則22条の5　1項16号 |
| 2の3 | 措置法34条の2　2項2号<br>措置法規則17条の2　1項2号ハ | 措置法65条の4　1項2号<br>措置法規則22条の5　1項2号ハ | ⑮ | 措置法34条の2　2項15号<br>措置法規則17条の2　1項17号 | 措置法65条の4　1項15号<br>措置法規則22条の5　1項17号 |
| 2の4 | 措置法34条の2　2項2号<br>措置法規則17条の2　1項2号ニ | 措置法65条の4　1項2号<br>措置法規則22条の5　1項2号ニ | ⑯ | 措置法34条の2　2項16号<br>措置法規則17条の2　1項18号 | 措置法65条の4　1項16号<br>措置法規則22条の5　1項18号 |
| ③ | 措置法34条の2　2項3号<br>措置法規則17条の2　1項3号 | 措置法65条の4　1項3号<br>措置法規則22条の5　1項3号 | ⑰ | 措置法34条の2　2項17号<br>措置法規則17条の2　1項19号 | 措置法65条の4　1項17号<br>措置法規則22条の5　1項19号 |
| ④ | 措置法34条の2　2項4号<br>措置法規則17条の2　1項4号 | 措置法65条の4　1項4号<br>措置法規則22条の5　1項4号 | ⑱ | 措置法34条の2　2項18号<br>措置法規則17条の2　1項20号 | 措置法65条の4　1項18号<br>措置法規則22条の5　1項20号 |
| ⑤ | 措置法34条の2　2項5号<br>措置法規則17条の2　1項5号 | 措置法65条の4　1項5号<br>措置法規則22条の5　1項5号 | ⑲ | 措置法34条の2　2項19号<br>措置法規則17条の2　1項21号 | 措置法65条の4　1項19号<br>措置法規則22条の5　1項21号 |
| ⑥ | 措置法34条の2　2項6号<br>措置法規則17条の2　1項6号 | 措置法65条の4　1項6号<br>措置法規則22条の5　1項6号 | ⑳ | 措置法34条の2　2項20号<br>措置法規則17条の2　1項22号 | 措置法65条の4　1項20号<br>措置法規則22条の5　1項22号 |
| ⑦ | 措置法34条の2　2項7号<br>措置法規則17条の2　1項7号 | 措置法65条の4　1項7号<br>措置法規則22条の5　1項7号 | ㉑ | 措置法34条の2　2項21号<br>措置法規則17条の2　1項23号 | 措置法65条の4　1項21号<br>措置法規則22条の5　1項23号 |
| ⑧ | 措置法34条の2　2項8号<br>措置法規則17条の2　1項8号 | 措置法65条の4　1項8号<br>措置法規則22条の5　1項8号 | 21の2 | 措置法34条の2　2項21号の2<br>措置法規則17条の2　1項24号 | 措置法65条の4　1項21号の2<br>措置法規則22条の5　1項24号 |
| ⑨ | 措置法34条の2　2項9号<br>措置法令22条の8　11項<br>措置法規則17条の2　1項9号 | 措置法65条の4　1項9号<br>措置法規則22条の5　1項9号 | ㉒ | 措置法34条の2　2項22号<br>措置法規則17条の2　1項25号 | 措置法65条の4　1項22号<br>措置法規則22条の5　1項25号 |
| ⑩ | 措置法34条の2　2項10号<br>措置法規則17条の2　1項10号 | 措置法65条の4　1項10号<br>措置法規則22条の5　1項10号 | 22の2 | 措置法34条の2　2項22号の2<br>措置法規則17条の2　1項26号 | 措置法65条の4　1項22号の2<br>措置法規則22条の5　1項26号 |
| ⑪ | 措置法34条の2　2項11号<br>措置法規則17条の2　1項11号 | 措置法65条の4　1項11号<br>措置法規則22条の5　1項11号 | ㉓ | 措置法34条の2　2項23号<br>措置法規則17条の2　1項27号 | 措置法65条の4　1項23号<br>措置法規則22条の5　1項27号 |
| ⑫ | 措置法34条の2　2項12号<br>措置法規則17条の2　1項12号 | 措置法65条の4　1項12号<br>措置法規則22条の5　1項12号 | ㉔ | 措置法34条の2　2項24号<br>措置法規則17条の2　1項28号 | 措置法65条の4　1項24号<br>措置法規則22条の5　1項28号 |
| ⑬ | 措置法34条の2　2項13号イ<br>措置法規則17条の2　1項13号 | 措置法65条の4　1項13号イ<br>措置法規則22条の5　1項13号 | ㉕ | 措置法34条の2　2項25号<br>措置法令22条の8　27項<br>措置法規則17条の2　1項29号 | 措置法65条の4　1項25号<br>措置法規則22条の5　1項29号 |

**(表５)　農地保有の合理化等に関する証明書の区分一覧表**

| 区分 | 個人の場合の根拠条項 | 法人の場合の根拠条項 |
|---|---|---|
| ① | 措置法34条の３　２項１号<br>措置法規則18条２項１号 | 措置法65条の５　１項１号<br>措置法規則22条の６　２項１号 |
| 1の2 | 措置法34条の３　２項１号<br>措置法規則18条２項２号 | 措置法65条の５　１項１号<br>措置法規則22条の６　２項２号 |
| 1の3 | 措置法34条の３　２項１号<br>措置法規則18条２項３号 | 措置法65条の５　１項１号<br>措置法規則22条の６　２項３号 |
| ② | 措置法34条の３　２項１号<br>措置法令22条の９<br>措置法規則18条２項４号 | 措置法65条の５　１項１号<br>措置法令39条の６　２項<br>措置法規則22条の６　２項４号 |
| ③ | 措置法34条の３　２項２号<br>措置法規則18条２項５号 | 措置法65条の５　１項２号<br>措置法規則22条の６　２項５号 |
| ④ | 措置法34条の３　２項３号<br>措置法規則18条２項６号 | ― |
| ⑤ | 措置法34条の３　２項４号<br>措置法規則18条２項７号 | ― |
| ⑥ | 措置法34条の３　２項５号<br>措置法規則18条２項８号 | ― |
| ⑦ | 措置法34条の３　２項６号<br>措置法規則18条２項９号 | ― |

# 公共用地の取得に伴う損失補償基準要

| 順号 | 公共用地の取得に伴う損失補償基準要綱による区分 | | |
|---|---|---|---|
| | 条 | 補償の種類 | 内容 |
| 第2章 土地等の取得に係る補償 | | | |
| ① | 7条<br>〜<br>9条<br>（20条の2・42条の2） | 土地（土地の附加物を含む。以下同じ。）の取得（土地の使用に代わる取得及び残地の取得を含む。）に係る補償 | ○「土地の附加物」とは、土留施設、階段、溝、雑草木等土地と一体として効用を有するものである。<br>○起業者は、次に掲げるときは、「土地の使用に代わる取得」をすることができる。<br>・土地の取得を請求された場合で、当該土地の使用が3年以上にわたり、かつ、やむを得ないと認められるとき。<br>・土地の取得を請求された場合で、土地所有者が所有し、自ら使用している建物が使用しようとしている土地にあり、当該所有者が仮住居等において生活等すること又は使用終了後に使用対象地において生活等することが困難である事情が存すると認められ、かつ、やむを得ないと認められるとき。<br>・土地の使用に伴う補償額及びこれに伴い通常生じる損失の補償額の合計額が、当該土地を取得する場合の価額及びこれに伴い通常生じる損失の補償額の合計額を超えるとき。<br>○起業者は、次に掲げるときは、「残地の取得」をすることができる。<br>・残地の取得を請求された場合で、当該残地がその利用価値の著しい減少等のため従来利用していた目的に供することが著しく困難と認められ、かつ、当該残地を取得しないことが土地所有者の生活再建上支障となるとき。<br>・残地について残地工事をする必要が生じる場合で、当該残地に対する補償及び当該残地工事に通常要する費用の合計額が、当該残地を取得する場合の価額及びそれに伴い通常生じる損失の補償額の合計額を超えるとき。<br>・取得する土地に存する建物を残地に移転させるとして算定した補償額が、当該残地を取得する場合の価額及びそれに伴い通常生じる損失の補償額の合計額を超えるとき。 |
| ② | 10条<br>〜<br>12条 | 土地に関する所有権以外の権利の消滅に係る補償 | ○土地に関する所有権以外の権利（地上権、永小作権、賃借権、地役権等）の消滅に対する補償である。 |
| ③ | 14条<br>（25条・26条） | 建物等の取得に係る補償 | ○「建物等」とは、建物その他の土地に定着する物件をいい、建物及び立木法に規定する立木のほか、建物以外の工作物、単なる樹木等も含まれる。<br>○取得する土地の上にある建物等は移転させるのが通例であるが、 |

# 綱による各種の補償金の課税上の区分一覧表

| 不動産等の譲受けの対価の支払調書の摘要欄に記載する補償金（＝対価補償金以外のもの）の名称の例示 | 税法適用上の区分 | 摘　　要 |
|---|---|---|
| | | |
| 収益補償金 | 対価補償金又は収益補償金 | (1) 譲渡資産が棚卸資産等に該当する場合には、収益補償金となる。<br>(注) 1 「棚卸資産等」とは、所得税法第2条第1項第16号に規定する棚卸資産及び同法施行令第81条各号に規定する棚卸資産に準ずる資産のほか収用等のあった日以前5年以内に取得した山林をいう（措通33―5（注））。<br>2 不動産売買業を営む個人の有する土地又は建物であっても、当該個人が使用し、若しくは他に貸し付けているもの（販売の目的で所有しているもので、一時的に使用し、又は他に貸し付けているものを除く。）又は当該個人が使用することを予定して長期間にわたり所有していることが明らかなものは、棚卸資産等には該当しない（措通33―5）。<br>(2) 土地等の収用に伴い、当該土地の上にある建物、構築物、立竹木等を取壊し又は除去をしなければならないことになった場合において生じた発生資材（資産の取壊し又は除去に伴って生じる資材をいう。）又は伐採立竹木の売却代金の額は、措置法令第22条第20項第2号に規定する補償金の額には該当しない（措通33―29）。<br>(3) 建物の収用等に伴い収益補償金名義で補償金の交付を受けた場合において、当該建物の対価補償金として交付を受けた金額が、当該収用等をされた建物の再取得価額に満たないときは、当該収益補償金の名義で交付を受けた補償金のうち当該満たない金額に相当する金額を、譲渡所得の計算上当該建物の対価補償金として計算することができる（措通33―11）。<br>(4) 措置法第33条第1項第5号の「当該資産に関して有する所有権以外の権利が消滅し、補償金又は対価を取得するとき」とは、例えば、土地の収用等に伴い、当該土地にある鉱区について設定された租鉱権、当該土地について設定されていた借地権、採石権等が消滅し、補償金の交付を受けるとき等をいう（措通33―22）。<br>(5) 残地について収用の請求をすれば収用されることとなる事情があるため、残地を起業者に買い取られた場合には、その残地の買取りの対価は、当該収用等があった日の属する年分の対価補償金として取り扱うことができる（措通33―17）。<br>(6) ④の補償金のうち、土地の使用に係るものは⑦による。<br>【参考通達】<br>措置法通達<br>○33―5（棚卸資産等の収用交換等）<br>○33―8（対価補償金とその他の補償金との区分）<br>○33―9（補償金の課税上の取扱い）<br>○33―11（収益補償金名義で交付を受ける補償金を対価補償金として取り扱うことができる場合）<br>○33―17（残地買収の対価） |

| 順号 | 公共用地の取得に伴う損失補償基準要綱による区分 | | |
|---|---|---|---|
| | 条 | 補償の種類 | 内容 |
| | | | 起業者がその事業の目的のために建物等を必要とする場合、建物等を移転させることが著しく困難である場合、建物等を移転させることによりその建物等を従来利用していた目的に供することが著しく困難となる場合、又は移転料がその建物の正常な取引価格を超えるような場合には、起業者が当該建物等を取得する。 |
| ④ | 16 条 | 土石砂れきの取得に係る補償 | ○土地に属する土石砂れきを対象とするが、当該土石砂れきの取得に伴う土地の使用に対する補償も、土石砂れきの取得に係る補償に含まれる。 |
| ⑤ | 17 条 | 漁業権等の消滅に係る補償 | ○「漁業権等」とは、漁業権、入漁権その他漁業に関する権利をいう。<br>○「その他漁業に関する権利」とは、都道府県知事の許可を受けて営むいわゆる許可漁業及び許可を要しないいわゆる自由漁業であって権利と認められる程度にまで成熟したものをいう。<br>○「漁業権等の消滅」とは、漁業権等が行使される区域の全部又は一部について当該権利の行使を永久に不可能とさせることをいう。 |
| ⑥ | 18 条 | 鉱業権等の消滅に係る補償 | ○「鉱業権等」とは、鉱業権、租鉱権、採石権、温泉を利用する権利又は河川の敷地若しくは流水、海水その他の水を利用する権利をいう。<br>○これらの権利は、土地所有者と別個の権利であるから、鉱業権等の存する土地を取得し、又は使用するときは、事業の施行に支障を及ぼさないようこれらの権利を消滅させ、又は制限させる必要がある。<br>○「鉱業権等の消滅」とは、鉱業権等の行使をその権利の設定されている区域の全部又は一部について当該権利の行使を永久に不可能にさせることをいう。 |
| 第3章　土地等の使用に係る補償 | | | |
| ⑦ | 19 条 | 土地の使用に係る補償 | ○「土地の使用」とは、地表の使用を意味するもので、通常の地表の利用を妨げない空間又は地下のみの使用は含まれない。 |
| ⑧ | 20 条 | 空間又は地下の使用に係る補償 | ○送電線又は地下鉄、トンネル等空間又は地下のみを使用する場合の補償である。 |

| 不動産等の譲受けの対価の支払調書の摘要欄に記載する補償金（＝対価補償金以外のもの）の名称の例示 | 税法適用上の区　　分 | 摘　　　　要 |
| --- | --- | --- |
| | | ○33―22（収用等に伴う課税の特例を受ける権利の範囲）<br>○33―24（公有水面の埋立又は土地収用事業の施行に伴う漁業権等の消滅）<br>○33―25（公有水面の埋立に伴う権利の消滅の意義）<br>○33―28（取壊し又は除去をしなければならない資産の損失に対する補償金）<br>○33―28の２（取壊し等による損失補償金の取扱い）<br>○33―29（発生資材等の売却代金）<br>○33―29の２（伐採立竹木の損失補償金と売却代金とがある場合の必要経費等の控除） |
| 土地建物等使用補償金 | 収益補償金又は対価補償金 | 次に掲げる場合で、その借地権又は地役権の設定等により受ける補償金がその設定等の直前の当該土地の価額の２分の１（地下又は空間について上下の範囲を定めた借地権又は地役権の設定である場合は４分の１、大深度地下の公共的使用に関する特別措置法の認可事業と一体的に施行される一定の事業により設置される一定の施設又は工作物の全部の所有を目的とする地下について上下の範囲を定めた借地権の設定である場合は、４分の１に、地表から大深度までの距離のうちにその設定される借地権の範囲のうち最も浅い部分の深さから大深度までの距離の占める割合に乗じた割合）を超えるときは、当該土地が棚卸資産等に該当する場合を除き、対価補償金となる（所令79）。<br>・例えば、トンネル、地下鉄の施設、鉄道若しくは軌道の高架施設等を設置するために借地権を設定し、又は借地権の一部が制限される場合<br>・特別高圧架空電線の架設、飛行場の設置又は懸垂式鉄道若しくは跨座式鉄道の敷設のために地役権を設定して起業者に土地を使用させる場合 |

| 順号 | 公共用地の取得に伴う損失補償基準要綱による区分 | | |
|---|---|---|---|
| | 条 | 補償の種類 | 内容 |
| ⑨ | 21 条 | 建物等の使用に係る補償 | ○建物等には、建物のほか、建物以外の工作物及び立木が含まれるが、建物以外のものにあっては通常使用されることはない。 |
| ⑩ | 22 条 | 漁業権等の制限に係る補償 | ○「漁業権等の制限」とは、漁業権等の設定されている区域の全部又は一部において、一定期間その権利の行使を不可能とすること又は行使に支障を生じさせることをいう。<br>○制限の態様として通常考えられるのは、ダム建設工事、港湾施設建設工事等において、工事期間中漁業権の行使を不可能とすること又は行使に支障を生じさせることである。 |
| ⑪ | 23 条 | 鉱業権等の制限に係る補償 | ○「鉱業権等」とは、⑥を参照のこと。<br>○「鉱業権、租鉱権及び採石権の制限」とは、一定期間、鉱区等の全部又は特定の一部について鉱業権等の行使を不可能とすること及び鉱区等の立体的な一部分について採掘を半永久的に不可能とすること等をいう。<br>○「温泉利用権の制限」とは、湧出量を減少せしめる等湧出状態を悪化させること及び一定期間その利用を不可能とすることをいう。<br>○「河川の敷地若しくは水を利用する権利の制限」とは、一定期間、河川の敷地の使用を不可能ならしめること又は一定期間水の利用を不可能ならしめ若しくは利用水量を減少せしめること等をいう。 |
| ⑫ | 23条の2 | 土地等の返還に伴う補償 | ○使用した土地等を返還する場合において、その土地等を原状回復することが必要と認められるときに、その土地等の原状回復に通常要する費用及びその土地等の原状回復に通常必要な期間中の地代又は借賃相当額の範囲内で通常生ずる損失額の補償である。<br>○使用した土地等を原状回復することが困難で返還時の現状のまま引き渡すときは、その土地等の形質変更、改造等によって生ずる損失を適正に算定した額を補償する。 |
| 第4章　土地等の取得又は土地等の使用により通常生ずる損失の補償 | | | |
| ⑬ | 24 条 | 建物等の移転料 | ○当該建物等には、立木を含まない。<br>○土留施設等の土地の附加物は土地と一体として評価されるので、移転費用の対象とはならない。<br>○建物の移転の方法は、移転距離、地形等を考慮して定めるが、残地に余裕がある場合には曳家工法を、残地に移転することが不可能な場合には解体移築工法をとるのが通例である。 |

| 不動産等の譲受けの対価の支払調書の摘要欄に記載する補償金（＝対価補償金以外のもの）の名称の例示 | 税法適用上の区　分 | 摘　要 |
| --- | --- | --- |
| 土地建物等使用補償金 | 収益補償金 | |
| 収益補償金 | 収益補償金又は対価補償金 | 一時的な立入制限等について支払う補償金は、収益補償金となる。<br>漁業権等の価値の減少に対して支払う補償金については、⑤に準ずる。 |
| 収益補償金 | 収益補償金又は対価補償金 | 一時的な立入制限等について支払う補償金は、収益補償金となる。<br>鉱業権等の価値の減少に対して支払う補償金については、⑥に準ずる。 |
| 土地等返還補償金 | その他の補償金 | その実態に応じ、事業所得、不動産所得、一時所得の金額の計算上、純収入金額に算入する。 |
| 建物等移転費用補償金 | 移転補償金 | ⑴　補償金を交付の目的に従って支出した場合には、その支出した金額は総収入の金額に算入されない（所法44）が、補償金を交付の目的に従って支出しなかった場合又は支出したが残額が生じた場合には、当該補償金の額又は残額を一時所得の金額の計算上総収入金額に算入する。<br>⑵　建物又は構築物を引き家し又は移築するために要する費用として交付を受ける補償金であっても、その交付を受ける者が実際に当該建物又は構築物を取り壊したときは、当該補償金は、当該建物又は構築物の対価補償金に当たるものとして取り扱うことができる（措通33―14）。<br>【参考通達】<br>措置法通達<br>○33―14（引き家補償等の名義で交付を受ける補償金）<br>○33―26（土地等の使用に伴う損失の補償金を対価補償金とみなす場合） |

| 順号 | 公共用地の取得に伴う損失補償基準要綱による区分 | | |
|---|---|---|---|
| | 条 | 補償の種類 | 内容 |
| ⑭ | 24条の2 | 配偶者居住権を有する者に対する建物の移転に係る補償 | ○配偶者居住権の目的となっている建物の移転に伴い、配偶者居住権が消滅するものと認められるとき、当該配偶者居住権を有する者に対して補償されるものである。 |
| ⑮ | 27条 | 動産移転料 | ○家財道具、商品、事務用什器、土地に定着していない機械、諸材料、収穫物等の移転に通常要する費用の補償である。 |
| ⑯ | 28条 | 仮住居に要する費用 | ○移転する建物又は取得し、若しくは使用する建物に居住者がいる場合において、建物を移転し、又は再取得するのに通常要する期間中、居住者が仮住居を必要とする場合に要する費用についての補償である。<br>○建物所有者が居住する建物を残地に移転する場合に適用するのが一般的である。<br>○仮住居に要する費用とは、仮住居建物の権利金等の一時金相当額と仮住居期間中の賃借料相当額の合計額をいう。 |
| ⑰ | 28条の2 | 借家人に対する補償 | ○移転する建物又は取得し、若しくは使用する建物の全部又は一部を賃借する者がいる場合において、賃借の継続が通常不能となるものと認められる場合に要する費用の補償である。<br>○借家人に対する補償には、新たに従前の賃借の目的物に照応する物件を賃借するための契約を締結するのに要する費用のほか、その物件における居住又は営業を安定させるために通常必要と認められる期間中の当該物件の通常の賃借料のうち従前の賃借の目的物の賃借料の額を超える部分の額が該当する。<br>○曳家による移転の場合は、従前建物と移転後の建物とは同一性が保たれているため、借家契約は維持されることになる。したがって、借家人は移転後の建物に再入居できることになるため、借家人に対しては⑯の仮住居に要する費用を補償することになる。 |
| ⑱ | 29条 | 立木の移植費用 | ○立木の掘起し、運搬、植付け等の移植に通常必要とする費用及び移植に伴い通常生ずる損失の補償である。<br>○移植に伴い通常生ずる損失には、移植に伴う枯損による損失のほか、収穫樹にあっては移植に伴う減収による損失が含まれる。 |

| 不動産等の譲受けの対価の支払調書の摘要欄に記載する補償金（＝対価補償金以外のもの）の名称の例示 | 税法適用上の区　分 | 摘　要 |
|---|---|---|
| | 対価補償金又は移転補償金 | 市街地再開発事業を施行する再開発会社の株主又は社員が有する配偶者居住権について取得する補償金等、一定の場合を除き対価補償金に該当する。<br>なお、配偶者居住権の目的となっている建物の敷地の用に供される土地等をその配偶者居住権に基づき使用する権利（以下、㉛において「配偶者敷地利用権」という。）に対する補償（㉛参照）についても同様である。 |
| 動産移転費用補償金 | 移転補償金 | (1) ⑬の摘要(1)と同様に取り扱う。<br>(2) 移設することが著しく困難と認められる機械装置について交付を受ける取壊し等の補償金は、対価補償金として取り扱う。<br>また、移設経費の補償に代えて当該機械装置の新設費の補償を受けた場合は、一定の要件の下、当該補償金は対価補償金に該当するものとして取り扱うことができる（措通33―15）。<br>【参考通達】<br>措置法通達<br>○33―15（移設困難な機械装置の補償金） |
| 仮住居費用補償金 | 移転補償金 | ⑬の摘要(1)と同様に取り扱う。 |
| 借家人補償金 | 移転補償金 | (1) ⑬の摘要(1)と同様に取り扱う。<br>(2) 他人の建物を使用している個人が、当該建物が収用等をされたことに伴いその使用を継続することが困難となったため、転居先の建物の賃借に要する権利金に充てられものとして交付を受ける補償金は、対価補償金とみなして取り扱う（措通33―30）。<br>【参考通達】<br>措置法通達<br>○33―30（借家人補償金） |
| 立木移転費用補償金 | 補償の実体的な内容に応じて判定 | (1) 立木の掘起し、運搬、植付け等の移植に通常必要とする費用の補償金は、移転補償金となる。<br>(2) 棚卸資産等に該当しない立木について移植に通常必要とする費用として算定された補償金の交付を受けた者が、実際には該当立木を伐採した場合には、当該補償金は対価補償金として取り扱う。<br>(3) 移植に伴い通常生ずる損失の補償金は、当該立木が棚卸資産等に該当する場合には収益補償金となり、棚卸資産等に該当しない場合には経費補償となる。 |

<table>
<tr><th rowspan="2">順号</th><th colspan="4">公共用地の取得に伴う損失補償基準要綱による区分</th></tr>
<tr><th>条</th><th>補償の種類</th><th colspan="2">内容</th></tr>
<tr><td rowspan="4">⑲</td><td rowspan="4">30 条</td><td rowspan="4">立木の伐採補償金</td><td colspan="2">○土地等の取得又は土地等の使用に係る土地に存する立木について、伐採することが相当であると認められるときに通常生ずる損失を補償するものである。<br>○用材林立木に例をとったものであるが、用材林立木とその他の薪炭林立木、果樹等とは補償額の算定方法に若干の差異があるから留意する。<br>○補償金の内容は、次のように分類される。</td></tr>
<tr><td>1</td><td>伐期未到達立木の伐採による損失に対して支払うもの</td></tr>
<tr><td>2</td><td>多量の立木を一時に伐採することによって木材価格が低下すると認められるときにおける当該低下額に対して支払うもの</td></tr>
<tr><td>3</td><td>多量の立木を一時に伐採することによって伐採搬出に通常要する費用が増加すると認められる場合における当該増加額に対して支払うもの</td></tr>
<tr><td rowspan="6">⑳</td><td rowspan="6">31 条</td><td rowspan="6">営業廃止の補償</td><td colspan="2">○土地等を取得又は使用される者が従来の営業を継続していくことが客観的にみて不可能となると認められる場合に、それにより生じた損失について補償しようとするものである。<br>○「通常営業の継続が不可能となる」場合とは、法令上、物理的条件又は社会的条件により営業場所が限定される業種で営業所等の妥当な移転先がない場合及び特定地に密着した有名店又は生活共同体の住民を専らの顧客としていた店舗等で移転先での顧客の確保が特に困難と認められる場合をいう。<br>○補償金の内容は、次のように分類される。</td></tr>
<tr><td>1</td><td>免許を受けた営業等の営業の権利等で資産とは独立に取引される慣習があるものに対して支払うもの</td></tr>
<tr><td>2</td><td>機械器具等の減価償却資産の売却損に対して支払うもの<br>・売却損は、一般に当該資産の現在価格から現実に売却し得る価格を控除して求められる。</td></tr>
<tr><td>3</td><td>商品、仕掛品等の売却損に対して支払うもの</td></tr>
<tr><td>4</td><td>資本に関して通常生ずる損失額に対して支払うもの</td></tr>
<tr><td>5</td><td>従業員を解雇するため必要となる解雇予告手当相当額、転業が相当と認められる場合において従業員を継続して雇用する必要があるときにおける転業に通常必要とする期間中の休業手当相当額その他労働に関して通常生ずる損失額に対して支払うもの</td></tr>
</table>

| 不動産等の譲受けの対価の支払調書の摘要欄に記載する補償金（＝対価補償金以外のもの）の名称の例示 | 税法適用上の区分 | 摘要 |
|---|---|---|
| | | |
| 収益補償金 | 対価補償金又は収益補償金 | 対価補償金と収益補償金との区分は、①～⑥の摘要(1)による。 |
| 経費補償金 | 経費補償金 | |
| | | |
| 収益補償金 | 収益補償金 | |
| 経費補償金 | 経費補償金 | 収用等に伴い事業の全てを廃止した場合又は従来営んできた業種の事業を廃止し、かつ、当該事業に供していた機械装置等を他に転用することができない場合に交付を受ける当該機械装置等の売却損の補償金は、対価補償金として取り扱う（措通33―13）。<br>【参考通達】<br>措置法通達<br>○33―13（事業廃止の場合の機械装置等の売却損の補償金） |
| 収益補償金 | 収益補償金 | |
| 経費補償金 | 収益補償金又は経費補償金 | 社債の繰上償還により生ずる損失に対して支払う補償金又は営業上の契約の解除に伴い支払を要する違約金に相当する額についての補償金等は、経費補償金となる。 |
| 経費補償金 | 経費補償金 | |

| 順号 | 公共用地の取得に伴う損失補償基準要綱による区分 | | | |
|---|---|---|---|---|
| | 条 | 補償の種類 | 内 | 容 |
| | | | | ・その他労働に関して通常生ずる損失額には、労働基準法第64条に規定する帰郷旅費相当額及び転業期間中の雇主に課せられている失業保険料、社会保険料、健康保険料等のいわゆる法定福利費相当額がある。 |
| | | | 6 | 転業に通常必要とする期間中の従前の収益相当額（個人営業の場合には、従前の所得相当額）に対して支払うもの |
| ㉑ | 32　条 | 営業休止等の補償 | ○土地等を取得又は使用される者が現在の営業を一時休止する必要があると認められる場合や、営業を休止することなく仮営業所を設置して営業を継続することが営業の社会性等の理由により必要かつ相当であると認められる場合に、それにより生ずる損失について補償するものである。<br>○補償金の内容は、次のように分類される。 | |
| | | | 1 | 通常休業を必要とする期間中の営業用資産に対する公租公課等の固定的な経費及び従業員に対する休業手当相当額として支払うもの |
| | | | 2 | 通常休業を必要とする期間中の収益減（個人営業の場合には、所得減）に対して支払うもの |
| | | | 3 | 休業することにより、又は店舗等の位置を変更することにより、一時的に得意先を喪失することによって通常生ずる損失額（２に掲げるものを除く。）に対して支払うもの |
| | | | 4 | 店舗等の移転の際における商品、仕掛品等の減損により、通常生ずる損失額に対して支払うもの |
| | | | 5 | 店舗等の移転の際における移転広告費その他店舗等の移転に伴い通常生ずる損失額に対して支払うもの<br>・その他店舗等の移転に伴い通常生ずる損失には、営業上の移転挨拶費及び営業所の移転に伴う登記、届出等の手数料等がある。 |
| | | | 6 | 営業を休止することなく仮営業所を設置して営業を継続することが必要かつ相当であると認められる場合において、仮営業所の設置の費用及び店舗等の移転の際における移転広告費その他店舗等の移転に伴い通常生ずる損失額に対して支払うもの |
| | | | 7 | 営業を休止することなく仮営業所を設置して営業を継続することが必要かつ相当であると認められる場合において、仮営業所であるための収益減（個人営業の場合は、所得減）、店舗等の位置を変更することにより一時的に得意先を喪失することによって通常生ずる損失額及び店舗等の移転の際における商品、仕掛品等の減損により、通常生ずる損失額に対して支払うもの |
| ㉒ | 33　条 | 営業規模縮少の補償 | ○土地等を取得され、又は使用される者が従来の営業規模を縮少せざるを得ないと認められる場合に、それにより生じた損失について補償するものである。 | |

| 不動産等の譲受けの対価の支払調書の摘要欄に記載する補償金（＝対価補償金以外のもの）の名称の例示 | 税法適用上の区　分 | 摘　要 |
|---|---|---|
| | | |
| 収　益　補　償　金 | 収益補償金 | |
| | | |
| 経　費　補　償　金 | 経費補償金 | |
| 収　益　補　償　金 | 収益補償金 | 個人が賃貸している建物について収用等をされたことに伴う不動産所得の減少に対して支払を受ける家賃減収補償金も、収益補償金となる。 |
| 収　益　補　償　金 | 収益補償金 | |
| 収　益　補　償　金 | 収益補償金 | |
| 経　費　補　償　金 | 経費補償金 | |
| 経　費　補　償　金 | 経費補償金 | |
| 収　益　補　償　金 | 収益補償金 | |
| | | |

| 順号 | 条 | 補償の種類 | 内容 | |
|---|---|---|---|---|
| | | | 公共用地の取得に伴う損失補償基準要綱による区分 | |
| | | | ○補償金の内容は、次のように分類される。 | |
| | | | 1 | 営業の規模の縮少に伴う固定資産の売却損に対して支払うもの<br>・売却損については、⑳2を参照のこと。 |
| | | | 2 | 営業の規模の縮少に伴う解雇予告手当相当額その他資本及び労働の過剰遊休化により、通常生ずる損失額に対して支払うもの |
| | | | 3 | 営業の規模の縮少に伴い経営効率が客観的に低下することにより、通常生ずる損失額に対して支払うもの |
| ㉓ | 34条 | 農業廃止の補償 | ○土地等を取得され、又は使用される者が農業経営を廃止せざるを得ない場合の損失の補償である。<br>○補償金の内容は、次のように分類される。 | |
| | | | 1 | 農具等の売却損に対して支払うもの<br>・売却損の対象となるものには、農業用建物及び工作物、植物、動物、機具等がある。<br>・売却損については、⑳2を参照のこと。 |
| | | | 2 | 資本に関して通常生ずる損失額に対して支払うもの |
| | | | 3 | 解雇予告手当相当額その他労働に関して通常生ずる損失額に対して支払うもの<br>・労働に関して通常生ずる損失額については、⑳5を参照のこと。 |
| | | | 4 | 転業に通常必要とする期間中の従前の所得相当額（法人経営の場合には、従前の収益相当額）に対して支払うもの |
| ㉔ | 35条 | 農業休止の補償 | ○土地等を取得され、又は使用される者が農業経営を一時休止せざるを得ない場合における損失の補償である。<br>○補償金の内容は、次のように分類される。 | |
| | | | 1 | 通常農地を再取得するために必要とする期間中の固定的な経費等に対して支払うもの |
| | | | 2 | 通常農地を再取得するために必要とする期間中の所得減（法人経営の場合には、収益減）に対して支払うもの |
| ㉕ | 36条 | 農業の経営規模縮少の補償 | ○土地等を取得され、又は使用される者が農業の経営規模を縮少しなければならないことにより生ずる損失の補償である。<br>○補償金の内容は、次のように分類される。 | |
| | | | 1 | 農業の経営規模の縮少に伴う資本及び労働の過剰遊休化により、通常生ずる損失額に対して支払うもの |
| | | | 2 | 農業の経営規模の縮少に伴い経営効率が客観的に低下することにより、通常生ずる損失額に対して支払うもの |

| 不動産等の譲受けの対価の支払調書の摘要欄に記載する補償金（＝対価補償金以外のもの）の名称の例示 | 税法適用上の区　分 | 摘　要 |
|---|---|---|
| | | |
| 経費補償金 | 経費補償金 | |
| 経費補償金 | 経費補償金 | |
| 収益補償金 | 収益補償金又は経費補償金 | 具体的に支出する費用に充てるため支払うこと又は実現する損失に対して支払うことが明確であるものは経費補償金となり、規模の縮少による販売高の減少に伴う企業者報酬の減少額等に対して支払うものは収益補償金となる。 |
| | | |
| 経費補償金 | 経費補償金 | ⑳2の摘要と同様に取り扱う。 |
| 経費補償金 | 収益補償金又は経費補償金 | ⑳4の摘要と同様に取り扱う。 |
| 経費補償金 | 経費補償金 | |
| 収益補償金 | 収益補償金 | |
| | | |
| 経費補償金 | 経費補償金 | |
| 収益補償金 | 収益補償金 | |
| | | |
| 経費補償金 | 経費補償金 | |
| 収益補償金 | 収益補償金又は経費補償金 | ㉒3の摘要と同様に取り扱う。 |

| 順号 | 公共用地の取得に伴う損失補償基準要綱による区分 | | | |
|---|---|---|---|---|
| | 条 | 補償の種類 | 内容 | |
| ㉖ | 38条 | 漁業廃止の補償 | ○漁業権等の消滅又は制限に伴い通常漁業の継続が不能となると認められる場合に、それにより生ずる損失について補償するものである。<br>○補償金の内容は、次のように分類される。 | |
| | | | 1 | 漁具等の売却損に対して支払うもの<br>・売却損の対象となるものには、漁船船体、漁船機関、漁網、漁具、養殖器具、電気器具、網干場、船小屋、網倉、投石、集魚施設等がある。<br>・売却損については、⑳2を参照のこと。 |
| | | | 2 | 資本に関して通常生ずる損失額に対して支払うもの |
| | | | 3 | 解雇予告手当相当額その他労働に関して通常生ずる損失額に対して支払うもの<br>・労働に関して通常生ずる損失額については、⑳5を参照のこと。 |
| | | | 4 | 転業に通常必要とする期間中の従前の所得相当額（法人経営の場合には、従前の収益相当額）に対して支払うもの |
| ㉗ | 39条 | 漁業休止の補償 | ○漁業権等の消滅又は制限に伴い通常漁業を一時休止する必要がある場合における損失の補償である。<br>○補償金の内容は、次のように分類される。 | |
| | | | 1 | 通常漁業を休止することを必要とする期間中の固定的な経費等に対して支払うもの |
| | | | 2 | 通常漁業を休止することを必要とする期間中の所得減（法人経営の場合には、収益減）に対して支払うもの |
| ㉘ | 40条 | 漁業の経営規模縮少の補償 | ○漁業権等の消滅又は制限に伴い通常漁業の経営規模を縮少しなければならないことにより生ずる損失の補償である。<br>○補償金の内容は、次のように分類される。 | |
| | | | 1 | 漁業の経営規模の縮少に伴う資本及び労働の過剰遊休化により、通常生ずる損失額に対して支払うもの |
| | | | 2 | 漁業の経営規模の縮少に伴い経営効率が客観的に低下することにより、通常生ずる損失額に対して支払うもの |
| ㉙ | 41条 | 残地等に関する損失の補償 | ○土地収用法第74条の趣旨を受けたものである。<br>○補償金の内容は、次のように分類される。 | |
| | | | 1 | 同一の土地所有者に属する一団の土地の一部について収用等をされたことにより生じた残地の価格の低下又は利用価値の減少等の損失に対して支払うもの |

| 不動産等の譲受けの対価の支払調書の摘要欄に記載する補償金（＝対価補償金以外のもの）の名称の例示 | 税法適用上の区　　分 | 摘　　要 |
|---|---|---|
| | | |
| 経費補償金 | 経費補償金 | ⑳２の摘要と同様に取り扱う。 |
| 経費補償金 | 収益補償金又は経費補償金 | ⑳４の摘要と同様に取り扱う。 |
| 経費補償金 | 経費補償金 | |
| 収益補償金 | 収益補償金 | |
| | | |
| 経費補償金 | 経費補償金 | |
| 収益補償金 | 収益補償金 | |
| | | |
| 経費補償金 | 経費補償金 | |
| 収益補償金 | 収益補償金又は経費補償金 | ㉒３の摘要と同様に取り扱う。 |
| | | |
| 収益補償金 | 収益補償金又は経費補償金 | ⑴　当該土地が棚卸資産等に該当する場合の補償金は、収益補償金となる。<br>⑵　土地（棚卸資産等に該当するものを除く。）の一部について収用等をされた場合の当該土地の残地補償金で措通33―16に該当するものは、対価補償金とみなして取り扱う。<br>【参考通達】<br>措置法通達<br>○33―16（残地補償金） |

| 順号 | 公共用地の取得に伴う損失補償基準要綱による区分 | | | |
|---|---|---|---|---|
| | 条 | 補償の種類 | 内容 | |
| | | | 2 | 同一の物件の所有者に属する一団の物件の一部について収用等をされたことにより生じた残存する物件の価格の低下又は利用価値の減少等の損失に対して支払うもの |
| | | | 3 | 同一の権利者に属する一体として同一の目的に供している権利の一部の消滅若しくは制限により生じた残存する価格の低下又は利用価値の減少等の損失に対して支払うもの |
| | | | 4 | 同一の土地所有者に属する一団の土地に属する土石砂れきの一部について収用等をされたことにより生じた当該土石砂れきの属する土地の残地の価格の低下又は利用価値の減少等の損失に対して支払うもの |
| ㉚ | 42　条 | 残地等に関する工事費の補償 | ○㉙の場合における残地、残存する物件の存する土地、残存する権利の目的となっている土地、土石砂れきの属する土地の残地、残存する物件又は残存する権利の目的となっている物件について、従来の用法による利用価値を維持するために行う通路、みぞ、かき、さくその他の工作物の新築、改築若しくは修繕又は盛土若しくは切土に通常要する費用を補償しようとするものであり、土地収用法第75条の趣旨を受けたものである。 | |
| ㉛ | 43　条 | その他通常生ずる損失の補償 | ○①から㉚までのほか、土地等の収用等によって当該土地等の権利者について通常生ずる損失に対して支払うもので、次のようなものがある。<br>・立毛補償<br>・養殖物補償<br>・造成費用の補償<br>・改葬の補償<br>・祭し料<br>・移転雑費<br>・配偶者敷地利用権に対する補償 | |

| 不動産等の譲受けの対価の支払調書の摘要欄に記載する補償金（＝対価補償金以外のもの）の名称の例示 | 税法適用上の区　　分 | 摘　　　　要 |
|---|---|---|
| 収　益　補　償　金 | 収益補償金又は経費補償金 | (1)　当該土地が棚卸資産等に該当する場合の補償金は、収益補償金となる。<br>(2)　借地権者が借地を利用される場合で、その補償金が対価補償金に該当するとき（⑦⑧の摘要を参照のこと。）のその残存する借地権の損失に対する補償は、対価補償金とみなして取り扱う。 |
| 収　益　補　償　金 | 収益補償金又は経費補償金 | 当該土地が棚卸資産等に該当する場合の補償金は、収益補償金となる。 |
| 残地等工事費補償金 | その他の補償金 | 補償金を交付の目的に従って支出した場合には、当該支出した額を所得税法44条の規定に準じて取り扱い、補償金を交付の目的に従って支出しなかった場合又は支出したが残額が生じた場合には、当該補償金の額又は残額を一時所得の金額の計算上総収入金額に算入する（措通33―18）。<br>【参考通達】<br>措置法通達<br>○33―18（残地保全経費の補償金） |
| そ の 他 の 補 償 金 | 補償の実体的な内容に応じて判定する | (1)　立毛補償金は、収益補償金となる。<br>(2)　養殖物補償金のうち、その移植に要する経費相当額に対するものは移転補償金となり、移植に伴う減収予想額及び移植することが困難又は不可能な養殖物に対して支払うものは収益補償金となる。<br>(3)　造成費用の補償金は、ダムの水没予定地等山間部において、急峻な地形等の制約、生業の状況等の事情を総合的に勘案して、周辺の類似する地域において斜面地等を宅地として造成することにより建物等の移転先を確保しなければ生活再建を図ることが著しく困難であると認められるときに支払われるものであるから、移転補償金となる。<br>(4)　改葬の補償金で通常改葬に要する費用のうち、遺体又は遺骨の堀上げ、埋戻し、運搬、埋葬及び霊体処置に要するものについて補償されるものは非課税とし、墓碑、柵垣及び生垣等の移転に要するものについて補償されるものは、㉚の摘要と同様に取り扱う。<br>(5)　墳墓の改葬に伴う供養、祭礼等の宗教上の儀式に通常要する費用に対する補償金は、非課税とする。<br>(6)　移転雑費のうち、移転先又は代替地等の選定に要する費用、法令上の手続に要する費用、転居通知費、移転旅費については、⑬の摘要(1)と同様に取り扱い、その他の雑費については、その補償の実体的な内容に応じて判定する。<br>(7)　配偶者敷地利用権に対する補償金については、市街地再開発事業を施行する再開発会社の株主又は社員が取得するもの等、一定のものを除き、対価補償金に該当する。 |

| 順号 | 公共用地の取得に伴う損失補償基準要綱による区分 | | |
|---|---|---|---|
| | 条 | 補償の種類 | 内容 |
| 第5章　土地等の取得又は土地等の使用に伴うその他の措置 | | | |
| ㉜ | 44 条 | 隣接土地に関する工事費の補償 | ○隣接土地等の従来の用法による利用価値を維持するために、通路、みぞ、かき、さくその他の工作物の新築、改築、増築若しくは修繕又は盛土若しくは切土をする必要がある場合に、これらの工事をすることを必要とする者に対し、これらに要する費用を補償するものであり、土地収用法第93条の趣旨を受けたものである。 |
| ㉝ | 45 条 | 少数残存者補償 | ○生活共同体から分離される者の受忍を超えるような著しい損失に対して支払うもので、直接財産の買収による損失を補償するというものでなく、経済的利益の喪失を社会政策上の見地から補償しようとするものである。 |
| ㉞ | 46 条 | 離職者補償 | ○土地等の権利者に雇用されている者で職を失うこととなる者に対し、再就職に通常必要とする期間中の従前の賃金相当額の範囲内で妥当と認められる額を補償するものである。 |

| 不動産等の譲受けの対価の支払調書の摘要欄に記載する補償金（＝対価補償金以外のもの）の名称の例示 | 税法適用上の区　分 | 摘　要 |
|---|---|---|
| | | |
| 残地等工事費補償金 | その他の補償金 | ㉚の摘要と同様に取り扱う。 |
| そ の 他 の 補 償 金 | その他の補償金 | この補償金は、著しい経済的損失に対して支払われることになっており、一時所得の金額の計算上総収入額に算入する。 |
| そ の 他 の 補 償 金 | その他の補償金 | (1) 当該職を失うこととなる者に対する補償金は、一時所得の金額の計算上総収入金額に算入する。<br>(2) 当該権利者が退職者に支給する金額相当額を補償するものは、経費補償金となる。 |

# 第4　参考編

# 収用事業に伴う収用対償地の取得に関する契約事例

ここでは、「第１　解説編　第８章　２　特定住宅地造成事業等のために土地等を譲渡した場合の譲渡所得の特別控除　(5)収用対償地の買取り」（104ページ参照）で説明しました収用対償地の取得に関し、その契約事例を掲載しております。

なお、ここで掲載した契約書は、あくまで一例ですので、実際の契約書の作成に当たりましては、個々の事実関係をよく検討して作成されるよう十分ご注意ください。

## 1　一括契約方式（措通34の２－５⑴、65の４－２の２⑴）

一括契約方式は、公共事業施行者、事業用地の所有者及び収用対償地提供者の三者が、次に掲げる事項を内容とする契約であり、「公共事業施行者と収用対償地提供者との収用対償地取得契約」と「公共事業施行者と事業用地の所有者との間の現物補償契約」を一括して契約する方式です。

①　収用対償地提供者は、公共事業施行者に収用対償地を譲渡すること

②　事業用地の所有者は、公共事業施行者に事業用地を譲渡すること

③　公共事業施行者は、収用対償地提供者に対価を支払い、事業用地の所有者に収用対償地を譲渡するとともに補償金等と収用対償地の価額の差額を支払うこと

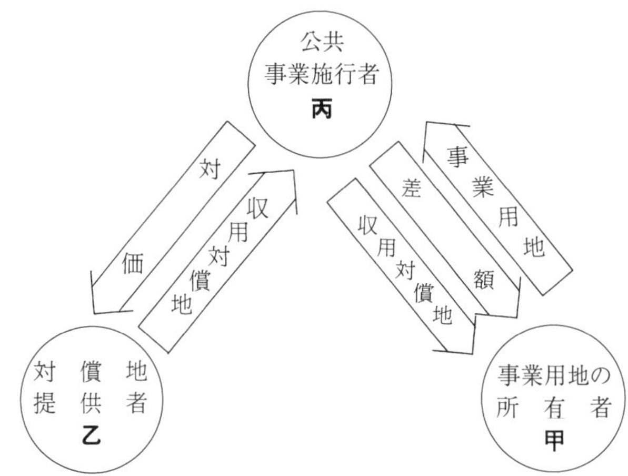


【設例】

事業用地の所有者　　大手太郎………………甲

対償地提供者　　　　千代田花子……………乙

公共事業施行者　　　Ａ県土木事務所長……丙

事業用地の取得価額：20,000,000円

対償地の取得価額　：16,000,000円

# 土地売買契約書（例）

A県土木事務所が施行する○○事業のために必要な土地の所有者大手太郎を「甲」とし、この土地の対償に充てる土地の所有者千代田花子を「乙」とし、A県土木事務所長を「丙」として、次の条項により土地の売買契約を締結する。

（契約の趣旨）

第1条　甲は、甲の所有する末尾記載の土地（以下「事業用地」という。）を丙に売り渡し、乙は、乙の所有する末尾記載の土地（以下「対償地」という。）を丙に売り渡すものとする。

2　丙は、乙から取得した対償地を甲に譲渡するものとする。

（土地代金）

第2条　事業用地の売買代金は、金20,000,000円とする。

2　対償地の売買代金は、金16,000,000円とする。

3　前項の売買代金と第1項の売買代金の差額金は、4,000,000円とする。

4　丙は、対償地の売買代金を乙に支払うものとし、事業用地の売買代金が対償地の売買代金を超える部分は、丙が甲に支払うものとする。

（土地代金の支払）

第3条　丙は、前条第2項の対償地の売買代金のうち、金10,000,000円を次の各号に掲げる事項を確認の後、乙の提出する請求書に基づき遅滞なく乙に支払うものとする。

一　対償地の甲への所有権移転登記が完了したこと。又は、丙が甲及び乙から、対償地の丙及び甲への所有権移転登記の手続に必要な登記済証及びその他の書類の交付を受けたこと。

二　対償地に地上権、永小作権等所有権以外の権利が設定されているときは、当該権利が消滅し、かつ、当該権利が登記されているときは、当該権利が抹消されたこと。

三　対償地に質権、抵当権その他の担保物権が設定されているときは、当該権利の登記が抹消されたこと。

2　丙は、前条第2項の対償地の売買代金のうち、残金、金6,000,000円を次の各号に掲げる事項を確認の後、乙の提出する請求書に基づき、遅滞なく乙に支払うものとする。

一　対償地の引渡しを受けたこと。

二　前項第1号後段の場合においては、対償地の甲への所有権移転登記が完了したこと。

3　丙は、前条第3項の売買代金の差額金のうち、金3,000,000円をつぎの各号に掲げる事項を確認の後、甲の提出する請求書に基づき遅滞なく甲に支払うものとする。

一　事業用地の所有権移転登記が完了したこと。または、丙が甲から、事業用地の所有権移転登記に必要な登記済証及びその他の書類の交付を受けたこと。

二　事業用地に地上権、永小作権等所有権以外の権利が設定されているときは、丙と当該権利者の間に当該権利に関する補償契約が成立したこと。

三　事業用地に質権、抵当権その他の担保物権が設定されているときは、当該権利の登記が抹消されたこと。又は、当該登記の義務者から当該登記の抹消に必要な書面が提出されたこと。

4　丙は、前条第３項の売買代金の差額金のうち、残金、金1,000,000円を次の各号に掲げる事項を確認の後、甲の提出する請求書に基づき、遅滞なく甲に支払うものとする。

一　事業用地の引渡しを受けたこと。

二　前項第１号後段の場合においては、事業用地の所有権移転登記について完了したこと。

三　前項第２号の場合においては、事業用地の明渡しを受けたこと。

四　前項第３号後段の場合においては、事業用地の質権、抵当権その他の担保物権の抹消が完了したこと。

（土地の引渡し期限）

第４条　甲は、事業用地を令和○年○月○日までに丙に引き渡すものとする。

2　乙は、対償地を令和○年○月○日までに丙に引き渡すものとし、丙は引渡しを受けた対償地を遅滞なく甲に引き渡すものとする。

3　甲及び乙は、事業用地及び対償地を丙に引き渡すまでの間、善良なる管理者の注意をもってするものとする。

（担保物権の抹消）

第５条　乙は対償地に質権、抵当権その他の担保物権が登記されているときは、第３条第１項の対償地の売買代金を丙に請求する日までに当該登記を抹消させるものとする。

2　甲は、事業用地に質権、抵当権その他の担保物権が登記されているときは、第３条第３項の差額金を丙に請求する日までに当該登記を抹消させるものとする。ただし、当該登記の義務者から当該登記の抹消に必要な書面が提出されているときはこの限りではない。

（登記手続き）

第６条　対償地の所有権移転登記は、乙から丙への所有権移転登記は丙に、丙から甲への所有権移転登記は甲が丙に委任することとする。

2　甲及び乙は、この契約締結後、遅滞なく対償地の所有権移転登記の手続に必要な書類を丙に交付するものとする。

3　事業用地の所有権移転登記は、甲が丙に委任することとする。

4　甲は、この契約締結後、遅滞なく事業用地の所有権移転登記の手続に必要な書類を丙に交付するものとする。

5　丙は、第３項の登記の前提となる登記が必要となる場合は、甲に代位してこれを行うものとする。

6　第２項及び第４項の規定により丙が交付を受けた登記済証については、所有権移転登記が完了したのち、速やかに交付した者に返却するものとする。

（譲渡等の禁止）

第７条　甲は、この契約締結後、事業用地を第三者に譲渡し、事業用地について所有権以外の権利を設定若しくは占有を移転し、物件を設置し、又は丙の同意なくして事業用地の形質を変更しないものとする。

2　乙は、この契約締結後、対償地を第三者に譲渡し、対償地について所有権以外の権利を設定若しくは占有を移転し、物件を設置し、又は甲及び丙の同意なくして対償地の形質を変更しないものとする。

（第三者からの苦情処理）

第８条　甲は、事業用地の売渡しについて第三者からの異議の申立てがあったときは、引渡しの日の前日までに甲の責任と負担において解決するものとする。

２　乙は、対償地の売渡しについて第三者からの異議の申立てがあったときは、引渡しの日の前日までに乙の責任と負担において解決するものとする。

（費用の負担）

第９条　事業用地に対する公租公課は、引渡しの日の前日の属する年に対するものは甲が負担し、翌年以降のものは丙が負担するものとする。

２　対償地に対する公租公課は、引渡しの日の前日の属する年に対するものは乙が負担し、翌年以降のものは甲が負担するものとする。

３　丙は、この契約書の作成に必要な費用を負担するものとする。

４　丙は、事業用地及び対償地の所有権移転登記の手続に必要な費用を負担するものとする。

５　甲は、丙が代位する第６条第５項の登記に係る登録免許税を負担するものとする。

６　質権、抵当権その他の担保物権の登記の抹消に要する費用は、事業用地に係るものは甲が負担し、対償地に係るものは乙が負担するものとする。

（瑕疵の担保）

第10条　丙は、この契約の締結後、事業用地又は対償地に数量の不足、地中の埋設物、その他隠れた瑕疵があることが発見され、この契約を締結した目的が達せられない場合は、この契約の解除及び損害賠償の請求を、その他の場合について損害賠償を、事業用地に関するものは甲に対して、対償地に関するものは乙に対してすることができる。

（契約の解除）

第11条　丙は、事業用地に物件が存する場合において、第４条第１項の期限が経過しても物件所有者と丙との間に当該権利に関する補償契約が成立しないとき、又は解除されたときは、この契約を解除することができる。

２　丙は、事業用地に地上権、永小作権等所有権以外の権利が設定されている場合において、第４条第１項の期限が経過してもそれらの権利者と丙との間に当該権利に関する補償契約が成立しないとき、又は解除されないときは、この契約を解除することができる。

３　丙は、対償地に地上権、永小作権等所有権以外の権利が設定されている場合において、第４条第２項の期限が経過しても当該権利の消滅又は当該権利に係る登記の抹消が行われないときは、この契約を解除することができる。

４　前３項により、丙がこの契約を解除したときは、甲及び乙は既に受領した金員を直ちに丙に返還するものとする。

５　第１項、第２項及び第３項により、丙がこの契約を解除した場合、甲及び乙は丙に対して、損害賠償を請求することができないものとする。

（債務不履行）

第12条　甲、乙又は丙は、いずれか一者の債務不履行により損害を受けたときは、債務不履行の者に損害賠償を請求するとともに、相当の期間を定めて催告したうえでこの契約を解除することができるものとする。

この契約を証するため、本書３通を作成し、甲乙丙記名押印のうえ、各自その１通を保有するものとする。

令和○年○月○日

甲　住所　○○県○○市○○町○○

氏名　大手太郎　㊞

乙　住所　○○県○○町○○

氏名　千代田花子　㊞

丙　住所　Ａ県○○市○○町○○番地

氏名　Ａ県土木事務所長　○○○○　㊞

土地の表示

事業用地

所在

地目

面積

対償地

所在

地目

面積

## 2　売払い方式（措通34の２－５⑵、65の４－２⑵）

売払い方式は、公共事業施行者及び事業用地の所有者が、次の事項を内容とする契約を締結する方式です。

① 事業用地の所有者は、公共事業施行者に事業用地を譲渡し、収用対償地の希望の申出をすること

② 公共事業施行者は、補償金のうち収用対償地の価額相当額を留保し、残額を事業用地の所有者に支払い、収用対償地の譲渡を約すること

③ 公共事業施行者は、事業用地の所有者に収用対償地を譲渡し、②で留保された金額をもってその譲渡の対価に充てること

なお、売払い方式による契約は、公共事業施行者と事業用地の所有者間のものであり、公共事業施行者と収用対償地提供者間の契約は、別途通常の形式で締結されることになります。

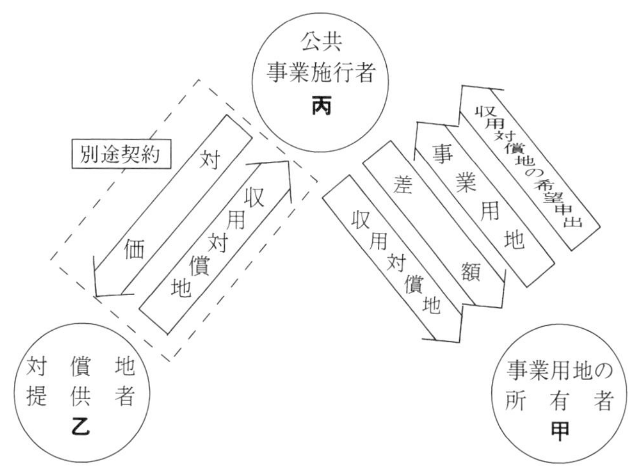


**【設例】**

事業用地の所有者　　大手太郎………………甲
対償地提供者　　千代田花子……………乙
公共事業施行者　　Ａ県土木事務所長……丙

事業用地の取得価額：20,000,000円
対償地の取得価額　：16,000,000円

※　便宜上、土地売買契約書例の当事者の略称についてもこの設例に従い記載しています。

### (1) 収用対償地の希望申出

令和○年○月○日

替地の取得希望申出書（例）

Ａ県土木事務所長　殿

住所　○○県○○市○○町○○
氏名　大手　太郎　　　　　㊞

以下のとおり、替地の取得を希望します。

1　替地取得希望の申出理由

2　希望する替地
(1)　所在地
(2)　地目
(3)　面積　　　　　㎡
(4)　希望価格
①　希望総額　　　円
②　希望単価　　　円／㎡

3　替地の使用目的

### (2) 事業用地取得用契約

**事業用地：事業用地の所有者（甲）⇒公共事業施行者（丙）**

土地売買契約書（例）

大手太郎（以下「甲」という。）とＡ県土木事務所長（以下「丙」という。）は、丙が施行する○○事業に係る用地に供する目的をもって、下記条項のとおり土地売買契約を締結する。

(契約の趣旨)
第１条　甲は、その所有する末尾記載の土地（以下「事業用地」という。）を丙に売り渡し、丙はこれを金20,000,000円（以下「売買代金」という。）で買い受けるものとする。

(所有権移転の時期)
第２条　事業用地の所有権移転の時期は、この契約が締結されたときとし、甲は、丙が事業に着手することについて異議を申し立てないものとする。

（登記手続及び登記関係書類）

第３条　事業用地の所有権移転登記手続は、丙が所轄法務局に嘱託して行うものとし、令和○年○月○日までに当該登記を完了させるものとする。

２　甲は、事業用地に所有権以外の権利が設定されているとき、又は当該権利が存するときは、当該権利を消滅させ、かつ当該権利が登記されているときは、当該登記を抹消しなければならない。

３　甲は、丙が第１項に規定する登記を行うために必要な関係書類その他丙が必要と認めて提出を求めた書類を遅滞なく提出しなければならない。

（売買代金の支払い）

第４条　甲は、丙が次に掲げる事項を確認したときに、売買代金のうち4,000,000円について丙に支払を請求することができる。ただし、残金16,000,000円については、甲への対償地の代金に充当するため丙が留保するものとする。

一　事業用地に物件又は借家人が存在する物件が存在する場合においては、当該物件所有者又は借家人と丙との間にそれぞれ補償契約が成立したこと。

二　事業用地に所有権以外の権利が設定されており、又は存するときは、当該権利が消滅し、かつ当該権利が登記されているときは、抹消登記が完了したこと。

三　所有権移転登記が完了したこと。

２　丙は、前項の規定による請求があったときは、適法な請求書を受理した日から30日以内に売買代金を支払うものとする。

（担保責任）

第５条　甲は、事業用地の所有者が自己に属することを保証し、この契約について第三者から異議の申立てがあったときは、責任をもって解決しなければならない。

（行為の制限）

第６条　甲は、この契約締結後においては、丙の同意なくして次に掲げる行為をしてはならない。

一　事業用地を第三者に譲渡又は貸与し、若しくは債務の担保目的とすること。

二　事業用地に所有権以外の権利を設定すること。

三　事業用地に物件を設置すること。

四　事業用地の形質を変更すること。

（公租公課）

第７条　事業用地に関する公租公課その他の賦課金は、事業用地の所有権移転登記完了の日の属する年の分については義務者として課せられた者の負担とする。

（費用の負担）

第８条　この契約書の作成に要する印紙税は、丙の負担とする。

（契約の解除）

第９条　丙は、次の各号のいずれかに該当したときは、この契約を解除することができる。

一　甲がこの契約に違反したとき。

二　事業用地に所有権以外の権利が設定されており、又は当該権利が存するときは、第３条第１項に規定する期限までに当該権利の消滅又は当該権利に係る登記の抹消がなされないとき。

三　事業用地に物件若しくは借家人が存在する物件が存する場合において第３条第１項に規定する期限までに当該物件所有者又は借家人と丙との間にそれぞれ補償契約が成立しないとき。

（損害賠償責任）

第10条　甲及び丙は、信義に従い誠実にこの契約を履行するものとし、万一違背した場合は、これによって生じた損害を相手方に賠償しなければならない。

２　甲がこの契約に違反し、丙に損害を与えたときは、丙は甲に支払うべき売買代金から当該損害金を控除して支払うことができる。

（管轄裁判所）

第11条　この契約について、訴訟等が生じたときは、丙の事務所の所在地を管轄する裁判所を第一審の裁判所とする。

（債権債務の確認）

第12条　この契約に関し、当事者間において以上のとおり定めたものの他、債権債務が存在しないことを確認する。

（その他）

第13条　この契約に定めのない事項又は疑義を生じた事項については、甲丙協議のうえ定めるものとする。

この契約締結の証として本書２通を作成し、甲丙記名押印のうえそれぞれ一通を保有するものとする。

令和○年○月○日

甲　住所　○○県○○市○○町○○

　　氏名　大手太郎　　　　　　　㊞

丙　住所　A県○○市○○町○○番地

　　氏名　A県土木事務所長　○○○○　㊞

土地の表示

事業用地

所在

地目

面積

### (3) 対償地提供用契約

**対償地：公共事業施行者（丙）⇒対償地の提供を受ける者（事業用地の所有者　甲）**

## 土地売買契約書（例）

大手太郎（以下「甲」という。）とＡ県○○土木事務所長（以下「丙」という。）は、丙が施行する○○事業に係る事業用地の対償地に供する目的により、土地を譲渡することについて下記条項のとおり土地売買契約を締結する。

（契約の趣旨）

第１条　丙は、その所有する次に記載する土地（以下「対償地」という。）を甲に譲渡し、別途令和○年○月○日付けで甲と丙が締結した土地売買契約第４条第１項により、当該契約に係る代金のうち、丙から甲への支払を留保した金額16,000,000円（以下「別途契約における支払留保金」という。）をもってその譲渡の対価に充てることとする。

(1)　所在地

(2)　現況地目　　　（公簿地目　　　　）

(3)　面積　　　　　　　　　　　㎡

（所有権移転の時期）

第２条　対償地の所有権移転の時期は、この契約が締結されたときとする。

（登記手続）

第３条　対償地の所有権移転登記は、甲の請求に基づき、丙が所轄法務局に嘱託して行うものとし、これに要する登録免許税その他の経費は、甲が負担する。

（土地の引渡し）

第４条　対償地の引渡しは、原則として甲丙立会の上、現状のまま現地において行うものとする。

（危険負担等）

第５条　甲は、この契約締結のときから土地の引渡しのときまで、対償地が天災その他丙の責めに帰することのできない理由により滅失又は毀損しても丙に対し譲渡対価の減額及び損害の賠償を請求しないものとする。対償地について隠れた瑕疵を発見した場合も同様とする。

（費用の負担）

第６条　この契約の締結に要する費用は甲の負担とする。

（契約の解除等）

第７条　丙は、甲がこの契約に定める義務を履行しないときは、何らの催告を要せずこの契約を解除することができる。

（損害賠償）
第８条　甲は、この契約に定める義務を履行しないため丙に損害を与えたときは、その損害に相当する金額を損害賠償として丙に支払うものとする。

（譲渡対価の返還等）
第９条　丙は第７条の定めによりこの契約の解除を行ったときは第１条の別途契約における支払留保金を返還する。ただし、この返還金に利息は付さない。
２　甲は、この契約を解除された場合において、対償地に投じた有益費、必要費又はその他費用があっても、これを丙に請求しない。

（返還金の相殺）
第10条　丙は前条に定める返還金を甲に支払うときにおいて、甲が第８条に定める損害賠償として丙に支払うべき金額があるときは、それらの全部又は一部と返還金を相殺する。

（信義誠実の義務）
第11条　甲丙両者は、信義を重んじ誠実にこの契約を履行する。

（疑義等の決定）
第12条　この契約について疑義のあるとき又はこの契約に定めのない事項については、甲丙協議して定めるものとする。

（管轄裁判所）
第13条　この契約について訴訟等が生じたときは、丙の事務所の所在地を管轄する裁判所を第一審の裁判所とする。

この契約締結の証として本書２通を作成し、甲、丙が記名押印の上、それぞれ１通を保有するものとする。

令和○年○月○日

甲　住所　○○県○○市○○町
　　氏名　大手　太郎　　　　　　㊞
丙　住所　Ａ県○○市○○町○○番地
　　氏名　Ａ県土木事務所長　○○○○　㊞

土地の表示
所在
地目
面積

### ⑷　対償地取得用契約

**対償地：対償地提供者（乙）⇒公共事業施行者（丙）**

## 土地売買契約書（例）

千代田花子（以下「乙」という。）とA県土木事務所長（以下「丙」という。）は、下記条項のとおり土地売買契約を締結する。

（契約の趣旨）
第１条　乙は、その所有する末尾記載の土地（以下「売買土地」という。）を丙に売り渡し、丙はこれを金16,000,000円（以下「売買代金」という。）で買い受けるものとする。

（所有権移転の時期）
第２条　売買土地の所有権移転の時期は、この契約が締結されたときとする。

（登記手続き及び登記関係書類）
第３条　売買土地の所有権移転登記手続は、丙が所轄法務局に嘱託して行うものとし、令和○年○月○日までに当該登記を完了させるものとする。
２　乙は、売買土地に所有権以外の権利が設定されており、又は当該権利が存するときは、当該権利について消滅させ、かつ当該権利が登記されているときは、当該登記を抹消しなければならない。
３　乙は、丙が第１項に規定する登記を行うために必要な関係書類その他丙が必要と認めて提出を求めた書類を遅滞なく丙に提出しなければならない。

（土地代金の支払）
第４条　乙は丙が次に掲げる事項を確認したときに売買代金の支払を請求することができる。
⑴　売買土地に所有権以外の権利が設定されており、又は当該権利が存するときは、当該権利が消滅し、かつ当該権利が登記されているときは、当該登記を抹消したこと。
⑵　所有権移転登記が完了したこと。

（担保責任）
第５条　乙は、売買土地の所有権が自己に帰属することを保証し、この契約について第三者から異議の申立て等があったときは、責任をもって解決しなければならない。

（譲渡等の禁止）
第６条　乙は、この契約締結後においては、丙の同意なくして、次に掲げる行為をしてはならない。
一　売買土地を第三者に譲渡又は貸与し、若しくは債務の担保目的とすること。
二　売買土地に所有権以外の権利を設定すること。
三　売買土地に物件を設置すること。
四　売買土地の形質を変更すること。

（公租公課）

第７条　売買土地に関する公租公課その他の賦課金は、売買土地の所有権移転登記完了の日の属する年の分については義務者として課せられた者の負担とする。

（費用の負担）

第８条　この契約書の作成に要する印紙税は丙の負担とする。

（契約の解除）

第９条　丙は、次の各号のいずれかに該当したときは、この契約を解除することができる。

一　乙がこの契約に違反したとき。

二　売買土地に所有権以外の権利が設定されており、又は存するときは第３条第１項に規定する期限までに当該権利の消滅又は当該権利に係る登記の抹消がなされないとき。

（損害賠償責任）

第10条　乙及び丙は、信義に従い誠実にこの契約を履行するものとし、万一違背した場合は、これによって生じた損害を相手方に賠償しなければならない。

２　乙がこの契約に違反し、丙に損害を与えたときは、丙は乙に支払うべき売買代金から当該損害額を控除して支払うことができる。

（管轄裁判所）

第11条　この契約について訴訟等が生じたときは、丙の事務所の所在地を管轄する裁判所を第一審の裁判所とする。

（債権債務の確認）

第12条　この契約に関し、当事者間において以上のとおり定めたもののほか、債権債務が存在しないことを確認する。

（その他）

第13条　この契約に定めのない事項又は疑義が生じた条項については、乙丙協議の上定めるものとする。

この契約締結の証として本書２通を作成し、乙、丙記名押印の上、それぞれ１通を保有するものとする。

令和○年○月○日

乙　住所　Ａ県○○町○○

　　氏名　千代田花子　　　　　　㊞

丙　住所　Ａ県○○市○○町○○番地

　　氏名　Ａ県土木事務所長　○○○○　㊞

## 3　収用対償地が農地等である場合の三者契約方式（措通34の２－４）

収用対償地が農地等である場合の三者契約方式は、公共事業施行者、事業用地の所有者及び収用対償地提供者の三者が、次に掲げる事項を内容とする契約を締結する方式です。農地法上、公共事業施行者は農地を取得できないため、この方式が認められているものです。

① 収用対償地提供者は、事業用地の所有者に農地等を譲渡すること

② 公共事業施行者は、収用対償地提供者に対して直接その農地等の対価を支払うこと

③ 事業用地の所有者は、事業用地を公共事業施行者に譲渡すること

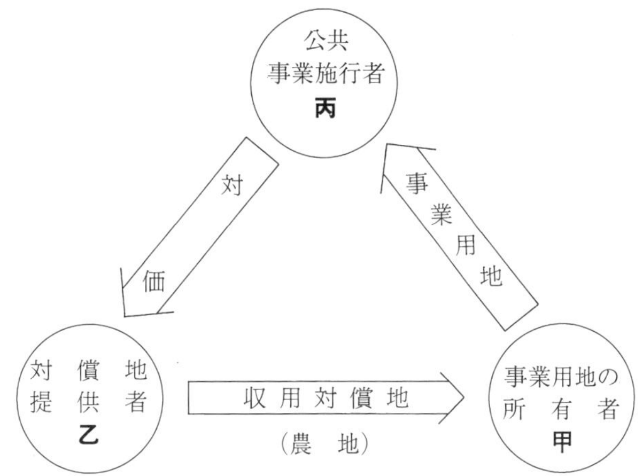


**【設例】**

事業用地の所有者　　大手太郎………………甲

対償地提供者　　千代田花子……………乙

公共事業施行者　　Ａ県土木事務所長……丙

事業用地の取得価額：20,000,000円

対償地の取得価額　：16,000,000円

# 土地売買契約書（例）

A県土木事務所が施行する○○事業のために必要な土地の所有者大手太郎を「甲」とし、この土地の対償に充てるための土地の所有者千代田花子を「乙」とし、A県土木事務所長を「丙」として、次の条項により契約を締結する。

（契約の趣旨）

第１条　甲は、甲の所有する末尾記載の土地（以下「事業用地」という。）を農地法（昭和27年法律第229号）第５条の規定による許可を条件として丙に売り渡し、丙はこれを買い受けるものとする。

２　乙は、乙所有の末尾記載の土地（以下「対償地」という。）を農地法第３条の規定による許可を条件として甲に売り渡し、甲はこれを買い受けるものとする。

（土地代金）

第２条　事業用地の売買代金は、金20,000,000円とする。

２　対償地の売買代金は、金16,000,000円とする。

３　売買代金の差額は、金4,000,000円とする。

（農地転用の許可申請）

第３条　甲及び丙は、この契約締結後、丙が必要と認めたときに事業用地について農地法第５条の規定による許可を申請するものとする。この場合において、申請手続きは、丙が行なうものとし、甲は、丙が必要と認めたときにこの申請に必要な書類を丙に提出するものとする。

２　甲及び乙は、この契約締結後、速やかに対償地について農地法第３条の規定による許可を申請するものとする。この場合において、この申請の手続きは丙が行うものとし、甲及び乙は、丙が必要と認めたときにこの申請に必要な書類を丙に提出するものとする。

（所有権の移転の時期）

第４条　事業用地の所有権は、事業用地について農地法第５条の規定による許可があったときに、甲から丙に移転するものとする。

２　対償地の所有権は、対償地について農地法第３条の規定による許可があったときに乙から甲に移転するものとする。

（所有権移転仮登記及び本登記）

第５条　丙は、この契約締結直後直ちに農地法第５条の規定による許可を停止条件とする事業用地の所有権移転の仮登記（以下「仮登記」という。）を、当該許可があった後、直ちに仮登記に基づく事業用地の所有権移転の登記（以下「本登記」という。）を、それぞれ所轄法務局に申請するものとし、甲は、この契約と同時に、又は丙が必要と認めて提出を求めたときは遅滞なくこれらの申請に必要な書類を提出するものとする。

２　甲は、農地法第３条の規定による許可があった後直ちに対償地の所有権移転の登記を所轄法務局に申請するものとし、乙は、この契約と同時に申請に必要な書類を甲に提出するものとする。

（土地の引渡し等）

第６条　甲は、第４条第１項の規定により丙が事業用地の所有権を取得したときは、直ちに事業用地をいかなる権利及び物件も存しない状態で丙に引き渡すものとする。

2　乙は、第４条第２項の規定により甲が対償地の所有権を取得したときは、直ちに対償地をいかなる権利及び物件も存しない状態で甲に引き渡すものとする。

（登記費用等の負担）

第７条　事業用地の農地法第５条の規定による許可申請に要する費用、仮登記及び本登記の申請に要する費用は丙が負担するものとする。

2　対償地の所有権移転登記の申請に要する費用は、甲が負担するものとし、農地法第３条の規定による許可申請に要する費用は、乙が負担するものとする。

（土地代金の支払）

第８条　乙は、次の各号に該当するときは、第２条第２項に規定する金額のうち金10,000,000円の支払を丙に請求することができる。

(1)　甲が第５条第１項による書類を提出したとき。

(2)　乙が第５条第２項による書類を提出したとき。

2　乙は、次の各号に該当するときは、第２条第２項に規定する金額から前項の金額を控除した金額の支払を丙に請求できる。

(1)　対償地の所有権移転登記が完了したとき。

(2)　事業用地の所有権移転登記が完了したとき。

3　甲は、第１項に該当するときは、第２条第３項に規定する金額のうち3,000,000円の支払を丙に請求することができる。

4　甲は、第２項に該当するときは、第２条第３項に規定する金額から前項の金額を控除した金額の支払を丙に請求することができる。

5　丙は、前４項による支払の請求があったときは、丙の定める請求書を受理した日から30日以内にその代金を支払うものとする。

（受領委任）

第９条　甲及び乙は、この契約に基づく土地代金の全部又は一部の受領を第三者に委任しようとするときは、あらかじめ書面をもって丙に通知するものとする。

（譲渡等の禁止）

第10条　甲は事業用地について、乙は対償地について、この契約締結後次の各号に規定する行為をしてはならない。

(1)　当該土地を第三者に譲渡すること。

(2)　当該土地に、地上権、賃借権、抵当権その他の所有権以外の権利を設定すること。

(3)　当該土地に物件を設置すること。

(4)　当該土地の形質を変更すること。

2　事業用地又は対償地に甲又は乙の所有する物件が存するときは、契約締結後においては、当該物件を第三者に譲渡し、又は当該物件に賃借権、抵当権、その他所有権以外の権利を設定してはならない。

3　甲が前２項の規定に違反し、丙に損害を与えたときは、丙は、甲に別途損害の賠償を請求することができる。

4　乙が第１項又は第２項の規定に違反し、甲又は乙に損害を与えたときは、責任をもって解決するものとする。

（第三者からの苦情処理）

第11条　甲及び乙は、この契約による土地の売買について第三者が異議を申し出たときは、責任をもって解決するものとする

（管理義務）

第12条　甲及び乙は、この契約締結後、第６条に規定する引渡しまでの間は、善良な管理者の注意をもってそれぞれの土地を管理するものとする。

（公租公課）

第13条　この契約の目的物に対する公租公課及びその賦課金は、当該土地の引渡しの日に属する年分までのものは、おのおの旧所有者の負担とする。

（費用の負担）

第14条　この契約書の作成に要する印紙税は、丙の負担とする。

（契約の解除）

第15条　甲及び丙は、乙がこの契約に違反し、期間を定めた履行の催告に応じない場合には、この契約を解除することができる。

（紛争の処理）

第16条　この契約に定めのない事項又はこの契約に疑義を生じた事項については、甲、乙及び丙が協議して定めるものとする。

以上の契約の証として、本書を３通作成し、甲乙丙が記名押印のうえ、各自その１通を保有する。

令和○年○月○日

甲　住所　○県○○市○○町○○

　　氏名　大手太郎　　　　　　㊞

乙　住所　○県○○町○○

　　氏名　千代田花子　　　　　㊞

丙　住所　Ａ県○○市○○町○○番地

　　氏名　Ａ県土木事務所長　○○○○　㊞

土地の表示

事業用地

所在

地目

面積

対償地

所在

地目

面積

# 〔索　　引〕

〔い〕



〔う〕



〔か〕



〔き〕



〔く〕



〔け〕



〔こ〕



〔さ〕



〔し〕

（編　者）

市川康樹（いちかわ やすき）

（執筆者）

髙橋理和子（たかはし りわこ）

令和６年版

**公共用地取得の税務**

——事前協議を適切にすすめるために——

令和６年７月２日　初版印刷
令和６年７月23日　初版発行

編　者　市　川　康　樹

（一財）大蔵財務協会　理事長
発行者　木　村　幸　俊



発行所　一般財団法人　大蔵財務協会
〔郵便番号 130-8585〕
東京都墨田区東駒形１丁目14番１号
（販　売　部）TEL03(3829)4141・FAX03(3829)4001
（出版編集部）TEL03(3829)4142・FAX03(3829)4005
https://www.zaikyo.or.jp

乱丁、落丁の場合は、お取替いたします。　印刷・恵友社

ISBN 978-4-7547-3245-5